# EL IRRACIONALISMO POÉTICO
## (EL SÍMBOLO)

BIBLIOTECA ROMÁNICA HISPÁNICA

DIRIGIDA POR DÁMASO ALONSO

II. ESTUDIOS Y ENSAYOS, 271

CARLOS BOUSOÑO

# EL IRRACIONALISMO POÉTICO

## (EL SÍMBOLO)

BIBLIOTECA ROMÁNICA HISPÁNICA

**EDITORIAL GREDOS**

MADRID

© CARLOS BOUSOÑO, 1977.

**EDITORIAL GREDOS, S. A.**

Sánchez Pacheco, 81, Madrid. España.

Depósito Legal: M. 38403-1977.

ISBN 84-249-0747-7. Rústica.
ISBN 84-249-0748-5. Tela.

**Gráficas Cóndor, S. A.,** Sánchez Pacheco, 81, Madrid, 1977. — 4738.

# Capítulo I

## CONSIDERACIONES INICIALES

SIMBOLISMO COMO USO DE CIERTO PROCEDIMIENTO
RETÓRICO (EL SÍMBOLO) Y SIMBOLISMO COMO NOM-
BRE DE UNA ESCUELA LITERARIA FINISECULAR

El presente libro se propone hablar de una de las técnicas
más originales y propias de la poesía contemporánea, a partir
de Baudelaire: la técnica simbolizadora, de naturaleza irracional. Debo aclarar, de entrada, que una cosa es este simbolismo o irracionalismo técnico, que consiste exclusivamente
en la utilización de símbolos dentro de la expresión poemática,
y otra cosa muy diferente el simbolismo de la *escuela* simbolista francesa, que aunque pueda utilizar, claro está, símbolos,
en el exacto sentido de «procedimiento retórico» que esta palabra tiene en nuestra terminología (de ahí el nombre del movimiento en cuestión), no *consiste* en tal uso: abarca también
otros elementos que se hallan en una relación estructural (y
eso es lo decisivo) con el mencionado [1]. Como se sabe, el sim-

---

[1] Mi tesis acerca del carácter estructural de las épocas literarias y
la relación de estas con las obras concretas de los autores individuales
puede verse en varios trabajos míos, que paso a enumerar: *Teoría de la
expresión poética*, 6.ª edición, Madrid, ed. Gredos, 1977; *La poesía de
Vicente Aleixandre*, 3.ª edición (2.ª de Gredos), Madrid, 1968; «El impresionismo poético de Juan Ramón Jiménez (una estructura cosmovisionaria)», *Cuadernos Hispanoamericanos*, oct.-dic. 1973, núms. 280-282;

bolismo francés, la escuela simbolista en lengua francesa de
fines del siglo XIX y comienzos del XX (exactamente la escuela
formada por la generación llamada de 1885 [2]) es una tendencia

«Prólogo» a las *Obras Completas* de Vicente Aleixandre, Madrid, ed.
Aguilar, 1968; «Prólogo» al libro *Poesía. Ensayo de una despedida*, de
Francisco Brines, Barcelona, Plaza y Janés, 1974; y, en fin, «Prólogo» a la
*Antología Poética de Carlos Bousoño*, Barcelona, Plaza y Janés, 1976.
No es cosa de repetir aquí lo dicho en esas obras. Sólo recordaré, aunque sucintamente, dos cosas: 1.°, el fundamento que me guió en la expo-
sición doctrinal y 2.°, cuál sea la más importante innovación, a mi juicio, de ésta. El fundamento de que hablo consiste en mostrar que toda
época artística se manifiesta como una determinada organización de sus
características, a partir de un elemento central que las ha producido,
como meras consecuencias psicológicas suyas en el ánimo del autor.
Esto, aunque referido no a las épocas, sino a las obras individuales,
estaba, en alguna medida, dicho ya por Bergson, para la filosofía, y por
Ortega, y luego por Pedro Salinas, para la literatura. Lo nuevo, a mi
entender, es esto otro. Tal elemento central, germen, foco o motor de
cada época es siempre, en todo instante histórico, el mismo en cuanto
a lo genérico, un cierto impulso individualista (individualismo: confianza que tengo en mí mismo *en cuanto hombre*). La diferencia entre unas
épocas y otras viene entonces dada, exclusivamente, por el diferente
grado con que ese individualismo se ofrece, grado que, a su vez, tiene
origen social, y eso es lo que confiere a aquél la indispensable objetividad y lo hace vinculante para todos los hombres que viven un determinado tiempo histórico. (Véase la nota 22 a la pág. 87 del presente libro
y sobre todo el cap. XIV de éste y su nota final.)
    El sistema cosmovisionario de cada época permanece *cualitativa-
mente* inmóvil y sólo sufre desarrollos *cuantitativos* mientras el individualismo se halle situado entre dos puntos de una escala, esto es, mientras pase, en su graduación, de un cierto nivel y no llegue a otro que
hace de punto crítico, pues, cuando esto último sucede, sobreviene una
reestructuración, y lo que aparece es una época nueva, con una diversa
colocación de sus elementos en una trama. No son, pues, tales elementos
los que constituyen la época, sino su disposición en un sistema o estructura. El romanticismo, por ejemplo (o el simbolismo) no consiste, por
consiguiente, en la suma de sus características, sino en el sistema de
relaciones que entre sí esas características establecen. Y es que, *una
vez nacida* del modo dicho, cada característica influye estructuralmente
sobre el sentido de todas las otras.
    [2] La constituirían ciertos poetas nacidos, digamos, entre 1855 y 1870.
Si no distinguimos entre decadentes, simbolistas propiamente dichos y
«escuela romana», la lista, como es bien sabido, sería, más o menos,

literaria (y no sólo literaria) afín al modernismo, aunque de ninguna manera coincidente con él. Creo que difícilmente podríamos hallar vocablos más confusos y equívocos, de entre los de la terminología crítica, que estos de «modernismo» y «simbolismo». La razón de tal equivocidad yace, a mi juicio, en el carácter escasamente científico con que se ha abordado hasta ahora el estudio de las épocas literarias. Sólo una consideración estructural podría orillar, acaso con éxito, esas dificultades³. Lo que me importa de momento decir es que

---

ésta: Verhaeren, Rodenbach, Laforgue, Khan, Moréas, Ghil, Samain, Stuart Merril, Vielé-Griffin, Regnier, Saint-Pol-Roux, Lerberghe, Raynaud, du Plessys y Maurras.

³ De un mismo grado de individualismo pueden surgir muy diversas opciones, que se darán o no, según la psicología (profunda y no profunda), la biografía (consciente e inconsciente), la clase social, etc., de cada artista, y según la capacidad de éste para superar o no tales condicionantes; e incluso según la «forma» social de la época como tal, e incluso la del país o región específicos. Las estructuras cosmovisionarias son, pues, resultado de un sistema *de posibilidades*, no *de forzosidades*. Lo único forzoso en cada época es el grado de individualismo que en ella objetivamente se vive, pues tal grado es fruto, tal como indiqué en nota a la página anterior, del acondicionamiento social, que *objetiviza*, efectivamente, en la sociedad, una cierta idea de las posibilidades humanas como tales. Del grado individualista de que se trate (llamémoslo A) brotará, pongo por caso, la característica B, que, a su vez, dará origen a otra C, y ésta a otra D, y así sucesivamente. Pero en vez de esta rama A-B-C-D podría darse otra A-B'-C'-D', o, frecuentemente, las dos de modo simultáneo, o incluso muchas más (aquí no hay límite alguno). Por su parte, cada término B, C, D (o B', C' o D') puede proliferar en todas direcciones. Así, por ejemplo, B en lugar de producir sólo un miembro C podría engendrar varios: $C_1$, $C_2$, $C_3$, etc. Y lo propio les acontecerá a los miembros C, D, etc., que se desarrollarían, en nuestro supuesto, en las series, digamos, $C_1$, $C_2$, $C_3$ y $D_1$, $D_2$, $D_3$, etc. Ahora bien: tanto el modernismo como el simbolismo consisten en una «receta» ideal en que entran varias de estas posibilidades en una determinada dosis. Pero como cada persona particular, cada poeta, por ejemplo, contraría o puede contrariar esa dosis en algún punto o en alguna proporción (pues, como digo, tal dosis sólo existe en el sistema como una posibilidad, y no como algo obligatorio), las mencionadas variaciones habrán de sumir en confusión al crítico que suponga al modernismo o al simbolismo un carácter de entidad absoluta. El simbolismo o el modernismo, etc., son sólo posibilidades, o, si se prefiere, probabili-

la utilización de símbolos como procedimiento técnico de la
expresión poemática es algo que excede amplísimamente, y por
sitios diversos, a la llamada escuela simbolista. Por lo pronto,
el uso de símbolos es anterior a esta última. Aparte de San
Juan de la Cruz, que los utilizó de modo generoso y sistemático[4], los símbolos se dan, aunque esporádicamente, en
algunos románticos[5], y luego en Baudelaire[6], Verlaine[7], Rimbaud, Mallarmé, etc. Pero si en vez de mirar hacia atrás, nuestra
mirada se desplaza hacia adelante, aún es más evidente el des-
bordamiento de que hablamos, ya que la frecuencia y la complejidad de la simbolización en poesía no hizo sino crecer
después del cese de la escuela simbolista. Son muchísimo
más simbolizadores, y de manera bastante más complicada y

dades de una época dada, precisamente la finisecular, época que admitía
también otras soluciones individuales, más o menos afines (y acaso
poco o nada afines) al modelo ideal. Lo que de veras hay en cada período es un grado de individualismo y la suma (innumerable) de sus
posibles consecuencias, una de las cuales, para el período indicado, sería
ese dechado de conducta estética que denominamos, repito, simbolismo o modernismo. En la época fin de siglo había, a mi juicio, entre otras,
estas tres probabilidades más evidentes: 1.º, la rama irracionalista (uso
de símbolos, etc.); 2.º, la rama estecista (que pone el arte, la belleza,
en cuanto impresión artística, por encima de la vida); y 3.º, la rama
impresionista (remito a mi artículo antes citado sobre el impresionismo de Juan Ramón). Según la frecuencia y la intensidad con que se
recayese en estas tres ramas de posibilidades, o prácticamente se rehu-
yese y anulase alguna de ellas, se era modernista y no simbolista, o al
revés, o bien impresionista, etc. (Por supuesto, el tema, para su adecuada inteligibilidad, requeriría desarrollos que la economía de este libro
me impide.)

   4  Véase Jean Baruzi: Saint Jean de la Croix et le problème de l'expérience mystique, 2.ª ed., París, 1931, pág. 223; véase también Dámaso
Alonso: La poesía de San Juan de la Cruz, Consejo Superior de Investigaciones Científicas, Instituto Antonio de Nebrija, Madrid, 1942, páginas 215-217. Véase asimismo mi libro Teoría de la expresión poética,
5.ª ed., Madrid, ed. Gredos, 1970, t. I, capítulo XI, titulado «San Juan
de la Cruz, poeta contemporáneo», págs. 280-302.
   5  Véanse las págs. 106, 113, 134, 135 y 141 (notas).
   6  Véanse las págs. 73 (y nota 11), 85-86, 101, 106 y 114 de este libro.
   7  Véanse las págs. 74-75, 76, 102, 107, 108 y 136.

ardua, por ejemplo, los superrealistas que los simbolistas finiseculares [8].

No vale tampoco hablar de «epigonismo» [9]: los miembros de la generación del 27 en España, o, digamos, Neruda en Chile, o el Eliot de *Four Quartets* o de *Waste Land,* o el Rilke de las *Elegías del Duino,* o, por supuesto, Breton, Aragon o Éluard, de ninguna manera deben considerarse como epígonos del simbolismo finisecular, aunque utilicen, o puedan utilizar los símbolos en cantidades abrumadoramente mayores y, sobre todo, en formas mucho más arborescentes, «difíciles» y espectaculares que en esta última tendencia. Hablar de epigonismo para casos como los indicados, por razón del uso de símbolos me parece tan erróneo como llamar «renacentista» a Dante o bien a Espronceda, Bécquer, Juan Ramón Jiménez, Antonio Machado, Cernuda, Guillén, etc., por la mera razón de que todos ellos coincidan en el empleo de endecasílabos. Lo mismo que el Renacimiento se manifiesta como una estructura, dentro (y no fuera) de la cual el endecasílabo es sólo un ingrediente, el símbolo surge como uno, y sólo uno, de los muchos elementos que, en relación estructural, constituyen la llamada «escuela simbolista». Sacados de la estructura en la que constan, ni el endecasílabo es «renacentista» ni el símbolo (procedimiento retórico) es «simbolista» (escuela literaria) [10].

---

[8] Ese será uno de los puntos que trataré extensamente en mi libro de inmediata publicación *Superrealismo poético y simbolización.*

[9] Tal como hace J. M. Aguirre en su libro *Antonio Machado, poeta simbolista,* Madrid, Taurus Ediciones, 1973, en las págs. 55 («otro de los epígonos del simbolismo, Jorge Guillén»), 64 («Gerardo Diego... un epígono del simbolismo»), etc.

[10] Ya hemos dicho que las características, por sí mismas, no tienen nada que ver con época alguna, pues una época es sólo una estructura. Es la relación de la característica con la estructura, o, enunciado de forma algo distinta, es la incorporación de la característica a la estructura lo que hace a aquella renacentista, simbolista, etc. Repito lo afirmado en el texto: el endecasílabo o el soneto de Dante no son, en absoluto, renacentistas; como tampoco lo son, y por los mismos motivos, el endecasílabo o el soneto de Lorca o de Guillén. Aplíquese idéntico criterio a la consideración del símbolo. Lo mismo que el endecasílabo se dio

BIBLIOGRAFÍA SOBRE EL SÍMBOLO

La bibliografía sobre el simbolismo-escuela resulta ya considerable [11]; pero el análisis que desde esa perspectiva se ha hecho de lo que sea el «símbolo-procedimiento retórico» deja al lector bastante insatisfecho, por la pobreza, externidad, simplicidad y vaguedad de sus conclusiones. Algo, en cierto modo, parecido ocurre, si de aquí pasamos a la bibliografía que del lado de la Lingüística se nos ofrece: encontramos en ella más precisión, pero en una dirección que, contemplada desde nuestros intereses, se nos antoja no menos externa que la otra. El problema se ve también, en efecto, desde fuera: se habla con bastante exactitud de las diferencias y semejanzas que unen y separan a los signos-símbolos de los otros signos: los alegóricos, los emblemáticos y los puramente indicativos. Pero nada hay que se refiera a lo que sean en sí mismo y desde dentro los símbolos; es decir, a lo que nosotros vamos a denominar «proceso preconsciente» que los origina; en consecuencia a cómo se producen y por qué tales recursos en la mente del autor y del lector; ni a cuál sea la razón de sus misteriosas propiedades. Alguna vez, incluso, confunden los lingüistas simbolismo y connotación [12].

tanto antes como después del Renacimiento, el símbolo se dio tanto antes (San Juan de la Cruz, ciertos poetas románticos, y luego Baudelaire, Verlaine, Rimbaud, Mallarmé) como después de la escuela simbolista. Buenos ejemplos de ello los tendríamos en nombres como los de Valéry, Guillén, Aragon, Éluard, Lorca, Cernuda, Aleixandre, etc., etc. Hoy mismo han vuelto a utilizar con frecuencia la simbolización numerosos poetas; pero ni aun en la época realista de la posguerra, tan denodadamente antisimbolizadora, cayó en completo desuso la técnica que nos ocupa.

[11] Véase la bibliografía que recojo en las páginas finales de este libro.

[12] Los lingüistas, como es natural, se han ocupado mucho más, al entrar más de lleno en su principal competencia, de las connotaciones que de los símbolos. Ahora bien: al estudiar las connotaciones se deslizan a veces hacia la consideración del símbolo sin percatarse *de que el símbolo es otra cosa* muy distinta, pariente de la connotación (y

El Psicoanálisis y la Etnología, y aun la Historia de ciertos períodos, por ejemplo, la Edad Media [13] han mostrado, por su parte, en nuestro siglo, la importancia extrema de la simbolización como tendencia general humana; se han estudiado (y más aún a partir de 1964) las tendencias simbolizantes de la mente primitiva y sus relaciones con las costumbres tribales, con los mitos, etc. Pero todo esto, y, como digo, los trabajos, tan distintos, de los psicoanalistas (Freud, Jung, etc.), aunque, desde otro punto de vista, sean, por supuesto, de gran valor y profundidad (y hasta genialidad en algún caso), no han añadido tampoco gran cosa al conocimiento que a nosotros nos importa más. Aquello en que consista el símbolo como tal símbolo en su última y decisiva almendra ha seguido ofreciéndose, de hecho, como asunto intocado.

De todos estos trabajos (bastantes de sumo interés) procedentes de tan distintas disciplinas, saca el estudioso una idea, supongamos que suficiente, de los efectos que produce el símbolo en el ánimo de su receptor (lector o espectador) y hasta el conocimiento de algunos (y sólo algunos) de sus numerosos atributos. Pero nada o muy poco se aprende, insisto, sobre lo que resultaría más sustancial y provechoso para nosotros, a saber: la causa de tales atributos y efectos. Se habla, por ejemplo, de que el símbolo es «la cifra de un misterio» [14]; de

---

de ahí la confusión) pero diferente de ella en puntos esencialísimos. Esta confusión se halla en forma implícita en todos aquellos lingüistas que extienden el concepto de connotación hasta abarcar a cuantas asociaciones, del orden que sea, ostente la palabra. Así, por ejemplo, A. Martinet («Connotation, poésie et culture», en *To honor R. Jacobson*, vol. II, Mouton, 1967). Entre nosotros, el reciente libro de J. A. Martínez (*Propiedades del lenguaje poético*, Universidad de Oviedo, 1975) incurre en idéntica confusión de una manera especialmente explícita (págs. 172, 189 y 450, entre otras). Véase más adelante, el cap. IX del presente libro, donde trato el tema en forma extensa.

[13] J. Huizinga, *El otoño de la Edad Media*, Madrid, ed. Revista de Occidente, 1961, págs. 277-293.

[14] P. Godet, «Sujet et symbole dans les arts plastiques», en *Signe et symbole*, pág. 128. Aluden a esta cualidad de los símbolos numerosos críticos. P. ej., Jean-Baptiste Landriot, *Le symbolisme*, 3.ª ed., 1970, pá-

su tendencia a la repetición [15]; de su naturaleza proliferante [16], emotiva [17], no comparativa sino identificativa [18], de su capacidad para expresar de modo sugerente [19] estados de alma comple-

gina 227; J. M. Aguirre, *op. cit.*, págs. 40, 86, 92, etc.; Ernest Raynaud, *La Mêlée symboliste (1890-1900)*, París, 1920, pág. 92; Charles Morice, «Notations», *Vers et Prose*, t. VII, septiembre-noviembre, 1906, página 81, etc. Entre nosotros, Machado (poema LXI: «el alma del poeta / se orienta hacia el misterio»), Rubén Darío (habla de Machado: «misterioso y silencioso — iba una y otra vez»), etc.

[15] Svend Johansen, *Le symbolisme. Étude sur le style des symbolistes français*, Copenhague, 1945, pág. 219; Anna Balakian, *El movimiento simbolista*, Madrid, ed. Guadarrama, 1969, pág. 134. Precisamente, la repetición hace perder a los símbolos su cualidad de misterio y opacidad, como ya indicó Amiel en *Fragments d'un journal intime*, 27-XII-1880 («cuando los símbolos devienen transparentes ya no vinculan: se ve en ellos ... una alegoría y se deja de creer en ellos»). La conversión del símbolo en alegoría a fuerza de repeticiones explica la división que hace Maeterlinck de los símbolos en dos categorías: símbolos «a priori» (deliberados) y símbolos «más bien inconscientes» (en Jules Huret, *Enquête sur l'évolution littéraire*, 1891, págs. 124-125). Véase también T. de Visan, *Paysages introspectifs. Avec un essai sur le symbolisme*, París, 1904, págs. L-LII.

[16] Jean Baruzi, *op. cit.*, pág. 223; Dámaso Alonso, *op. cit.*, págs. 215-217; Johansen, *op. cit.*, pág. 131; Maeterlinck (en el libro antes mencionado de Jules Huret, *Enquête...*, pág. 127); Verhaeren (en Guy Michaud, *La doctrine symboliste. Documents*, París, 1947, pág. 89).

[17] A. Thibaudet: «Remarques sur le Symbole», *Nouvelle Revue Française*, 1912, pág. 896; H. de Régnier, *Poètes d'aujourd'hui*, 1900. Citado por Guy Michaud, *op. cit.*, págs. 55-56 y 73-76.

[18] T. de Visan, *Paysages...*, ed. cit., pág. LII; Marcel Raymond, *De Baudelaire al surrealismo*, México, Fondo de Cultura Económica, 1960, pág. 43; Juan Ramón Jiménez, *El modernismo. Notas de un curso*, México, 1962, pág. 174.

[19] Es frecuente que los críticos hablen de sugerencia refiriéndose al símbolo, pero sin precisar nunca qué clase de sugerencia es la suya. En mi *Teoría de la expresión poética*, ed. cit., t. II, págs. 320-337, he intentado establecer el carácter irracional de la sugerencia simbólica, a diferencia de otro tipo de sugerencia (precisamente la más frecuente en poesía) que tiene carácter lógico, en cuanto que lo sugerido aparece como tal en la conciencia, y no sólo en la emoción, característica esta última de la sugerencia irracional de los símbolos. No se hace esta distinción (que considero indispensable) entre lo irracional y lo lógico de

jos [20] o una multiplicidad semántica [21], etc.; o, como ya dije, la diferencia con la alegoría [22], o con los signos indicativos de la lengua [23]. Nosotros aludiremos también, por supuesto, a las propiedades de los símbolos; pero sólo en cuanto consecuencias de la índole misma de estos, la cual es, precisamente, en mi criterio, su irracionalismo (dando a tal expresión un determinado sentido, que pronto hemos de ver). De este enfoque

la sugerencia en la bibliografía sobre el símbolo. Se habla de sugerencia, y nada más. Así, Mallarmé en un texto muy conocido (Huret, *op. cit.*, pág. 60); Régnier, *Poètes d'aujourd'hui*, 1900. Citado por Michaud, *op. cit.*, págs. 55-56 y 73-76; Charles Morice, en Huret, *op. cit.*, pág. 85; Visan, *op. cit.*, pág. XLIX.

Y sin embargo, la relación entre el símbolo y lo inconsciente ha sido manifestada por varios autores (por ejemplo, Philip Wheelwright, *Metaphor and Reality*, Indiana University Press, 6.ª ed., 1975, pág. 94; dice en esa página que el símbolo «se nutre de una multiplicidad de asociaciones relacionadas la mayor parte de las veces de manera subconsciente y sutil»); esa relación con el inconsciente aparece más manifiesta y estudiada en los psicoanalistas, a partir de Freud. Jung llega a la especificación (a la que me incorporo) de «preconsciente» (C. C. Jung, «Introduction» a Victor White, O. P., *God and the unconscious*, 1952, Collected Works, vol. II, Londres, 1958, pág. 306). Otros autores son mucho más imprecisos. Hemos visto a Maeterlinck decir que los verdaderos símbolos son «*más bien* inconscientes», involuntarios (Huret, *op. cit.*, pág. 124-125). Algo semejante en Visan, *op. cit.*, págs. L-LIII. Durand habla de que «el inconsciente es el órgano de la estructuración simbólica» (Gilbert Durand: *L'Imagination symbolique*, París, Presses Universitaires de France, 1976, pág. 56). La posible concienciación de los símbolos era también cosa conocida (Amiel, *op. cit.*, 27-XII-1880). Pero de estas consideraciones generales no se pasaba nunca hacia mayores precisiones.

[20] Edmund Wilson, *Axel's Castle*, Nueva York, 1936, págs. 21-22; Marcel Raymond, *op. cit.*, pág. 41; Georges Pellisier, «L'évolution de la poésie dans le dernier quart de siècle», *Revue de revues*, 15-III-1901; Mallarmé (en Huret, *op. cit.*, pág. 60).

[21] Barbara Seward, *The symbolic rose*, New York, 1960, pág. 3.

[22] Gilbert Durand, *op. cit.*, págs. 9-19; Albert Mockel, *Propos de littérature*, 1894 (en Michaud, *op. cit.*, pág. 52); Fr. Creuzer, *Symbolik und Mythologie der alten Völker*, I, pág. 70; P. Godet, *op. cit.*, pág. 125; Olivier Beigbeder, *La symbolique*, París, Presses Universitaires de France, 1975, pág. 5; J. Huizinga, *op. cit.*, pág. 281.

[23] Gilbert Durand, *op. cit.*, págs. 9-19.

diferente, nuevo en lo esencial, nacerán todas las demás discrepancias entre el presente libro y cuantos le han precedido
en el estudio del tema. Creo, por eso, poder decir que la obra
que ahora emprendemos intenta explorar la naturaleza del
símbolo literario en una dirección prácticamente desconocida
que espero habrá de rendirnos un conocimiento más exacto y
complejo de nuestra específica cuestión, conocimiento que,
además, tal vez, de rechazo y *mutatis mutandis*, pueda ser
generalizado con provecho hacia las otras disciplinas intere-
sadas hoy en el simbolismo.

LAS FRONTERAS DE NUESTRO ESTUDIO

Un último punto debo tocar aún brevemente antes de dar
por terminado este primer capítulo. Me refiero a los límites
estrictos que nos impondremos en la consideración del objeto
de nuestro estudio. Lo que me propongo investigar es el irracionalismo o simbolismo poético contemporáneo, pero sólo en
una como vista panorámica general, sin entrar para nada, en
principio, ni en problemas de historia, ni en las diferencias
específicas que evidentemente existen entre las varias maneras de producirse ese simbolismo o irracionalismo en las
sucesivas etapas que, en el desarrollo de tal recurso a lo largo
del tiempo, pueden fijarse, y que son, en nuestra cuenta (dejando aparte su último rebrote en la actualidad), tres: 1.º, el
simbolismo de los simbolistas de la escuela francesa así llamada y sus allegados de otros países (en España, A. Machado,
por ejemplo, o el primer Juan Ramón Jiménez); 2.º, el simbolismo de los poetas aún no vanguardistas, pero posteriores a
los considerados en el punto precedente (así, el Lorca de las
*Canciones* y del *Romancero Gitano*, o el Juan Ramón de algunas de las «Canciones de la nueva luz»); y 3.º, el simbolismo
de los superrealistas. Este enfoque especificador de discrepancias constitucionales, entre los diversos irracionalismos que se
han venido sucediendo, merecía, en mi criterio, un libro aparte, que tengo ya escrito y pronto aparecerá con el título de

*Superrealismo poético y simbolización.* Y es extraño: al realizar la equiparación entre las distintas formas de la irracionalidad poemática resulta qué, según he creído comprobar, se arranca tal vez al símbolo en su aspecto general un inesperado último secreto más significativo y recóndito, que, curiosamente, sólo podía reconocerse desde ese enfoque comparativo. Pero antes de llegar a ese punto final era preciso deslindar, minuciosamente, otros importantes extremos, que van a constituir, justamente, la materia de nuestras actuales reflexiones.

Como acerca del símbolo había hablado yo ya en mi *Teoría de la expresión poética* [24], y antes en mi libro sobre Aleixandre [25], y aún en *El comentario de textos* [26], no sorprenderá al lector que en algunas de las presentes páginas me haya visto precisado a repetir conceptos establecidos por mí mismo en tales obras, aunque por supuesto, he procurado que tales reiteraciones se limiten a lo ineludible. Para ampliar los puntos ya tratados por mí antes y ahora sólo esquematizados, el lector deberá, en consecuencia, ir, si así lo desea, a las mencionadas publicaciones.

---

[24] Desde su primera edición en Gredos (1952) hasta la 6.ª (Gredos, 1977), que casi cuadriplica su tamaño inicial y donde trato el tema, por tanto, con bastante más extensión.

[25] Primera edición, Madrid, ed. Ínsula, 1950; 2.ª ed. de Gredos, Madrid, 1968.

[26] *El comentario de textos*, de varios autores, Madrid, Editorial Castalia, 1973, págs. 305-338. El capítulo firmado por mí al que aludo se titula «En torno a 'Malestar y noche' de García Lorca» (págs. 305-338).

# LAS DIVERSAS FORMAS
# DE IRRACIONALISMO

CAPÍTULO II

# LA GRAN REVOLUCIÓN DE LA POESÍA CONTEMPORÁNEA

## EL IRRACIONALISMO VERBAL O SIMBOLISMO

La poesía occidental (y *mutatis mutandis,* las demás artes) lleva algo más de siglo y cuarto desarrollando (aunque con intervalos más o menos largos de «descanso» y aparente olvido)[1] una gran revolución en su técnica expresiva. He dicho una *gran* revolución, pero tal vez convendría ser más exacto diciendo que esta gran revolución es la *mayor* revolución que ha habido en la poesía desde los tiempos de Homero. Consiste en el uso de lo que vengo llamando, desde hace bastantes años, «irracionalismo» o «irracionalidad», pero que puede recibir, asimismo, los nombres, más convencionales, de «símbolo» o «simbolismo». En este libro, usaremos todos esos apelativos indiscriminadamente para designar un solo y mismo fenómeno, al que podríamos empezar por definir, en un primer intento de precisión, diciendo: el irracionalismo o simbolismo consiste en la utilización de palabras que nos emocionan, no o no sólo en cuanto portadoras de conceptos, sino en cuanto portadoras de asociaciones irreflexivas con otros conceptos que son los que realmente conllevan la emoción. Ésta, la emoción,

---

[1] Uno de esos «descansos» u «olvidos» fue la época del «prosaísmo modernista»; otra, la época de la posguerra española, especialmente entre los «poetas sociales» (pero, como digo, no sólo entre ellos).

no se relaciona entonces con lo que aparece dicho por el poeta (la literalidad o al menos el significado lógico indirecto[2] del «simbolizador» —denominemos así al término que simboliza): se relaciona con un significado oculto (oculto también, por supuesto, para el propio poeta) que es el verdadero sentido de la dicción poemática (llamémoslo desde ahora «el simbolizado» o «significado irracional»), y que sólo un análisis extraestético (que el lector como tal no realiza, ni tiene por qué realizar) podría descubrir.

Con el empleo de esta nueva fórmula, la poesía da un giro de noventa grados en el modo de producirse, y por eso hemos podido afirmar, sin tomar precaución alguna para matizar nuestras palabras, que se trata de la mayor revolución que jamás haya experimentado el arte de la palabra desde los primeros tiempos hasta hoy. Asombraría que nadie se haya tomado la molestia de analizar de verdad y a fondo tan esencial fenómeno[3], si no supiésemos hasta qué punto las ciencias del

---

2 En este libro vamos a llamar «significado lógico» al significado que aparece como tal en la conciencia, a diferencia del significado irracional, que sólo aparece en esta última de modo emotivo. Lo que digo en el texto es que, a veces, la emoción que experimentamos como lectores no se relaciona con lo dicho lógicamente por el poeta, sea de un modo directo (véase más adelante el análisis del verso lorquiano «los caballos negros son»), sea de un modo indirecto, por ejemplo, a través de una metáfora tradicional (que siempre nos proporciona un significado «lógico» —en el sentido que acabamos de precisar—): pronto analizaré, en ese sentido, el verso lorquiano «jorobados y nocturnos»: la palabra «jorobados» es, evidentemente, una metáfora tradicional, pues su significado aparece en nuestra conciencia: «inclinados sobre el caballo», como diré en el texto. Por tanto, ese significado que llamo «lógico» no siempre es el significado literal o denotativo de la expresión, como cree J. A. Martínez (véase su libro *Propiedades de la poesía*, Universidad de Oviedo, pág. 451), cuando comenta mi terminología al respecto. Era preciso, por ello, emplear otra designación, que hallé, precisamente, en la indicada: significado lógico.

3 En el capítulo anterior, he hablado de la bibliografía sobre el símbolo. Véase, además, la bibliografía que va en las págs. 436 y sigs. de este libro. Pese a lo mucho que se ha escrito sobre el símbolo, creo que puede sostenerse con energía lo dicho en el texto, que no es, en

espíritu (y especialmente el estudio de la poesía) han tenido hasta hace relativamente poco tiempo, con más frecuencia de la debida, un tratamiento tan alejado de todo intento de precisión. Y esa tarea (procurar la precisión en las ciencias del espíritu) es, en realidad, por tanto, la tarea esencial de nuestro tiempo. Veamos, pues, en qué consiste lo revolucionario de la poesía contemporánea.

EMOCIÓN SIN INTELIGIBILIDAD

Hasta el período que llamamos así («contemporáneo»), iniciado en Baudelaire para la poesía francesa, y en Rubén Darío y los premodernistas para la poesía hispánica, la emoción artística era resultado de que previamente el lector se hacía cargo de la significación lógica. En consecuencia, primero «entendíamos», y después, precisamente porque habíamos entendido, nos emocionábamos. El gran cambio que introduce la poesía, el arte, en general, de nuestro tiempo, en una de sus vetas esenciales, consiste en volver del revés esta proposición, pues, ahora, en esa veta de que hablo, primero nos emocionamos, y luego, si acaso, «entendemos» (cosa que, por otra parte, es, desde el punto de vista estrictamente estético, innecesaria por completo). Dicho de otro modo: si «entendemos», entendemos porque nos hemos emocionado, y no al contrario, como antes ocurría. La explicación de tan extraño fenómeno la tenemos en lo que más arriba dijimos al definir la irracionalidad: en el hecho de que la emoción procede de una significación que se ha asociado inconscientemente al enunciado poemático, y que, por tanto, permanece oculta.

---

este caso, sino copia de lo que hace ya muchos años afirmaba yo en mi *Teoría de la expresión poética.*

EL PRIMER TIPO DE IRRACIONALIDAD:
SIMBOLISMO DE REALIDAD O LÓGICO

En un trabajo reciente, he dividido la irracionalidad verbal en tres tipos fundamentales, que he distinguido, simplemente, por un número: tipo «primero», tipo «segundo» y tipo «tercero». En el «primer tipo» (que coincide exactamente con lo que pronto voy a denominar aquí «símbolo de disemia heterogénea», o con mayor simplicidad, «símbolo heterogéneo»[4]: luego me ocuparé de esta otra clasificación de mayor especificidad), en ese «primer tipo», aunque lo esencial sea la asociación irracional (esto es, no consciente) con su consecuencia emotiva, existe *también* un significado lógico, que no tiene nada que ver con el primero, con el irracional asociado, y hasta que le es, a veces, en cierto modo, opuesto (de ahí el nombre de «simbolismo heterogéneo» que abreviadamente le concederemos), por lo que la emoción (relacionada con la significación irracional) *se nos aparece como «inadecuada» con respecto a lo que lógicamente ha expresado el poeta*[5]. Cuando Lorca escribe:

---

[4] En dos trabajos míos, he dado a ese tipo de simbolismo un nombre más breve: «símbolo disémico». El cambio que ahora introduzco se debe a que los símbolos de tipo opuesto que luego llamaré «homogéneos» pueden ser también disémicos y hasta polisémicos. La diferencia entre ellos, como hemos de comprobar, no es, pues, la disemia o la monosemia de su significación simbólica, como yo antes pensaba (a unos, los denominé, repito, símbolos disémicos; a los otros, símbolos monosémicos). La diferencia consiste en que la disemia de los primeros resulta, en efecto, heterogénea, en cuanto que la expresión de que se trate une, a un sentido lógico, un sentido irracional; y la disemia o la polisemia de los otros símbolos es homogénea, pues todos sus distintos significados (si los posee) son irracionales. Los símbolos heterogéneos (llamémoslos abreviadamente así) son símbolos disémicos, por definición; los símbolos homogéneos pueden ser monosémicos, disémicos o polisémicos. Vaya esta nota por delante para no llevar confusión al ánimo de posibles lectores de mis otras penetraciones en el tema.

[5] La inadecuación de la emoción simbólica puede ser cualitativa o cuantitativa. Cualitativa, cuando, por ejemplo, el poeta dice algo emo-

> Los caballos negros son.
> Las herraduras son negras.
> Sobre las capas relucen
> manchas de tinta y de cera.
> Tienen, por eso no lloran,
> de plomo las calaveras.
> ........
> Jorobados y nocturnos,
> por donde animan ordenan
> silencios de goma oscura
> y miedos de fina arena.
>
> («Romance de la Guardia Civil española»).

las expresiones «caballos negros», «herraduras negras» *que no son en sí mismas negativas* contribuyen al clima negativo de toda la estrofa (he ahí la «inadecuación emocional» que caracteriza *y denuncia* la existencia misma del procedimiento en cuestión, invisible por definición en principio)[6], en cuanto que esas expresiones se asocian, involuntariamente y sin que nos demos cuenta de ello, con «noche»; y como en la noche estamos privados de algo vital que es la vista, la noción «noche» atrae, de ese mismo modo irreflexivo, otras nociones sucesivas como «no veo», «tengo menos vida», «estoy en peligro de muerte», y, finalmente, «muerte», que es el término decisivo o «sim-

---

cionalmente neutro, indiferente o incluso, digamos, «bueno» y sentimos una emoción negativa (caso de «los caballos negros son» que a renglón seguido analizo en el texto). Cuantitativa, cuando el poeta enuncia algo, pongo por caso, axiológicamente positivo y experimentamos una emoción también positiva pero cuantitativamente «excesiva» con respecto a la emoción de esa clase que el referente, en nuestra vida real, y en condiciones normales, nos habría de suscitar. De un tipo o de otro (cualitativa o cuantitativamente), el símbolo (de la clase que sea) resulta siempre, en este sentido, «inadecuado» con respecto a la emoción que nos produce (y viceversa, como afirmo en el texto).

[6] Es invisible «por definición en principio» el simbolismo del primer tipo; no así, por supuesto, el del tipo segundo o el del tercero, en que el lector *siente* que hay un significado, aunque ese significado *en cuanto tal* se le oculte: aparece, pues, pero en calidad de *escondido*.

bolizado» [7]. Y es que ese término último será el encargado de darnos la emoción negativa de algo como siniestro que experimentamos. Pero no cabe duda de que, además de decirnos

[7] Gilbert Durand reprocha tanto a Freud como a Lévi-Strauss su intento de traducir los símbolos a significados lógicos, tal como nosotros vamos a hacer también en el presente libro. «El psicoanálisis y el estructuralismo», afirma, «reducen (...) la simbolización a un simbolizado sin misterio» (Gilbert Durand: L'imagination symbolique, París, Presses Universitaires de France, 1976, pág. 43), lo cual equivale a convertir, añade, «el símbolo en signo, o todo lo más en alegoría» (op. cit., pág. 61). «El efecto de trascendencia en una y otra doctrina no sería debido sino a la opacidad del inconsciente. Un esfuerzo de elucidación inte-lectualista anima a Lévi-Strauss tanto como a Freud» (op. cit., pág. 61).
A este reproche habría que contestar que «traducir» un símbolo no supone, de ninguna manera, pensar que tal traducción equivalga al símbolo mismo como tal. El símbolo es sólo una determinada emoción en la conciencia; su traducción, un sentido lógico, sin emoción alguna. El misterio del símbolo nace, justamente, de que su sentido permanece oculto para la conciencia, lo cual no implica una inefabilidad que haya de afectar también al hermeneuta. Lo que sucede, a mi juicio, es que con cierta frecuencia la significación escondida del símbolo no es simple, sino compleja, y hasta muy compleja (véase mi libro de próxima aparición Superrealismo poético y simbolización), pues un mismo simbolizador apunta, por razones perfectamente elucidables, a varios simbolizados (acaso opuestos entre sí) simultáneamente. Estrechar, en tales casos, el símbolo a un significado único sería, en efecto, traicionar la verdadera significación. En suma: lo que nos proporcionan los símbolos es la emoción correspondiente a un cierto significado que como tal permanece no consciente. Este significado resulta, además, en ocasiones, múltiple y hasta cabe que posea, como dije, un carácter contradictorio en cuanto a la relación de sus diversos ingredientes en esa multiplicidad. La emoción correspondiente a tal multiplicidad y contradicción se nos ofrecerá entonces tal vez como sumamente compleja y con mayor misterio. El efecto de trascendencia de los símbolos de que habla Durand no viene dado, pues, en tal caso, por nada imposible de establecer, sino por la índole no consciente del significado simbólico unida a la complejidad, quizás contradictoria, de la emoción; pero ello unido también a la sensación de realidad que nos proporciona el simbolizador (como veremos en las págs. 291 y sigs.). De ningún modo esa trascendencia está impidiendo una traducción que jamás pretende rivalizar con la emoción simbólica misma: su pretensión se reduce, únicamente, a explicar intelectualmente a esta última. La objeción de Durand, carece, pues, a mi entender, de sentido.

«muerte» del modo que acabo de indicar, Lorca, en los versos copiados, quiere también expresar lo que literalmente escribe: que los «caballos» y las «herraduras» son «negros». He ahí la «disemia heterogénea» que caracteriza al primer tipo de irracionalidad, tipo que podría ser denominado entonces, asimismo, «simbolismo de realidad», puesto que posee, aparte de su significado irracional, un significado realista. Ya tenemos, pues, todos los nombres con los que podríamos designar (y con los que designaremos) el fenómeno que nos ocupa: «símbolo» o «simbolismo» «de realidad» o «lógico»; símbolo o simbolismo «de disemia heterogénea» (o simplemente, «símbolo» o «simbolismo» «heterogéneo»); o bien «primer tipo de irracionalismo» o «irracionalidad». Todos estos nombres serán, pues, para nosotros, sinónimos.

Pero, pese a existir un significado conceptual perfectamente entendido por el lector (negrura de «caballos» y «herraduras»), sigue en pie el aserto de ininteligibilidad y de prioridad emocional que antes establecíamos como propias de la revolución estética contemporánea. Pues el verdadero sentido, desde el punto de vista de la emoción poética del trozo copiado (la idea de «muerte»), no es lo que «entendemos», sino, precisamente, *lo que no entendemos*. Y si logramos posteriormente «entender», es sólo a fuerza de analizar extraestéticamente *lo que hemos sentido*, prueba de que eso que hemos sentido se nos había presentado como anterior a la comprensión misma. Lo característico es que, en el caso de inhabilidad por nuestra parte para penetrar en la significación oculta, no por eso nos estaremos comportando como «malos lectores»: el fenómeno estético como tal *es anterior* a esas formas de exégesis, y, por tanto, no tiene, en sentido propio, cosa que ver con ellas.

Lo dicho para los simbolizadores «de realidad» (llamémoslos así) «caballos negros», «herraduras negras» vale también para la palabra «jorobados» que viene después, pues este vocablo, dentro del contexto en que se halla, suscita en nosotros, como en el otro caso, una emoción igualmente negativa, incasable y completamente extraña al contenido lógico que posee dentro del poema, con el que, sin embargo, se halla en contacto

aparente. En el poema, la voz «jorobados» significa sólo «inclinados sobre el caballo», y tal complejo conceptual o el hecho
que representa (inclinación sobre el caballo) no ostenta negatividad ni turbiedad algunas. En cierto trabajo mío [8] pretendí
mostrar que si, pese a todo, la emoción negativa de esa especie se producía era también debido a una asociación «irracional»: el vocablo «jorobados», en el sentido de «inclinados
sobre el caballo», leído en el contexto lorquiano, se nos junta,
en inseparable compañía inconsciente, con otro *distinto*: con
«jorobados» en el sentido de «jorobados», o sea, de «hombres
con joroba», monstruosidad que al ser entendida por el lector
(aunque de modo irreflexivo) en sentido espiritual, y calificar
no a los cuerpos, sino a las almas de los protagonistas, se
convierte en noción que sí se corresponde con el tipo de emoción producida.

EL SEGUNDO TIPO DE IRRACIONALIDAD: EL
SIMBOLISMO DE IRREALIDAD O ILÓGICO

La «segunda» forma de irracionalidad (donde habrían de
incluirse los que más adelante denominaremos «símbolo homogéneo» [9], «imagen visionaria» y «visión») sería aquella en donde
hubiese desaparecido por completo el significado lógico: lo
podríamos denominar también «simbolismo de irrealidad» o
«ilógico». Y es que, en ese «simbolismo» o «irracionalidad», las
palabras poemáticas, aunque emocionantes, no tendrían aparentemente sentido alguno, pues el que tuviesen se hallaría
escondido entre los pliegues de la emoción, estaría *implicado*
en ella, metido en la *plica* o sobre de nuestro sentimiento. Así,
cuando Aleixandre dice: «mientras los muslos cantan», el hecho de cantar los «muslos» carece de todo significado inmediatamente inteligible, y el que podamos reconocer en la expresión, sólo aparece en nuestra mente, tras interrogar a la
emoción que previamente hayamos experimentado. Y así,

---

[8] *Teoría de la expresión poética*, ed. cit., t. II, págs. 325 y sigs.
[9] Véase la nota 4 a la pág. 24.

llegamos a concluir (pero sólo, repito, de ese modo final y postemotivo) que Aleixandre ha aludido con ese simbolizador «de irrealidad» (tal sería su nombre adecuado) a lo hermoso y arrebatado de unos muslos en función amorosa, aunque ello, claro está, dentro de su contexto, que no he copiado [10].

### IRREALISMO IRRACIONAL E IRREALISMO LÓGICO

No confundamos este irrealismo irracional con el irrealismo «lógico» de las metáforas que en el presente libro llamaremos «tradicionales»: me refiero a las usadas en todo el vasto período previo al contemporáneo. Pues ocurre que también esas metáforas («pelo de oro», «mano de nieve», «dientes como perlas», «mejillas como rosas») utilizan expresiones «irreales». Es obvio que no existen ni pueden existir, en sitio alguno, entes como los mencionados en el paréntesis. Pero la diferencia entre tales dislates y los que se encierran en lo que venimos denominando «segundo tipo de irracionalidad» o «simbolismo irreal» (o «ilógico») es, pese a todo, radical. No sobra que nos detengamos un instante en la puntualización de tan decisivo asunto. Al oír las expresiones tradicionales que acabo de citar («pelo de oro», «mano de nieve», etc.) nuestra mente, tras fracasar en el empeño de encontrarle al dicho de que se trate un sentido *literal* inteligible, busca la relación *lógica* que pueda mediar entre los dos términos emparejados irrealmente. Y como esa relación *existe*, la razón del lector *la encontrará*, sin duda, pronto. Veamos. No hay, ciertamente, en el mundo, «pelos de oro» ni «manos de nieve», mas ¿no existe algo (por ejemplo, alguna cualidad) que sea común a «pelo» y a «oro»,

---

[10] Helo aquí:

> Pero no. ¡Juventud, ilusión, dicha, calor o luz,
> piso de mármol donde la carne está tirada,
> cuerpo, cuarto de ópalo que siente casi un párpado,
> unos labios pegados mientras los muslos cantan!
>
> («Juventud», de *La destrucción o el amor*.)

a «mano» y a «nieve»? Y resulta que sí: que el «pelo» puede
tener un color que se parece al del oro; que la «mano» puede,
por su parte, evocar, por su cromatismo, el del meteoro en
cuestión. Y al hallar un punto, el susodicho, de rigurosa coincidencia o proximidad entre los elementos que se nos han jun-
tado en monstruoso ayuntamiento verbal («mano de nieve»,
«pelo de oro»), nuestra mente, que ha rechazado antes la literalidad del enunciado poemático, se queda ahora, retiene y
hace suyo este otro significado que se le ofrece como inteligible, y al que vamos a llamar y hemos llamado ya significado
«lógico», en el sentido (*y sólo en el sentido*) de que aparece
con claridad en la conciencia [11], en marcado contraste con el
significado irracional o simbólico, que, como dije, jamás en el
instante de la inmediata lectura se nos hace consciente. Ahora
bien: frente al simbolismo irreal (tal el de la frase «mientras
los muslos cantan») la racionalidad del lector actúa, en principio, de un modo semejante a como actúa cuando se trata de
irrealidades lógicas, sólo que el desenlace del conflicto varía
profundamente. Y así en la primera de estas dos posibilidades,
pretendemos, *primero*, entender la literalidad del aserto; pero
los «muslos» de que tenemos noticia en el mundo de la experiencia, son un obstáculo a nuestro intento, ya que no pueden
«cantar». Al mostrársenos así como insensata la «letra» de la
sentencia que el autor nos propone, recurrimos, en *segunda*
instancia, al arbitrio que, en el otro caso, en el caso de las
metáforas tradicionales, habíamos ensayado con éxito: ¿existe
algún vínculo racional entre «muslos» y el hecho de «cantar»?
Es aquí donde tropezamos con la revolucionaria innovación de
la poética contemporánea, pues, sin duda, la respuesta al interrogante ha de ser negativa. Desesperados antes de un posible sentido lógico directo, lo somos ahora de cualquier sentido
indirecto de esa clase: no podemos dar, en efecto, con sentido

---

[11] A todo lo largo de este libro usaré, como ya dije, las expresiones
«significado lógico» o «racional» para referirme al significado que aparece
en la conciencia; y significado «irracional» al que *no aparece* en ella, aunque *esté* en ella a nivel emocional.

lógico alguno que enlace del modo que sea el concepto de
«muslos» y el de «canto». ¿Qué hacer? Para salvarnos del
fracaso semántico que nos amenaza como definitivo, recurrimos,
de modo automático, a un expediente tercero (y último), que
es «dejarnos ir», esto es, cerrar los ojos y permitir que las palabras del poeta segreguen, por sí mismas, en nuestro ánimo sus
posibilidades de emoción: a falta de pan, diríamos popular-
mente, buenas son tortas; o en dicción menos desgarrada:
carentes de sentido lógico, contentémonos con un sentido emotivo, puesto que las emociones (*todas las emociones*) implican
significados: mi miedo en la selva interpreta la selva como
peligrosa; mi simpatía por Pedro interpreta a Pedro en sus
buenas cualidades. Toda emoción es significativa, aunque no
a nivel lúcido; es, en rigor, una teoría acerca de algún aspecto
del mundo, y por eso, el fallo de la logicidad en nuestro espíritu de lectores nos lleva al uso de este recurso (menos grato
para la razón, pero utilizable por ella), que es la emoción. La
emoción nos hace al menos *sentir*, ya que no *saber*, un significado, y nos permite descansar así del inhóspito vacío semántico
en que desagradablemente nos hallábamos. Pero afirmar que
en estos casos de expresión poemática irreal nos abandonamos
a la posible emotividad de ese decir incomprensible vale tanto
como sentar que, en tal circunstancia, nos ponemos en disposición de que las palabras del poeta emitan sus asociaciones
en cadena. ¿Dónde? No en nuestra conciencia, sí en nuestro
*preconsciente*. Y de tales asociaciones, *la última es la que se
responsabiliza de la emoción suscitada*. Así la expresión «mientras los muslos cantan» se asocia preconscientemente *con la
emoción* de «música arrebatada, alegre, hermosa» y ese término se asocia, a su vez, con *la emoción de* «arrebato, alegría,
hermosura». El proceso mental del poeta (proceso que en
adelante llamaremos «proceso X») sería entonces:

mientras los muslos cantan [= música arrebatada, alegre, hermosa = arrebato, alegría, hermosura =] emoción de arrebato,
alegría, hermosura *en la conciencia* [12].

---

[12] Si quisiéramos mayor precisión, el esquema sería más bien, tal
como indiqué en el análisis:

de modo que la irrealidad expresada por el autor («mientras
los muslos cantan») viene a simbolizar, como ya dije, ese
término final de la serie asociativa («arrebato, alegría, hermosura»). Quiero advertir desde ahora que, a todo lo largo de
este libro, pondré, entre paréntesis cuadrados, dentro de los
esquemas simbólicos que utilicemos (tal como hemos hecho
en el recién apuntado), los términos que permanezcan en el
preconsciente (el preconsciente, en este caso y en todos los
del presente libro [13], del lector) y pondré fuera de tales parén-

_____

> «mientras los muslos cantan» [≡ emoción de «música arrebatada,
> alegre, hermosa» = emoción de «arrebato, alegría, hermosura» =]
> emoción de «arrebato, alegría, hermosura».

Siempre que hay simbolismo, se da un proceso de tipo semejante a
éste, incluso, por supuesto, en el simbolismo de realidad. Probémoslo
para el caso de «los caballos negros son»:

> «los caballos negros son» [= emoción de «noche» = emoción de
> «no veo» = emoción de «tengo menos vida» = emoción de «me
> acerco a la muerte» —o de «estoy en peligro de muerte»— = emo-
> ción de muerte =] emoción de «muerte» en la conciencia.

Nosotros, en los esquemas sucesivos, simplificaremos la fórmula, y
sólo pondremos, tal como va en el texto, la indicación «emoción de»
en el término concienciado que se sitúa fuera de los corchetes (en el
texto explico, a continuación, el significado de estos últimos). Así, en el
caso de «jorobados» («jorobados y nocturnos») del mismo poema, nuestra esquematización simplificada sería como sigue:

> «jorobados» (en el sentido de «inclinados») [= jorobados (en el
> sentido de «hombres con joroba») = monstruos físicos = mons-
> truos espirituales (personas de mala índole) =] emoción de mons-
> truos espirituales (personas de mala índole)

aun cuando, como en el caso anterior (y en todos los casos) la verdadera transcripción sería:

> «jorobados» (en el sentido de «inclinados») [= emoción de «joro-
> bados» (en el sentido de «hombres con joroba») = emoción de
> «monstruos físicos» = emoción de «monstruos espirituales» (de
> «personas de mala índole») =] emoción de «monstruos espirituales»
> (de «personas de mala índole»).

_____

[13] En el otro libro de inmediata publicación que ya mencioné (*Superrealismo poético y simbolización*) haré lo mismo con los procesos *Y,*

tesis los términos que resulten lúcidos. Y así, en el anterior extracto, intento expresar como consciente en el lector el miembro inicial o simbolizador («mientras los muslos cantan») y el final o simbolizado («*emoción* de arrebato, alegría, hermosura»), pero no la *noción* misma de identidad de ese término final y el que le precede en el flujo confundente (de ahí que el signo = quede dentro del paréntesis cuadrado), ni tampoco el significado como tal de la emoción (es consciente la *emoción* de arrebato, etc., pero no lo que tal emoción significa). Las asociaciones sucesivas (que, como vamos viendo, son las que finalmente dan lugar al significado simbólico o simbolizado, siempre puramente emocional) se presentan en nuestro preconsciente (de eso tendremos larga noticia pronto) como rigurosas ecuaciones de que no nos llega referencia alguna a la conciencia, ecuaciones cuyas propiedades (muy distintas a las que se constituyen como tales en la mente despierta: por ejemplo, «pelo de oro») hemos de exponer más adelante. Debo aclarar también que, aunque el significado simbólico sea, en efecto, irracional, y por lo tanto, no podamos hacernos cargo de él, a nivel lúcido, en el instante de la lectura, sí nos hacemos cargo, a ese nivel, del sentimiento o emoción correspondiente [14] (por eso, en el esquema, tal emoción va colocada fuera de los corchetes). ¿A qué se debe esto? La cosa está clara: se trata de una mera concienciación. En efecto: el último miembro de las ecuaciones preconscientes (en nuestro caso, la compleja *emoción* de «arrebato, alegría, hermosura») se conciencia y aparece así en la mente despierta como lo que era en el pre-

o del autor, que en tal libro, por la índole de su tema, será indispensable transcribir y considerar.

[14] «Es un error superado en la reciente psicología», dice Ortega, «el de limitar este nombre» (se refiere al nombre de «sentimiento») «a los estados de agrado y desagrado, de alegría y tristeza. Toda imagen objetiva, al entrar en nuestra conciencia o partir de ella, produce una reacción subjetiva (...). Más aún: esa reacción subjetiva no es sino el acto mismo de percepción, sea visión, recuerdo, intelección, etc.» (José Ortega y Gasset: «Ensayo de Estética a manera de prólogo», en *Obras Completas*, VI, Madrid, ed. Revista de Occidente, 1947, pág. 260).

consciente: como una mera emoción, un puro sentimiento (que nosotros, los lectores, atribuimos «erróneamente», digamos, al simbolizador). Esa emoción, consciente ya, repito, tras haberse presentado antes como el último eslabón de las ecuaciones no lúcidas, de ser analizada, se manifestaría como envolvente y encubridora de un significado (irracional, por consiguiente, pero expresable lógicamente, caso de ser escrutado de manera extraestética). Aludo al significado de «arrebato, alegría, hermosura».

De todo lo anterior, saquemos, finalmente, una importante conclusión: todo simbolizado (en los capítulos XI y XII desarrollaremos debidamente esta idea) es fruto de una sucesión de identidades emotivas y preconscientes (de índole metafórica o metonímica) que nunca tiene menos de tres miembros (A [= emoción de B = emoción de C en el preconsciente =] emoción de C en la conciencia [15]) y que a veces tiene muchos

---

[15] A veces parece haber sólo dos miembros (A [= B =] emoción de B en la conciencia); pero como, según diremos más adelante, la identidad entre A y B, al ser preconsciente y no hallarse, en consecuencia, sometida al control racional, y al resultar por ello «seria» (es decir, no lúdica como lo son las identidades de las metáforas conscientes, *verbi gratia*, «mano de nieve») y, además, «totalitaria», de hecho los términos son tres: A se asocia primero con aquella porción de B en que A y B en efecto coinciden (en el ejemplo lorquiano, «caballos negros = negrura de la noche») y luego esa porción de B (llamémosla $b_1$) se asocia con el resto de B (llamémoslo $b_2$) en que A y B discrepan por completo (en el mismo ejemplo de Lorca, «caballos negros = negrura de la noche = noche en cuanto productora de ceguedad en mí»). Los «caballos negros» se parecen a la «noche» en el color, pero no en esa propiedad de la noche que nos hace no ver. Decir que A («caballos negros») se asocia con B («noche») en este caso sería evidentemente equívoco. Los términos han sido tres (A = $b_1$ = $b_2$), sin duda. Así sucede siempre, *como mínimo*, cuando hay simbolización. En el caso de los «caballos negros» que acabo de recordar el proceso es aún más largo, como ya dije: «caballos negros [= negrura de la noche = ceguedad que produce la noche = no veo = tengo menos vida = me acerco a la muerte = muerte =] emoción de muerte en la conciencia». Aquí sólo he querido hacer ver que en las ecuaciones preconscientes todo término segundo lleva implícito un tercero, y que por tanto es imposible un proceso simbolizante de sólo dos miembros. Complétese lo dicho aquí con lo afirmado

más, sucesión desencadenada por el simbolizador. La razón de ello se nos hará comprensible no tardando. Lo que importa destacar es que de las ecuaciones desencadenadas sólo la última tiene consecuencias en la conciencia, pero, además, consecuencias de especie sólo emocional, pues toda la serie posee ese carácter emotivo (y además tácito) excepto el simbolizador, que ostenta verbalidad. Las restantes ecuaciones son un mero postulado teórico, pues únicamente pueden hacerse accesibles a través de una elucubración del crítico que intente dar una explicación racional de la emoción «inadecuada» que el simbolizador ha despertado en su espíritu [16].

SIMBOLISMO DE REALIDAD Y POESÍA

Saquemos una última conclusión de todo lo dicho: el símbolo literario que hemos llamado de disemia heterogénea es la única figura retórica cuyo mero estar ahí significa la existencia en su seno de un positivo valor estético. Dicho de otra manera: para el símbolo heterogéneo, ser es ser poéticamente valioso. O en términos aún más claros: decir que en un poema hay un símbolo heterogéneo equivale a afirmar que la expresión de que se habla es verdaderamente poética. No puede haber símbolos de esa clase fracasados, no estéticos, no válidos. ¿Por qué? Porque como este recurso sólo consiste en un proceso preconsciente cuyo último miembro suscita en nos-

por mí en la nota 1 a la pág. 167. Pero debo advertir que la comprensión plena de la presente nota exige el conocimiento del capítulo XII donde se estudian las propiedades de las ecuaciones preconscientes, entre las que figuran la «seriedad», el «totalitarismo», etc., de que hago mención más arriba.

[16] La razón de la «inadecuación» es, repito, muy clara. Si todo simbolismo nace de un esquema como este:

$$A [= B = C =] \text{ emoción de } C \text{ en la conciencia}$$

bien claro está que la emoción (de C) ha de ser «inadecuada» con respecto a A, ya que se trata de la emoción de C y no de la emoción de A que sería lo único pertinente.

otros una emoción, o se da realmente el proceso y por tanto
la emoción poética, o no se da ni el proceso ni la emoción, en
cuyo caso no hay símbolo heterogéneo sino sólo lenguaje realista («lógico», en nuestra terminología). Darse un símbolo
heterogéneo es idéntico, pues, con darse en nosotros la emoción estética, tal como empecé por afirmar. Todo símbolo heterogéneo es, pues, poético, ya que de no serlo no habría
simbolización de especie alguna.

# CAPÍTULO III

## DIALÉCTICA DE LA IRRACIONALIDAD

### LOS DOS PRIMEROS MOMENTOS DEL DESARROLLO CONTEMPORÁNEO DE LA IRRACIONALIDAD: SU CARÁCTER DIALÉCTICO

La poesía contemporánea ha pasado del primer tipo de irracionalidad («los caballos negros son») al segundo («mientras los muslos cantan») según un cambio que por ser vital, tolera, en principio, la simultaneidad de sus distintos momentos, bien que estos se hallen en una relación genética. Quiero decir que, aunque el segundo tipo de irracionalidad («simbolismo de irrealidad» o «ilógico») se origine, por evolución dialéctica [1], a partir del primer tipo («simbolismo de realidad» o «lógico»), pudo haber aparecido, de hecho, en la historia de la poesía, al mismo tiempo que éste, e incluso podría haber aparecido antes. Ello se debe, a mi juicio, al carácter estructural de todo lo que se relaciona con la vida [2], pues, en una estructura, cada

---

[1] Será obvio, para quien lea las páginas de este capítulo, que no uso aquí la palabra «dialéctica» en el estricto sentido hegeliano de tesis, antítesis, síntesis, aunque sí en su sentido de «diálogo»; cada tipo de irracionalidad, según haré ver en seguida en el texto, nace de un diálogo con el anterior (excepto el primero, por definición): de ahí que el proceso sea, en su conjunto y en cada uno de sus detalles, «dialéctico».

[2] Ya que la vida no puede funcionar sino como un todo, esto es, como un organismo, en que cada elemento ha de estar al servicio del conjunto.

elemento implica todos los otros, y como los implica a todos, implica y *supone* también a los que son su causa estructural inmediata. En consecuencia, esta última, por implicación, se da antes, aunque de hecho aparezca después. Dicho con mayor precisión: un elemento B, segundo o tercero, etc., de una estructura, esto es, un elemento *derivado*, inmediata o mediatamente, de otro primero A, puede presentarse con carácter previo, desde el punto de vista cronológico, a éste último, pese a ser una consecuencia suya, porque, en cuanto que está estructurado, su mero «estar ahí» implica la existencia genéticamente anterior del elemento inicial A, que acaso no ha asomado aún ante nuestros ojos, pero que se encuentra ya «puesto», con presencia *virtual*, por el simple hecho de la presencia *real* de su secuela genética. Hecha esta importante aclaración, comprendemos en seguida que la primera forma de irracionalismo (el simbolismo lógico o de realidad), por su misma naturaleza, ha de llevar en su seno, implícita, la posibilidad de la segunda forma, el simbolismo ilógico o irreal. Pues si la emoción, en esa forma primera, no se relaciona, en principio, con el contenido lógico de que la palabra poética es depositaria [3], si este contenido lógico no participa de ningún modo en el nacimiento de tal emoción (su misión poemática, que la tiene en las composiciones donde se da, es otra, en la que ahora no voy a entrar) [4], se sigue que son perfectamente hacederos instantes poéticos, y hasta poemas, donde se suprima toda logicidad sin que por ello le pase nada a la emoción misma, que le es rigurosamente independiente. Ahora bien:

---

[3] Ya he dicho más arriba que significado lógico de una expresión no es, en nuestra terminología, coincidente en todo caso con «significado denotativo», aunque sí con frecuencia.

[4] La función poemática del sentido lógico de un texto que lo tiene también no lógico e incluso «irracional» (usando esta última palabra en el preciso sentido técnico que aquí y en otros trabajos míos le he querido infundir) se estudia en dos momentos de mi mencionada *Teoría*, 5.ª ed. (1970), en la nota al pie de la pág. 233 del II tomo y, sobre todo, con más rigor, en la nota 6 al pie de las págs. 331 y 332 de ese tomo II (en el *Apéndice* titulado «La sugerencia en la poesía contemporánea»).

que la emoción no tiene que ver con tal contenido podría ser
probado, sin más, aparte de los razonamientos anteriores, sir-
viéndonos para ello del mismo fragmento antes copiado del
romance lorquiano. He dicho ya que en ese poema la palabra
«jorobados» quería decir lógicamente «inclinados sobre el
caballo»; pero si en lugar de entenderlo así, lo entendemos
(cosa muy posible) como «hombres con mochila a la espalda
bajo la capa», ¿variaría por ello la calidad o la cantidad de
nuestra emoción? Evidentemente, ninguna de las dos cosas:
prueba indudable, creo, de que tal emoción no se vincula al
significado lógico que otorguemos a esos versos, sino a la
asociación irracional «hombres con joroba» que la palabra
«jorobados», en la composición lorquiana, suscita, sea cual
fuere el concepto que a esta palabra asignemos: bien «hombres con mochila», bien «inclinados sobre el caballo».

### EL TERCER MOMENTO DEL DESARROLLO
### CONTEMPORÁNEO DE LA IRRACIONALIDAD

Y aun acaso (ya veremos el por qué de esa dubitativa cau-
tela) cabría ir, y la poesía contemporánea fue, más lejos: cabría ir a la consecución de un tipo tercero de irracionalidad.
Pues hemos visto que, en el tipo segundo («mientras los muslos cantan»), las palabras que el poeta emplea, aunque definidas
en el diccionario como portadoras de un contenido lógico, se
han desposeído de esa logicidad al entrar en el poema, o, expresado de manera distinta, el lector, ante ellas, no recibe sino
su efluvio irracional, lo cual significa que, al no hacerlo suyo,
el lector, de hecho, ha expulsado y negado el contenido lógico
que esas expresiones tienen en el diario intercambio lingüístico, al ser este contenido impensable ahora, en el interior del
actual texto poemático. Pero si esto es así, parece, a primera
vista, que, dentro del proceso evolutivo de la poesía, podría el
poeta, también aquí, realizar otra operación simplificadora, aná-
loga a la que en nuestra hipótesis, a partir de la primera forma de irracionalidad, dio origen a la segunda. Recordemos. En

la forma primera, había dos significaciones, una irracional, o «simbolizado», y la otra lógica, independientes entre sí y *recibidas las dos* (eso es lo esencial) por la mente del lector. Pero como de entre ambas sólo una, la irracional (el simbolizado), operaba emotivamente, pudo, en el curso de la poesía contemporánea, producirse cierta clase de poemas o de momentos poemáticos, en que se había, dijimos, eliminado la otra, la lógica, instalándose el poeta así en el tipo de irracionalidad «segundo» (simbolismo ilógico o irreal). Pues bien: ahora advertimos que este tipo segundo posee igualmente un elemento al parecer emocionalmente inactivo, un lastre tal vez que tiene todas las trazas de ser inerte, y, en consecuencia, suprimible en otros posibles poemas o instantes poéticos que un concebible cambio en la marcha de la poesía cabría que trajese consigo (y que, en efecto, trajo). Pues no hay duda de que las palabras poemáticas, en el caso de la irracionalidad del segundo tipo o simbolismo irreal, poseen en el diccionario una significación conceptual que el lector no recibe en su psique cuando las lee en el poema. Y si esto es así ¿no sería pensable un modo de poetizar más valiente todavía, en que se hubiese eliminado hasta incluso ese concepto que hemos visto como inoperante, con lo cual nos hallaríamos frente a un tipo «tercero» de irracionalidad? Pero ¿cómo destruir ese ingrediente conceptual de que el lector hace, insisto, caso omiso al leer, y cuya presencia en el poema es así desalmada, cadavérica y puramente física? Hay un medio muy simple para ello: el empleo de lo que, con algún humor, se han llamado «jitanjáforas», esto es, expresiones de pura invención por parte del poeta, voces inexistentes antes en el caudal idiomático, y a las que el autor tampoco les concede ahora, al inventarlas, significación conceptual alguna, y sólo un significado al que nosotros, desde nuestra terminología, llamaríamos «puramente irracional» o simbólico. Aquí yace, justamente, la diferencia entre la jitanjáfora y el mero neologismo, pues a éste, al revés de lo que, como digo, ocurre en aquella, su creador pretende imbuirle, incuestionablemente, desde el instante mismo de su primer uso, un significado lógico.

¿ES POÉTICAMENTE LEGÍTIMO
EL USO DE LA JITANJÁFORA?

Ahora bien: el empleo de esta tercera forma de irracionalidad, la «jitanjáfora» (llamémosla, ¿por qué no?, así) ¿es realmente legítimo, con una legitimidad franca e indudable, parecida a la que sin vacilación ni reticencia concedemos a las
formas «primera» (la «real») y «segunda» (la «irreal»)? Empecemos por reconocer una cuestión de hecho: no hay duda de
que la jitanjáfora ha sido utilizada en la poesía contemporánea [5], a partir del dadaísmo, y aún antes, en la poesía popular,

---

[5] Un conocido ejemplo de Vicente Huidobro, tomado del largo poema «Altazor»:

En la lejanía del cielo besada por los ojos
y al terminar su viaje vomitan el alma de los pétalos
como las golondrinas vomitan el horizonte
y las golondrinas el verano.
Ya no hay tiempo que perder
ya viene la golondrina monotémpora
trae un acento antípoda de lejanías que se acercan
viene gondoleando la golondrina

Al horiñana de la montazonte
la violondrina y el goloncelo
descolgada esta mañana de la lunala
se acerca a todo galope
ya viene viene la golondrina
ya viene viene la golonfina
ya viene la golontrina
ya viene la goloncima
viene la golonchina
viene la golonclima
ya viene la golonrima
ya viene la golonrisa
la golonniña
la golongira
la golonlira
la golonbrisa
la golonchilla

por ejemplo, o influida por lo popular, como cuando Lope, en
un poema en que alude a unas indias americanas, llega a
escribir:

> Piraguamonte, piragua,
> piragua, jevizarizagua.

Y a juzgar por nuestras reflexiones anteriores, nada más natural, parece, que la posibilidad de llegar a la jitanjáfora, en el
desarrollo sucesivo de la poesía contemporánea, una vez que
en esa poesía hubo cobrado ser la irracionalidad irrealista del
tipo «segundo», en que la significación conceptual que la palabra tiene en el diccionario queda, en el poema, como aneste-
siada y sometida a inoperante inmovilización, pues al lector,
vinimos a decir antes, no se le comunica. Sin embargo, una
ligera reflexión nos hace pronto convenir en que la posibilidad
de la jitanjáfora, que se nos ha hecho así innegable, no pertenece al mismo incuestionable orden en el que se hallan las

---

> ya viene la golondía
> y la noche encoge sus uñas como el leopardo
> ya viene la golontrina
> que tiene un nido en cada uno de los dos colores
> como yo lo tengo en los cuatro horizontes
> viene la golonniña
> y siente un vahído la cabeza de la montaña
> viene la golongira
> y el viento se hace parábola de sílfides en orgía
> se llenan de notas los hilos telefónicos
> se duerme el ocaso con la cabeza escondida
> y el árbol con el pulso afiebrado.
>
> Pero el cielo prefiere el rodoñol
> su niño queriendo el rorreñol
> su flor de alegría el romiñol
> su piel de lágrima el refañol
> su garganta nocturna el rosolñol
> el rolañol
> el rosiñol.
> No hay tiempo que perder
> ......

(Fragmento del canto **IV**.)

otras dos especies de irracionalidad, la primera (real) y la segunda (irreal). La posibilidad de éstas es clara y sin tacha ni pero algunos; la de la jitanjáfora, no. Esta última, sólo cumpliendo ciertos ineludibles requisitos puede darse. Pues a pesar de cuanto hayamos hasta aquí dicho, esta forma «tercera» de irracionalidad no tiene, por sí misma y sin más, posibilidad de existencia. Veamos. La jitanjáfora consistiría en que una expresión de nuevo cuño, sin contenido lógico, operase con objetividad en nosotros de manera emotiva, a causa de una asociación no consciente. Pero ¿es esto realizable, en verdad, sin la presencia del concepto dentro del poema, siquiera sea ésta una presencia puramente catalizadora y sin acceso posterior hasta la conciencia de los lectores? Hemos de reconocer que no: la irracionalidad verbal, sea de la clase que fuere, en cuanto conllevadora de vinculante *objetividad*, sólo puede dispararse desde núcleos de significación conceptual o sus equivalentes. Si las expresiones, por ejemplo, «caballos negros» y «herraduras negras» en el romance lorquiano nos producían una emoción grave, pesarosa, etc., se debía a que los adjetivos «negros» y «negras» significaban lógicamente un determinado color oscuro, que por serlo, podíamos relacionar, inconscientemente, con otra realidad, oscura también, la noche, la cual, por asociarse a su vez con «no veo» y en consecuencia con «tengo menos vida» y finalmente con «muerte»[6] nos emociona de ese modo pesaroso y grave, etc., a que acabamos de aludir. La relación entre la asociación irracional «noche» y la noción conceptual de negrura es aquí evidente. Pero ¿y cuando la irracionalidad es de origen puramente fonético (una de las dos especies, por cierto, de irracionalidad que pudo ser usada sistemáticamente con anterioridad a la época contemporánea[7]),

---

6 El proceso X, o del lector, sería, expuesto con más precisión, éste:

Los caballos negros son [= color negro = noche de verdad = no veo = tengo menos vida = estoy en peligro de muerte = muerte =] emoción de muerte en la conciencia (y, por tanto, emoción pesarosa, grave).

7 Véase mi *Teoría de la expresión poética*, Madrid, 1970, ed. Gredos,

como cuando decimos «tic-tac del reloj», por ejemplo? ¿No sería ese el género en el que habría de entrar la jitanjáfora? En tal caso, la jitanjáfora operaría en nosotros emotivamente a causa de la especial índole de su material acústico, y sólo a causa de ella. Pues bien: es sabido desde hace mucho que tal expresividad puramente fonética no resulta puramente fonética más que en cierto sentido que no es el que valdría para rebatir nuestros asertos. Si el sintagma «tic-tac del reloj» se nos hace expresivo (o lo fue originariamente) se debe, sin duda, a sus materiales sonoros, pero no en cuanto desligados del concepto que dentro de sí llevan, sino, al revés, en cuanto, *y sólo en cuanto* unidos a él: la palabra «tic-tac» nos parece expresiva porque imita el sonido del reloj, y, en consecuencia, su expresividad tiene mucho que ver con el concepto «sonido del reloj» que la voz comporta; de forma que esos sonidos, por sí mismos, carecen de toda virtud poética. La palabra francesa «tactique», que ostenta una trama sonora prácticamente idéntica a la del vocablo «tic-tac» de los idiomas francés y español, no posee las virtudes de este último vocablo, porque en la palabra francesa «tactique» la secuencia fónica no evoca el significado conceptual que le es propio: el de «táctica». Y es que la sonoridad verbal sólo aparece como expresivamente vinculante cuando hay onomatopeya, al menos sinestética. Dicho de otra manera: para que se dé la expresividad de esta clase se precisa que la forma acústica *se adecúe*, de alguna manera, al correspondiente significado lógico, *que, por consiguiente, ha de existir con carácter previo.* Y como la jitanjáfora, por definición, carece de él, habríamos de llegar, contra nuestras anteriores suposiciones, a la desilusionadora conclusión de la imposibilidad poética de esta figura retórica. Pues, aunque frente a determinados sonidos totalmente insensatos, yo pueda experimentar ciertos sentimientos, estos sentimientos carecen de obligatoriedad, son puramente personales y sólo referibles a mi individual modo de ser. Podrían prestar-

---

col. Biblioteca Románica Hispánica, t. I, págs. 381-383; véase más adelante, págs. 165 y sigs., del presente libro.

se como tema para un «test» psicológico, pero no resultan utilizables, en principio, como material poemático, cuya naturaleza exige, para ser universalmente comunicable (e incluso para que se me comunique poéticamente a mí mismo) [8] una objetividad que aquí falta por completo. Recuerdo a este propósito un «soneto» constituido todo él por jitanjáforas, escrito y publicado por el dramaturgo Arrabal en un periódico madrileño [9] hace ya algunos años: todos sus vocablos eran, en efecto, entidades fónicas sin sentido conceptual alguno. El resultado negativo de este sistema hubiese resultado predecible con carácter previo a la lectura del texto, pues la jitanjáfora, en sí misma y sin otra ayuda que su propia realidad, no se hace capaz de efectividad poética. ¿Quiere esto decir que tal artificio sea, sin excepciones, condenable? La jitanjáfora puede, sin duda, ser eficaz en un poema, pero para ello ha de gravitar y poner pie en un contexto que lleve adscritos, de un modo u otro, conceptos. La completa ausencia de estos, como en el caso citado de Arrabal, deja sin obligatoriedad la asociación que establezcamos, con la consecuencia de anular la necesaria objetividad artística. Como ejemplo de cuanto aquí digo, tornemos al poema de Lope que antes recordé, y copiémoslo parcialmente:

> Piraguamonte, piragua,
> piragua, jevizarizagua.
>
> En una piragua bella,
> toda la popa dorada,
> los remos de rojo y negro,
> la popa de azul y plata,
> iba la madre de Amor

---

[8] Como diré, con más extensión, en mi libro *Superrealismo poético y simbolización*, de aparición inmediata, la conciencia, en estos casos y en otros muchos semejantes, tacha los productos mentales, que aunque se den en ella, sabe que no son exigidos por el narrador poemático que figura ser el autor (y al que no debemos confundir con el autor propiamente dicho). Demostrar esto exige un desarrollo que el lector de este libro puede encontrar en la mencionada obra.

[9] El *ABC* de Madrid.

y el dulce niño a sus plantas.
El arco en las manos lleva,
flechas al aire dispara;
el río se vuelve fuego,
de las ondas salen llamas.
A la tierra hermosas indias,
que anda el Amor en el agua.
Piraguamonte, piragua,
piragua, jivizarizagua.
Bío, bío,
que mi tambo le tengo en el río.

Yo me era niña pequeña
y enviáronme un domingo
a mariscar por la playa
del río de Bío Bío;
cestillo al brazo llevaba
de plata y oro tejido.
Etc., etc.

¿No es indudable que el fragmento jitanjafórico adquiere en esta composición validez poética gracias a la presencia en el resto de ella de una apoyatura conceptual, tal como suponíamos? Ni «piraguamonte» ni «jevizarizagua» significa nada lógico, pero como en la pieza lopesca se nos habla de «indias», «río», «piraguas», «agua», etc., ocurre que, por un lado, «piraguamonte» se nos asocia con «piragua» y con «monte», y «jevizarizagua» con «agua» y acaso con «jerigonza»; de otra parte, ambas voces, «piraguamonte» y «jevizarizagua», juntas, nos evocan el incomprensible lenguaje («jerigonza») hablado por esas indias a las que el poema se refiere. Comprobamos, en suma, que todo un paisaje (monte, agua, piragua) y un estado psicológico (extrañeza ante una lengua ajena incomprensible) se objetiviza en las jitanjáforas, gracias al contorno conceptual que el poema mismo les proporciona.

Hemos visto, pues, los tres amplios tiempos o compases en que se desenvolvió el proceso fundamental de la poesía contemporánea, y cómo cada uno de esos compases o tiempos se originaba, dialécticamente, en el inmediatamente anterior del que era mera consecuencia lógica. Por supuesto, aunque este proceso, si no he sufrido algún error, haya funcionado con el implacable rigor que acabamos de descubrir, ello no expresa que los poetas hayan necesitado ser conscientes de él y de cada uno de sus términos, pues bien conocido es el carácter intuitivo y vital con que el arte se produce. El artista sabe que puede hacer esto o lo otro, y que ese algo que hace es expresivo; no sabe, en cambio, las razones que tiene para realizar lo que realiza, por más que esas razones existan y operen en su trabajo.

#### TODA EMOCIÓN ES UNA INTERPRETACIÓN DE LA REALIDAD, LUEGO NINGÚN POEMA CARECE DE SENSATEZ

Existen, dentro de la poesía «contemporánea», poemas constituidos en su totalidad por elementos irracionales del tipo «segundo», esto es, por irrealidades simbólicas. Tales composiciones, por tanto (y ello más claramente aún que las pertenecientes al primer tipo), no se «entenderán», aunque sí se «sentirán». Ahora bien: no «entenderse» un poema de esta clase ¿supone la inexistencia de un significado? Ya sabemos, por las implicaciones de lo dicho páginas atrás, que pese a lo que hayan afirmado, a lo largo de nuestro siglo, y sigan asombrosamente sosteniendo hoy ciertas tenaces teorías [10] con raíces en el esteticismo del siglo XIX (sobre todo hacia su final), toda obra artística es últimamente cuerda. Y conste que al formular esto quiero expresar que toda obra de arte posee un significado finalmente estrechable, en reducción, por supuesto desvirtuadora, a un enunciado conceptual: si hay emoción, como ha de haberla, por definición, en todo poema que lo sea, forzosamente existirá un significado de esa índole, en cuanto que, como ya dije, toda emoción es una interpretación de la realidad, y, por tanto, resulta, en rigor, una verdadera «teoría». Repitamos los mismos ejemplos que antes, al propósito, puse.

---

[10] Véase el capítulo XVII de este libro, titulado «La estética de Ortega», donde aduzco bibliografía a este propósito.

Mi miedo en la selva interpreta la selva como peligrosa, y, a su manera tácita, nos está hablando de tal peligrosidad; mi simpatía (o antipatía) por Pedro interpreta a Pedro en sus buenas (o en sus malas) cualidades: es, implícitamente, una tesis acerca de su carácter. Naturalmente, la significación que posean las emociones no siempre está tan clara como en estos ejemplos. Hay emociones ambiguas, complejas, delicadamente tornasoladas, que sólo un psicólogo muy sutil sería tal vez capaz de desentrañar: por ejemplo, las que yo siento ahora ante este ondulado paisaje o ante este floreciente o desolado jardín. Pero aun en tales casos, las emociones llevan, dentro de sí, un núcleo duro de significación, que puede, en principio, ser extraído por análisis, y expresarse, al menos parcial y rudamente, en un juicio lógico. Que tengamos o no habilidad para hacerlo no quita ni pone al hecho de su existencia. Pues bien: esto mismo sucede con la irracionalidad poética. Ante ella, nos emocionamos sin «entender»; pero luego, *tras la emoción*, podemos «entender», cosa, por supuesto, innecesaria, y hasta sobrante, desde el punto de vista estrictamente estético. El entendimiento lo lograremos, en los casos más extremosos y «difíciles», sólo a través de un análisis de lo que hemos sentido; en los casos más sencillos, la emoción misma nos transparenta su significación y no necesitamos hacernos cuestión de ésta (como acaecía con aquel miedo mío en la selva que antes imaginé): según leemos, vamos, pues, haciéndonos cargo del sentido. Pero la irracionalidad, en cuanto tal, subsiste, *aun en estos casos más accesibles*, puesto que la emoción (y ello es lo esencial) es *anterior*, en todo caso, a su comprensión intelectual, por rápida que ésta se produzca, opuestamente a lo que poéticamente sucede en el período no contemporáneo, en donde siempre, como antes puse de relieve, la comprensión de lo que el poeta quería decir precedía a la emoción, que era su consecuencia.

IRRACIONALIDAD «FUERTE» E IRRACIONALIDAD «DÉBIL»

La irracionalidad puede, entonces, clasificarse como «fuerte» o «débil», según precisemos o no, para llegar a la significación escondida, un análisis de lo experimentado al leer [11]. Y añadamos que el proceso de la poesía contemporánea ha consistido, entre otras cosas, en ir «fortificando» la irracionalidad de las expresiones. De la irracionalidad generalmente «débil» de Machado (con sólo nueve o diez excepciones) [12], se pasa a la irracionalidad mucho más frecuentemente «fuerte» de, por ejemplo, la generación del 27, sobre todo en su sector superrealista. Y aún debemos agregar que en los nueve o diez casos de irracionalidad «fuerte» de Machado, ésta nunca llega al grado de «fortaleza» en que se sitúan los ejemplos más característicos y agudos de la generación siguiente. Y lo mismo diríamos de Juan Ramón Jiménez: el irracionalismo «fuerte» con que se nos ofrecen algunos de sus poemas (muy pocos) es posterior al desarrollo de la generación del 27, y habría de ser achacado, en último término, al influjo de tal generación sobre él [13].

---

[11] La irracionalidad va debilitándose, según los símbolos se repiten (pues tienen tendencia a repetirse, como ya dije).

[12] Véanse los poemas XXII, XXVIII, XXIX, XXX, XXXIV, XXXVII, LXII, LXIII, LXX.

[13] El propio Juan Ramón, en su conferencia, ya citada, del 17 feb. 1953 en la Universidad de Puerto Rico, dice: «a veces grandes poetas de una generación comprenden a los jóvenes y se asimilan ya algo de los jóvenes» (Véase *El modernismo. Notas de un curso*, 1953, ed. Aguilar, Ensayistas hispánicos, pág. 226).
He aquí una de las «Canciones de la nueva luz», donde creo ver un claro influjo lorquiano (y no es el único caso, ni mucho menos):

> Por la cima del árbol iré
> y te buscaré.

> Por la cima del árbol he de ir,
> por la cima del árbol has de venir,
> por la cima del árbol verde
> donde nada y todo se pierde.

La división de la irracionalidad en «fuerte» y «débil» se
refiere exclusivamente a su segunda forma («mientras los muslos cantan»), ya que en la primera tal división carece, *en cierto
modo*, de sentido: al haber, en esa clase de expresión, un significado lógico («los caballos negros son, / las herraduras son negras»), el lector (todo lector) sufre, inevitablemente, el error de
atribuir sin más a tal significado la emoción experimentada, con
lo que su verdadera causa, esto es, la significación irracional
(muerte, en el caso citado entre paréntesis) sigue permaneciendo
en la sombra. En otros términos: como en la irracionalidad del

---

> Por la cima del árbol iré
> y te encontraré.
>
> Por la cima del árbol se va
> a la ventura que aún no está,
> en la cima del árbol se viene
> de la dicha que ya se tiene.
>
> Por la cima del árbol iré
> y te cogeré.
>
> El viento la cambia de color
> como el afán cambia el amor
> y a la luz de viento y afán
> hojas y amor vienen y van.
>
> Por la cima del árbol iré
> y te perderé.
>
> («Viento de amor», de *La estación total*.)

A mi juicio, el influjo de Lorca, en algunas de estas canciones, remozó
el estro ya algo seco y cansado de Juan Ramón, sin quitarle personalidad, sino al revés devolviéndole la perdida frescura. Véase, por ejemplo,
los poemas de este mismo libro titulados «Cuatro», «La perdida» y «Ser
en flor». Sin Lorca, ¿hubieran podido escribirse? ¿Cuándo Juan Ramón,
antes de estas fechas, había escrito canciones con tantos elementos irracionales del segundo tipo («simbolismo de irrealidad»)?

tipo primero el sentido de la expresión, en principio, no se problematiza por existir ya en ésta una significación (la significación lógica), nuestra mente, satisfecha, se aquieta, y no intenta buscar más allá ningún otro significado. De esta manera, el significado irracional, que también está allí, continúa rigurosamente invisible. Por supuesto, el *buen* lector tampoco busca un significado en los casos de irracionalidad en su segunda forma «irreal»; pero, o bien tal significado aparece *por sí mismo* tras la emoción (irracionalidad «débil»), o ese lector *siente*, y, por tanto, *sabe* (y con eso basta) *que lo hay escondido* (irracionalidad «fuerte»). Resulta, pues, que, paradójicamente, los poemas de irracionalidad de tipo primero, «realista» de suyo, tan «fáciles» para el lector, no sólo tienen todos, sin excepciones, irracionalidad «fuerte», sino que ésta, también sin excepciones, pertenece de hecho a un grado de mayor elevación, al que nunca llega la irracionalidad irreal o del segundo tipo: un grado en el que el sentido irracional no es percibido *ni siquiera como oculto*. Ahora bien: *en otro sentido*, la clasificación de irracionalidad «fuerte» y «débil» es también pertinente aplicada al simbolismo del «primer tipo» o simbolismo «de realidad». Me refiero al instante en que como teóricos queramos diferenciar con nitidez las fronteras entre «irracionalismo» y «connotación» [14].

---

[14] Véase el capítulo IX del presente libro, págs. 175-204.

CAPÍTULO IV

# LA IMAGEN VISIONARIA O SIMBÓLICA
# FRENTE A LA TRADICIONAL

### OTRA CLASIFICACIÓN DE LA IRRACIONALIDAD:
### IMAGEN VISIONARIA, VISIÓN Y SÍMBOLO

En mi *Teoría de la expresión poética* clasifiqué la irracionalidad de otro modo, que también nos conviene tener en consideración aquí: no diacrónicamente, en cuanto a la progresiva eliminación dialéctica (y por tanto, histórica) de los elementos emotivamente inoperantes, sino, de modo ahistórico, exclusivamente en cuanto a la forma en que la irracionalidad se manifiesta. La irracionalidad puede entonces aparecer como «imagen visionaria» (o imagen simbólica), «visión» y «símbolo». Y si quisiéramos ahora relacionar, de entrada, esta clasificación no dialéctica con la otra dialéctica, diríamos: el primer tipo de irracionalidad está constituido exclusivamente por los símbolos que hemos llamado y llamaremos «heterogéneos»; el segundo tipo de irracionalidad está, en cambio, constituido, en primer lugar, por los símbolos que asimismo hemos llamado y llamaremos «homogéneos»; pero entran también en esa misma casilla irrealista o ilógica, junto a los símbolos homogéneos, las figuras que denominaremos y hemos denominado ya «visiones», amén de las imágenes visionarias (o «simbólicas»).

DEFINICIÓN DE LAS IMÁGENES VISIONA-
RIAS O SIMBÓLICAS: SU DIFERENCIA
DE LAS IMÁGENES TRADICIONALES

Enfrentémonos, en el presente capítulo, con las imágenes, cuyo nombre acabamos de adelantar: las imágenes «visionarias». ¿En qué se diferencian las imágenes visionarias de aquellas otras que podríamos designar como «tradicionales», esto es, de las utilizadas tradicionalmente en la poesía, desde la fecha más antigua hasta el final mismo del romanticismo? Las imágenes tradicionales (es decir, las de estructura tradicional) se basan siempre en una semejanza objetiva (física, moral o de valor) *inmediatamente perceptible por la razón*, entre un plano real A y un plano imaginario E. Cuando un poeta dice «cabello de oro» (o sea «el cabello es oro»), la emoción suscitada sólo puede originarse *después* de que nuestro intelecto haya reconocido el parecido objetivo, físico en este caso, que lógicamente media entre el «cabello rubio» y el «oro», y que consiste en el color amarillo que las dos realidades poseen. En la imagen visionaria, por el contrario, nos emocionamos sin que nuestra razón reconozca ninguna semejanza lógica, ni directa ni siquiera indirecta de los objetos como tales que se equiparan, el A y el E: basta con que sintamos la semejanza emocional entre ellos. Se trata, pues, de una imagen irracional y subjetiva. Retengamos estos dos adjetivos, cuya unión aquí comprenderemos mejor muy pronto.

De un pajarillo pequeño, *gris* y en reposo, un poeta de nuestro tiempo podría decir:

un pajarillo es como un arco iris

en cuanto que el «pajarillo» (A), y el «arco iris» (E), en el contexto en que se sitúan, aunque sean tan distintos en la apariencia, despiertan en el lector un sentimiento parejo: un sentimiento de inocencia que percibimos en forma, digamos, de ternura. Pero ¿es que la semejanza objetiva ha desaparecido?

La respuesta depende de lo que llamemos «semejanza objetiva», pues ocurre que aquí sólo existe una semejanza por asociación: los dos miembros de la ecuación imaginativa, el A y el E («pajarillo» y «arco iris»), no se parecen entre sí más que por un hecho, que es extraño, en cierto modo, a su propia configuración: el de *asociarse*, de manera preconsciente, en la mente lectora, con un mismo significado irracional. La coincidencia no reside, pues, propiamente en los objetos en cuanto tales, sino en sus respectivas asociaciones, las cuales además no son percibidas por nosotros a nivel lógico, sino a nivel emotivo. Pero en cuanto que todo lector *debe* percibir, aunque sea de ese modo, tales asociaciones, podemos hablar, con pleno derecho, pese a todo, de objetividad. Es evidente que si la similitud de la que hablo no se vislumbra al leer más que en forma *emocional*, sólo podremos hallarla a través de un análisis extraestético *de la emoción*. En términos más exactos y técnicos diríamos que A y E, en la metáfora en cuestión A = E (pajarillo = arco iris), se asemejan objetivamente en un significado irracional, y no como en la imagen tradicional sucede, en un significado lógico. O dicho de modo más tajante: A y E se parecen sólo en que, por el mero hecho contextual de su relación, se han convertido, ambos elementos, en símbolos de un mismo simbolizado. El método para descubrir esa significación irracional o simbolizado en que los dos planos de la imagen vienen a coincidencia es siempre el mismo: preguntarnos por qué A («pajarillo») nos produce un determinado sentimiento (ternura en nuestro caso); y luego realizar idéntica indagación con el término E («arco iris»). Y así, en el caso del «pajarillo» es precisamente su pequeñez en cuanto síntoma de indefensión y gracia, y por lo tanto, por asociación preconsciente, de inocencia, lo que nos conmueve; en el caso del «arco iris», se trata de algo en cierto modo parejo: lo que aquí efectivamente nos moviliza es la pureza de sus colores, que parecen como lavados, como limpios, y también *por lo tanto*, por asociación preconsciente, *como inocentes*. Notemos que al describir lo sentido en cada caso hemos necesitado acudir en último término, a la misma calificación esencial: al adjetivo «inocente». Todo lo cual nos está indicando varias cosas. Que, en sí mismos, ambos seres (el pajarillo y el arco iris) no se parecen *en nada*[1], puesto que en el «pajarillo» la cualidad real que dispara el proceso preconsciente que nos ha de llevar al simbolizado «inocencia» es la pequeñez, mientras en el arco iris, la cualidad, asimismo real, que nos habrá de conducir, de ese mismo modo, a idéntico simbolizado, es el cromatismo puro y como lavado, propio del meteoro en cuestión. La pequeñez no tiene cosa que ver con la limpidez y pureza de los colores: se trata de nociones inasimilables y distintas. Luego, como digo, el pajarillo y el arco iris no se parecen en cuanto a las propiedades *que poseen,* sino en las que *no poseen* en sí mismos, aunque el lector se las conceda por asociación preconsciente. Es el lector quien pone en pajarillo y en arco iris, gracias a las virtudes objetivamente operativas de un determinado contexto, la inocencia que ninguno de esos dos seres tiene, y entonces, claro está, siente que ambos coinciden en una cualidad: la que él mismo les ha donado sin percatarse. Todo ello hace que esos dos seres (el pajarillo y el arco iris) que no se parecen, repito, por sí y ante sí, se asemejen, por el contrario, emocionalmente mucho y de un modo definitivo, desde un determinado contexto igualitario, que les ha obligado a las mencionadas asociaciones con la noción de inocencia. De este modo, el «pajarillo» y el «arco iris», aunque no sean ni puedan ser inocentes en sentido propio, nos dan la impresión de que lo son. En otro libro de inmediata publicación que ya mencioné[2], he de examinar la función que cumple el contexto a este propósito y por qué lo cumple. De momento, baste con decir que el deber lector de que hablo, al proporcionar universalidad a la asociación, es lo que hace, en efecto, objetiva a la similitud puramente asociativa de los dos planos de la ima-

---

[1] No se parecen en nada el pajarillo y el arco iris de que se habla en el texto ni en principio se parecen nunca los dos elementos que se identifican en esta clase de imágenes. Lo que digo del ejemplo del pajarillo es, pues, generalizable para todos los casos de imágenes visionarias.

[2] El titulado *Superrealismo poético y simbolización.*

gen que venimos llamando visionaria, imagen que, por lo dicho, puede ser denominada, asimismo, simbólica. El proceso X o del lector en este caso es doble, y consta (aquí y en todos los casos) de dos «series»: una que parte del término real, «pajarillo» («serie real») y otra que parte del término irreal, «arco iris» («serie irreal»). Serie «real»:

pajarillo [= pequeñez, gracia, indefensión = niño pequeño, indefenso = niño inocente = inocencia =] emoción de inocencia en la conciencia.

Serie irreal:

arco iris [= colores lavados, limpios, puros = pureza = niño puro = niño inocente = inocencia=] emoción de inocencia en la conciencia [3].

y esta emoción dúplice, finalmente coincidente, al constituirse como un deber que ha de ser cumplido, reviste a la expresión metafórica, repito, de universalidad, y, por tanto, de la necesaria objetividad poemática: tal como afirmé, todo lector debe sentir que $A$ y $E$ (el pajarillo y el arco iris) se parecen [4]. La notación algebráica sería, pues, la siguiente:

---

[3] En el libro que menciono en la nota 2, hago ver el mecanismo psicológico a través del cual el lector elimina de su conciencia la simbolización de uno de estos dos procesos: precisamente el del simbolizador «arco iris». El lector *siente* entonces que este último término simboliza «inocencia» *en* el otro, o sea, *en* «pajarillo».

[4] J. A. Martínez, en un reciente libro (*Propiedades del lenguaje poético*, Universidad de Oviedo, 1975, págs. 406 y sigs.), opone al análisis precedente (aunque considerándolo en su redacción de mi *Teoría de la expresión poética*, 5.ª edición, Gredos, 1970, que contiene ciertas variaciones, las cuales, por lo que aquí toca, no modifican el asunto en lo esencial) algunas reflexiones que me han producido un ligero asombro. Por lo pronto, aunque copia literalmente las siguientes palabras mías:

«... y así un poeta de hoy podría referirse a un pájaro pequeñuelo, en reposo y de color grisáceo, al escribir:

un pajarillo es como un arco iris

A [= B = C =] emoción de C en la conciencia.
E [= D = C =] emoción de C en la conciencia.

si el arco iris y el pajarillo le produjeron un efecto similar de ternura».

su comentario al conjunto total de mi análisis empieza de esta guisa:

Aparte de ser cuando menos insólito que el primer texto con que se ejemplifica la peculiaridad [de las imágenes visionarias] sea un texto del Bousoño crítico, y por tanto, construido *ad hoc*, nos parece excesiva sutileza ir a encontrar la semejanza objetiva en la común inocencia del pajarillo en cuestión y del arco iris, cuando hay un parecido obvio para cualquier lector y realmente objetivo (de muchos colores, de colores vivos).

Frente a tan extrañas objeciones, debo declarar mi estupefacción: produce, en efecto, pasmo que Martínez, profesor, al parecer, de la Universidad de Oviedo, entienda mis palabras exactamente al revés de lo que de hecho significarían, creo, para cualquier lector. Yo escribí claramente que ese pajarillo pequeño del que un poeta de hoy podría decir:

un pajarillo es como un arco iris

tenía color *grisáceo*, según el propio Martínez reconoce, al reproducir en su texto el párrafo de mi libro. De que el «pajarillo» de referencia *es grisáceo* hay, pues, que partir, al enjuiciar mi análisis. Si afirmo que el pajarillo es de tal cromatismo debe suponerse que el lector conoce por el contexto y en todo caso por el título del poema («A un gorrión») el color uniforme y apagado, gris, del plumaje del pajarillo de que se habla. Pero he aquí que para Martínez «grisáceo» significa, según nos informa, «de muchos colores, de colores vivos». Con tan original manera de leer llega Martínez, claro está, a la conclusión de que las imágenes visionarias no existen, y de que yo estoy en un completo error. Análisis semejantes a éste le llevarán, asimismo, al juicio de que tampoco existen cosas como la «visión» y como el «símbolo». Son, para él, las imágenes de siempre, las mismas que se han usado desde Homero: sólo se trata de la diferencia entre metáforas que enuncian el plano real (tipo «pelo de oro») y metáforas que no lo enuncian (del tipo «tus estrellas» por «tus ojos»), a las que Martínez llama respectivamente metáforas «in praesentia» y metáforas «in absentia».

Es decir: J. A. Martínez, de un plumazo y con refrescante osadía juvenil, echa abajo toda la revolución metafórica contemporánea, todo el simbolismo francés, todos los hallazgos de la vanguardia, incluido el superrealismo (que no es otra cosa que simbolización). Todo ello viene a representar lo de siempre: el uso de las metáforas habituales, sólo

CLARIDAD DEL SIMBOLIZADO, UNA VEZ EXTRAÍDO,
E IMPRECISIÓN TITUBEANTE DE LAS CUALIDADES
REALES QUE HAN CONDUCIDO AL SIMBOLIZADO

Notemos, finalmente, que el lector, frente a una imagen
visionaria, percibe la emoción correspondiente al simbolizado

que menos lexicalizadas (pág. 417). Cuando los simbolistas de hacia
1885 hablaban de que los símbolos eran cosa completamente distinta a
las alegorías y metáforas anteriores, soñaban; cuando Freud y Jung,
Maeterlinck, Wheelwright y tantos más estipulaban el carácter no consciente del símbolo estaban también por completo equivocados. Cuando,
en consecuencia, Svend Johansen, Balakian, y muchos otros aluden al
misterio con que se ofrece la significación en ese tipo de recursos; cuando Amiel, entre mil, afirmaba que el verdadero símbolo debía tener un
significado oculto y que al concienciarse perdía su eficacia, se hallaban
sumidos en el más grave yerro. No hay nada de eso: el símbolo no
existe. La valentía no es pequeña: dar como inexistente *toda* la tradición crítica acerca de tal figura retórica.
    En cuanto a que el ejemplo del «pajarillo» lo haya inventado yo,
no me parece que el hecho resulte pecaminoso, dado que he publicado
diez libros de poesía antes de la edición de mi *Teoría* manejada por
Martínez. Precisamente por eso, porque tengo larga práctica en ese menester (aunque ignoro si algún mérito), he afirmado que un poeta de
hoy podría sin duda escribir de un pajarillo *gris* y pequeño el verso
que ahora nos ocupa (la prueba es fácil: consúltelo el comentarista
ovetense a los poetas mismos, y cuanto más grandes sean, mejor), verso
que un clásico sería incapaz de imaginar, justamente por los prejuicios
lógicos y racionales de la Poética de aquel entonces, la cual, al parecer,
para Martínez sigue aún extrañamente en pie.
    Ahora bien: aunque no lo juzgo necesario, explicaré por qué en mi
*Teoría* he utilizado ese texto de mi invención y no otro cualquiera de los
innumerables que podían acudir a mi pluma (no pocos de los cuales,
además, analizo en páginas posteriores a las que Martínez menciona).
Se trataba de hacer ver la diferencia entre la manera metafórica tradicional y la contemporánea. Como yo había copiado el pasaje de Góngora en que éste habla del Ave Fénix, al que denomina, precisamente,
«arco iris»:

                 el pájaro de Arabia, cuyo vuelo
                 arco alado es del cielo,
                 no corvo, mas tendido

C (en nuestro ejemplo, la emoción de inocencia) y le es fácil,
por tanto (si tiene alguna habilidad para ello), determinar, asimismo, en un análisis extraestético, el significado C de esa
emoción (el significado de «inocencia»), esto es, el término que
propiamente ha sido simbolizado por la imagen en cuanto tal
imagen («un pajarillo es como un arco iris»), término al que,
precisamente por eso, llamábamos «el simbolizado». Digamos
entre paréntesis que ambas cosas, *emoción* C y significado o
equivalencia *conceptual* C de la emoción, son cosas perfectamente dispares. La primera responde a nuestra capacidad afectiva, es consciente y se origina espontáneamente en nosotros,
al leer, como el momento más importante de la recepción poemática. La segunda es, en cambio, preconsciente, y, para comparecer en nuestra lucidez, precisa una previa operación nuestra, puramente intelectual, que jamás realizamos en el instante de la lectura, sólo, si acaso, después de ella, tras haber-
nos emocionado (por tanto, cuando ha terminado el acto estético como tal), analizando, si lo deseamos, nuestra emoción
precisamente, en cuanto que ésta lleva tal equivalencia conceptual interiorizada (pues toda emoción es, según ya dijimos,
la versión afectiva de un concepto; es, a su modo, una inter-

quise compararlo con un verso de hoy en que se utilizase la misma
metáfora («pájaro = arco iris») para hacer así más rápidamente perceptible la distinta actitud estética que diferencia a la poesía contemporánea de toda la que le precede. Y como no era fácil hallar un verso
que tan exactamente coincidiera y se diferenciara del gongorino en
cuestión, opté por inventarlo yo mismo tal como lo hubiera podido
crear cualquier poeta de nuestros días.

J. A. Martínez tiene una excelente preparación como lingüista, y, precisamente por eso, he querido contestarle en la presente nota, pues su
libro (donde me cita centenares de veces, cosa que le agradezco muy
de veras) demuestra que para acercarse al estudio de la poesía no basta
con saber lingüística, aunque ese conocimiento sea, por supuesto, muy
útil. Son necesarias, además y *sobre todo*, en forma ineludible, la preparación y la sensibilidad literarias, que son los instrumentos elementales
para poder llegar a cualquier conclusión acerca de la literatura, en
prosa o en verso, pero más aún en verso. De lo contrario, se corre el
peligro de caer en interpretaciones ajenas por completo al verdadero
espíritu de la obra que se analiza.

pretación de la realidad: mi terror en un bombardeo equivale a
la frase: «el bombardeo es peligroso»). Ahora bien: una vez
extraído el simbolizado del magma emocional en que éste se
halla envuelto y oculto; o sea, una vez que el crítico lo ha
llegado a aprehender, no hay ya problema alguno: lo que se
nos manifiesta es una noción clara y distinta, la cual, por
otra parte, siempre nos produce la ilusión de constituirse
como una cualidad efectiva de la realidad A. El pajarillo, en
el ejemplo que nos hemos propuesto, *nos parece* «inocente», y
esa cualidad, una vez colegida, no se nos hace cuestionable.
Acabo de decir que sentimos la inocencia como un atributo del
pajarillo en cuestión. ¿Nos engañamos en esto? He adelantado
ya que, en efecto, hay aquí un espejismo: se trata sólo de un
mero sentimiento nuestro, cuya naturaleza resulta puramente
ilusoria. Llegados a tan tajante conclusión, y definido con
nitidez el simbolizado, podríamos, tras un previo análisis, en
cuanto críticos, preguntarnos por las cualidades efectivas de
la realidad A, pajarillo, que nos han llevado, esta vez en cuanto
lectores, a experimentar la emoción susodicha, de «inocencia»,
emoción que viene a representarlas de manera sintética: es, de
hecho, algo así como el resumen sentimental que las cifra y
engloba. Si tenemos una cierta costumbre de análisis y una
suficiente destreza para ello, cabrá, evidentemente, que deter-
minemos las cualidades de «pajarillo» que, en un cierto contexto, el suyo ya indicado («un pajarillo es como un arco iris»),
nos han permitido ver al ave de referencia como inocente. Y es
aquí donde hablamos de lo indefenso, lo gracioso y lo leve, etc.,
del pajarillo. Mas ocurre que, al hacer tal pesquisa, observamos
en nosotros una característica dubitación. No tenemos ya, en
este punto, la seguridad que teníamos al pronunciarnos acerca
del simbolizado. En efecto: la determinación de las cualidades
reales que conducen al simbolizado por asociación preconsciente es siempre una faena esencialmente titubeante, indecisa, al revés de lo que sucede, repito, en la determinación del
simbolizado.

    ¿A qué se debe esta diferencia? Creo que sería preciso atri-
buirla a que el simbolizado se constituye en nosotros como un

hecho indudable, fehaciente, comprobable, bien que su naturaleza sea sólo emotiva: el simbolizado lo tenemos, en efecto, ahí, en nuestra intuición de lectores, y para hallarlo, nos basta con realizar una simple introspección. En cambio, las cualidades reales de $A$ que han dado lugar, por asociación irracional, al simbolizado $C$, son algo que no tenemos jamás en nuestra intuición lectora, y cuyo hallazgo requiere siempre, por tanto, una especulación teórica, más allá de tal intuición. Al crítico, cuando se dispone a localizar tan huidizas cualidades que el simbolizado «expresa» (podríamos denominarlas, pues, «el expresado simbólico»), no le basta ya (como antes, al buscar el simbolizado, le bastaba) con la formulación de un simple interrogante realista, a saber: «¿qué siento?», sino que necesita hacerse una pregunta mucho más inquietante y de respuesta eminentemente resbaladiza, vacilante y de éxito dudoso. Esta: «¿qué cualidades de A han podido producirme la emoción C que yo he experimentado?». Y ocurre que tales cualidades, a las que denominamos · «expresado simbólico», tal vez son varias, y hasta acaso muchas ($B_1$ $B_2$ $B_3$ ... $B_n$), y hemos de elegir de una manera tanteante, de entre la masa que entre todas forman, aquella o aquellas que con más evidencia hayan podido contribuir a nuestra emoción. Nos hallamos, en suma, *frente a un problema, no frente a un hecho*, como antes, y nuestra contestación habrá de reflejar esa índole suya intrínsecamente misteriosa. El hallazgo del simbolizado C era sólo, diríamos, una cuestión lingüística: se trataba de dar con la palabra que mejor conviniese a nuestro sentimiento, *sentimiento que como tal no era cuestionable*. El hallazgo del «expresado simbólico» (las cualidades *reales*, $B_1$ $B_2$ $B_3$ ... $B_n$) resulta, en cambio, más espinoso, y se ofrece, en principio, como un enigma, acaso nunca por completo, *ni siquiera después del análisis*, resuelto. Y es que lo nebuloso y dubitativo no está ya en las palabras, sino, más gravemente, en lo que éstas designan. ¿Es lo leve del pájaro ($B_1$), nos preguntamos, o la pequeñez ($B_2$), o la gracia ($B_3$), o la indefensión ($B_4$) lo que (en su contexto) nos hace sentir como inocente (C) a ese animalillo? ¿Todo ello a la vez? Lo que era firme y seguro (el simbolizado: el concepto de «inocencia») se refracta, como se ve, en una serie de interrogaciones, seguidas siempre de una cautelosa corte de puntos suspensivos.

«EL EXPRESADO SIMBÓLICO» B (LAS CUA-
LIDADES REALES $B_1$ $B_2$ $B_3$ ... $B_n$ DE A) Y EL
SIMBOLIZADO C, COMO ENTIDADES DISTINTAS

Hemos hecho, pues, una distinción necesaria, que nos importa ahora subrayar, entre dos entidades, sin duda, entre sí discrepantes, pero que fácilmente pueden confundirse en la mente del crítico o del estudioso: una cosa es, en efecto, el simbolizado *C*, que nunca se constituye como una cualidad real de los objetos de que se habla, y es siempre, en principio, una noción *singular*[5], y otra cosa muy diferente, «el expresado simbólico» B, las cualidades verdaderamente reales $B_1$ $B_2$ $B_3$ ... $B_n$ de tales objetos (pueden ser, en efecto, varias) que se representan de modo sintético y emotivo justamente en tal simbolizado, y, por tanto, en el simbolizador. «El simbolizado» ha de ser siempre, en consecuencia, repito, singular. La posible confusión procede de ahí: de que el simbolizado C resulta en todo caso en el ánimo del lector *el equivalente* emocional y *sintético*, dijimos, de tales cualidades: desde una perspectiva puramente emotiva, ambos atributos *equivalen*, como digo, y por lo tanto tienden a *confundírsenos*. Nosotros en el presente libro debemos evitar cuidadosamente incurrir en tal error. Como hemos venido haciendo hasta ahora, designaremos convencionalmente, a todo lo largo de nuestro trabajo, con una C al simbo-

---

[5] El simbolizado C es siempre, en principio, una noción singular. Lo que ocurre a veces es que la complejidad del contexto hace que un mismo simbolizador emita *varios procesos* preconscientes X o del lector, con lo cual los simbolizados correspondientes serán múltiples. Lo que quiero decir es, pues, que *cada proceso* preconsciente tiene *una sola* noción como simbolizado. En cambio, «el expresado simbólico», las cualidades *reales* que dan pie para ese simbolizado singular suelen ser varias ($B_1$, $B_2$, $B_3$ ... $B_n$) y no una sola.

lizado y con la letra B o con las letras $B_1$ $B_2$ $B_3$ ... $B_n$ al
«expresado simbólico», esto es, insisto, a las cualidades reales
que ese simbolizado, de hecho, expresa. Y es que lo dicho a este
propósito para las imágenes visionarias vale también para las
visiones y para los símbolos.

Decir, pues, que un determinado simbolizador E «expresa»
esto o lo otro lo mismo puede, en principio, significar que lo
simboliza, o que, a través precisamente del simbolizado, está
«aludiéndolo» en cuanto «expresado simbólico», o sea, insisto
una vez más, en cuanto cualidad real del término A, que es el
supuesto (en efecto, real) de que el poeta ha partido. Cuando
la dicción que usemos se preste a equívocos nosotros recurrire-
mos a la convención algebraica que antes indiqué: si decimos C
es que nos estamos refiriendo al simbolizado propiamente tal;
si, por el contrario, decimos B (o $B_1$ $B_2$ $B_3$ ... $B_n$) es que nos
estamos refiriendo al «expresado simbólico», a la cualidad o
cualidades o atributos *reales* de A, que ha dado lugar, por asociación preconsciente, al simbolizado. Y es que el distingo entre «expresado simbólico» y «simbolizado» es una cuestión de
prelación que queda muy a la vista en la terminología algebraica que hemos adoptado. *En el proceso X o del lector, el
expresado simbólico es siempre el primer miembro preconsciente, mientras el simbolizado es siempre el último miembro
de la cadena de esa índole* [6].

OTRO EJEMPLO DE IMAGEN VISIONARIA

Pongamos un nuevo ejemplo que confirme cuanto hemos
hallado en los dos epígrafes anteriores. Un soneto de Jorge
Luis Borges comienza así:

> Bruscamente la tarde se ha aclarado
> porque ya cae la lluvia minuciosa.

---

[6] Esto último es válido para las imágenes visionarias, para las visiones y para los símbolos homogéneos. Los símbolos heterogéneos hacen
en este punto cuestión aparte, que acaso trate en otro lugar.

Cae o cayó. La lluvia es una cosa
que sin duda sucede en el pasado.

(«La lluvia», de *El otro, el mismo*.)

Aunque a primera vista no lo parezca, hay aquí, de hecho,
una imagen visionaria en la que se ha identificado «la lluvia»
con «una cosa que sin duda sucede en el pasado»:

lluvia (A) = cosa que sin duda sucede en el pasado (E).

¿Qué es lo que justifica tan sorprendente (y poética) ecuación? No el parecido racional, por supuesto, entre los dos términos, cuya inexistencia ni siquiera tiene sentido cuestionar.
La justificación yace, sin duda, en la emoción melancólica
común que ambos términos nos deparan, al juntarse en una
fórmula sintáctica igualitaria. ¿Y cuál es el origen, en cada
caso, de esa emoción triste? Igual que en el caso del «pajarillo» y el «arco iris» la emoción coincidente no procede de
cualidades que posean, también de modo coincidente, los dos
seres emparejados («lluvia» y «cosa que sucede en el pasado»),
sino de asociaciones irracionales finalmente idénticas, esto es,
de simbolizados confluyentes. El proceso X, en sus dos «series», «real» e «irreal», que se pone en marcha en la mente del
lector, al encararse éste con el fragmento borgiano, podría ser
apresado de este modo en un par de esquemas:

lluvia [= oscuridad o mojadura o frialdad o las tres cosas = veo
menos o me mojo o tengo frío o las tres cosas = tengo menos
vida=] emoción en la conciencia de «tengo menos vida».
«cosa que sucede en el pasado» [= cosa que no tengo en el presente o cosa inalcanzable o perdida para mí = tengo menos
vida =] emoción en la conciencia de «tengo menos vida».

donde colegimos claramente que las cualidades *reales* del término «lluvia» (oscuridad o mojadura o frialdad) y del término
«cosa que sucede en el pasado» (cosa que no tengo en el presente o cosa inalcanzable o perdida para mí) de las que se
parte en cada caso no son las mismas; su determinación po-

see, asimismo, una característica dubitación. Y así, la cualidad *real* del término «lluvia» es la oscuridad o merma de luz que la lluvia produce, o el hecho de que pueda mojarnos o nos dé frío, cosas sin duda desagradables, mientras que la cualidad real del término «cosa que sucede en el pasado» es su inalcanzabilidad o su pérdida. Oscuridad o merma de luz o capacidad de fastidiarnos con la sensación de mojadura o de frío no es inalcanzabilidad o pérdida, luego, en este caso (y en cuantos incluimos en el grupo de las imágenes visionarias), podemos concluir que no hay parecido real entre los dos miembros puestos en ecuación por el poeta, sino sólo parecido simbólico, que percibimos como parecido emocional [7]. En este caso, el simbolizado C será la noción «tengo menos vida»; «el expresado simbólico» B, la sensación de oscuridad (o mojadura o frialdad o las tres cosas) que la lluvia nos proporciona.

## NO IMPORTA EN LAS IMÁGENES VISIONARIAS LA ANIQUILACIÓN DEL PARECIDO LÓGICO CUANDO, DE HECHO, ÉSTE, SECUNDARIAMENTE, EXISTA

¿Y no puede haber nunca en las imágenes visionarias algún resto de parecido real (es decir, lógico) entre los dos miembros de la ecuación metafórica? Puede, por supuesto, en algún caso, darse, *además* y *secundariamente*, ese parecido real; mas, pese a ello, la imagen será visionaria si ese parecido real no es el verdadero fundamento de la imagen, sino sólo un apoyo de ella, cosa de que podemos percatarnos cuando observamos que al poeta no le importa nada atenuarlo, al máximo incluso, esto es, aniquilarlo, siempre que esa disminución o anulación lleve consigo, precisamente, un aumento de la semejanza emocional, la única esencial en nuestro supuesto. Un buen ejemplo de ello lo tenemos en este verso de Vicente Aleixandre dirigido a una muchacha desnuda:

---

[7] ¿Encontraría J. A. Martínez (véase la nota 4 a la página 56) alguna semejanza real entre «lluvia» y «cosa que sucede en el pasado»?

Tu desnudez se ofrece como un río escapando.

El cuerpo desnudo de una muchacha *tendida* en una pradera puede lógicamente (en cuanto al participio subrayado)
asemejarse a un río. Si a un poeta del siglo XVII se le hubiese
ocurrido imagen tan valiente, sin duda habría intentado dis-
minuir la osadía de la comparación con negaciones o calificativos o atributos que intensificasen de algún modo el parecido
racional objetivo. El resultado hubiera sido entonces algo como
esto:

Tu desnudez se ofrece como un río
que no escapase,

o bien:

Tu desnudez se ofrece como un río
breve, parado y con volumen sólido.

Pero Aleixandre no hace esto sino lo contrario: *aleja* aún más
la semejanza física, inmediatamente perceptible por la razón,
entre el río y la muchacha, al compararla con un «río escapando». En efecto: aunque la muchacha, al estar tendida, se
parezca a un río, ese parecido queda muy rebajado si de lo
que se habla es de un río «escapando», ya que la muchacha se
halla en reposo. El poeta puede, sin embargo, sostener la
ecuación que se ha propuesto porque el parecido que el autor
percibe entre ese desnudo y el río reside principalmente en la
impresión que ambos seres le proporcionan, y no en la realidad de una inmediata similitud, que el autor, por tanto, puede
destruir totalmente con ese «escapando». Lo que interesa es
la común emoción de frescura, de algo que llamaríamos «plenitud de la vida en su espontaneidad», recibida por el poeta,
y cuyo soporte objetivo de tipo irracional sería, indudablemente, la noción recién indicada entre comillas (plenitud de
la vida en su espontaneidad) que a esa emoción corresponde,
noción sentida por el lector como propia de las dos criaturas.
Por supuesto, esa emoción de natural frescor, de silvestre
oreo (y su causa irracional, de procedencia asociativa, la pleni-

tud de espontaneidad) la produce con más intensidad un río libre, un río «escapando», que no un río de estancadas o congeladas aguas. Ello hace que el poeta se desinterese del parecido físico inmediatamente reconocible por la razón, para aumentar, en cambio, la semejanza emocional entre las dos esferas de la imagen, y por consiguiente, eso sí, la otra semejanza objetiva entre ellas, que, por ser exclusivamente fruto de una asociación irracional común, no llega a hacerse consciente en la lectura, y sólo se halla implícita, repito, en la emoción. Verbi gratia: la noción de la plenitud de la vida, significada por la espontaneidad de los dos objetos comparados, el desnudo y el río que escapa. Las dos series del proceso X o del lector, en este caso, serían:

> Desnudez [= ausencia de artificio = cosa que es puramente lo que es = plenitud de pureza del ser = plenitud de la vida en su espontaneidad =] emoción en la conciencia de plenitud de la vida en su espontaneidad.

y

> río escapando [= río libre y sin trabas = lo libre y sin trabas = lo que se realiza del todo = plenitud de la vida en su espontaneidad =] emoción en la conciencia de plenitud de la vida en su espontaneidad.

### DESARROLLO ALEGÓRICO DE UNA IMAGEN TRADICIONAL Y DESARROLLO NO ALEGÓRICO DE LAS IMÁGENES VISIONARIAS

Acabamos de ver una característica importantísima de las imágenes visionarias (y lo mismo diríamos de las visiones y los símbolos que a continuación hemos de estudiar): la posibilidad de desarrollar el plano E con independencia lógica de A, *precisamente porque al poeta no le interesa la semejanza «lógica» o realista entre ambos*. En el caso del verso de Aleixandre antes citado:

> Tu desnudez se ofrece como un río escapando,

la imagen E («río») se desarrolla en el gerundio «escapando» (*e*)
sin que ese elemento *e* del plano imaginario E tenga «traducción»
de esa especie lógica de que hablo al plano de realidad A, sin que
se corresponda con ningún elemento *a* poseído visiblemente, realísticamente, por A: «escapando» no alude a que la muchacha
sea, por ejemplo, «esquiva», ni a movimiento alguno de la muchacha. Este fenómeno de independencia en el despliegue de E
que puede darse a lo largo de todo un poema, es nuevo en la
historia de la poesía y se constituye como una de las aporta-
ciones esenciales del período contemporáneo al tratamiento
de la imagen poética. Pues la imagen tradicional, como es sabido [8], se desarrolla alegóricamente, precisamente porque, añadamos nosotros, necesita respetar la similitud lógica, inmediatamente reconocible por la razón, que el otro tipo de desarrollo aniquila [9]. Si el plano imaginario E se descompone en
sus elementos $e_1$, $e_2$, $e_3$ ... $e_n$, su correlativo plano real A debe
igualmente descomponerse en otros tantos elementos $a_1$, $a_2$,
$a_3$ ... $a_n$, «en correspondencia matemática y miembro a miembro», de forma que $a_1$ se relacionase con $e_1$; $a_2$, con $e_2$; $a_3$, con
$e_3$; $a_n$, con $e_n$ [10]. Tradicionalmente, se reservaba el nombre de ale-

---

[8] Véase Dámaso Alonso: *La poesía de San Juan de la Cruz*, Consejo
Superior de Investigaciones Científicas, Instituto Antonio de Nebrija,
Madrid, 1942, págs. 215-217.

[9] Si un poeta llama «nieve» (E) a una «mano» (A), y luego desarrolla E diciendo «nieve que cae del cielo en los días muy fríos», el parecido de E, «nieve», con A, «mano», desaparece. La mano puede parecerse
a la «nieve», pero no a la nieve así especificada. Del mismo modo ocurre siempre. El «pelo» (A) puede parecerse al «oro» (E), pero no al
«oro acuñado en monedas con la efigie de Carlos III». Desarrollar E
es siempre destruir su semejanza con A, pues esta *se basa en otras
propiedades distintas a aquellas que se desarrollan*. La «nieve» (o el
«oro») se parece a la «mano» (o al «pelo») en el color, *no en caer del
cielo* (la nieve) o *en estar acuñado* (el oro). El desarrollo de E («nieve»,
«oro») hace visible, justamente, *la desemejanza* entre E y A.

[10] Por supuesto, también se ha llamado y se llama alegoría a la expresión *lógica* de una noción abstracta por medio de un elemento concreto. Véase Gilbert Durand, *op. cit.*, págs. 9-19; Fernando Lázaro, *Diccionario de términos filológicos*, Madrid, Ed. Gredos, 1968, págs. 34-35.

goría a una imagen como la descrita cuando ocupaba la totalidad de un poema. Pero ese carácter exhaustivo no es esencial, a mi juicio, y nosotros podemos prescindir, por tanto, de tal exigencia, y llamar alegoría a una imagen, aunque no cubra la totalidad de un poema, si en su desarrollo mantiene la correspondencia, término a término, entre el conjunto evocado y el real. Y así, será, en nuestra nomenclatura, alegórico el siguiente pasaje de Góngora, citado por Dámaso Alonso:

> Sobre trastes de guijas
> cuerdas mueve de plata
> Pisuerga hecho cítara doliente,
> y en robustas clavijas
> de álamos las ata
> hasta Simancas que le da su puente.

puesto que cada ingrediente de la realidad $A$ (río Pisuerga) queda traducido a otro de la evocación $E$ (cítara): guijas ($a_1$) = trastes ($e_1$); corriente del río ($a_2$) = cuerdas de plata del instrumento ($e_2$); álamos ($a_3$) = clavijas ($e_3$); y puente de Simancas del río ($a_4$) = puente de la cítara ($e_4$). Como desarrollo «independiente» o «no alegórico» (opuesto, por tanto, al que acabo de citar y a toda la tradición no contemporánea) véase (aparte del verso antes analizado del «río escapando») esta composición de Vicente Aleixandre, en que el recurso se extiende al poema entero:

> Miré tus ojos sombríos bajo el cielo apagado.
> Tu frente mate con palidez de escama.
> Tu boca, donde un borde morado me estremece.
> Tu corazón inmóvil como una piedra oscura.
>
> Te estreché la cintura, fría culebra gruesa que en mis dedos resbala.
> Contra mi pecho cálido sentí tu paso lento.
> Viscosamente fuiste sólo un instante mía,
> y pasaste, pasaste, inexorable y larga.

---

Ambos conceptos de alegoría se relacionan entre sí. Se trata, en último término, de un solo concepto, visto desde dos perspectivas.

Te vi después, tus dos ojos brillando
tercamente, tendida sobre el arroyo puro,
beber un cielo inerme, tranquilo, que ofrecía
para tu lengua bífida su virginal destello.

Aún recuerdo ese brillo de tu testa sombría,
negra magia que oculta bajo su crespo acero
la luz nefasta y fría de tus pupilas hondas,
donde un hielo en abismos sin luz subyuga a nadie.

¡A nadie! Sola, aguardas un rostro, otra pupila,
azul, verde, en colores felices que rielen
claramente amorosos bajo la luz del día,
o que revelen dulces la boca para un beso.

Pero no. En ese monte pelado, en esa cumbre
pelada, están los árboles pelados que tú ciñes.
¿Silba tu boca cruda, o silba el viento roto?
¿Ese rayo es la ira de la maldad, o es sólo
el cielo que desposa su fuego con la cima?

¿Esa sombra es tu cuerpo que en la tormenta escapa,
herido de la cólera nocturna, en el relámpago,
o es el grito pelado de la montaña libre,
libre sin ti y ya monda, que fulminada exulta?

(«Como serpiente», de *Sombra del Paraíso*.)

La novedad de este poema «contemporáneo» frente a la
tradición anterior «no contemporánea» consiste, como antici-
pábamos, en su desarrollo «independiente», «visionario», «no
alegórico» o «libre» (pues de esos cuatro modos puede ser
denominado). Ahora, el plano real $A$ (mujer) no reacciona frente a la proliferación $e_1$, $e_2$, $e_3$ ... $e_n$ del plano imaginario $E$
emitiendo, a su vez, términos $a_1$, $a_2$, $a_3$ ... $a_n$, correlativos a aquellos; antes, estos elementos $e_1$, $e_2$, $e_3$ ... $e_n$ se justifican aquí
exclusivamente como emanación de $E$. Quiero decir que cuan-
do el lector encuentra en la esfera de evocación $E$ esos términos $e_1$, $e_2$, $e_3$ ... $e_n$ no debe buscar en la realidad $A$ el soporte
realista $a_1$, $a_2$, $a_3$ ... $a_n$, que les dé curso legal. Los legaliza $E$,

o, si queremos mayor rigor, los legaliza la emoción C en que
A y E coinciden, y por la que, a su vez, esos miembros, A y E,
han podido ofrecerse en ecuación:

$$A = E^{e_1,\ e_2,\ e_3\ \ldots\ e_n}$$
$$\diagdown C \diagup$$

Y así, a lo largo de todo el poema, el autor ve como serpiente (E) a una mujer (A). Tal imagen, sería «tradicional» si
hallase origen en el hecho de que la mujer en cuestión fuese
«mala» y se asemejase así lógicamente a la «serpiente», que
es igualmente o la suponemos, desde nuestro humano e inte-
resado punto de vista, «perversa». Pero no es ese, a todas luces,
el sentido de la composición aleixandrina. Aleixandre denomina
«serpiente» (E) a la protagonista (A) de su poema, no porque
ambos seres se parezcan racionalmente en la «maldad», sino
porque ambos le inspiran un sentimiento C de repudio. El
parecido «objetivo» entre A y E (llamémoslo concepto C —concepto, no sentimiento), por ser preconscientemente asociativo,
no asoma en la lucidez del lector, sino sólo, si acaso, acciden-
talmente, en la lucidez de quien se ocupa en la labor extraestética de escrutar sus impresiones tras la lectura; la mujer de
que se trata no ama (B: el expresado simbólico), y, por tanto,
desde la concepción aleixandrina del mundo, no tiene realidad
verdadera: su realidad, al ser meramente aparencial, resulta
negativa (C: el simbolizado) y en consecuencia execrable,
como lo es la serpiente, a causa de la negatividad de otro
orden que constituye su ser, cuando mirado por el hombre.
Pero, repito, esta semejanza «objetiva» C que nace de una
pura asociación («negatividad») no cuenta en el momento de
leer el poema, pues que no se percibe. Lo que se percibe, y
únicamente en la sensibilidad, es el parecido emocional: la
imagen es, por tanto, irracional, simbólica, visionaria, como em-

pecé por sentar. Las dos series del proceso X que aquí se suscita serían, pues:

> mujer [= desamorosidad = no realidad (realidad sólo aparen-
> te) = negatividad que ha de ser repudiada =] emoción en la con-
> ciencia de negatividad que ha de ser repudiada.

y

> serpiente [= animal dañino, traidor = negatividad que ha de ser
> repudiada =] emoción en la conciencia de negatividad que ha de
> ser repudiada.

donde el simbolizado $C$ sería la negatividad y «el expresado
simbólico» $B$ la desamorosidad de esa mujer de la que se habla.

Pero lo que importa destacar en el presente análisis no es
eso, ya que nada impediría que una imagen tradicional reci-
biese *en nuestro siglo*, por supuesto, un desarrollo visionario
(con lo cual se irracionalizaría). Lo que nos interesa es, pues,
esto último: hacer ver cómo, en efecto, la imagen «serpiente»
se desarrolla visionariamente, al descomponerse en unos ele-
mentos $e_1$, $e_2$, $e_3$ ... $e_n$ (escamas $e_1$, viscosidad $e_2$, grosor $e_3$,
largura $e_4$, lengua bífida $e_5$, árboles pelados que la serpiente
ciñe $e_6$, etc.), que, miembro a miembro, no tienen traducción
distinta en el plano real, sino que se justifican exclusivamente
en el plano evocado, $E$ «serpiente», o, mejor dicho aún, en la
emoción $C$ (emoción, no concepto) de repulsión que esa «mujer» ($A$) y esa «serpiente» ($E$) inspiran en el poeta: y así la
«viscosidad», la «lengua bífida», etc., del animal refuerzan, evidentemente, la repulsión. De otro modo: cuando el poeta dice
que la «serpiente» ($E$) es «larga» $e_1$, no significa que la mujer
sea alta; cuando expresa que la serpiente es «gruesa» $e_2$, no
pretende dar a entender que la mujer sea gorda; cuando ase-
gura que tal animal posee «lengua bífida» $e_3$, no insinúa que
su correlato femenino sea suelto de palabra y que la ejercite
en calumniar al prójimo, etc. Con esas notas que a la serpiente
se atribuyen no se dice, en suma, nada de la mujer, sino exclusivamente de la serpiente, y su finalidad estética no es otra

que producir en el lector un más agudo sentimiento de repulsión (*C*) con respecto a la protagonista del poema.

ANTECEDENTES DE LOS DESARROLLOS NO<br>
ALEGÓRICOS EN LA POESÍA FRANCESA DEL<br>
SIGLO XIX: BAUDELAIRE, VERLAINE, SAMAIN

El desarrollo visionario a poema entero, ya es claramente perceptible en Baudelaire: «Spleen» (LXXVII) compara la persona del poeta con el «rey de un país lluvioso», imagen que se desarrolla «libremente» hasta el fin de la composición:

> Je suis comme le roi d'un pays pluvieux,
> riche, mais impuissant, jeune et pourtant très-vieux,
> qui, de ses précepteurs méprisant les courbettes,
> s'ennuie avec ses chiens comme avec d'autres bêtes.
> Rien ne peut l'égayer, ni gibier, ni faucon;
> ni son peuple mourant en face du balcon.
> Du bouffon favori la grotesque ballade
> ne distrait plus le front de ce cruel malade;
> son lit fleurdelisé se transforme en tombeau
> et les dames d'atour, pour qui tout prince est beau,
> ne savent plus trouver d'impudique toilette
> pour tirer un souris de ce jeune squelette.
> Le savant qui lui fait de l'or n'a jamais pu
> de son être extirper l'élément corrompu,
> et dans ces bains de sang qui des Romains nous viennent,
> et dont sur leurs vieux jours les puissants se souviennent,
> il n'a su réchauffer ce cadavre hébété
> où coule au lieu de sang l'eau verte du Léthé.

Este tipo de poema [11] tuvo repercusiones. El soneto verlaineano titulado «Langueur», de *Jadis et naguère*, comienza «Je

---

[11] En el propio Baudelaire hay otros casos de desarrollos no alegóricos, semejantes al que acabo de mencionar, aunque con menos cuerpo. He aquí los tercetos del soneto «Causerie» (LV):

> Mon coeur est un palais flétri par la cohue;
> on s'y soûle, on s'y tue, on s'y prend aux cheveux!

suis l'Empire à la fin de la décadence», y todo él es un despliegue, similar en todo al que hemos visto en **Baudelaire** y por tanto «libre», del plano imaginario «Empire à la fin de la décadence»:

> Je suis l'Empire à la fin de la décadence,
> qui regarde passer les grands Barbares blancs
> en composant des acrostiches indolents
> d'un style d'or où la langueur du soleil danse.
>
> L'âme seulette a mal au coeur d'un ennui dense.
> Là-bas on dit qu'il est de longs combats sanglants.
> Ô n'y pouvoir, étant si faible aux voeux si lents,
> ô n'y vouloir fleurir un peu cette existence!
>
> Ô n'y vouloir, o n'y pouvoir mourir un peu!
> Ah! tout est bu! Bathylle, as-tu fini de rire?
> Ah! tout est bu, tout est mangé! Plus rien à dire!
>
> Seul, un poème un peu niai qu'on jette au feu,
> seul, un esclave un peu coureur qui vous néglige,
> seul, un ennui d'on ne sait quoi qui vous afflige.

No fue este soneto, sin embargo, la primera respuesta de Verlaine a la pieza baudeleriana. Ya en *Fêtes galantes* había el poeta escrito su famoso «Clair de lune», donde la técnica de despliegue no alegórico del término imaginario E es la misma que acabamos de examinar:

> Votre âme est un paysage choisi
> que vont charmant masques et bergamasques
> jouant du luth et dansant et quasi
> tristes sous leurs déguisements fantasques.
>
> Tout en chantant sur le mode mineur
> l'amour vainqueur et la vie opportune
> ils n'ont pas l'air de croire à leur bonheur
> et leur chanson se mêle au clair de lune,

---

El segundo de estos dos versos constituye una prolongación visionaria del plano imaginario E «palais flétri par la cohue» y sus tres términos no tienen otra significación que su referencia a E.

au calme clair de lune triste et beau,
qui fait rêver les oiseaux dans les arbres
et sangloter d'extase les jets d'eau,
les grands jets d'eau sveltes parmi les marbres.

Un procedimiento semejante nos es dado observar en el poema de Samain que empieza «Mon âme est une infante en robe de parade», más relacionado, sin embargo, con «Langueur» y con «Spleen» que con «Clair de lune»: nada menos que once estrofas (más un verso final de cierre) desarrollan la noción «infante en robe de parade». He aquí el comienzo:

Mon âme est une infante en robe de parade,
dont l'exil se reflète, éternel et royal,
aux grands miroirs déserts d'un vieil Escurial,
ainsi qu'une galère oubliée en la rade.

Aux pieds de son fauteuil, allongés noblement,
deux lévriers d'Ecosse aux yeux mélancoliques
chassent, quand il lui plaît, les bêtes symboliques
dans la forêt du rêve et de l'Enchantement.

Son page favori, qui s'appelle Naguère,
lui lit d'ensorcelants poèmes a mi-voix,
cependant qu'immobile, une tulipe aux doigts,
elle écoute mourir en elle leur mystère...

Le parc alentour d'elle étend ses frondaisons,
ses marbres, ses bassins, ses rampes à balustres,
et, grave, elle s'enivre à ces songes illustres
qui recèlent pour nous les nobles horizons.
..............................................................................

Elle est là résignée, et douce en ses sanglots,
plus sombre seulement quand elle évoque en songe
quelque Armada sombrée à l'éternel mensonge,
et tant de beaux espoirs endormis sous les flots.

Des soirs trop lourds de pourpre où sa fierté soupire,
les portraits de Van Dyck aux beaux doigts longs et purs
pâles en velours noir sur l'or vieilli de murs,
en leurs grands airs défunts la font rêver d'empire.

Les vieux mirages d'or ont dissipé son deuil,
et dans les visions où son ennui s'échappe,
soudain —gloire ou soleil— un rayon qui la frappe
allume en elle tous les rubis d'orgueil.

En los cuatro ejemplos, el desarrollo del plano imaginario
E resulta simbólico, y hasta en tres de ellos («Spleen», «Langueur» y la pieza de Samain) es muy parecida la atmósfera que
de este modo queda evocada. Incluso hay curiosas afinidades
o coincidencias de vocabulario: la palabra «ennui» se repite en
los tres casos, y sobre todo, la fórmula del comienzo, en todos
los ejemplos resulta casi coincidente (y nótese además el criterio esteticista con que se elige, sin excepción alguna, el término E (roi, Empire, infante en robe de parade, paysage
choisi):

Je suis comme le roi ...
Je suis l'Empire à la fin de la décadence ...
Mon âme est une infante en robe de parade ...
Votre âme est un paysage choisi...

Es sabida la relación del soneto de Verlaine con el decadentismo [12]. Pero, como se ve, antes de Verlaine, está, en el
mismo sentido, el poema de Baudelaire, pleno ya del tedio
esteticista de los futuros «decadentes».

EJEMPLOS EN JUAN RAMÓN JIMÉNEZ DE DES-
ARROLLOS IMAGINATIVOS «NO ALEGÓRICOS»

Dentro de la poesía en lengua española, la poesía de Juan
Ramón Jiménez [13] frecuenta ya *sistemáticamente* el «desarrollo
no alegórico» del plano imaginario E:

---

[12] Véase el comentario que al soneto hace Le Dantec, en la edición
de La Pléiade (Verlaine, *Oeuvres Poétiques Complètes*, texte établi et
annoté par Y. G. Le Dantec, París, ed. Gallimard, Bib. La Pléiade), 1962,
pág. 1.158. Le Dantec no parece haber visto la relación hacia atrás de
este soneto con Baudelaire ni hacia adelante con Samain, aunque sí habla
de la atmósfera «decadente» y del influjo que sobre los decadentes ejer-
ció Verlaine desde su famoso soneto.

Será mi seco tronco con su nido desierto,
y el ruiseñor que se miraba en la laguna
callará, espectro frío entre el ramaje yerto,
hecho ceniza por la vejez de la luna.

(«Elejías intermedias», poema 82 de *Segunda
Antolojía Poética.*)

En este poema, el yo del protagonista (*A*) se compara a un seco tronco (*E*), y tal plano imaginario, como digo, desarrolla elementos sin correspondencia alegórica en el plano real: poseer un nido ($e_1$) y un ruiseñor ($e_2$) que se refleja en una laguna ($e_3$), y aun se alude de ese mismo modo, a un ramaje ($e_4$) y a la luna ($e_5$).

En el *Diario de un poeta recién casado* hay un poema cuya extraña configuración resulta de usar esta misma técnica, pero haciendo proliferar en el plano imaginario *E* elementos culturalistas y librescos. La inmensa planicie del mar (*A*) se compara con La Mancha (*E*), región que aparece unida en el poema al recuerdo de don Quijote y Sancho, $e_1$, $e_2$, $e_3$ ...:

Sí. La Mancha, de agua.
Desierto de ficciones líquidas.
Sí. La Mancha, aburrida, tonta.

—Mudo, tras Sancho triste,
negro sobre el poniente rojo, en el que aún llueve,
don Quijote se va, con el sol último,
a su aldea, despacio, hambriento,
por las eras de ocaso.

Oh mar, azogue sin cristal,
mar, espejo picado de la nada.

Como acabo de insinuar, los componentes $e_1$, $e_2$, $e_3$, ... (Don Quijote, Sancho, etc.), del plano imaginario *E* (La Mancha) no tienen en el plano real *A* (mar) esa traducción minuciosa y exhaustiva que caracteriza a la alegoría.

---

[13] En Machado no he podido hallar más que dos ejemplos, y en Rubén Darío, cuatro; los cito luego, en las notas 15 y 16 en las págs. 78-79, pues se dan en una forma que luego explicaré.

CUALIDADES O ATRIBUTOS IMAGINATIVOS
QUE DESCIENDEN DESDE EL PLANO IMA-
GINARIO E AL PLANO REAL A

He sacado a relucir este caso de Juan Ramón Jiménez, no sólo por la rareza de su constitución cultista, sino, sobre todo, porque nos sirve de tránsito hacia un fenómeno diferente, propio también de la poesía contemporánea con que a veces se «completa» el anterior, al cual, en efecto, «supone». Consiste en que esos ingredientes $e_1$, $e_2$, $e_3$ ... $e_n$, que crecen sobre el plano imaginario $E$ sin conexión alegórica con el plano real $A$, descienden, sin embargo, a $A$, en ocasiones, con lo que $A$ aparece con las cualidades o las funciones, etc., que son propias de $E$ [14]. Este fenómeno se da poquísimas veces en Rubén Darío [15], y

---

[14] La diferencia entre este fenómeno y el que he denominado en otro lugar «desplazamiento calificativo» es muy clara. En el «desplazamiento calificativo» («el débil trino amarillo del canario»: Lorca), la cualidad desplazada («amarillo») procede de una región próxima (lo amarillo de las «plumas» pasa a «trino» por la vecindad en que «plumas» y «trino» se hallan). En el fenómeno investigado en el texto la cualidad viajera viene, no de una vecindad, sino de una comparación ($A = E$: lo propio de $E$, $e$, se traslada a A). La diferencia, a su vez, de ambos fenómenos con la sinestesia consiste en que esta última tiene un significado irracional, mientras el significado tanto del desplazamiento calificativo como de las cualidades imaginativas descendentes es, en principio, lógico: la alusión al lugar del que el atributo viajero procede. Además, en la sinestesia, el atributo irreal (el adjetivo «negros» en la expresión «sonidos negros») es un invento del poeta, mientras en los otros dos recursos de que hablamos, los atributos irreales tienen una justificación realista: en uno de ellos, el hecho de venir de una vecindad («trino amarillo del canario»); en el otro, de una comparación («una a una, las hojas secas van cayendo / de mi corazón mustio, doliente y amarillo»: Juan Ramón Jiménez). La expresión «corazón amarillo» se justifica por la comparación entre el corazón, A, y un árbol en otoño, E, que es amarillo, de manera que alude a esa amarillez del árbol.

[15] Veo cuatro ejemplos tan sólo en Rubén Darío: «Tu idea tiene cráteres y vierte lava» («Salvador Díaz Mirón», de *Azul*); «Cuando los alcázares llenó de fragancia / la regia y pomposa *rosa* Pompadour» («Era un aire suave»); «luz que el más rojo resplandor arranca / al diamante

menos en Machado [16]. Pero en Juan Ramón Jiménez se convierte ya en característico, y, por supuesto, es habitual en los poetas de la generación del 27. Aparte del poema sobre el «mar = La Mancha», antes copiado, donde el artificio, si se da, se da de manera poco clara y muy cuestionable, los ejemplos de contornos nítidos se multiplican en Juan Ramón Jiménez:

> y cual lobo hecho oveja, temblorosa y perdida,
> volvía por el campo, balando, mi amargura.

---

terrible de los celos» («Alaba los ojos negros de Tulia», de *Prosas profanas*); y «en que la idea-perla su oriente acusa» («Elogio de la seguidilla», de *Prosas profanas*). Sólo comentaré el primer ejemplo: el «pensamiento», A, de Díaz Mirón (dice Rubén Darío), es fuerte como la montaña y ardiente como la lava. Se compara así implícitamente a un volcán (E) que tiene cráteres (e); esa condición del volcán (E), tener cráteres (e), es un desarrollo independiente de E que pasa al plano real A, la idea o pensamiento del poeta mejicano.

[16] En Machado sólo veo dos casos; uno en el poema LXXIX:

> Desnuda está la tierra
> y el alma aúlla al horizonte pálido
> como loba famélica.

y otro, a poema entero, constituido por la pieza XXII:

> Sobre la tierra amarga,
> caminos tiene el sueño
> laberínticos, sendas tortuosas,
> parques en flor y en sombra y en silencio;
> criptas hondas, escalas sobre estrellas,
> retablos de esperanzas y recuerdos.
> Figurillas que pasan y sonríen
> —juguetes melancólicos de viejo—;
> imágenes amigas,
> a la vuelta florida del sendero,
> y quimeras rosadas
> que hacen camino... lejos.

En el primer ejemplo, el hecho de aullar, propio de la imagen E, loba, pasa al plano real A, alma. En el ejemplo segundo, se compara al sueño (plano real A) con un paisaje (E) y los elementos $e_1$, $e_2$, $e_3$... de éste (tener sendas, parques, etc.), se transfieren al plano real A (el sueño).

Al plano real $A$, «amargura», se le atribuye lo propio del plano imaginario $E$, «oveja» (o, más exactamente, «lobo hecho oveja»): «balar», «volver por el campo», «temblorosa y perdida». En este texto se producen las dos posibilidades en que se bifurca el procedimiento: que la cualidad de $E$ que se atribuye a $A$ exprese algo de $A$, aunque siempre de modo irracional, o sea, de modo puramente emotivo (no consciente, por tanto: lo que hemos llamado «el expresado simbólico»), o que no exprese nada de $A$ y sólo se relacione con $E$. Y así que la amargura «bale» puede sugerir «queja» de ese modo que digo, pero «volver por el campo» sólo se halla justificado por la imagen $F$, «oveja». Cuando hay justificación en el plano real $A$, la diferencia con la alegoría subsiste; y tal diferencia no consiste sólo en la irracionalidad del sentido que tiene en $A$ la atribución (ello es, no consiste sólo en la falta de conciencia por parte del lector de ese sentido, en cuya mente aparece éste, en efecto, de manera exclusivamente emocional): la discrepancia radica también en que, como ya he dicho, no hay una traducción diferenciada en $A$, ni siquiera irracional, para cada uno de los miembros $e_1$, $e_2$, $e_3$ ... $e_n$, de $E$, sino que los miembros $e_1$, $e_2$, $e_3$ ... $e_n$ que tienen significación irracional en $A$ tienen todos la misma significación (no hay, pues, en $A$ traducción «matemática y miembro a miembro» de las proliferaciones $e_1$, $e_2$, $e_3$ ... $e_n$, de $E$, como ocurre en la alegoría). Tal es lo que puede observarse en este otro ejemplo de Juan Ramón Jiménez que de paso nos muestra otro interesante fenómeno: que cierta cualidad desarrollada en $E$ «visionariamente» y atribuida a $A$ se oponga a las cualidades *verdaderas* de $A$, aumentando así la sorpresa que es inherente a esta técnica y su finalidad más destacada [17]:

> una a una, las hojas secas van cayendo
> de mi corazón mustio, doliente y amarillo.

---

[17] Toda la poesía contemporánea tiende, con alguna excepción, a buscar la sorpresa. Para la poesía española, la excepción es Machado, en quien la emoción se da más bien a través de la precisión que de la sorpresa (aunque alguna vez, justamente al ser preciso, pueda sorprendernos).

Al corazón ($A$) que está, aunque implícitamente, comparado con un árbol otoñal, se le conceden las cualidades de éste: caérsele las hojas, ser «mustio» y «amarillo». Pero la amarillez que se postula del corazón, va contra su verdadero color. Aparte de esto, vemos aquí también, como adelanté, el carácter comunitario que posee en $A$ la traducción irracional de los términos $e_1$, $e_2$, $e_3$ ... $e_n$, que procedentes de $E$ se le atribuyen. Pues «caérsele» al corazón «las hojas» y ser éste «mustio» y «amarillo» significa, del mismo modo no lógico que he dicho («expresado simbólico»), una misma cosa: la tristeza en que el corazón se halla.

En cuanto al caso de no hallarse en $A$ significación, ni aun irracional, para la cualidad que viene desplazada desde $E$, pondré un ejemplo aún más evidente que el antes aducido de la «amargura» que vuelve «por el campo». Juan Ramón Jiménez, en un poema titulado «Cuarto» (que lleva el número 59 de la *Segunda Antolojía*) ve las «cosas» como «personas». Aunque se trate de una «personificación», procedimiento muy antiguo, y especialmente propio de la literatura medieval, podríamos, para simplificar el análisis, considerar el recurso como una metáfora, en que se produjese el fenómeno que ahora investigamos, con lo que tal «metáfora», aunque de estructura «tradicional», se *visioniza*. Habla, pues, el poeta de «cosas» ($A$) = «personas» ($E$):

> ¡Cómo les gusta lo que a uno
> le gusta; cómo se esperan,
> y a nuestra vuelta, qué dulces
> nos sonríen, entreabiertas!

Es palmario que lo propio de $E$, las «personas», entreabrir la boca al sonreír, que el poeta concede a $A$, las «cosas», no significa en el poema nada de las «cosas», pese a que, por el contrario, el hecho de sonreír, que también se les concede, no carezca en ellas de sentido.

UNA VARIEDAD DEL FENÓMENO ESTUDIADO: UNA
IMAGEN BASADA EN UNA CUALIDAD QUE SE
SUPONE COMÚN A LOS DOS PLANOS, A Y E, SÓLO
ES, EN REALIDAD, PROPIA DE E

Constituye una interesante variedad del procedimiento en
sentido general que estudiamos, el caso en que la comparación
entre los dos términos, A y E, se basa en una cualidad supuestamente común a ambos, pero que, en realidad, sólo es propia
del plano imaginario E. Tal cualidad de E se supone, pues,
como propia de A, se atribuye a A, con lo que, en el fondo,
este recurso es el mismo que venimos considerando, según empecé por sentar:

> Fragancia
> rosada como la aurora.
> .........
> reidora, serena, azul
> como los cielos del agua.
>
> (Juan Ramón Jiménez, *Primeros libros de poesía*,
> ed. Aguilar, Madrid, 1964, pág. 894.)

En las metáforas «fragancia (A)» = «aurora (E)» y «fragancia (A)» = «cielos del agua (E)», las cualidades de los respectivos planos imaginarios E (aurora, ser rosada; cielos del
agua, ser azules) pasan a A, apareciendo una «fragancia azul».
En Juan Ramón Jiménez sólo encontré un caso, el que acabo
de citar, pero, en cambio, el procedimiento es no sólo muy
característico sino habitual en *Espadas como Labios* y en *La
Destrucción o el Amor*, de Vicente Aleixandre:

> Eres azul como noche que acaba
>
> (*La Destrucción o el Amor*, «No busques, no»,
> Madrid, ed. Signo, 1935, pág. 13.)

dice el poeta de una muchacha que evidentemente no es «azul»:
lo que resulta azul es, notoriamente, sólo la «noche».

COMPARACIÓN ENTRE LA IMAGEN VISIONARIA Y LA
TRADICIONAL EN CUANTO AL PASO DE LOS ATRI-
BUTOS DE UN PLANO AL OTRO DE LA IMAGEN

En la poesía anterior a la contemporánea no se había producido el fenómeno que acabamos de describir [18], pero sí, y

---

[18] Pero sí en el humor barroco. En mi libro *La poesía de Vicente
Aleixandre* (Madrid, 1968, ed. Gredos, págs. 234-235) puse ejemplos de
la comedia española y de *El buscón* (pero es que en la comicidad, por
razones que expongo en ese libro, suelen adelantarse los procedimientos que en la poesía sólo aparecerán después). En *La devoción de la
Cruz*, de Calderón, uno de los graciosos, Gil, habla a su burra en los
siguientes términos (jornada I, escena II):

> Tú fuiste la más honrada
> burra de toda la aldea;
> que no ha habido quien te vea
> nunca mal acompañada.
> ......
> Pues ¿altanera y liviana?
> Bien me atrevo a jurar yo
> *que ningún burro la vio*
> *asomada a la ventana.*

El plano real A (de matiz ya cómico), «burra casta», se compara tácita-
mente a otro imaginario, E, «mujer casta». Las mujeres honestas de
la época no se asomaban a la ventana para ver a los galanteadores
galanes. Ese atributo, *e*, del plano irreal pasa a la realidad: la burra no
se asomará tampoco a la ventana.

En Rojas Zorrilla vemos algo semejante. El gracioso Cabellera de
*Entre bobos anda el juego*, pretende distraer la atención del figurón
Don Lucas, que quiere entrar en la habitación de su mujer, donde se
halla (comprometida situación) don Pedro. Para lograrlo le ataca por su
punto flaco. D. Lucas escribe comedias:

> *Cabellera:*  Ansí de las que has escrito,
> ¿quieres leerme una comedia?
> *Don Lucas:*  ¿A medianoche?
> *Cabellera:*  Es verano.
> *Don Lucas:*  Pero ¿dónde la oirás?
> *Cabellera:*  En aquel pozo, y serás
> *poeta samaritano.*

con frecuencia, especialmente en Góngora, el inverso: el paso
a E de los atributos propios de A. ¿Por qué este fenómeno sí
y aquél no? El motivo hay que buscarlo en la índole misma
de la imagen que hemos llamado tradicional, en oposición a la
visionaria, ya que, al pasar a E las cualidades de A, *la semejanza racional* entre A y E, base de la ecuación imaginativa
de estructura tradicional, *se intensifica*, al revés de lo que
ocurre con el «visionario» paso a A de los atributos pertenecientes a E, que destruye toda semejanza racional, si casualmente la hubiere. Si yo llamara «río» (E) a una muchacha
tendida en el suelo (A), y añadiese, como antes supusimos, que
ese «río» era «breve, parado y con volumen sólido», elementos
todos ellos procedentes del plano real A («muchacha tendida»),
el parecido lógico entre A y E quedaría reforzado. En cambio,
como dije, llamar «amarillo» al corazón, en el caso antes
comentado de Jiménez («una a una, las hojas secas van cayendo / de mi corazón mustio, doliente y amarillo»), no tranqui-
liza de ese modo a nuestra razón: por el contrario, en lo literal la desafía y desasosiega, al originar, no sólo una aparente
irrealidad, sino una irrealidad marcadamente intensa y contradictoria: que nuestro rojo corazón sea «amarillo».

## COMIENZO DE LAS IMÁGENES VISIONARIAS

En San Juan de la Cruz se adelantan, en pasmosa antici-
pación, esta clase de imágenes [19]. Pero dejando a un lado tan
genial antecedente, y ateniéndose de momento a la poesía
española, hallamos ya claras imágenes visionarias en Juan Ramón Jiménez. No nos asombra: es natural que si en este

---

Plano real A: don Lucas lee a Cabellera una comedia junto a un
pozo. Plano imaginario E: una mujer de Samaria da agua a Cristo también junto a un pozo. Lo propio de E (ser de Samaria) se trasmite a A:
don Lucas será asimismo samaritano (*e*).

[19] Véase en mi *Teoría de la expresión poética*, t. I (Gredos, Madrid,
1970), el capítulo titulado «San Juan de la Cruz, poeta 'contemporáneo'»,
especialmente las págs. 287-293.

autor se dan, con relativa abundancia, «desarrollos visionarios» de la imagen, e incluso «cualidades imaginativas descendentes», existan también, en su poesía, «imágenes visionarias»
sin desarrollo. He aquí un ejemplo:

> Todas las rosas blancas que rueden a tus pies
> quisiera que mi alma las hubiese brotado.
> (......)
> ...quisiera ser orilla de flores de ribera,
> por irte acompañando, por irte embelesando.
> El paisaje sin nombre de tus ojos perdidos,
> el agua para el sitio último de tus labios
> —tierra del mediodía, donde tu descansaras—,
> la paloma inmortal que alcanzaran tus manos.
>
> (Poema 161 de la *Segunda Antolojía Poética*.)

La identificación visionaria, aunque puesta en forma voli-
tiva, es:

yo (A) = paloma inmortal que alcanzaran tus manos (E),

en que el término E está destacando, del modo irracional que
sabemos, la «plenitud idealista» que el yo anhela para su propia perfección, alcanzable en el deseo por la amada [20].

Creo interesante destacar el hecho de que ni en Rubén
Darío ni en Machado se da, al menos de un modo claro, esta
clase de imágenes, que, aunque muy escasas, no faltan, sin embargo, en Baudelaire. Véanse sus poemas «Causerie» (LV),
«Spleen» (LXXVII), y sobre todo «Les Phares», del cual copio
solamente algunas significativas estrofas:

> Rubens, fleuve d'oubli, jardin de la paresse,
> oreiller de chair fraîche où l'on ne peut aimer,
> mais où la vie afflue et s'agite sans cesse,
> comme l'air dans le ciel et la mer dans la mer;
>
> Léonard de Vinci, miroir profond et sombre,
> où des anges charmants, avec un doux souris

---

[20]  Véase el análisis detallado que de este caso hago en mi mencionado libro de inmediata aparición *Superrealismo poético y simbolización*.

tout chargé de mystère, apparaissent à l'ombre
des glaciers et des pins qui ferment leur pays;

Rembrandt, triste hôpital tout rempli de murmures,
et d'un grand crucifix décoré seulement,
où la prière en pleurs s'exhale des ordures,
et d'un rayon d'hiver traversé brusquement;

Como se ve en el trozo transcrito (y como se podría ver
en el resto del poema no transcrito) cada artista es comparado
a uno o varios términos, cuya relación con el primero es puramente emocional.

Imágenes visionarias hay también en el famoso soneto de
las vocales («Voyelles») de Rimbaud, sólo que tales imágenes
están basadas en sinestesias absolutamente caprichosas, y por
tanto poéticamente inválidas (aunque este juicio mío pudiere
escandalizar). La *a*, la *e* y la *i* tienen asociaciones de claridad
(si el contexto es favorable), mientras la *o* y la *u* (en iguales
condiciones) la tienen de oscuridad, y aunque en el soneto se
trata de vocales francesas y no españolas, la cosa no cambia
esencialmente. ¿Por qué, pues, «A noir», «I rouge», «U vert»,
«O bleu» (sólo a la «E» se le asigna un color aceptable: «E
blanc»)? Aparte de este «error» (digámoslo así) de base, todo
lo demás se desarrolla con mucha fantasía y con un considerable adelanto a su época:

A noir, E blanc, I rouge, U vert, O bleu: voyelles,
je dirai quelque jour vos naissances latentes:
A, noir corset velu des mouches éclatantes
qui bombinent autour des puanteurs cruelles,

golfes d'ombre; E, candeurs des vapeurs et des tentes,
lances des glaciers fiers, rois blancs, frissons d'ombelles;
I, pourpres, sang craché, rire des lèvres belles
dans la colère ou les ivresses pénitentes;

U, cycles, vibrements divins des mers virides,
paix des pâtis semés d'animaux, paix de rides
que l'alchimie imprime aux grands fronts studieux;

O, suprême Clairon plein de strideurs étranges,
silences traversés des Mondes et des Anges:
—O l'Oméga, rayon violet de Ses Yeux!

*(Premiers Vers.)*

Las imágenes visionarias, como es obvio, se inician a partir del tercer verso: «A, noir corset velu des mouches», etc.; «E, candeurs des vapeurs...», etc.

### LAS IMÁGENES VISIONARIAS SON RESULTADO DEL IRRACIONALISMO Y DEL SUBJETIVISMO CONTEMPORÁNEOS

¿Por qué aparecen en la poesía del siglo XX estas peculiares imágenes (y las otras de las que luego voy a tratar, que les son esencialmente afines)? ¿Qué relación tienen con la estructura contemporánea, estribada, como he dicho en otro lugar[21], en individualismo y subjetivismo extremosos?[22]. El subjetivismo

[21] Véase la nota 1 a la pág. 7, la nota 2 a la pág. 8 del presente libro. Véase además mi *Teoría de la expresión poética*, ed. citada, t. II, páginas 161-164 y 180-184.

[22] El individualismo es un sentimiento que va creciendo sin pausa desde el siglo XII (y aun desde la segunda mitad del siglo anterior), en que se ha abierto de nuevo el comercio mediterráneo para los pueblos cristianos. Las causas de ese crecimiento (véase mi *Teoría de la expresión poética*, II, capítulo XXV, «Concepto histórico de originalidad») son varias: 1.º, el desarrollo del comercio y la industria por las fechas indicadas, y sus importantísimas consecuencias sociales (aparición de la burguesía, lenta debilitación y finalmente destrucción del feudalismo, etc.); 2.º, el despliegue, cada vez mayor, de la ciencia y de la técnica; 3.º, al existir en la sociedad mayor riqueza hay más posibilidades entre las que hay que elegir, con un criterio personal raciocinante y ello cada vez más: ya no se *recibe*, sin más, la tradición, de modo en cierto modo *obligado*, sino que se *escoge* entre la tradición y otras opciones. Síntoma de ello: el inicio de herejías, precisamente en esas regiones más desarrolladas (Provenza, etc.), herejías que a comienzos del siglo XIII constituyen ya una preocupación grave para la iglesia; 4.º, la progresiva desalienación de las clases sociales en cuanto tales: en primer lugar, la burguesía, cuya importancia social y cuyo poder político van en incesante aumento, con la consecuencia revolucionaria que sabemos, siglos después (1789); por

o idealismo extremado hace, lo sabemos también, que el mundo no importe sino como productor de reacciones psíquicas. Esto es, el mundo como tal desaparece, y es sustituido por sus efectos en mí. Como consecuencia, siendo poeta, puedo hacer una metáfora en que el mundo no cuente, y sí mi emoción ante él. ¿Qué valor tendrá, pues, en tal caso, que A y E (el plano real y el evocado) se parezcan o no? A y E son lo repudiado: el mundo. Sobre el parecido o no parecido de A y E, que declaro ininteresante, primarán mis interesantísimas afecciones. Si A y E me producen sentimientos parejos, puedo emparejar a A y E en una ecuación imaginativa, ya que resultan similares en lo que a un campeón del idealismo como yo soy le merece más crédito. La imagen visionaria, que es una forma del irracionalismo contemporáneo, deriva, pues, como éste, del subjetivismo.

último, el proletariado, que aún hoy no ha logrado sino frutos parciales, pero significativos y ampliamente esperanzadores para un futuro que supongo próximo. (Añadamos a ésto la revolución feminista, las de las razas de color, etc.)

(Debo advertir que la palabra individualismo no está aquí usada en su sentido más corriente de «impulso antisocial», sino sólo en este que creo más justo y que ya mencioné en la nota 1 a la pág. 7 del presente libro: individualismo es «la confianza que tengo en mí mismo *en cuanto hombre*». El individualismo exige, de esta manera, confianza en el hombre, y, en consecuencia, confianza en sus facultades humanas, la razón sobre todo. ¿Cómo es posible, pues, que el individualismo, que es siempre racional (aunque no necesariamente, claro está, «racionalista»), produzca un «irracionalismo» de la materia artística (hablando de poesía, irracionalismo de la materia verbal)? Téngase en cuenta que si es cierto, como se piensa hoy, que en el hombre lo no racional (lo «irracional») tiene gran importancia, reconocer esa importancia, dar a la irracionalidad el sitio *que le corresponde* en tantas actividades humanas, resulta de hecho un acto más racional que el opuesto. Ser consecuentes con la verdad es, sin duda, ir a favor de la razón y no al revés. El gran racionalismo del hombre de hoy, su gran individualismo es, pues, el causante del irracionalismo que caracteriza al arte contemporáneo. En el texto llego a esa misma conclusión por otro camino. La diversa argumentación que en esta nota he querido seguir, tiene como fin deshacer la posible contradicción que parece mediar entre nuestra definición de individualismo (confianza en la razón humana) y su consecuencia poética (irracionalismo verbal).

CAUSA DEL IRRACIONALISMO VERBAL
PROPIO DE LA ÉPOCA CONTEMPORÁNEA

Pues, en efecto, si del análisis específico de las imágenes visionarias, nos elevamos ahora a una consideración más general, debemos añadir, de inmediato, que el irracionalismo verbal, propio de la poesía contemporánea, es, a mi juicio, un resultado del agudo subjetivismo de nuestro tiempo. Veamos por qué lo creo así. La actitud subjetivista podría ser, sin duda, apresada en la fórmula: «no importa el mundo sino la impresión que el mundo me produce». Mas ese mundo, las cosas todas que en el mundo hay, se expresan a través del lenguaje conceptual (esa realidad «mesa» queda representada en una palabra que conlleva el concepto «mesa», etc.). En éste, en el lenguaje conceptual, aparecen, pues, el mundo y sus contenidos, y se constituye entonces tal lenguaje como el único embajador y representante con que nuestra mente cuenta en sus tratos con la realidad. A nivel verbal sería, por tanto, válida la ecuación:

mundo (y sus contenidos) = lenguaje conceptual

y si ello es de este modo, lo que le ocurra al primer miembro de la identificación, habrá de sucederle, sin vacilación, al segundo. Pero he aquí que el subjetivismo consiste en afirmar para el mundo un puesto subalterno en la jerarquía de nuestras preferencias, y en conceder, por el contrario, el primer sitio a las emociones subjetivas que ese mundo, así destronado, incoa en nuestra psique. Caso de que nuestras reflexiones hayan sido correctas hasta aquí, se habrá forzosamente de seguir para el segundo miembro de la ecuación propuesta, como he dicho, lo que expresábamos y teníamos por cierto para el primero: por tanto, en visión subjetivista la impresión que nos ocasiona el lenguaje conceptual será lo primordial, y no el lenguaje conceptual en sí mismo. Ahora bien: usar las palabras por la impresión que nos producen y no, o no sólo, por sus conceptos, es, precisamente, lo que hemos denominado «irracionalismo verbal», con lo que éste, como comencé por decir, resulta ser consecuencia inmediata, y la más importante tal vez, de ese subjetivismo de que hablamos.

CAPÍTULO V

## LAS VISIONES

Pasemos ahora a la segunda manifestación del fenómeno simbólico: el uso de lo que llamábamos «visiones». ¿Qué es, pues, una «visión»? He bautizado con ese nombre a una de las tres formas de la irracionalidad del segundo tipo, de que hasta ahora sólo hemos comentado extensamente el caso de las imágenes visionarias. Consiste la visión en la atribución de funciones, cualidades, o, en general, atributos imposibles, E, a una realidad A, cuando tal atribución, a través de la emoción C que suscita en nosotros expresa irracionalmente, o sea, por asociación no consciente, cierta cualidad C[1] que el autor *siente* (obsérvese el verbo que vuelvo a utilizar) como real en A (o acaso en un elemento que se le relaciona, incluso por contigüidad física)[2]. Cuando Aleixandre dice de una «piedra» o de unos «muslos» que cantan:

> Para ti que conoces cómo la piedra canta
>
> («El poeta», de *Sombra del paraíso*).

---

[1] Vuelvo a decir que una cosa es la *noción* o significación C y otra, distinta, la *emoción* C, la emoción precisamente que corresponde a esa noción C.

[2] Véase mi libro *La poesía de Vicente Aleixandre*, Madrid, 1968, ed. Gredos (2.ª ed.), págs. 160-161.

... mientras los muslos cantan

(«La juventud», de *La destrucción o el amor*).

O cuando escribe:

Sí, poeta; arroja este libro que pretende encerrar en sus páginas un
  destello del sol,
y mira a la luz cara a cara, apoyada la cabeza en la roca,
mientras tus pies remotísimos sienten el beso postrero del poniente
y tus manos alzadas tocan dulce la luna,
y tu cabellera colgante deja estela en los astros.

(«El poeta», de *Sombra del paraíso*.)

es evidente que se expresa por medio de «visiones». Atenién-
donos ahora exclusivamente al último ejemplo, nos damos
cuenta de su carácter de «visión», porque el poeta concede a
un objeto real A («cuerpo humano») cualidades de E que tal
objeto no puede poseer (tamaño cósmico), sin que «entendamos», en principio, por ser de tipo irracional, la significación
que esas cualidades atribuidas tengan. Ante la irrealidad formada por la «visión», lo que recibe el lector es exclusivamente
una descarga emotiva, a partir de la cual, por el procedimiento
interrogativo que sabemos, éste puede extraer extraestéticamente hasta la conciencia lúcida la escondida significación. La
estrofa transcrita nos produce, en efecto, una impresión C de
grandeza, única cosa «sabida» por el lector, impresión que se
origina en la cualidad irreal E, desmesura física, atribuida al
objeto real A: un cierto hombre puesto en comunicación con
la naturaleza. De esa intuición o emoción C de grandeza no
pasaremos, en tanto que seamos sólo lectores. Para avanzar
hacia un más allá especulativo y ya no estético, debemos dejar de ser lectores propiamente tales y convertirnos en otra
cosa: en críticos. Esto es, debemos separarnos de nuestra intuición, extrañarnos de ella y examinarla desde fuera, como
algo ajeno a nosotros. Entonces es cuando percibimos, o podemos percibir, los entresijos conceptuales del simbolizado,
que no es otra cosa que la significación de la emoción misma

experimentada; en nuestro caso la *idea* de grandeza. Volvemos a notar aquí como cosas distintas (discúlpeseme la insistencia), la emoción experimentada (la *emoción* C en este caso de grandeza) y el *significado* C de tal emoción, el *concepto* correspondiente de grandeza que he dicho. Ahora bien: una vez dilucidada esa significación C de «grandeza», podemos dar un paso más (lo mismo que hicimos en el caso de las imágenes visionarias o simbólicas) y preguntarnos por la realidad de que se habla, «el expresado simbólico» B, esto es, por el origen de nuestra emoción en ese protagonista poemático al que Aleixandre se refiere. ¿Qué cualidades *reales* tiene tal personaje que hayan podido impresionar al autor del modo grandioso que hemos dicho? Ha sonado con esto la hora de contemplar el tamaño cósmico (E) de un cuerpo humano en cuanto «expresivo» de «algo» (B) que el poeta experimenta como realmente poseído por ese cuerpo (A). Entonces y sólo entonces nos damos cuenta de que la desmesura física (E) representa la grandeza espiritual, la riqueza de espíritu (B) de quien «apoyada la cabeza en la roca» comulga así con la naturaleza: he ahí «el expresado simbólico». El proceso X que se ha desencadenado en el lector ha sido entonces doble (también como en las imágenes visionarias), y podría ser recogido en las fórmulas siguientes. De un lado la «serie irreal»:

> mientras tus pies remotísimos sienten el beso postrero del poniente y tus manos alzadas tocan dulce la luna, y tu cabellera colgante deja estela en los astros [= grandeza física = grandeza =] emoción de grandeza en la conciencia.

De otro, la «serie real»:

> protagonista poemático puesto en comunicación con la naturaleza [= riqueza espiritual = grandeza espiritual = grandeza =] emoción de grandeza en la conciencia.

He dicho antes que la cualidad así irracionalmente expresada (grandeza) se *siente* como real en A, aunque lo *verdaderamente real* sea otra cosa. En efecto: lo que en A resulta real no es la «grandeza» (el simbolizado), sino únicamente «el expresado simbólico»: la «riqueza de espíritu» (B) del personaje, considerado por el poeta en una cierta circunstancia: al ponerse en comunicación con la naturaleza, tal personaje se enriquece espiritualmente, y es esa riqueza la que le ha dado al autor la impresión de grandeza y le ha llevado a la atribución físicamente grandiosa que hemos visto.

Como puede observarse, las series preconscientes del proceso X que en las visiones se suscitan en el lector son, como en las imágenes visionarias, dos, una de las cuales parte del término real A, y la otra, del término irreal atribuido a A, es decir, de E. Lo importante es el hecho de que ambas, al influirse contextualmente una de la otra y llegar así a un «compromiso» final, conducen, en todo caso, a un mismo significado irracional (grandeza), que resulta de este modo objetivo, es decir, obligatorio en las lecturas que, de hecho, sean correctas.

El doble esquema tendría siempre una forma genérica idéntica a la que acabamos de examinar, y que esquematizada en forma abstracta nos daría la siguiente fórmula (los miembros de cada serie pueden, por supuesto, ser muchos más que los que ahora consigno):

$$A\,[= B = C =]\ \text{emoción de C en la conciencia.}$$
$$E\,[= D = C =]\ \text{emoción de C en la conciencia.}$$

En las visiones (también como en las imágenes visionarias), una cosa es, pues, el simbolizado, o sea, la cualidad C que *sentimos* como real en A, y otra cosa muy diferente la cualidad B, o las cualidades $B_1$, $B_2$, $B_3$ ... $B_n$, que en A son *verdaderamente reales* y que por asociación irracional han dado origen a aquella, a C. Repitiendo de nuevo lo dicho para las imágenes visionarias, añadamos aquí que ambas no sólo son cosas entre sí discrepantes, sino que tienen, por su parte, propiedades igualmente disímiles. Y así, C, el simbolizado, una vez extraído por el crítico, valiéndose de una punción analítica, hasta la conciencia lúcida, se nos manifiesta como un término *singular* y además *claro*, de límites perfectamente definidos, mientras que «el expresado simbólico», el término B o los términos

$B_1$, $B_2$, $B_3$ ... $B_n$, si a partir del simbolizado los indagásemos, se nos ofrecerían, en primer lugar, como posiblemente *múltiples* ($B_1$, $B_2$, $B_3$ ... $B_n$), y aparte de eso, como característicamente *borrosos*, indeterminados, y hasta intercambiables por otros del mismo género que también A poseería *realmente* en nuestro supuesto. La razón de ello la expusimos páginas atrás, al estudiar este mismo fenómeno en las imágenes visionarias: el simbolizado se nos aparece, en todo caso, como un *hecho* de nuestra conciencia; por tanto, como un término fijo con el que podemos contar, mientras que «el expresado simbólico», la propiedad o las propiedades reales de A que lo han originado ($B_1$, $B_2$, $B_3$ ... $B_n$), se ofrecen en principio, y también en todo caso, como un enigma, cuya resolución la realizamos a través de una tanteante hipótesis nuestra. Pongamos un ejemplo donde todo ello se manifiesta de manera más acusada que en el ejemplo anterior, al tratarse de varias propiedades reales y no de una sola como el otro ejemplo nos ofrecía. En el «Paraíso» aleixandrino:

> los hombres por un sueño vivieron, no vivieron,
> eternamente fúlgidos como un soplo divino.

A un cuerpo humano A el poeta le concede aquí una cualidad irreal, E, la fulguración. «Hombres fúlgidos» es así una «visión», que me impresiona de un modo C: ante esos cuerpos experimento una sensación altamente positiva, algo así, diríamos, como una cierta clase de deslumbramiento. Ahora bien: en cuanto lector, esto es, intuitivamente, no puedo saber más. Ignoro por qué el poeta dice de esos cuerpos que fulgen (del mismo modo que, en el otro ejemplo, no sabía yo tampoco, en principio, por qué el poeta veía el cuerpo de su personaje agigantado a escala universal). No me ocurre aquí lo que me ocurría en la imagen tradicional, cuando ante el plano evocado E, «oro», yo sabía muy bien (y necesitaba saberlo para emocionarme) que con ese término se pretendía darme a entender lo rubio de un color. Aquí, por el contrario, ignoro, de buenas a primeras, lo que la expresión irreal «fúlgidos» signifique, y tenga dentro de sí; no veo, sin más ni más, «el expresado simbólico», las cualidades $B_1$, $B_2$, $B_3$ ... $B_n$, de que esos cuerpos son indudablemente portadores, ni siquiera «el simbolizado» C, la cualidad que el poeta nos hace *sentir* en la realidad «hombres» cuando dice «hombres fúlgidos». Si quiero penetrar hasta esas significaciones oscurecidas y taponadas debo, como dijimos ya, abandonar el acto estético y analizar nuestra intuición. Por lo pronto, se me impone como tarea previa examinar el simbolizado. ¿Qué hemos sentido? Una emoción de deslumbramiento, afirmábamos. Eso quiere significar que hemos experimentado a los seres así cantados como expresión, digamos, de la vida en su más elevada manifestación. He ahí el término C buscado. No ha sido difícil encontrarlo, y una vez hallado se nos ofrece, en efecto, como un significado nítido. Ahora bien: ¿Cuál es «el expresado simbólico», o en otros términos, cuáles son las cualidades que ha podido Aleixandre ver en esas criaturas para que se haya emocionado de ese modo ante ellas? El interrogante se manifiesta ahora, sin duda, como más arduo, y la respuesta no tiene ya, en nuestros labios, la firmeza de antes. ¿Se trata de la dulce felicidad de que los seres en cuestión disfrutan ($B_1$), o de su prístina, inagotable inocencia ($B_2$), o de su gloriosa juventud ($B_3$) o belleza ($B_4$), etc., o de todas esas cosas juntas? No lo sabemos bien, *ni podremos nunca saberlo*, sino en todo caso borrosamente vislumbrarlo *interrogativamente*, pues sólo se trata de suposiciones, probabilidades. Cualquier cualidad positiva del término A, a la que veamos como capaz de emocionarnos del modo antes dicho, se nos mostraría como candidato posible de nuestra pesquisa. Los procesos preconscientes desencadenados en el lector serían entonces, más o menos, estos:

hombres elementales del Paraíso [= felicidad dulce o prístina, inagotable inocencia o gloriosa juventud o belleza, etc. = vida en su suprema expresión=] emoción de vida en su suprema expresión.

fulgor [= gran bien = vida en su suprema expresión=] emoción de vida en su suprema expresión.

Veamos lo mismo en otro ejemplo, citado ya:

Para ti que conoces cómo la piedra canta.

¿Qué significa Aleixandre en ese verso, al decir, visionariamente, que «la piedra» A, «canta» E? Como en los otros ejemplos, no lo sabemos de inmediato, y sólo podremos alcanzarlo
a través del análisis de la emoción C que experimentamos.
Como esa emoción tiene signo positivo, las cualidades reales,
$B_1$, $B_2$, $B_3$ ... $B_n$, de la «piedra» o «expresado simbólico» que
así se sugieren serán positivas también. En rigor, apenas podemos añadir nada más a ese resultado, puesto que todo lo
que digamos por encima de ello, amenaza con ser una «exageración», todo lo leve y hasta necesaria que se quiera, de lo
que, en efecto, se implica en nuestra intuición lectora. Y es
que la irracionalidad suprime siempre la anécdota. Pero precisamente por eso, nos es dado hacer una «hipótesis fundamental», como dije en otro sitio[3] a propósito de tal supresión,
en cuanto que conocemos la obra total de Aleixandre. Y así
concluiremos que el cántico de la piedra «expresa» difumina-
damente, inconfesablemente, y con aquella dubitación tan
característica de que hemos hablado, su naturalidad o elementalidad ($B_1$), su hermosura ($B_2$), su limpidez ($B_3$), etc.; cualidades todas ellas que han sido *sentidas* por el poeta, en *síntesis* emocional, como algo altamente valioso, es decir, como
una suprema manifestación de la vida: he ahí el simbolizado
C. Las dos series identificativas preconscientes serían, en este
ejemplo, las siguientes (que casualmente se asemejan bastante
a las del otro ejemplo: no en vano son, ambos fragmentos,
del mismo poeta, cuya persistente cosmovisión es, sin duda,
la responsable de la coincidencia):

piedra [= elementalidad, hermosura, limpidez, etc. = máximo
bien = vida en su suprema manifestación =] emoción en la conciencia de vida en su suprema manifestación.

---

[3]   Véase mi *Teoría de la expresión poética*, t. I, Madrid, ed. Gredos,
1970, nota 23 a la pág. 46.

En nuestra conciencia está la emoción, pues, del último término, «el simbolizado», pero no las cualidades de la «piedra» o «expresado simbólico» que nos han conducido finalmente a tal emoción: es lógico, entonces, que en el análisis tales cualidades aparezcan con vacilación y borrosidad.

Tomemos ahora un caso más complejo. En un poema de *Sombra del Paraíso*, nos habla Aleixandre de un ser humano que, sediento de confusión en lo absoluto de la materia, se arroja al mar desde una roca:

Yo os vi agitar los brazos. Un viento huracanado
movió vuestros vestidos iluminados por el poniente trágico.
Vi vuestra cabellera alzarse traspasada de luces
y desde lo alto de una roca instantánea
presencié vuestro cuerpo hendir los aires
y caer espumante en los senos del agua.
Vi dos brazos largos surtir de la negra presencia,
yo vi vuestra blancura, oí el último grito
cubierto rápidamente por los trinos alegres de los ruiseñores del fondo.

(«Destino trágico», de *Sombra del Paraíso*.)

He ahí, en ese final, una «visión»: al mar (A) se le atribuye irrealmente tener ruiseñores en su fondo, que trinan alegres (E), en el instante en que el personaje poemático se suicida. La *emoción* C experimentada por el lector es una emoción triunfal: «triunfo» es, pues, la *noción* C que se simboliza. ¿Qué cualidades *reales* o «expresado simbólico» han sido, en este caso, la fuente de tal asociación preconsciente? Diríamos que se trata de la plenitud de la materia unitaria (B₁), al recibir en su seno absoluto una criatura que viene a perderse en su total existir; y, al mismo tiempo, *acaso* (percíbase la dubitación característica») se tratara de la plenitud de esa misma criatura, en trance de universal comunión con la materia, a la que se incorpora victoriosamente (B₂). Los ruiseñores con sus gozosos cantos vienen a «expresar», en la noción «mar», lo antes indicado, tras el proceso identificativo que paso a describir (proceso que, en este caso, es, como dije, complejo, y puede ser descompuesto para su análisis en dos conjuntos que actúan en realidad al unísono: prescindo aquí, para simplificar nuestra fórmula, de la duplicidad de las series (la procedente, en cada caso, de la realidad, mar, y la procedente, también en cada caso, de las irrealidades, «ruiseñores» y «trinos alegres»).

Ruiseñores [= gran prestigio literario = belleza = vida en plenitud =] emoción en la conciencia de vida en plenitud.

Trinos alegres de los ruiseñores [= victoria de la vida =] emoción en la conciencia de victoria de la vida.

Uniendo ambos conjuntos en un sentido único, obtendríamos este significado: «victoria de una vida en plenitud»; significado que nos produce la correspondiente emoción triunfal que experimentamos al leer.

### EL CASO DE LAS SINESTESIAS

No quisiera terminar la ejemplificación de las visiones sin añadir que las sinestesias suelen ser buenos ejemplos de esa clase de figuras. Nadie ignora que hay sinestesia cuando se cruzan dos sensaciones; o dicho con más precisión: cuando percibimos con un determinado sentido (el de la vista, el del olfato, el del oído, etc.), lo que es propio de otro. Una sinestesia puede presentarse en forma de imagen visionaria. *Verbi gratia*, si digo: «música que es olor; sonido que es fragancia». Pero con más frecuencia, se presenta efectivamente en forma de visión: «música que huele a jazmín». En Machado y en Rubén Darío hay aún pocas sinestesias[4]; en Juan Ramón Jiménez,

---

[4] He aquí la lista de las sinestesias machadianas: «geranios de áspera fragancia» (poema IV), «blanquecino aliento» (íd.), «agrio ruido» (VI), «el sol de estío... era... una trompeta gigante» (XIII), «campanitas de oro» (XIII), «suspirar de oro» (XIV), «ecos de luz» (XV), «ecos del

muchas [5]: el impresionismo de este autor, con su interés en la sensación, es, a mi juicio, el causante de este gran aumento [6]. Después de Juan Ramón Jiménez, en la generación del 27, la sinestesia se halla en franquía para ser usada habitualmente. Neruda y Aleixandre la emplean, por supuesto, de ese modo [7].

En cuanto a sus orígenes más remotos, aparte de algún raro ejemplo barroco que acaso tenga otro sentido [8], ya J. Pommier, y luego Jacques Crépet y Georges Blin [9] indicaron el caso de Diderot, que en sus *Salons* había empleado los términos «d'accord, harmonie des teintes, de ton» a propósito de cuadros. Hoffmann había dicho (aunque en tono humorístico): «J'avais un habit, dont la couleur tourne vers le fa bémol»; «couleur de ré naturel»; habla de un perfume que es como

---

ocaso» (XV), «alegre canción de un alba pura» (XVII), «dulce salmo» (XX), «suspirar fragante del pífano de abril» (XX), «la mirra y el incienso salmodiarán su olor» (XX), «fresco perfume» (XX), «grave acorde lento de música y aroma» (XX), «palabra blanca» (XX), e «incienso de oro» (XXVII). Nótese que los 16 casos se acumulan en sólo 8 poemas.

Véanse los casos de Rubén Darío: «en sus sombras sinfoniza» («A Goya», de *Cantos de vida y esperanza*), «clarines de oro» y «sol de oro» («Programa matinal», de íd.), «la melodía del crepúsculo» («Helios», de íd.), «claros clarines», «cálido coro», «áureos sonidos», y «trueno de oro» («Marcha triunfal», de íd.), «fina voz de oro» («Trébol», de íd.), «clarín del día» («Elogio a fray Mamerto Esquín», de *El canto errante*) y «voz de oro» («Canto a la Argentina»).

[5] Francisco Ynduráin, «De la sinestesia en la poesía de Juan Ramón», en *Ínsula*, XII, 128-129 (1957), págs. 1 y 6.

[6] Véase mi artículo «El impresionismo poético de Juan Ramón Jiménez (una estructura cosmovisionaria)», *Cuadernos Hispanoamericanos*, oct.-dic. 1973, núms. 280-282.

[7] Véase Amado Alonso, *Poesía y estilo de Pablo Neruda*, Buenos Aires, 1966, ed. Sudamericana, págs. 297-301.

[8] Véase Ramón Menéndez Pidal, *Culteranos y Conceptistas*, en *España y su historia*, II, Madrid, 1957, ed. Minotauro, pág. 522. Cita Pidal el caso de Trillo y Figueroa, «un pálido lamento»; de Lope: «Marino, gran pintor de los oídos». Pese a la coincidencia formal, creo que estas expresiones del barroco tienen otro sentido que las verdaderas sinestéticas. Pidal dice que son algo «análogo» a la sinestesia.

[9] Jean Pommier, *La mystique de Baudelaire*; George Blin, *Baudelaire* (págs. 107-118 y 200-202).

«le chant suave de mille voix flûtées» («Pot d'Or»). Gautier, en 1843, refiriéndose a los efectos del haschich nos hizo saber que:

> j'entendais le bruit des couleurs. Des sons verts, bleus, jaunes m'arrivaient par ondes parfaitement distinctes.

Y aun hallaríamos sinestesias en Nerval (*Aurélia*, ed. Clouard, pág. 97), y hasta en Balzac [10]. Pero es en el famoso poema «Correspondances» de Baudelaire, donde la sinestesia alcanza mayoría de edad:

> La Nature est un temple où de vivants piliers
> laissent parfois sortir de confuses paroles;
> l'homme y passe à travers des forêts de symboles
> qui l'observent avec des regards familiers.
>
> Comme de longs échos qui de loin se confondent
> dans une ténébreuse et profonde unité,
> vaste comme la nuit et comme la clarté,
> les parfums, les couleurs et les sons se répondent.
>
> Il est des parfums frais comme des chairs d'enfants,
> doux comme les hautbois, verts comme les prairies,
> —et d'autres, corrompus, riches et triomphants,
>
> ayant l'expansion des choses infinies,
> comme l'ambre, le musc, le benjoin et l'encens,
> qui chantent les transports de l'esprit et des sens.

Y es natural que fuese así, ya que el gran poeta tenía muy clara noción teórica de lo que estaba haciendo. En su ensayo «Richard Wagner et Tannhäuser», 1861, leemos:

> Ce qui serait vraiment surprenant, c'est que le son ne *pût* pas suggérer la couleur, que les couleurs ne *pussent* pas donner l'idée d'une mélodie...

---

10 Véase Jacques Crépet y Georges Blin, edición crítica de *Les fleurs du mal*, París, Librairie José Corti, 1942, pág. 297.

Un ejemplo de Verlaine:

> Puisque l'arome insigne
> de ta paleur de cygne
> et puisque la candeur
> de ton odeur.

> («A Clymène», de *Fêtes galantes*.)

De Rimbaud es conocidísimo el soneto «Voyelles», copiado
más atrás:

> A noir, E blanc, I rouge, U vert, O bleu... [11].

LAS CUATRO CARACTERÍSTICAS
ESENCIALES DE LAS VISIONES

Resumiendo todo lo anterior diremos que las visiones se
caracterizan por cuatro notas fundamentales: 1.º La cualidad
irreal E aparentemente no pretende sino impresionarnos de un
modo C, de manera que, a primera vista, se trata de una pura
irrealidad que, no sabemos cómo ni por qué, resulta emocionante, esto es, poética. De esta primera propiedad de las visiones viene, precisamente, el error de creer que ciertas expresiones de la poesía contemporánea sólo tienen sentido poético,
no reducible a lenguaje discursivo [12]. 2.º Pero un análisis de
nuestra emoción aísla pronto el significado C de ella, que es
lo propiamente simbolizado, el significado irracional, tras cuyo
descubrimiento es fácil hallar, 3.º, un lazo preconscientemente
asociativo entre ese simbolizado y ciertos ingredientes $B_1$, $B_2$,
$B_3$ ... $B_n$, de A, que imaginamos en A como reales. 4.º Mas esos
ingredientes reales no aparecen nítidamente en el análisis, sino
con una titubeante o interrogativa imprecisión que justamente
caracteriza a las visiones (y también a las imágenes visionarias, según ya sabemos).

---

[11] La bibliografía esencial sobre la sinestesia se incluye en la bibliografía general que cito en las últimas páginas del presente libro.
[12] Véase más adelante, págs. 307 y sigs.

Intuida una visión en el poema, puede ésta, como asimismo ocurría en las imágenes visionarias, desarrollarse, incluso a poema entero, complicándose así, acaso, además, con uno o con los otros dos tipos visionarios, ya que sobre una visión pueden montarse imágenes visionarias y símbolos (o al revés) [13]. He aquí el poema «Las manos», de Vicente Aleixandre, donde se conceden a unas manos de muerto, a lo largo de toda la composición, la atribución irreal de volar desprendidas del cuerpo, y perseguir amorosamente, de ese modo, a otras manos amadas, «que murieron recientes», con lo que se expresa «irracionalmente» la fuerza del amor:

Mira tu mano que despacio se mueve,
transparente, tangible, atravesada por la luz,
hermosa, viva, casi humana en la noche.
Con reflejo de luna, con dolor de mejilla, con vaguedad de sueño,
mírala así crecer, mientras alzas el brazo,
búsqueda inútil de una noche perdida,
ala de luz que cruzando en silencio
toca carnal esa bóveda oscura.

No fosforece tu pesar, no ha atrapado
ese caliente palpitar de otro vuelo.
Mano volante, perseguida: pareja.
Dulces, oscuras, apagadas, cruzáis.

Sois las amantes vocaciones, los signos
que en la tiniebla sin sonido se apelan.
Cielo extinguido de luceros que, tibio,
campo a los vuelos silenciosos te brindas.

Manos de amantes que murieron, recientes,
manos con vida que volantes se buscan
y cuando chocan y se estrechan encienden
sobre los hombres una luna instantánea.

---

[13] Véanse las págs. 119-122.

En estos casos de continuidad de una visión se dan las dos posibilidades que hemos visto en el desarrollo de las imágenes visionarias (y que podremos comprobar también en el desarrollo de los símbolos); los elementos proliferantes pueden aludir irracionalmente a algo («expresado simbólico») del objeto visionizado (o, como aquí, de otro objeto distinto), pero pueden, alguna vez, justificarse sólo en la visión misma de que se trate, aunque esa visión tenga, ella sí, sentido (también «irracional», por supuesto). En el poema transcrito, la «noche perdida», la «tiniebla», el «fosforecer», el «chocar» y «estrecharse», el «encender una luna instantánea», etc., todo posee significación, bien que, como digo, «irracional»: la «noche», la «tiniebla» sería el mundo antes del amor, del mismo modo que «fosforecer» y «encender una luna instantánea» significaría lo opuesto: pudiéramos decir que se trata de la iluminación, la felicidad que el encuentro amoroso produce en los amantes, encuentro que, a su vez, queda representado, creo, en ese chocar y estrecharse.

COMIENZO HISTÓRICO DE LAS VISIONES:
EN RUBÉN DARÍO, EN MACHADO Y EN JUAN
RAMÓN JIMÉNEZ; SU ORIGEN EN BAUDELAIRE

Ni en Rubén Darío ni casi en Machado hay otras visiones que las de tipo sinestético [14], y aun tales sinestesias abundan

---

[14] En Machado, hay alguna rara visión no sinestética. Comienzo del poema XXX de las *Poesías completas*:

> Algunos lienzos del recuerdo tienen
> luz de jardín y soledad de campo.

Que los «recuerdos» tengan «luz de jardín y soledad de campo» es indudablemente una visión que expresa («expresado simbólico») ciertas cualidades reales ($B_1$, $B_2$, $B_3$ ... $B_n$), meliorativas, benignas, de esos recuerdos. Otro ejemplo, también de visión no sinestética, lo vemos en el poema XXXVIII:

> Tan sólo en el huso
> el lino giraba
> por mano invisible.

poco. He contado 16 ejemplos de sinestesias en Antonio Machado y 11 en Rubén Darío [15]; no obstante, si incluimos los casos
rubenianos poco claros y de difícil clasificación, podríamos
hacer subir la cifra, si no he contado mal, hasta 30. En Juan
Ramón Jiménez no sólo el número de sinestesias aumenta muchísimo y además estas se complican [16], sino que se dan ya en su
obra «visiones» de ejemplar contextura no sinestética: habla
el poeta en su libro *Laberinto* de una «mañana nupcial» (así
se titula la composición a la que me refiero):

> Cual una barca mágica boga la tibia estancia;
> pasan, en ronda dulce, rosas blancas y granas
> y en el rayo de sol, que entra irisado, vaga
> no sé qué intacto y mate traje de desposada.

He ahí tres visiones: la estancia que boga, «expresión» irracional B del éxtasis de los amantes (un buen ejemplo de cualidad irreal que dice algo no del objeto que la posee, sino de
otro diferente); las «rosas blancas y granas» que «pasan» (suge-
ridoras irracionalmente de la bella felicidad $B_1$ que tales amantes disfrutan); y el «traje de desposada» que vaga en el rayo
de sol, visión, que sirve para subrayar y destacar la nupciali-
dad del instante (B asimismo). Acaso sea Baudelaire el inau-

---

[15] Véase la nota 4 a la pág. 99.

[16] La complicación de las sinestesias en Juan Ramón Jiménez se
produce al formarse «torres» sinestéticas: «oh fragancia... dulce / como
las rosas más blancas, de seda, de oro, de ensueño, de melodía» (en
*Primeros libros de poesía*, Madrid, Ed. Aguilar, Biblioteca Premios
Nobel, 1964, pág. 984); «frente a la melodiosa dulzura del ocaso» (*Poemas
májicos y dolientes, op. cit.*, pág. 1.186); «heridas por la luna / las
arañas reían / lijeras sonatinas de vívidos colores» (*La soledad sonora,
op. cit.*, pág. 1.022); «armonía de colores fragantes» (*Laberinto, op. cit.*,
pág. 1.239); «sones / de una música de oro antiguo que casi se oye»
(*Melancolía, op. cit.*, pág. 1.417); «una lívida música de plata en desen-
tono» (poema 240 de la *Segunda antolojía*, col. Austral de la ed. Espasa-
Calpe).
En todos estos casos se cruzan no dos sensaciones, sino más de dos.

gurador, en cierto modo, de las visiones no sinestéticas [17], aunque, por supuesto, no abunden en sus versos. He aquí el final del poema LXXVIII, titulado, como tantos otros del mismo autor, «Spleen»:

> Quand la pluie étalant ses immenses traînées
> d'une vaste prison imite les barreaux,
> et qu'un peuple muet d'infâmes araignées
> vient tendre ses filets au fond de nos cerveaux,
>
> Des cloches tout à coup sautent avec furie
> et lancent vers le ciel un affreux hurlement,
> ainsi que des esprits errants et sans patrie
> qui se mettent à geindre opiniâtrement.
>
> —Et de longs corbillards, sans tambours ni musique.

---

[17] En cierto modo sólo, pues que pueden hallarse visiones en la poesía popular. He aquí una canción del siglo xv:

> ¡Oh luna que reluces,
> toda la noche alumbres!
> Oh luna que reluces,
> blanca y plateada,
> toda la noche alumbres
> a mi linda enamorada.
> *¡Amada que reluces,*
> toda la noche alumbres!

Con menos evidencia, se percibe lo mismo en Victor Hugo:

> Son silence fut mon vainqueur.
> C'est ce qui m'a fait épris d'elle.
> D'abord *je n'avais dans le coeur*
> *rien qu'un obscur battement d'aile.*

(«C'est parce qu'elle se taisait», del libro *Les chansons des rues et des bois*, Oeuvres Poétiques, Paris, Gallimard, Bib. La Pléiade, 1974, t. III, pág. 111.)

Este último caso ofrece, en efecto, ciertos inconvenientes, para la plenitud de su ejemplaridad. Y es que la significación de ese «battement d'aile», aunque sea irracional lo es ya muy débilmente. Aparte de eso, fijémonos en la fecha del libro al que pertenece la estrofa mencionada, 1865: posterior al poema de Baudelaire.

défilent lentement dans mon âme; l'Espoir,
vaincu, pleure, et l'Angoisse atroce, despotique,
sur mon crâne incliné plante son drapeau noir.

Esas arañas que tienden sus hilos en el fondo del cerebro del poeta; y ese coche fúnebre que desfila en su alma ¿qué duda cabe que son «cualidades imposibles» concedidas a las realidades respectivas, «cerebro» y «alma»? Por otra parte, la significación no es lógica sino claramente irracional: las «arañas» estarían expresando, de ese modo, los pensamientos negativos y angustiosos del autor (B); el simbolismo del «coche fúnebre» se manifiesta como más «débil»: por eso es fácil su «racionalización»: alude, sin duda, a las ideas o sentimientos melancólicos y de definitivo acabamiento (B), propios del narrador poemático en ese instante.

He aquí un ejemplo de Verlaine:

Les choses qui chantent dans la tête
alors que la mémoire est absente,
écoutez, c'ést notre sang qui chante...
Ô musique lointaine et discrète!

Écoutez! c'est notre sang qui pleure
alors que notre âme s'est enfuie,
d'une voix jusqu'alors inouïe
et qui va se taire tout à l'heure.

Frère du sang de la vigne rose,
frère du vin de la veine noire,
ô vin, ô sang, c'est l'apothéose!

Chantez, pleurez! Chassez la mémoire
et chassez l'âme, et jusqu'aux ténèbres
magnétisez nos pauvres vertèbres.

(«Vendanges», de *Jadis et naguère*.)

«Cosas que cantan», «sangre que canta» y que es una «música lejana y discreta», «sangre que llora» «con una voz hasta entonces no oída y que va pronto a callarse»... ¿qué son sino visiones? He aquí otro ejemplo del mismo poeta:

> Ah! puisque tout ton être,
> musique qui pénètre,
> nimbes d'anges défunts,
> tons et parfums.

## Capítulo VI

## EI SÍMBOLO

### DEFINICIÓN DEL SÍMBOLO

Hemos visto hasta ahora que en las imágenes visionarias existe un plano real A y un plano imaginario E. El poeta nos dice en ellas que «A es igual a E» o que «A es como E». Se produce así una comparación perfectamente consciente entre dos esferas, real una, A, e irreal la otra, E. En las visiones no hay, a nivel lúcido, un desdoblamiento de esa clase. No se equipara, a ese nivel, un término A y otro E, sino que, simplemente, se atribuye a la realidad A (por ejemplo, «carmines») una función o una cualidad E que verdaderamente aquélla no puede poseer (por ejemplo, el hecho de cantar: «carmines cantan: nubes», dice Jorge Guillén). En los símbolos tampoco existe parangón entre dos realidades distintas, y sin embargo, no por eso nos hallamos frente a «visiones». El poeta formula, o bien («simbolismo heterogéneo») un enunciado plenamente posible en la realidad y poemáticamente verosímil («los caballos negros son»), o bien («simbolismo homogéneo») un enunciado E de algo no imposible en la realidad (eso sería, precisamente, como sabemos, la «visión»), pero sí *poco probable* en ella, y, por tanto, siempre de escasa o ninguna verosimilitud en el poema. Lo que importa es que, en ambos casos, detrás del dicho del autor (ora, repito, plenamente realista: «simbolismo heterogéneo»; ora, poco probable e inverosímil: «simbolismo homogéneo») se solapa y esconde un sentido de carácter irracional: el simbolizado C.

El simbolismo heterogéneo no puede confundirse entonces ni con las imágenes visionarias («un pajarillo» *gris* «es como un arco iris» *de colores*), ni con las visiones («carmines cantan»), ya que estas dos últimas manifestaciones irracionalistas se constituyen como *irrealidades*, mientras el simbolismo heterogéneo es, por definición, un «simbolismo *de realidad*» («los caballos negros son»). La posibilidad de la confusión se reduce, pues, a los símbolos homogéneos en su relación con las visiones, ya que en ambas posibilidades se concede a una realidad A una propiedad E *que el lector rechaza como real.* La discrepancia radica exclusivamente en el hecho de que la propiedad así repudiada es, para el caso de las visiones, verdaderamente imposible en la realidad; y no imposible, en ese sentido realista, para el caso del símbolo homogéneo.

DEFINICIÓN DEL SÍMBOLO HOMOGÉNEO

Con esto, tenemos ya perfectamente fraguada la definición del símbolo homogéneo, la cual consta de dos cláusulas que me permito reiterar: a) en cuanto a la forma, nos hallamos frente a una literalidad que afirma, repito, algo no imposible, pero sí *poco probable*; y b) en cuanto al contenido de hecho que esa literalidad (al ser repudiada en cuanto tal por el lector) envuelve, nos hallamos frente a una significación irracional, o sea, una significación que contemplada en la conciencia, comparece como sólo emotiva. Y es que la escasa probabilidad de la expresión poemática en cuanto a su estricta letra, le resulta al lector motivo suficiente para declarar *inverosímil* el aserto poemático, dar de lado, tachar enérgicamente su literalidad (igual que en el caso de las visiones) y lanzarse de inmediato a buscar un sentido irracional, ya que no se encuentra por sitio alguno un sentido lógico. Escribe Antonio Machado en el poema LXX:

> Y nada importa ya que el vino de oro
> rebose de tu copa cristalina
> o el agrio zumo enturbie el puro vaso.
> Tú sabes las secretas galerías
> del alma, los caminos de los sueños
> y la tarde tranquila
> donde van a morir. Allí te aguardan
> las hadas silenciosas de la vida,
> y hacia un jardín de eterna primavera
> te llevarán un día.

Ese «vino de oro» cuyo rebosamiento en la copa «no importa», como no importa que, por el contrario, «el agrio zumo enturbie el puro vaso» es evidentemente un doble símbolo, esto es, un conjunto simbólico homogéneo. Cumple, en efecto, ese conjunto con la definición que hemos dado de tales figuras, y, así, lo que el poeta enuncia es *posible* en la realidad, pero, pese a todo, *no se hace verosímil* de hecho en el contexto en que se inserta. Posible, pues en la vida de alguien (realidad A) *puede* no importar, en un instante determinado, que el vino rebose cierta copa ($E_1$) o que el agrio zumo ($E_2$) enturbie cierto vaso. Inverosímil, pues la razón que en el poema implícitamente se da de ese no importar («no importa» porque «tú sabes las secretas galerías del alma», etc.), no se nos aparece como suficientemente congruo, a nivel de realidad, respecto del hecho con el que se relaciona, por lo que nos vemos obligados a repeler la letra de lo que se nos dice, exactamente igual que si se tratase de «visiones», o sea, de expresiones que contienen auténticos dislates en su estricta literalidad. Ahora bien: una vez quitada la «letra», ¿qué le queda a nuestra comprensión? Desde la perspectiva puramente lógica, todo sentido desaparece. No hay, en efecto, aquí un sentido lógico indirecto que sustituya al directo, de forma que no vislumbramos por ninguna parte una salida racional válida que nos saque del desconcierto. ¿Qué hacer para que la sentencia que nos inquieta no nos suma en definitivo desaliento y vacío de significación? Frente a esa sentencia sólo cabe el abandono irracio-

nalista. Dejamos que el despropósito ponga en marcha dentro
de nuestro espíritu sus posibilidades preconscientemente asociativas, o sea, sus posibilidades de emoción, y nos atenemos
a ellas. Se afirma de este modo como tal en la mente del lector el complejo simbólico homogéneo que antes indiqué. ¿Y
cómo opera un simbolizador de esta clase en nuestra psique
al encararnos con él? Lo anterior está ya diciéndonos que ante
un simbolizador E nos conmovemos, sin más, de un modo C,
y sólo si indagamos la emoción C (cosa sobrante desde la
perspectiva puramente poética o lectora) hallaremos el *elemento significativo* C o simbolizado, que antes no se manifestaba en nuestra conciencia por estar implicado y cubierto por
la *emoción* C de que hablamos. La *emoción* C que el simbolizador E nos causa es envolvente e irracionalmente implicita-
dora de un *significado* C que se nos oculta. De esta lucubración
puramente teórica y como fantasmal, descendamos a lo concreto del trozo poemático antes copiado. Ese «vino de oro»
(E₁) cuyo rebosamiento en la copa «no importa», y ese «agrio
zumo» (E₂) cuya acción enturbiadora del vaso tampoco cuenta
son, sin duda, simbólicos, tal como señalé. Pero, según decimos, el lector no puede saber, de manera inmediatamente
intuitiva, lo que un simbolizador (en este caso el del «vino de
oro» o el del «agrio zumo») simboliza o representa. Lo que sí
percibe de ese modo es, únicamente, la emoción C provocada.
Y así el «vino de oro» nos da una emoción positiva y el
«agrio zumo» una emoción negativa. Precisando algo más diríamos que el primero de estos simbolizadores («vino de oro»)
nos proporciona la emoción de «placeres de la vida», y el segundo («agrio zumo»), lo opuesto, la emoción de «sufrimientos de la vida». Las ecuaciones desencadenadas serían entonces
las dos parejas de series que siguen (una de las series de cada
pareja es la realidad A: la segunda persona del singular, a la
que el poema se refiere con un tú —«tu copa», dice—; la
otra, la atribución «inverosímil» que los versos conceden a
esa realidad A: tener en la copa «vino de oro», o bien, tener
en el vaso, un «agrio zumo» *que no importan*). Por un lado:

tú, segunda persona del singular a la que se refiere el poema
[= persona que goza de la vida = placeres de la vida =] emoción en la conciencia de placeres de la vida.

vino de oro [= realidad placentera = placeres = placeres de la
vida =] emoción en la conciencia de placeres de la vida [1].

Por otro lado:

tú, segunda persona del singular a la que se refiere el poema
[= persona que sufre en la vida = sufrimientos de la vida =]
emoción en la conciencia de sufrimientos de la vida.

agrio zumo [= realidad desagradable, realidad mala = sufrimientos de la vida =] emoción en la conciencia de sufrimientos de la
vida [2].

Lo que en ese comienzo poemático se nos viene, en consecuencia, a decir (bien que sólo emocionalmente, tal como
ocurre siempre con los símbolos), es, pues, esto:

Nada importa ya que el placer colme tu vida, o bien que el agrio
sufrimiento enturbie tu vivir; nada importa porque tienes un
conocimiento más hondo de ti mismo («tú sabes las secretas
galerías del alma», etc.), conocimiento que te sitúa por encima y
más allá del placer y dolor.

ORIGEN HISTÓRICO DE LOS SÍMBOLOS HOMOGÉNEOS

También habría aquí que remontarse a Baudelaire para
encontrar, dentro de la poesía de los dos últimos siglos, ejemplos claros de símbolos homogéneos iniciales [3]. Una de las me-

---

[1] En este caso, el simbolizado sería «placeres de la vida», y el expresado simbólico «persona que goza de la vida».
[2] Simbolizado: «sufrimientos de la vida»; expresado simbólico: «persona que sufre en la vida».
[3] En San Juan de la Cruz se adelanta también esta clase de símbolos. Véase mi *Teoría de la expresión poética*, t. II (Madrid, 1970), páginas 294-298.

jores piezas de este gran poeta es «La mort des amants», en
la que el autor se adelanta, de una manera decidida, a la
escuela simbolista (escuela que, por supuesto, no consistió
sólo, ni siquiera principalmente, en el uso de la técnica simbólica[4]):

> Nous aurons des lits pleins d'odeurs légères,
> des divans profonds comme des tombeaux,
> et d'étranges fleurs sur des étagères,
> écloses pour nous sous des cieux plus beaux.
>
> Usant à l'envi leurs chaleurs dernières,
> nos deux coeurs seront deux vastes flambeaux,
> qui réflechiront leurs doubles lumières
> dans nos deux esprits, ces miroirs jumeaux.
>
> Un soir fait de rose et de bleu mystique,
> nous échangerons un éclair unique,
> comme un long sanglot, tout chargé d'adieux;

En Victor Hugo pueden, sin duda, analizarse ya algunos ejemplos.
La segunda estrofa de un poema citado más arriba (pág. 106) reza así
(habla del amor por ella; van juntos):

> Nous allions en voiture au bois,
> seuls tous les soirs, et loin du monde;
> je lui parlais, et d'autres voix
> chantaient dans la forêt profonde.

("«C'est parce qu'elle se taisait», del libro *Les Chansons des
Rues et des Bois*, Œuvres poétiques, Paris, Gallimard, Bib. La
Pléiade, 1974, III, pág. 111.)

Que canten «otras voces en el bosque profundo» es algo posible en la
realidad; pero hay en la expresión, dentro del poema, una cierta injus-
tificación, o, al menos, una no suficiente justificación para que el poeta
diga eso en ese instante poemático, por lo cual entendemos la expresión
de manera exclusivamente simbólica: el símbolo será, pues, homogéneo.
De todas formas, este fragmento de Victor Hugo pertenece al libro
*Les Chansons des Rues et des Bois* que es de 1865; posterior, por tanto,
a Baudelaire, como ya recordé.

[4] Consúltese la bibliografía que va al final del presente libro.

et plus tard un Ange, entr'ouvrant les portes,
viendra ranimer, fidèle et joyeux,
les miroirs ternis et les flammes mortes.

Es evidente que esas «fleurs... écloses pour nous» y esos «cieux plus beaux» bajo los cuales las flores se abren son simbólicos del modo antes indicado, en cuanto que cumplen con la definición de homogeneidad simbólica: se trata de algo posible en la realidad, pero al mismo tiempo sentimos, por los puntos de inverosimilitud que los dichos contienen (advirtamos, pues es importante, que basta para ello que la inverosimilitud *sea leve*), sentimos, repito, que el poeta no pretende que su enunciado sea tomado en su literalidad. ¿Y qué se «expresa» con la noción de que esas flores se hallen abiertas para nosotros «bajo cielos más bellos»? Sin duda lo que se representa así es la felicidad y éxtasis amorosos de la pareja que protagoniza la composición [5].

Otro símbolo de la misma especie es el que se incluye en el primer verso de los tercetos:

Un soir fait de rose et de bleu mystique

que nos hace sentir a través del simbolismo homogéneo de esos dos colores, rosa y azul, el idealismo sublime de ese momento último de identificación amorosa. Advirtamos que esta, la identificación como tal, se expresa por medio de elementos asimismo irracionales, pero de otro orden. Primero se había dado en el poema una imagen visionaria, aunque de simbolismo

---

[5] El verdadero simbolizado sería, simplemente, «felicidad y belleza». La cualidad *real* (B) o «expresado simbólico» que da lugar a ese simbolizado consistiría en lo que digo en el texto. Las dos series del proceso X podrían representarse, pues, así:

flores que se abren para nosotros bajo cielos más bellos [= belleza que se ofrece en un momento feliz de éxtasis amoroso = felicidad y belleza =] emoción en la conciencia de felicidad y belleza.

personas que se aman [= éxtasis amoroso lleno de felicidad = felicidad y belleza =] emoción en la conciencia de felicidad y belleza.

«débil»: el amor de los protagonistas se enuncia allí comparando, en una metáfora de esa clase, el corazón de los amantes con «deux vastes flambeaux». La identificación que antes dije se expresa ahora «desarrollando» la imagen de que hablo:

nous échangerons un éclair unique.

El Ángel que «viendra ranimer, fidèle et joyeux, les miroirs ternis et les flammes mortes» podría ser considerado, asimismo, como otro símbolo homogéneo, puesto que creer en la existencia de los ángeles es algo posible en la realidad y lo mismo la acción que el ángel poemático ejecuta (reanimar los espejos empañados y las llamas muertas); pero ese acto posible se nos hace demasiado inverosímil para que pueda ser interpretado a la letra. Lo que entonces se nos está diciendo en este maravilloso final es la continuidad del amor. Obsérvese, además, la fuerte irracionalidad (tan sorprendente en las fechas en que el poema está escrito) del hecho de que esos espejos y esas llamas, que antes eran los espíritus de los dos amantes concretos que protagonizan la composición, se independicen finalmente de ellos y se apresten a ser de nuevo «reanimados». La pieza es, como se ve, revolucionaria, y su importancia en la historia de la poesía, enorme.

### SEMEJANZA Y DIFERENCIAS ENTRE IMAGEN VISIONARIA, VISIÓN Y SÍMBOLO HOMOGÉNEO

A través de la descripción que acabo de realizar, los lectores habrán observado el parentesco próximo de las tres especificaciones irracionalistas contemporáneas del segundo tipo. Las tres se nos ofrecen como meras variantes del fenómeno simbólico, al que llamaremos también «fenómeno visionario» por el aspecto plástico que adquiere la representación figurativa cuando desconocemos, o sólo conocemos afectivamente, su última significación. Pues en tal caso, la figura en cuestión, que aparentemente no está ya al servicio de un sentido, cobra, aparentemente también, independencia, y nos obliga a mirarla a ella misma, en vez de que, a su través, miremos ese sentido de que sería portadora. Con más brevedad: en el fenómeno visionario, la materia figurativa ya no es transparente, sino opaca, y por eso *se la ve*, por eso *se visualiza* (es «visionaria») con característica energía.

Se nos juntan ya así todas las notas que en común posee el trío imaginativo de referencia: opacidad o plasticidad, función intuitivamente sólo emotiva (emoción de C) y por tanto, ocultamiento, en el interior de tal emoción, de ciertos ingredientes razonables C (los que toda emoción lleva dentro de sí), ingredientes que pueden ser, en todo caso, extraídos de la oscuridad en que yacen y puestos de relieve en la conciencia por el crítico, a través de un análisis extraestético de la susodicha emoción.

Tales son las semejanzas. Veamos ahora las diferencias entre los tres órdenes metafóricos. Lo primero que advertimos es que tales diferencias se ofrecen como puramente formales, instrumentales, en cuanto que son diferencias de medios y no de fines. En la imagen visionaria hay un plano real A *que se compara* a un plano imaginario E, enunciados ambos por el poeta y presentes con nitidez «racional» en la intuición («un pajarillo», A, «es como un arco iris», E); en la visión no hay un plano u objeto imaginario E con el que se compara conscientemente un plano u objeto real A, sino que, como sabemos, se trata de una cualidad o función irreal E (por ejemplo, «cantar») que meramente se atribuye graciosamente a A (por ejemplo, «la piedra»: «la piedra canta»); en el símbolo homogéneo pasa lo mismo, pero, como he repetido quizá demasiadas veces, el término E atribuido, en lugar de ser imposible como en las visiones, es realísticamente posible, pero inverosímil, y, por tanto, inaceptable para el lector en el poema.

Mas lo importante no lo constituye la disimilitud entre las tres variaciones, que es, repito, sólo formal, sino su coincidencia, que es sustantiva. Para destacar con vigor la substancial comunidad podríamos decir que en los tres casos hay «simbolización de irrealidad» (en el sentido técnico y riguroso

que atribuimos aquí a estas palabras), ya que en los tres se da,
1.º, un elemento E rechazable en su literalidad o en su significado lógico indirecto (y ello en la imagen visionaria tanto
como en la visión y en el símbolo homogéneo) que, atribuido
a A, 2.º, suscita un sentimiento C, dentro del cual, 3.º, implicado e invisible, existe un concepto o un conglomerado conceptual C que es lo propiamente simbolizado, esto es, lo
significado irracionalmente. Ahora bien: este término C en los
tres casos (lo mismo en el caso del símbolo homogéneo que
en el de la visión y en el de la imagen visionaria), este término
es *sentido* por nosotros como propio de A, aunque las verdaderas cualidades de A («el expresado simbólico») sean otras
($B_1$, $B_2$, $B_3$ ... $B_n$), que pueden también colegirse, pero ahora
sólo tanteantemente, a través del «simbolizado» por medio de
una suposición intelectual del crítico o teórico, si éste así extraestéticamente lo deseara.

Aunque repitamos cosas ya dichas, conviene, creo, recordar
aquí, ya en concreto, cuáles sean el simbolizador, el simbolizado y las cualidades reales o «expresado simbólico» que dan
origen a este último, en las frases «un pajarillo es como un
arco iris» (imagen visionaria): «la piedra canta» (visión); y
«y nada importa ya que el vino de oro / rebose de tu copa cristalina / o el agrio zumo enturbie el puro vaso» («símbolos
homogéneos»). En la primera frase, la expresión «arco iris»
(E), unida metafóricamente a «pajarillo» (A), constituiría el
simbolizador, cuyo simbolizado estaría formado por la noción
de «inocencia», que sentimos (erróneamente) como propia de
A, o sea, como propia del ave en cuestión; las cualidades verdaderamente reales o «expresado simbólico» ($B_1$, $B_2$, $B_3$ ... $B_n$)
serían, en cambio, aquí la levedad, pequeñez, gracia, inofensi-
vidad, etc., de tal ave. En la segunda frase, el sintagma «la
piedra canta» en su conjunto constituiría el simbolizador, del
que nacería un simbolizado: la noción de «vida en su suprema manifestación»; como cualidades reales de la piedra o
«expresado simbólico» ($B_1$, $B_2$, $B_3$ ... $B_n$) elegiríamos la belleza
de esta y su desnudez, limpidez, valiosa elementalidad, etc. En
la frase tercera el simbolizador lo tendríamos en las expre-

siones «vino de oro» o «agrio zumo» en cuanto contextualmente inverosímiles referidas a la segunda persona del singular que sabemos: con «vino de oro» se simbolizaría la noción «placeres»; con «agrio zumo», la noción «sufrimientos»; las cualidades reales (o «expresado simbólico») $B_1$, $B_2$, $B_3$ ... $B_n$ de ese modo aludidas serían la capacidad que la persona mencionada en el poema posee de gozar, en un caso, y de sufrir, en otro.

El fenómeno visionario es, así, en su conjunto, simbólico, y lo podemos, por tanto, denominar también de ese modo.

UNA «VISIÓN» COMPLEJA QUE CONSTA
DE UN SÍMBOLO HOMOGÉNEO QUE A
SU VEZ EMITE UNA SEGUNDA VISIÓN

Hay casos en que un símbolo homogéneo, como si fuese una realidad, sirve de punto de partida a una visión. Ahora bien: para que esto suceda es indispensable que ese símbolo esté, a su vez, referido, como atributo suyo, a un ser real, que sería el origen primero de toda la serie. Dice Neruda en su «Oda a Federico García Lorca»:

> Porque por ti pintan de azul los hospitales
> y crecen las escuelas y los barrios marítimos
> y se pueblan de plumas los ángeles heridos,
> y se cubren de escamas los pescados nupciales,
> y van volando al cielo los erizos.

Se da ahí, en ese verso de Neruda, una realidad A (tú: la persona de que se habla, o sea, Federico García Lorca), a la que se atribuye (visión) una cualidad irreal E (que por ti vayan «volando al cielo los erizos»). Pero ese término E es aquí un complejo que podríamos descomponer en varios elementos. Veamos el primero de ellos, $E_1$, la noción «erizos». Lo que nos sorprende es que este elemento $E_1$, «erizos», se comporte exactamente como si fuese un término real, ya que da lugar a una atribución irreal: «ir volando al cielo». Los erizos, evidentemente, no vuelan. Se trata, pues, de una visión segunda que se inserta en el interior de la otra, más abarcadora. Ahora bien: tal visión es muy diferente de las visiones normales, pues en estas, el término al que se le concede la cualidad irreal es siempre, claro está, una realidad A. Por ejemplo, la palabra «muslos» en la expresión «los muslos cantan». Pues bien: aquí, «erizos» no es un término A, real, sino un término $E_1$, irreal, simbólico. Frente a él, la mente del lector procede según este esquema preconsciente:

> erizos [= animal sumamente elemental, espinoso, sin gracia, sin belleza = algo sin espíritu, sin gracia, sin belleza =] emoción de *algo* sin espíritu, sin gracia, sin belleza.

No tomamos, pues, a esos «erizos» como reales en cuanto a su literalidad, sino como meramente alusivos a un significado simbólico: «algo sin espíritu, sin gracia, sin belleza». «Erizos» en cuanto portador de este significado irracional es el ser al que el poeta atribuye, en forma de visión, la acción irreal de «volar al cielo», cuyos dos términos («volar» y «al cielo») emiten, a su vez, en nuestra conciencia de lectores, sus correspondientes procesos X:

> volar [= ascenso = alcanzar un bien =] emoción en la conciencia de «alcanzar un bien».

> cielo (en el sentido de cielo físico) [= cielo de Dios = región donde se alcanza la plenitud del ser=] emoción en la conciencia de «región donde se alcanza la plenitud del ser».

Como se ve, los dos últimos conjuntos son, de modo final, aproximadamente coincidentes, por lo que pueden ser unificados. «Volar al cielo», atribuido al sujeto «erizos», nos proporcionaría entonces un complejo significado, a través del proceso X correspondiente, que en forma muy sintética paso a representar:

> volar al cielo los erizos [= alcanzar la plenitud del ser, y, por tanto, alcanzar la espiritualidad, la belleza, la gracia =] emoción de «alcanzar la plenitud del ser, y, por tanto, alcanzar la espiritualidad, la belleza, la gracia».

Lo que el poeta dice, pues, de la realidad A, o sea, del personaje poemático al que Neruda se refiere (Federico García Lorca) es que, a su lado, los seres más toscos y primarios (erizos) ascienden a espiritualidad, gracia y belleza («ascienden al cielo»).

LA CAPACIDAD DE SUPERPOSICIÓN PROLIFERANTE EN EL FENÓMENO IRREALISTA

En el apartado anterior hemos empezado a ver una de las características más llamativas de los fenómenos irracionalistas: su capacidad de superposición proliferante [6]. Pero, por supuesto, no sólo cabe que, como en el precedente epígrafe, a una realidad se le conceda un atributo irreal complejo que consta de un símbolo homogéneo y una visión. Las combinaciones pueden ser múltiples y muy variadas. Una visión, por ejemplo, dará lugar, en ocasiones a una imagen visionaria, que, a su vez, emita una visión, y así sucesivamente. En el poema «Plenitud del amor», de Aleixandre, leemos:

---

[6] Esta cualidad ha sido vista por numerosos críticos. He aquí algunos de ellos: Svend Johansen, *Le symbolisme. Étude sur le style des symbolistes français*, Copenhague, 1945, pág. 219; Anna Balakian, *El movimiento simbolista*, Madrid, Guadarrama, 1969, pág. 134; F. Édeline, «Le symbole et l'image selon la théorie des codes», *Cahiers Internationaux de Symbolisme*, II, 1963. Precisamente, la repetición hace perder a los símbolos su cualidad de misterio y opacidad, como ya indicó Amiel en *Fragments d'un journal intime* (27-XII-1880): «cuando los símbolos devienen transparentes ya no vinculan: se ve en ellos (...) una alegoría y se deja de creer en ellos». La conversión del símbolo en alegoría a fuerza de repeticiones, explica la división de Maeterlinck entre símbolos «a priori» (o sea, símbolos deliberados, usados conscientemente) y símbolos «más bien inconscientes» (en Jules Huret, *Enquête sur l'évolution littéraire*, 1891, págs. 124-125). Aclaremos nosotros: los símbolos, *mientras lo son de veras*, aparecen como de significación no consciente (exactamente, preconsciente, dijimos); pero según van repitiéndose van aproximándose a la concienciación, hasta hacerse plenamente lúcidos. En ese momento han dejado de ser símbolos. Véase también la distinción de Maeterlinck en T. de Visan, *Paysages introspectifs. Avec un essai sur le symbolisme*, París, 1904, págs. L-LII.

Muslos de tierra, barcas donde bogar un día
por el músico mar del amor enturbiado,
donde escapar libérrimos rumbo a los cielos altos
en que la espuma nace de dos cuerpos volantes.
¡Ah, maravilla lúcida de tu cuerpo cantando,
destellando de besos sobre tu piel despierta,
bóveda centelleante nocturnamente hermosa,
que humedece mi pecho de estrellas o de espumas!

El plano real en que se fundamenta esta construcción imaginativa es el término «muslos». Pero resulta que tales «muslos» ostentan carácter de visión, pues en el poema son, se dice, «de tierra». Se alude irracionalmente así a la elementalidad del acto en el que se manifiestan. Pero he aquí que esos «muslos de tierra» se entienden como «barcas» (plano E, de una imagen visionaria): que vuelan hacia los cielos (segunda visión). Otras dos nuevas visiones se producen ahora: el cuerpo «canta» y los besos «destellan». Pero no hemos agotado con esto la capacidad germinativa y arborescente del entramado irracional. El ser querido, alzado ya en el firmamento es una bóveda centelleante (imagen visionaria de segundo grado, $E_2$) que humedece el pecho del protagonista poemático de «estrellas» (cualidad de la imagen visionaria de segundo grado, $E_2$) o de espumas (cualidad de la de primer grado E, barca en el mar).

Complicado conjunto visionario: A, $E_1$ $E_2$ y nada menos que cuatro visiones, que acompañan a estas imágenes superpuestas, ligadas a ellas o por ellas producidas.

¿De dónde nace tan saliente peculiaridad? No podremos averiguarlo hasta que no conozcamos en qué consisten los procesos mentales del autor: en libro de inmediata publicación me ocupo del asunto [7].

---

[7] *Superrealismo poético y simbolización.*

EL SÍMBOLO HOMOGÉNEO CONTINUADO

Retornemos ya al estudio de los símbolos homogéneos. Para ilustrarlo elegí antes, adrede, un ejemplar sin desarrollo (el de «Y nada importa ya...») por dos importantes motivos: en primer lugar, por razones estadísticas: los símbolos homogéneos no continuados son, con mucho, los más frecuentes; y en segundo término, para hacer ver, con claridad y de entrada, que los símbolos no se definen, como cree Dámaso Alonso [8], y Baruzi [9], por su continuidad y por tanto, no tienen por qué ser definidos por la índole de ésta [10]. Pero, naturalmente, el símbo-

---

[8] Dámaso Alonso, *La poesía de San Juan de la Cruz*, Consejo Superior de Investigaciones Científicas, Instituto Antonio de Nebrija, Madrid, 1942, págs. 215-217.

[9] Jean Baruzi, *Saint Jean de la Croix et le problème de l'expérience mystique*, 1.ª ed., París, 1924; 2.ª ed. 1931, pág. 223.

[10] La gran mayoría de los críticos no han definido, sin embargo, a los símbolos por su continuidad. Véanse, entre otras, las siguientes obras que en su definición del símbolo, siguen otros criterios: P. Godet, «Sujet et symbole dans les arts plastiques», en *Signe et symbole*, págs. 125 y 128; Jean-Baptiste Landriot, *Le symbolisme*, 3.ª ed., 1970, pág. 227; J. M. Aguirre, *Antonio Machado, poeta simbolista*, Madrid, Taurus Ediciones, 1973, págs. 40, 86, 92, etc.; Ernest Raymond, *La Mêlée symboliste (1890-1900)*, París, 1920, pág. 92; Charles Morice, «Notations», en *Vers et Prose*, t. VII, sept.-nov. 1906, pág. 81; Svend Johansen, *Le symbolisme. Étude sur le style des symbolistes français*, Copenhague, 1945, pág. 219; Anna Balakian, *El movimiento simbolista*, Madrid, ed. Guadarrama, 1969, pág. 134; A. Thibaudet, «Remarques sur le symbole», *Nouvelle Revue Française*, 1912, pág. 896; H. de Régnier, *Poètes d'aujourd'hui*, 1900, citado por Guy Michaud, *La doctrine symboliste. Documents*, París, 1947, páginas 55-56 y 73-76; T. de Visan, *Paysages introspectifs. Avec un essai sur le symbolisme*, París, 1904, págs. XLIX y LII; Marcel Raymond, *De Baudelaire al surrealismo*, México, Fondo de cultura económica, 1960, págs. 41 y 43; Juan Ramón Jiménez, *El modernismo. Notas de un curso*, México, 1962, pág. 174; Mallarmé (Huret, *Enquête sur l'évolution littéraire*, 1901, pág. 60); Charles Morice (Huret, *op. cit.*, pág. 85); C. G. Jung, «Introduction» a Victor White, O. P., *God and the unconscious*, 1952, *Collected Works*, vol. II, Londres, 1958, pág. 306; Edmund Wilson, *Axel's Castle*, Nueva York, 1936, págs. 21-22; Gilbert Durand, *L'imagination*

lo homogéneo continuado se produce también. Copio un poema de Antonio Machado:

> Arde en tus ojos un misterio, virgen
> esquiva y compañera.
>
> No sé si es odio o es amor la lumbre
> inagotable de tu aljaba negra.
>
> Conmigo irás mientras proyecte sombra
> mi cuerpo y quede a mi sandalia arena.
>
> ¿Eres la sed o el agua en mi camino?
> Dime, virgen esquiva y compañera.
>
>                                    (XXIX.)

El poeta, *a lo largo de toda la composición*, se ha servido
de la figura de Diana Cazadora, con ánimo no mitológico, sino
evidentemente simbólico. La mitología es sólo *la materia* de la
que se vale, pues lo que hace con ella es, en realidad, un símbolo homogéneo [11]: que una mujer portadora de negra aljaba,
siga al poeta incesantemente, resulta, en efecto, posible, pero
sin duda, poco probable, inverosímil. El poeta no nos habla
de Diana, sino que traza una silueta que, evocando en nosotros
la figura de Diana, *significa* otra cosa. ¿Qué cosa? El lector
como tal lector lo ignora, ya que, según hemos venido repitiendo, los símbolos son puramente emotivos. Lo que se hace
presente es la emoción C y sólo la emoción C: una emoción
honda, grave, y en su final, además, trémula, y patética: emoción alusiva, del modo irracional que nos es ya familiar, a

*symbolique*, París, Presses Universitaires de France, 1976, págs. 9-19;
Albert Mockel, *Propos de Littérature*, 1894 (en Michaud, *op. cit.*, pág. 52);
Fr. Creuzer, *Symbolik und Mythologie der alten Völker*, I, pág. 70);
Olivier Beigbeder, *La symbolique*, París, Presses Universitaires de France,
1976, pág. 5; Philip Wheelwright, *Metaphor and Reality*, Indiana University Press, 6.ª ed., 1975, pág. 94.
[11] Este fenómeno de que ciertos elementos míticos sirvan de fundamento a un símbolo es fenómeno relativamente frecuente. Véase mi libro
*La poesía de Vicente Aleixandre*, Madrid, 1968, ed. Gredos, págs. 215-217.

«algo» (C) que se nos oculta, pero que podemos encontrar, en indagación rigurosamente extraestética, si estamos suficientemente interesados en ello. En este caso, lo simbolizado es, digamos, la vida humana, o la conciencia que el narrador tiene de la vida humana, *dimensión fúnebre incluida* (C). El vivir del hombre es, para ese narrador, un «misterio» («arde en tus ojos un misterio...»), en cuanto que encierra contradicción: la vida es un enorme bien en cuanto vida, pero va hacia la muerte, y entonces se convierte en un mal. Lo importante sería, en consecuencia, descifrar el enigma, saber cuál de las dos cosas representa el verdadero significado que hayamos de atribuir al vivir. Nuestra vida es «sed» de más vida; pero esa sed, ¿será saciada? ¿Viviremos siempre y para siempre, más allá de las apariencias sensibles? O la sed ¿es eso y sólo eso, sed, y nada más?

> ¿Eres la sed o el agua en mi camino?
> Dime, virgen esquiva y compañera.

Ahora se nos hace todo claro. La vida, en su sentido positivo de vida, es para nosotros «amor»; en cuanto que se dirige a la muerte, «odio». Hay una correlación de tipo progresivo [12] entre los sucesivos elementos negativos y positivos: «esquiva» progresa en «odio», y luego en «aljaba negra» y en «sed»; «compañera» progresa en «amor» y luego en «lumbre» y en «agua».

¿Por qué el poeta llama a la vida «virgen» y la ve, *en consecuencia,* bajo la figura de Diana? Precisamente por tratarse de algo cuya significación es ignorada por el poeta, una realidad que, por consiguiente, éste no conoce ni puede intelectualmente *hacer suya, poseer.* Figura que en este sentido, se le escapa, que es «esquiva» en su fúnebre misterio, pero que es hondamente amada, «compañera», en cuanto dejamos de mirar hacia su desenlace lóbrego; que encierra, en la apariencia, contradicción, «odio» y «amor», «sed» y «agua» y, por

---

[12] Véase Dámaso Alonso y Carlos Bousoño, *Seis calas en la expresión literaria española*, ed. Gredos, Madrid, 1963, págs. 49-54.

lo tanto, enigma, y cuyo auténtico significado, cuál sea lo más poderoso que da sentido a la figura, lo positivo («agua») o lo negativo («sed»), no podemos descubrir, aunque profundamente lo anhelamos: «Dime, virgen esquiva y compañera».

El poema nos dice todo eso, pero sólo emotivamente. Los lectores nos hacemos cargo únicamente de las consecuencias y equivalencias emocionales de estas ideas, que, sin embargo, como hemos dicho quizá demasiadas veces, están dentro de la emoción, como el hueso de la ciruela está en la ciruela. Al leer el poema, recibimos tales conceptos, aunque sin percibirlos, del mismo modo que recibimos la pepita de la fruta cuando alguien nos entrega la fruta. Se trata, pues, en efecto, de un símbolo homogéneo continuado, cuyo simbolizado (C) no aparece en nuestra conciencia, que lo encierra y oculta, aunque, repito, esté en ella «irracionalmente», esto es, enterrado y cubierto por la emoción.

Los procesos X o del lector son, en este caso, sumamente complejos, y constan de varias series: unas de emoción positiva; otras, de emoción negativa; y aún otra, de emoción misteriosa. Para simplificar un poco la esquematización, mostraré una sola pareja de tipo positivo y otra de tipo negativo, amén de la que hemos llamado «misteriosa». Empezaré por la pareja negativa. Su término de realidad nos da esta serie:

> tú [= realidad que se mantiene virgen a nuestra penetración intelectiva a causa de su carácter contradictorio = realidad enigmática y contradictoria, vista en cuanto a su aspecto negativo = muerte =] emoción de muerte en la conciencia.

Su término irreal nos da esta otra serie:

> aljaba negra [= realidad negra = negrura = oscuridad = no veo = muerte =] emoción de muerte en la conciencia.

He aquí ahora la serie «misteriosa»:

> virgen [= persona con la que nadie ha tenido intimidad sexual, y a la que en ese sentido no conocemos = realidad que no conocemos =] emoción en la conciencia de realidad que no conocemos.

Veamos ahora la pareja positiva. Serie del término real:

> tú [= realidad que se mantiene virgen a nuestra penetración in-
> telectiva a causa de su carácter contradictorio = realidad enig-
> mática y contradictoria vista en cuanto a su aspecto positivo =
> vida =] emoción de vida en la conciencia.

Serie del término irreal:

> lumbre [= luz = vida =] emoción de vida en la conciencia.

No copio en este caso la serie correspondiente de tipo misterioso por ser la misma de antes («Virgen = persona con la
que nadie ha tenido intimidad sexual», etc.). Como se desprende de este cuadro, hallamos aquí, tal como esperábamos, un
término real A, al que podemos llamar «tú», pues el poeta le
da, en la composición, tratamiento de segunda persona del singular; y hallamos, por supuesto, también ciertos atributos E
que a esa realidad A se conceden, positivos unos $E_1$ (ser una
virgen con *lumbre* en la aljaba, una virgen *compañera*, etc.),
negativos otros $E_2$ (ser una virgen portadora de una aljaba
*negra*, una virgen *esquiva*, etc.). Pero además estos atributos,
lo mismo los positivos que los negativos, son complejos, pues
constan de varios miembros, cada uno de los cuales emite su
correspondiente serie preconsciente. Así lo hace la noción «virgen» por un lado; la noción «aljaba negra» por otro, etc.

### EL SÍMBOLO HETEROGÉNEO Y LOS SÍM-
### BOLOS HETEROGÉNEOS ENCADENADOS

Nuestro trabajo ha considerado hasta ahora una sola raza
de símbolos (los símbolos «homogéneos») en dos variaciones
o modalidades distintas: «símbolos homogéneos simples» («y
nada importa ya que el vino de oro / rebose de tu copa cristalina / o el agrio zumo enturbie el puro vaso») y «símbolos
homogéneos continuados» («arde en tus ojos un misterio, virgen / esquiva y compañera»). A ambos, en su conjunto, les

hemos asignado el nombre de «homogéneos», en cuanto que
sólo tienen significados de una misma naturaleza irracional.
Mas junto a esta especie de símbolos, hay otra, como sabemos,
de gran importancia, caracterizada por la disemia heterogénea,
especie que viene a coincidir, exactamente, con lo que hemos
denominado en el capítulo II «primer tipo de irracionalidad».
Los símbolos heterogéneos serán, pues, aquellos que, junto al
irracional, tienen un significado de tipo lógico. Nosotros los
conocemos ya, y por ello no es necesario poner ejemplos: es
el caso de las expresiones que entonces hemos analizado, «caballos negros», «herraduras negras», o «jorobados y nocturnos»,
del «Romance de la Guardia Civil española», de Federico García Lorca[13].

### SÍMBOLOS INTERMEDIOS ENTRE NUESTRAS DOS CLASIFICACIONES

Debemos aclarar aquí, cuanto antes, que los dos grupos
que hemos separado y clasificado bajo etiquetas diferenciado-
ras (símbolos homogéneos y símbolos heterogéneos) admiten de
hecho, en la práctica, una zona intermedia o tierra de nadie,
frente a la cual pueden suscitarse las dudas del crítico. Y es
que como en los dos tipos de símbolos se trata de algo posible
en la realidad y la diferencia radica sólo en una cuestión de
verosimilitud, la zona penumbrosa o dudosa habrá forzosamente de aparecer siempre que se dé una zona, asimismo penumbrosa o dudosa, en la verosimilitud misma de que se trate.
En otras palabras: como la inverosimilitud (característica de
los símbolos homogéneos) *tolera la gradación*, el símbolo no
ofrecerá vacilación posible cuando la inverosimilitud sea grande; pero sí cuando ésta se manifieste como leve, y sólo se per-
ciba en matices muy delicados. Tenemos un poema de Apollinaire:

> Je suis soumis au Chef du Signe de l'Automne
> Partant j'aime les fruits je déteste les fleurs

---

[13]  Véanse las págs. 24-28.

Je regrette chacun des baisers que je donne
Tel un noyer gaulé dit au vent ses douleurs

Mon Automne éternelle ô ma saison mentale
Les mains des amantes d'antan jonchent ton sol
Une épouse me suit c'est mon ombre fatale
Les colombes ce soir prennent leur dernier vol.

La falta de conexión lógica entre el último verso y los anteriores hacen que esas «palomas» que emprenden su «último vuelo» sean sentidas por nosotros como símbolos homogéneos; pero como la inverosimilitud de que hablamos es sólo *de relación* con el contexto, y no se trata de algo que *en sí mismo* resulte inverosímil (pues emprender el «último vuelo» es cosa no sólo posible sino perfectamente verosímil y hasta obligado cada día en unas «palomas») el crítico puede, en efecto, vacilar en el instante de la clasificación, pues, además, por lo dicho, *el símbolo se hace perceptible como tal.* Pues he de añadir aquí que los verdaderos símbolos heterogéneos son, por el contrario, aquellos *que no lo manifiestan al lector*: frente a ellos, efectivamente, el lector no cree, en principio, tropezar con una expresión simbólica (aunque la emoción que experimenta sea de esa clase), sino con una expresión realista («los caballos negros son, / las herraduras son negras»). Estos otros símbolos, los que hemos considerado de difícil clasificación, se caracterizan, opuestamente, porque *en la emoción* se nos aparecen ya como simbólicos: notamos que hay allí un significado distinto del aparente, aunque tal significado distinto se nos haga presente, claro está, sólo *en cuanto oculto*: el punto de inverosimilitud que ofrecen nos lleva a esa sensación de simbolismo. Pero caben todavía ejemplos en que la inverosimilitud se adelgaza aún más, y entonces el crítico toca la frontera misma de los verdaderos símbolos heterogéneos. Así en el final de este otro poema de Apollinaire:

*Il est mort écoutez* La cloche de l'église
Sonnait tout doucement la mort du sacristain

*Lise il faut attiser le poêle qui s'éteint*
Les femmes se signaient dans la nuit indécise.

(«Les femmes», del libro *Alcools*.)

Aquí es sólo la extrañeza del adjetivo atribuido a la palabra «noche» («nuit indécise») la que nos hace percibir de modo inmediato, como simbólica, la expresión a la que afecta (a esa «nuit»), y por tanto, la que nos hace vacilar en nuestro intento clasificatorio. En cambio, no hay vacilación ninguna frente al verso penúltimo («*lise il faut attiser le poêle qui s'éteint*») que en el momento de la mera lectura nos parece perfectamente verosímil y, por consiguiente, sólo realista, aunque, de hecho, nos emocione simbólicamente (de forma entonces, claro está, francamente heterogénea).

El caso de la «nuit indécise» se repite en un texto de Lorca, que luego he de comentar despacio. Una de sus canciones comienza así:

Abejaruco.
En tus árboles oscuros.
Noche de cielo balbuciente
y aire tartamudo.

Tres borrachos eternizan
sus gestos de vino y luto.
Los astros de plomo giran
sobre un pie.
                Abejaruco.
En tus árboles oscuros.
Etc.

(«Malestar y noche», del libro *Canciones*.)

Esos «tres borrachos» que «eternizan sus gestos de vino y luto» infunden al lector la misma sospecha de simbolismo que le producía la «noche indecisa» de Apollinaire, y por razones semejantes. Aquí son, de un lado, el verbo «eternizar» con su extraña solemnidad, y de otro, el trascendentalizador numeral «tres», los agentes de la levísima inverosimilitud que sitúan al

símbolo de los «borrachos» fuera de la estricta heterogeneidad [14].

LOS SÍMBOLOS HETEROGÉNEOS ENCADENADOS

Volvamos con esto a los símbolos heterogéneos propiamente
dichos. Pues quiero, antes de pasar a otro asunto, destacar
con fuerza que los símbolos heterogéneos suelen «encadenarse» [15], esto es, suelen juntarse con otro u otros de *idéntica*
significación «irracional», en un mismo texto de extensión va-
riable: a veces, abarcador de una entera composición. Con
ello se forma, de hecho, un solo conglomerado simbólico, un
único símbolo, bien que «*complejo*». He aquí la pieza XXXII
de *Soledades, Galerías y otros poemas*, de Antonio Machado:

> Las ascuas de un crepúsculo morado
> detrás del negro cipresal humean.
> En la glorieta en sombra está la fuente
> con su alado y desnudo Amor de piedra
> que sueña mudo. En la marmórea taza
> reposa el agua muerta.

Definiríamos nuestro sentimiento al terminar la lectura
como de pesadumbre y fúnebre gravedad. La primera cosa que
nos extraña es que esa emoción no se corresponda con lo que
el poema aparentemente dice. El poeta nos ha descrito un
bello paisaje que, *en sí mismo*, no tiene por qué originar la
grave melancolía que nos promueve: estamos otra vez frente a
la «inadecuación» emotiva, propia de los símbolos heterogéneos,
inadecuación cuyo origen conocemos: el hecho de la asociación
«irracional». Las palabras que el poeta usa («ascuas» $E_1$, «crepúsculo» $E_2$, «morado» $E_3$, «negro» $E_4$, «cipresal» $E_5$, «humean» $E_6$, «sombra» $E_7$, «piedra» $E_8$, «sueña» $E_9$, etc.), *en su*

---

[14] Véanse las págs. 205-208.
[15] En mi libro *Superrealismo poético y simbolización* intento explicar
la razón de tal prurito de encadenamiento.

*estricto significado lógico* no hacen relación a nada que pueda proporcionarnos la fúnebre reacción afectiva que, sin embargo, hemos experimentado. Pero esa reacción, sin duda desvinculada del sentido lógico de los vocablos, se vincula, aunque invisiblemente, por definición, al sentido irracional que esos vocablos poseen; o, de otro modo, se vincula a un concepto distinto, que está, diríamos, atraído secretamente y como ligado por imperceptible atadura, por atadura, en efecto, «irracional», a la significación «lógica»[16]. Se trata del concepto «muerte» (C), que es ya, sí, congruo a la emoción que hemos sentido al leer. Pongamos un ejemplo: El «crepúsculo» vespertino en sí mismo, en cuanto a su sentido lógico, no significa «muerte». Se trata de una cierta forma de claridad, y nada más, *no menos luminosa que la del amanecer*. Pero, cosa curiosa: una palabra como «amanecer» no se nos asociaría, *en principio*, con «muerte», sino acaso con «vida», por tratarse de algo que va hacia más claridad; por el contrario, «crepúsculo», al entenderlo como «vespertino», conlleva, en el poema de Machado, esa asociación no consciente de tipo fúnebre (pese a tratarse, en realidad, repito, de una luz *idéntica a la de la aurora*), por el mero hecho de saber nosotros que esa luz, *aunque ahora igual a la otra*, se aminorará progresivamente. Y tal aminoración la identificamos, *sin darnos cuenta*, con la aminoración de la vida, o sea, con la muerte[17]. Algo parecido sucede, como he indicado, con las otras palabras que antes mencioné en el paréntesis. Dispenso al lector de un análisis detenido de ellas, por haberlo realizado ya en un libro mío[18]. Tomemos única-

---

[16] Como algunos críticos han asimilado estos símbolos heterogéneos de mi terminología a las connotaciones (J. M. Martínez, *op. cit.*, págs. 172 y 450), véase más adelante, capítulo IX, la neta diferencia que entre ambos conceptos es preciso establecer.

[17] El proceso X sería:

«crepúsculo» (en el sentido de una determinada luz vespertina) [= noche = no veo = tengo menos vida = estoy en peligro de muerte = muerte =] emoción de muerte en la conciencia.

[18] Véase mi *Teoría de la expresión poética*, Madrid, ed. Gredos, 1970, t. I, págs. 209-218.

mente la expresión «agua muerta». El sentido lógico que
«agua muerta» tiene en el poema es exclusivamente el de «agua
de estanque». Pero ocurre que el adjetivo «muerta» en el sentido de «agua contenida en un estanque», concepto en sí mismo nada pesimista ni sombrío, provoca negatividad emocional,
dentro de su contexto, porque irracionalmente se nos une a
«muerta» en el sentido de «muerta», idea que sí compagina
y casa, vuelvo a decir, con la índole de nuestra intuición lectora[19].

Todo ello se completa y afianza con la mortuoria lentitud
del ritmo en que el poema ha sido escrito, e incluso con la
frecuencia de «oes» y «ues» *acentuadas*[20], prolongadas incluso
a veces por consonantes que traban sílaba («crep*ú*sculo»,
«s*o*mbra», «desn*u*do», «am*o*r», «m*u*do», «marm*ó*rea» y «rep*o*-
sa»): nadie ignora la asociación con la oscuridad (y luego, añadamos nosotros, la asociación de «oscuridad» con «noche» y
«muerte») que esos sonidos pueden poseer.

Añadamos, para completar todo lo anterior, que por con-
tactar en un texto, las voces citadas, al tiempo que se determinan y empujan en una misma dirección asociativa (hacia el
concepto irracional «muerte» en el que confluyen), se intensifican recíprocamente en cuanto a la significación irracional
misma («muerte»), y, por tanto, también en cuanto a sus consecuencias emocionales. El poema, en efecto, se va haciendo
cada vez más mortuorio y grave, porque la técnica de encadenamiento con que el sentido imperceptiblemente asociado al
lógico se va presentando en la pieza, no es más que un caso

---

[19] Proceso X del lector:

agua muerta (en el sentido de «agua de estanque») [= «muerta» en
el sentido de «muerta» (una vida) =] emoción en la conciencia
de «muerta» en el sentido de «muerta» (una vida).

[20] Las vocales átonas no producen efectos perceptibles de esa clase;
sólo lo producen las tónicas, y más si el acento coincide con uno de
los principales del verso, o si las vocales así acentuadas se prolongan
en una consonante que traba sílaba. Véase Dámaso Alonso, *Poesía española*, Madrid, ed. Gredos, 1950, págs. 347 y sigs.

particular del fenómeno de la reiteración, y la reiteración, evidentemente, produce esos efectos acumulativos: las palabras
al reiterarse se superlativizan. La tontería de Antonio es mayor
cuando digo que «Antonio es tonto, tonto, tonto», que cuando,
simplemente, afirmo que lo es.

ORIGEN HISTÓRICO DEL SÍMBOLO HETEROGÉNEO

En mi libro *La poesía de Vicente Aleixandre* he intentado
hacer ver un ejemplo muy claro de símbolo heterogéneo en los
*Romances históricos* del Duque de Rivas [21], y en la poesía popu-

---

[21] Me refiero a los versos del romance titulado «Don Álvaro de Luna»,
en que el autor describe al rey don Juan II lleno de remordimientos y
dolor por no poder salvar de la muerte a su famoso privado:

> La reina a Solís llevóse,
> y el rey abrió con presura
> el balcón, cual si quisiese
> gozar del aura nocturna;
>
> y el trono, cetro y corona
> maldiciendo en voces mudas,
> ojos de lágrimas llenos
> clavó en la menguante luna.

Pese a que el duque de Rivas haya creído necesario apoyarse implícitamente en un juego de palabras (don Álvaro de Luna desprestigiado—
*menguante luna*) para realizar su símbolo heterogéneo, no hay duda de
que el último verso nos está mostrando, en efecto, un símbolo de esta
clase, ya que opera en nosotros del modo puramente emocional que
caracteriza a tales figuras. Ello es así, aunque el lector inmediatamente,
pero después de haberse emocionado de ese modo irracional, se percata del juego de palabras. He aquí un claro ejemplo de un poema de
transición, en que se pisa la «contemporaneidad», mas sin atreverse a
abandonar *del todo* la tradición lógica anterior (un poco al modo de
los primeros automóviles, que, siéndolo, por completo, tenían aún la
forma de las diligencias).

lar [22]. Podrían rastrearse ejemplos en Baudelaire [23] y hasta en Victor Hugo [24]; pero donde aparecen con nitidez es en la poesía de Verlaine. He aquí un poema donde se encadenan símbolos heterogéneos que sugieren apagamiento, extinción y finalmente, muerte. Nótese la eficacia, en este sentido, de su final:

---

[22] Véase el comienzo de esta canción del siglo XV:

> Que miraba la mar
> la malcasada,
> que miraba la mar
> cómo es ancha y larga.

No hay duda de que esa «mar» «ancha y larga», siendo una mar ancha y larga de verdad, está también simbolizando la inmensidad del dolor de la protagonista del poema. El autor culto que desarrolló posteriormente la breve composición sintió lo mismo que nosotros, pues que escribió:

> Muy ancho es el mar
> que miran sus ojos,
> *aunque a sus enojos*
> *bien puede igualar.*
> Mas por se alegrar
> la malcasada
> que miraba la mar
> cómo es ancha y larga.

[23] Véase, por ejemplo, el poema LXXVIII titulado «Spleen», donde el símbolo heterogéneo encadenado se mezcla a las visiones; o véase el poema titulado «Chant d'Automne» (LVI).

[24] He aquí una estrofa de Victor Hugo:

> À terre, un pâtre, aimé des muses,
> qui n'a que la peau sur les os,
> regarde des choses confuses,
> dans le profond ciel, plein d'oiseaux.
>
> (*Les chansons des rues et des bois, Op. cit.,*
> pág. 135.)

No hay duda del simbolismo de esos «pájaros» «en el cielo profundo» (pájaros = espiritualidad, espíritus alegres, libres). Pero anotemos la fecha del libro donde el poema se incluye: 1865. No hay duda: a mi juicio, Victor Hugo había recibido ya el influjo de los jóvenes; por ejemplo, del propio Baudelaire.

*L'heure du berger*

La lune est rouge au brumeux horizon;
dans un brouillard qui danse, la prairie
s'endort fumeuse, et la grenouille crie
par les joncs verts où circule un frisson;

les fleurs des eaux referment leurs corolles;
des peupliers profilent aux lointains,
droits et serrés, leurs spectres incertains;
vers les buissons errent les lucioles;

les chats-huants s'éveillent, et sans bruit
rament l'air noir avec leurs ailes lourdes,
et le zénith s'emplit de lueurs sourdes.
Blanche, Vénus émerge, et c'est la Nuit.

En este poema, hasta la mención de sonidos («et la grenouil-le crie»), de la blancura («blanche, Vénus émerge») o del despertar («les chats-huants s'éveillent») se asocian, paradójica-mente (aunque muy explicablemente)[25], con las nociones ante-dichas. Por supuesto, lo hacen, esta vez sin paradoja alguna, muchas de las otras palabras del poema («brumeux horizon»; «brouillard»; «la prairie s'endort fumeuse»; «les fleurs des eaux referment leurs corolles»; «spectres incertains»; «air noir»; «ailes lourdes»; «lueurs sourdes»). Y toda esa atmósfera va a confluir en la frase final («et c'est la Nuit»), donde la palabra «Nuit» se convierte, de este modo, en símbolo hete-rogéneo de «muerte»[26]. ¡Y con qué eficacia estética en su colo-

---

[25] En efecto, que aparezca Venus, que despierten los autillos o lechuzas o que empiece a oírse el croar de las ranas son hechos que, en el poema, connotan «noche» o «silencio», connotaciones que, a su vez, como ocurre, a su modo, en todas las otras palabras indicadas en el texto, llevan consigo, finalmente (al llegar a la expresión «et c'est la Nuit», o sea, *retroactivamente*), la simbolización de «muerte»: la con-notación se halla aquí al servicio de la irracionalidad, como en el ejem-plo que cito en las págs. 194-202.

[26] El propio poeta indicó gráficamente la existencia de una simbo-lización con la mayúscula de la palabra «Nuit». Adviértase aquí, de paso, que tal es, a mi juicio, el sentido original del frecuente uso de

cación precisamente de cierre poemático! Termina el día (termina la vida) y termina el poema. Es, a mi juicio, uno de los logros mayores de Verlaine.

CADENA PROMISCUA DONDE SE ENLAZAN
VISIONES Y SÍMBOLOS HETEROGÉNEOS
O VISIONES Y SÍMBOLOS HOMOGÉNEOS

Los símbolos heterogéneos pueden encadenarse. ¿Podrán hacerlo también los símbolos homogéneos y las visiones? Evidentemente sí, y con efectos similares a los que hemos visto engendrarse en el encadenamiento heterogéneo. Pondré primero un ejemplo donde la cadena simbólica mezcla indiferentemente signos irracionales de distinta especie. He aquí el maravilloso poema «Meseta» de Jorge Guillén, donde esta promiscuidad se produce de manera ejemplar:

> ¡Espacio! Se difunde
> sobre un nivel de cima.
> Cima y planicie juntas
> se acrecen —luz— y vibran.
> ¡Alta luz, altitud
> de claridad activa!
> Muchedumbres de trigos
> en un rumor terminan,
> trigo aún y ya viento.
> Silban en la alegría
> del viento las distancias.
> Soplo total palpita.
> Horizontes en círculo
> se abren. ¡Cuántas pistas
> de claridad, tan altas
> sobre el nivel del día,

---

mayúsculas en el simbolismo (y luego, por contagio, en nuestro modernismo, que en esto, como en otras cosas, sigue pautas de tal escuela, bien que el Parnaso le influya también, e incluso bastante más, como nadie ignora).

zumban! ¡Oh vibración
universal de cima,
tránsito universal!
Cima y cielo desfilan.

La composición, en su totalidad, suscita en nosotros una
emoción de triunfo. Un análisis nos revelaría que es el triunfo
de la luz, el triunfo de la realidad plena, del pleno ser. ¿Cómo
se consigue este efecto simbólico de conjunto? Hay, en primer
lugar, a lo largo de la pieza, palabras que denotan alegría
(«silban en la alegría / del viento las distancias») o que la
simbolizan heterogéneamente: así, la noción de altitud:

¡Alta luz, altitud
de claridad activa!
......
¡Cuántas pistas
de claridad, tan altas
sobre el nivel del día...

o las nociones de claridad o luz, que se incluyen denotativamente en la cita que acabo de hacer. Pero sobre todo, hay, a
lo largo de la pieza, un gran dinamismo. Todo se mueve: el
espacio «se difunde sobre un nivel de cima»; «cima y planicie»
«se acrecen y vibran»; la «claridad» es «activa»; «muchedum-
bres de trigos» «terminan» «en un rumor»; «palpita» «un soplo
total»; «los horizontes» «se abren»; las «pistas de claridad»
«zumban»; hay una «vibración universal», un «tránsito universal»; y en fin, el «cielo» y la «cima» «desfilan».

En mi *Teoría de la expresión poética* he analizado el simbolismo del movimiento y su expresividad sentimental, lo
mismo en el cuerpo humano que en la poesía y en la música.
El movimiento rápido o muy generalizado (como aquí) significa irracionalmente, en numerosos contextos, «vida», con su
efecto en nosotros de entusiasmo, o algo semejante; y el movimiento lento, o más aún, la inmovilidad querrán decir, de la
misma manera, lo opuesto, o sea, muerte, o al menos, merma
de la vida, con su efecto consiguiente de tristeza o sentimientos

afines. Baste con recordar la lentitud de las marchas fúnebres, y en cambio, la alegría vital de los «allegros» (nombre significativo). No voy a explicar ahora, pues lo hice allí, el supuesto psicológico que subyace a tan evidente fenómeno. Lo que nos importa de momento es hacer resaltar que, en el poema que comentamos, las palabras fundamentales que lo constituyen vienen a significar de modo catenático (si se me pasa la expresión) la idea de plenitud o triunfo de la vida. Pero lo curioso es que, unas lo hacen a través de símbolos de realidad; y otras, a través de visiones. Esto último es lo que observamos con toda evidencia en el verso final («cima y cielo desfilan»), puesto que el desfile que se les atribuye al «cielo» y a la «cima» resulta, por completo, irreal; ni la cima ni el cielo tienen movimiento. Desde esta noción de desfile se engendran, creo, dos series de flujo identificativos. Por un lado:

cima y cielo luminosos = luz triunfal = triunfo de la vida sobre la muerte = emoción de triunfo de la vida sobre la muerte.

Por otro:

(cima y cielo) desfilan (en el sentido de «se mueven») = vida plena = triunfo de la vida sobre la muerte = emoción de triunfo de la vida sobre la muerte

(cima y cielo) desfilan = desfile triunfal = triunfo = triunfo de la vida sobre la muerte = emoción de triunfo de la vida sobre la muerte.

Este cierre poemático, donde tan claramente apunta de forma simbólica la noción de triunfo de la vida, es lo que inclina a los símbolos anteriores, de manera también decidida, a que su simbolismo «vida plena» se especifique tardíamente como «triunfo» de la plena vida, del pleno ser. E incluso es lo que hace que se deslicen asimismo hacia esa significación las palabras que por sí mismas sólo significarían alegría, bien de modo denotativo («silban en la alegría del viento las distancias»), bien de modo irracional («alta luz, altitud»). El poema, en su totalidad, se convierte, pues, gracias al encadenamiento promiscuo, en un vasto símbolo que nos entrega irracionalmente, con irresistible eficacia, la alta afirmación que he dicho.

En ocasiones, los que se unen en cadena son exclusivamente signos irracionales del segundo tipo. En un trozo de Neruda que ya cité se juntan de ese modo visiones y símbolos homogéneos:

> Porque por ti pintan de azul los hospitales
> y crecen las escuelas y los barrios marítimos
> y se pueblan de plumas los ángeles heridos,
> y se cubren de escamas los pescados nupciales,
> y van volando al cielo los erizos.

Los dos primeros versos están constituidos por símbolos homogéneos, pues lo que se enuncia en ellos no es imposible, aunque el lector no lo pueda entender al pie de la letra, sino sólo de manera irracional. El resto de la estrofa, está formado por evidentes visiones. Pero todos los términos de la «cadena» (visiones y símbolos homogéneos) expresan lo mismo: el efecto mágico, de tipo positivo y vital, espiritualizador y embellecedor, que produce, según Neruda, la presencia de Federico García Lorca, a quien la «oda» se dedica.

### LAS «CORRESPONDENCIAS»

Expongamos, por último, una diversa manifestación del irracionalismo, de fronteras nítidamente definidas con respecto a las demás formas simbólicas. Se trata de lo que llamaríamos «correspondencias», tomando el nombre del famoso poema de Baudelaire, comentado por nosotros no hace mucho. Las correspondencias, en un primer sentido, son, en todo caso, expresiones que, *valiendo semánticamente por sí mismas,* nos dicen irracionalmente algo *de otra realidad* que se halla claramente enunciada en el poema y con la que entonces, de esta manera, tales expresiones vienen, en efecto, a corresponderse, aunque sin enlace consciente con ellas que no sea puramente emocional (y esta es una de sus discrepancias respecto de las imágenes visionarias). Afirmaríamos entonces que tales recursos resultan simbolizaciones de referencia dúplice, egoísta y altruista, si se me permite la fórmula; o sea, simbolizaciones que lo que nos están diciendo nos lo enuncian *sobre todo* de otro ser, aunque lo digan también, más débilmente, por sí, ante sí y desde sí mismas. En mi libro *La poesía de Vicente Aleixandre* expongo un antecedente de esta forma de simbolización en uno de los *Romances históricos* del duque de Rivas [27]. He aquí un ejemplo de Antonio Machado:

> Algunos lienzos del recuerdo tienen
> luz de jardín y soledad de campo,
> la placidez del sueño
> en el paisaje familiar soñado.
>
> Otros guardan las fiestas
> de días aún lejanos;
> figurillas sutiles

---

[27] Me refiero a «Una noche de Madrid en 1578», que versa sobre la muerte que Antonio Pérez ejecuta (con «impulso soberano») en la persona de Escobedo. Mientras Pérez realiza el asesinato, Felipe está, inquieto, en un salón de la princesa de Éboli. He aquí cómo nos lo cuenta el Duque de Rivas:

> Al balcón el rey se acerca
> y lo abre inquieto, se asoma
> y se retira, y escucha:
> y sin cerrarlo lo entorna.
> Entra la brisa en la sala,
> agita las luces todas,
> y a su ondulación parece
> que todo se mueve y borra,
> y que el aposento tiembla
> y que en fantásticas formas
> los muebles y colgaduras
> ya se alargan, ya se acortan.

Apliquen a este fragmento el análisis que hago en el texto sobre el poema XXX de Machado: se trata, en efecto, de lo mismo (véase mi libro: *La poesía de Vicente Aleixandre*, ed. Gredos, Madrid, 1968, páginas 191-193).

> que pone un titerero en su retablo...
>
> ...............................................................
>
> Ante el balcón florido
> está la cita de un amor amargo.
> Brilla la tarde en el resol bermejo...
> La hiedra efunde de los muros blancos.
>
> A la revuelta de una calle en sombra,
> un fantasma irrisorio besa un nardo.
>
> (Poema XXX.)

El protagonista de este poema repasa en su memoria algunos recuerdos. Unos son plácidos, tienen «luz de jardín y soledad de campo» (he ahí, por cierto, una de las pocas «visiones» no sinestéticas de Machado, aunque de irracionalidad «débil»); otros son delicadamente festivos. De pronto asoma en la memoria otro recuerdo, esta vez trágico: el recuerdo de un amor fracasado:

> Ante el balcón florido
> está la cita de un amor amargo.

La tarde brilla en el calor del verano andaluz. Y

> A la revuelta de una calle en sombra,
> un fantasma irrisorio besa un nardo.

Así termina el poema: justamente, con el uso de las «correspondencias» que estamos intentando precisar. Empecemos por una de ellas, la más evidente y significativa, la del «fantasma». Ese «fantasma» («irrisorio», sin duda, porque «besa un nardo») ¿qué es, qué nos está sugiriendo? Por lo pronto, sentimos que tal fantasma es eso, un fantasma. Tiene, en primera instancia, una existencia separada y propia, aunque sólo de naturaleza emocional[28]; pero sentimos también que el fantasma en cues-

---

[28] Diremos pronto que todos los simbolizadores, aunque, si son del segundo tipo de irracionalidad, quedan desacreditados como realidades

tión, que de ninguna manera es el amante fracasado de la cita, *nos dice*, por modo subrepticio e irracional, algo de éste: precisamente su fracaso (que se expresa con la fantasmalidad como tal) y el hecho de que, tras ser tal personaje rechazado en su demanda amorosa, siga queriendo a la persona que así se le rehuye y a la que, por tanto, no debería querer (de ahí que «correspondientemente» el fantasma bese a una embriagadora flor, el nardo, que, por su mera naturaleza de tal, es, claro está, amorosamente inerte.

La dualidad alusiva propia del artificio que investigamos se nos hace, por lo demás, indudable: sentimos que lo que el fantasma nos insinúa de modo simbólico acerca del amante, nos lo dice *también* de sí mismo, sólo que sin lo primero, no habría justificación poemática, *en este caso*, para lo segundo.

El lector percibe, pues, a nivel sentimental, que el fantasma no es el amante. Se trata de dos criaturas distintas, que el poeta nos propone como *emocionalmente* reales ambas, aunque en secreta relación entre ellas, de modo que lo que una, el fantasma, nos dice de sí misma, nos lo está sugiriendo, al propio tiempo, repito, de la otra, del personaje de la cita, que es, en efecto, un ser perfectamente diferenciado y aparte.

El fantasma de este poema es un símbolo homogéneo, porque, pese a que puedan existir personas que crean en la existencia real de fantasmas, y aun en el caso de que nosotros mismos creyésemos en tal existencia, nuestra razón habría de juzgar poemáticamente inverosímil el aserto y lo destruiría como realidad, bien que, como he dicho, tal realismo se nos sostenga en el plano emotivo.

Ahora bien: para «corresponder» puede el poeta utilizar, no sólo símbolos homogéneos, sino también heterogéneos, e incluso «desplazamientos calificativos» o «visiones». Ilustraríamos el caso heterogéneo sin salir del poema XXX de Machado, pues esa «tarde» que «brilla» y ese calor estival

---

en la conciencia, se acreditan como tales en el preconsciente y por lo tanto sentimos en la conciencia *la emoción* de ese realismo suyo, que el preconsciente, como digo, está secretamente manteniendo.

(Brilla la tarde en el resol bermejo...
La hiedra efunde de los muros blancos)

aunque signifiquen, por un lado, lo que literalmente dicen (y
esta vez plenamente en la conciencia, y no sólo en la emoción
consciente como antes) aluden, sin duda, por otro, al ardor
amoroso del protagonista poemático. El cine ha utilizado, en
este sentido, asimismo, y con frecuencia, símbolos heterogéneos. La novia, por ejemplo, de un soldado que se ha ido a la
guerra está en su cuarto cosiendo. Un chicuelo arroja una
piedra, que va a dar al cuarto de la muchacha: un espejo se
rompe. El espectador presiente que el novio ha muerto en el
frente, probablemente de un balazo. Aquí la separación de los
dos términos como entes entre sí diferentes, y no obstante la
doble alusión a uno y a otro, resultan indudables, igual que
en el caso de la «tarde» que «brilla». El soldado que muere
*no es* el espejo que se quiebra, pero el espejo que se quiebra,
además de quebrarse él y sólo él, da a entender la muerte del
novio.

A veces, en las «correspondencias», la irracionalidad es sumamente débil, como en este ejemplo de Lorca:

Alto pinar.
Cuatro palomas por el aire van.

Cuatro palomas
vuelan y tornan.
Llevan heridas
sus cuatro sombras.

Bajo pinar.
Cuatro palomas en la tierra están.

donde el lector pronto se hace consciente de la conexión entre
la altitud (o lo opuesto) del pinar, y la altitud (o lo opuesto)
de las palomas.

En ocasiones como adelanté, es el resultado de un «desplazamiento calificativo» lo que correlata y se corresponde con
otro término. Así en la «Canción del mariquita», del mismo
autor:

El mariquita se peina
en su peinador de seda.

Los vecinos se sonríen
en sus ventanas postreras.

El mariquita organiza
los bucles de su cabeza.

Por los patios gritan loros,
surtidores y planetas.

El mariquita se adorna
con un jazmín sinvergüenza.

La tarde se pone extraña
de peines y enredaderas.

El escándalo temblaba
rayado como una cebra.

Los mariquitas del sur
cantan en las azoteas.

donde la extrañeza del personaje que cuidadosamente se peina
y coloca un jazmín en sus rizos halla correspondencia, esta
vez por completo irreal, en una «tarde» que se pone «extraña
de peines y enredaderas». Algo semejante hallaríamos en este
poema de Juan Ramón Jiménez:

Por el mar vendrán
las flores del alba
—olas, olas llenas
de azucenas blancas—,
el gallo alzará
su clarín de plata.

—...¡Hoy!, te diré yo,
tocándote el alma—.

Oh, bajo los pinos
tu desnudez malva,

tus pies en la tierna
yerba con escarcha,
tus cabellos, verdes
de estrellas mojadas.

—...Y tú me dirás
huyendo: ¡Mañana!

Levantará el gallo
su clarín de llama,
y la aurora plena,
cantando entre granas,
prenderá sus fuegos
en las ramas blandas...

—...¡Hoy!, te diré yo,
tocándote el alma—.

Oh en el sol nacido,
tus doradas lágrimas,
los ojos inmensos
de tu cara maga,
evitando, ardientes,
mis negras miradas.

—...Y tú me dirás
huyendo: ¡mañana!

poema, en el que la irrealidad del canto plateado, o bien de
llama, que se atribuye al gallo viene a corresponderse con el
color blanco, o bien grana, del amanecer en ese preciso instante de que el poema habla.

CAUSA DE LA CORRESPONDENCIA

¿Y cuál será el origen de esta tendencia tan evidente y
frecuente en la poesía contemporánea (con antecedentes en la
romántica, pero con un diverso sentido)? Yo creo que la causa
está clara: el gran subjetivismo del período. Como lo impor-

tante de las cosas es la impresión que las cosas nos producen,
y las impresiones se hallan en el yo, cuanto hay en el mundo,
por lo que toca justamente a lo importante y decisivo, radica-
rá en la subjetividad del poeta, formará parte de esa subjetividad, *será* esa subjetividad. La rama, el pájaro, el arroyo, el
jardín, la luz del cielo, el campo, todo se hace, así, idéntico
con el poeta mismo, pues todo se entiende sólo en cuanto sensaciones o emociones: lo que tales realidades tengan de objetivas, aparte del yo, aparece como desconsiderado y tachado.
No es que se niegue, claro está, su existencia. Es que tal existencia queda relegada e ininteresante. Juan Ramón Jiménez es
el poeta que más expresamente ha formulado esta concepción,
que en forma frecuentemente implícita se viene a dar en muchos otros, si no en todos los poetas del período. Comprendemos ahora que Juan Ramón Jiménez pueda decir:

No sois vosotras, ricas aguas
de oro las que corréis
por el helecho, es mi alma.

No sois vosotras, frescas alas
libres las que os abrís
al iris verde, es mi alma.

No sois vosotras, dulces ramas
rojas las que os mecéis
al viento lento, es mi alma.

No sois vosotras, claras, altas
voces las que os pasáis
del sol, es mi alma.

(Del libro *La estación total*.)

Las consecuencias del subjetivismo en este preciso sentido
será, pues, la identidad del mundo y del yo:

Cada minuto de este oro
¿no es un latido inmortal

de mi corazón radiante
por toda la eternidad?

(Poema 299 de la *Segunda Antolojía*.)

¡Cómo meciéndose en las copas de oro
al manso viento, mi alma
me dice, libre, que soy todo!

(Poema 521, *íd*.)

Eres ignorada,
eres infinita
como el mundo y yo.

(*Estío*.)

Que nada me invada de fuera,
que sólo me escuche yo dentro.
Yo dios
de mi pecho.

(Yo todo: poniente y aurora;
amor, amistad, vida y sueño.
Yo solo
universo.)

Pasad, no penséis en mi vida,
dejadme sumido y esbelto.
Yo uno,
en mi centro.

Si la subjetividad es todo, nada más fácil que interpretar ese totalitarismo como divinización: el panteísmo es siempre la «tentación» del subjetivista extremoso. Juan Ramón:

Yo solo Dios.

(*Eternidades*, 97.)

Ahora bien: tal identidad a veces no aparece de manera explícita, sino en forma solamente apuntada o implícita, es decir, como mera «correspondencia». Pues la «correspondencia» es, en efecto, la coincidencia *parcial* de dos realidades. Esa coincidencia parcial viene a sugerir o a ser síntoma de la identidad *total* que la respalda y justifica. Diríamos, en una metáfora, que la correspondencia es como la parte visible del «iceberg»: oculta bajo sí una zona imperceptible de identidad no formulada. No asombra, de este modo, que sea Juan Ramón el poeta que de manera sistemática haya usado más de las correspondencias. He aquí ejemplos de ello, que, a diferencia de todos los anteriores, excepto el del «gallo», *explicitan* la zona de coincidencia entre los dos términos puestos en relación. Hablaríamos, pues, de «correspondencias implícitas» (o «sugerentes») y «correspondencias explícitas», como las que siguen:

> Entre lirios blancos
> y cárdenos lirios
> distraía mi alma
> su dolor sombrío,
> como un lirio blanco
> o un morado, lirio.
> La tarde moría
> en idealismos,
> violetas y blancos
> lo mismo que lirios.

(Poema 5, *Segunda Antolojía*.)

> De noche, el oro
> es plata.
> Plata muda el silencio
> de oro de mi alma.

(Poema 287, *íd.*)

> Oro nuevo
> de la aurora;
> oro viejo
> del poniente;
> saeteros
> encontrados

de mi pecho
jadeante
viejo y nuevo.

(Poema 119, *íd*.)

La consecuencia en el plano expresivo habrá de ser el paralelismo (que no es otra cosa que la correspondencia de las
frases y expresiones: si se corresponden las cosas, lo natural
es que se correspondan, asimismo, las palabras que las designan). El paralelismo, claro está, es uno de los fenómenos más
llamativos del poeta de Moguer:

Morado y verde limón
estaba el poniente, madre.
Morado y verde limón
estaba mi corazón.

(Poema 237, *íd*.).

No sé si el mar es hoy
—adornado su azul de innumerables
espumas—
mi corazón; si mi corazón, hoy
—adornada su grana de incontables
espumas—
es el mar.
        Entran, salen
uno de otro, plenos e infinitos
como dos todos únicos.
A veces me ahoga el mar el corazón
hasta los cielos mismos;
mi corazón ahoga el mar a veces
hasta los mismos cielos.

(Poema 401, *íd*.).

El subjetivismo explica, pues, la correspondencia entre
el mundo y el yo, entre lo de fuera y lo de dentro que tanto
vemos en Juan Ramón Jiménez. Pero ¿y cuando son dos cosas

del mundo exterior las que nos muestran su correspondencia, como en el caso del pinar y las palomas del poema lorquiano arriba copiado («Alto pinar. / Cuatro palomas por el aire van (...) / Bajo pinar. / Cuatro palomas en la tierra están»)? Aquí no parece, a primera vista, que podamos atribuir a subjetivismo la identidad parcial que nos es dado observar entre palomas y pinar. Pero fijémonos que para el agudo subjetivista de la época, todas las cosas son impresiones, todas se dan cita en el yo; todas son expresiones de mi subjetividad. Por tanto, todas son últimamente idénticas: dos cosas iguales a una tercera son iguales entre sí, y esa identidad se manifiesta en el esbozo o esquema sintomático que es, en nuestra interpretación, la correspondencia.

# CAPÍTULO VII

## TEMAS Y COSMOVISIONES SIMBÓLICOS

### TIRANÍA DE LA EMOCIÓN CON RESPECTO AL TEMA

En la poesía del siglo XX, los símbolos tienen tal importancia que desbordan, en cierto modo, su definición como «procedimientos retóricos», según hemos de ver. Pero, precisamente para poder acceder a esta nueva consideración, necesitamos abandonar momentáneamente el análisis del símbolo y entrar en el de otra característica de la poesía contemporánea, fruto también del agudo subjetivismo que la preside: aludo al primado de la emoción con respecto al tema. Como «no importa el mundo, sino la impresión que me produce» (subjetivismo), el tema, reflejo y traslado a la esfera del verbo de la ininteresante objetividad[1], se afectará del desinterés con que ésta es percibida, mientras que la emoción, al contrario, atraerá hacia sí la plenitud de la atención del poeta, beneficiándose de «prioridad». El tema no lleva entonces el papel principal en la realización creadora. Su función es, incluso cuando no lo parece, secundaria. Se limita a servir de *medio* o mero soporte a las emociones, que protagonizan en realidad, aunque

---

[1] Antes vimos (págs. 89-90) que lo mismo le sucede al concepto, y que por eso aparecía el irracionalismo verbal en la poesía contemporánea. Tema y concepto son, efectivamente, los equivalentes de la objetividad (que el subjetivista desdeña) en nuestra mente.

de manera racionalmente imperceptible, la obra. Las emociones son entonces, desde el punto de vista puramente racional, algo así como «eminencias grises», cuyo secreto mandato organiza y dispone el entramado lógico o argumental de las composiciones. Diríamos, abultando un poco la cosa, que no es el tema el que busca ahora la adecuada emoción, como tradicionalmente sucedía, sino que, al revés, es la emoción quien se echa a la calle en busca del tema adecuado. Se trata, en cierto modo, de un giro completo en la operación artística, que pasa de un relativo objetivismo racionalista a un relativo subjetivismo irracionalista, como, por otro lado, le ocurre a la cultura en general, a partir de los últimos años del siglo XVIII. Pero la «humillación» temática (y conceptual, que es lo mismo, en el fondo) a favor de las emociones representadas, que vemos ya en Machado [2], no hizo sino crecer en intensidad con posterioridad a este poeta, lo que nos indica que el fenómeno de que hablamos pertenece a la estructura cosmovisionaria de la época contemporánea, y no a la de una sola generación. Y no hablo únicamente de poesía: en nuestro tiempo, un pintor puede retratar a alguien, no sólo con «infidelidad», sino haciendo caso omiso del retratado, tachando por completo su presencia en el lienzo y sustituyéndola por la de otra realidad que produzca en mí una emoción semejante, ya que lo importante es el efecto que nos causan las cosas y no las cosas mismas, no el «tema» como tal. Acaso el retrato de Pedro sea, en manos de cierto pintor, un par de manchas rojas junto a un círculo negro, no porque éste «vea así» a su modelo, como suelen decir los ingenuos, sino porque Pedro y esas pigmentaciones y formas coinciden emocionalmente, y esto es lo que de veras se busca. Lorca pudo, de este modo, «retratar» a Verlaine sin mencionarle:

> La canción
> que nunca diré
> se ha dormido en mis labios.

---

[2] Véase mi *Teoría de la expresión poética*, Madrid, 1970, t. I, páginas 236-237.

La canción
que nunca diré.

Sobre las madreselvas
había una luciérnaga,
y la luna picaba
con un rayo en el agua.

Entonces yo soñé
la canción
que nunca diré.

Canción llena de labios
y de cauces lejanos.

Canción llena de horas
perdidas en la sombra.

Canción de estrella viva
sobre un perpetuo día.

(«Tres retratos con sombra: Verlaine»).

El poeta francés ha desaparecido del poema y en su lugar asoma un paisaje de luciérnagas y de luna que nos da la misma sensación de misterio y delicada insinuación que sentimos ante los versos verlainianos.

UN NUEVO MODO DE COMPONER

Todo esto lleva a un nuevo modo de «componer» y a un nuevo modo de «corregir» las composiciones poemáticas. De componer, pues en vez de partir del tema, se puede, característicamente, partir de la emoción, desde un «vacío» conceptual y temático. Como la expresión de las emociones requiere el uso de palabras, que, en principio, encierran conceptos, y éstos, al unirse entre sí, pueden originar un entramado argumental, el resultado acaso sea aparentemente el mismo que si, como sucede en la poesía «pre» o «pos-contemporánea», el punto de partida fuese el inverso, y nos hallásemos ante un «tema» que se dispone a emocionarnos. Pero obsérvese que hay una diferencia esencial entre ambos métodos de composición. En el primero de ellos, los conceptos y el tema, aunque cuantitativamente cobren gran presencia y relieve, aparecen, en cierta medida, como «subproductos» del hecho, más fundamental y previo, de expresar las emociones, puesto que tal tema y tales conceptos son, en cierto modo, «fortuitos», no buscados en sí mismos, y hasta tal punto indiferentes que podrían haber sido otros, sin que al poeta, en principio, le importase. Lo decisivo no es, pues, la existencia o no existencia de conceptos o de «asunto» reconocibles, ni aun la «proporción» (a veces grande) con que esas realidades puedan darse en un determinado momento. Lo decisivo es el «protocolo» en la mesa del banquete, el ser antes o ser después, en la jerarquía de las prelaciones. No es lo mismo contar algo para emocionarnos que emocionarnos para contar algo, aun cuando en los dos casos existan «emociones» y «cuento» argumental en cantidad idéntica. La «cantidad» será, en este supuesto, la misma, pero no así la «cualidad». Aun en el caso teórico de equiparación y equivalencia, en el período contemporáneo la cualidad se la lleva la subjetiva emoción, cosa que el buen lector no deja de percibir, en cierta peculiar descalificación o descrédito con que, pese a todo, tema y conceptos son acogidos. Son todos ellos, aunque a veces muchos en número, realidades de segunda clase, fundamentalmente intercambiables y subalternas, tras de las cuales se disimula lo que verdaderamente tiene principalía y autoridad: la emoción. Pasado el tiempo, ya en estructura generacional, el destronamiento temático y conceptual llegará a su máximo aniquilamiento: escuela superrealista.

### UN NUEVO MODO DE CORREGIR

La corrección de un poema por su creador se afecta o puede afectarse, en el período de que hablamos, de un método muy semejante (de origen, claro está, igualmente subjetivista) al de composición que acabamos de ver. Hasta la época «contemporánea», el poeta, al enmendar una composición suya, procuraba, ante todo, respetar el concepto o conceptos preexistentes, o quizás acercarse con más finura o pormenor a la expresión del núcleo conceptual que había hecho nacer, en el ánimo de su autor, el poema. La enmienda «contemporánea», al incluirse y obrar desde otra jerarquía de prelaciones estéticas, procede de modo inverso, no teniendo en cuenta los conceptos sino las emociones. Un poeta de esta tendencia, al retocar la pieza, puede, sin remordimiento alguno, escribir el adjetivo «blanco» donde el texto originario decía «negro», y el adverbio «no», donde decía «sí», etc., siempre que le convenga a la emoción, que es el ingrediente importante y determinante. Juan Ramón Jiménez que había escrito primero en «Elegías» «amigos, es mi jardín *sin* flores lo que lloro / este *invierno* sin nada de la ilusión perdida», corrige de esta manera el poema:

> Amigo, es mi jardín *con* flores lo que lloro
> este *mayo* sin nada de la ilusión perdida.

de manera que el autor viene a llorar, ahora impertérritamente, justo por un motivo opuesto al que había dicho en la primera versión del poema. Como se ve, el «ilogicismo», que ha de llevar al irracionalismo en sentido propio, puede existir incluso en aquellos poemas en donde hay «muchos» conceptos, como antes insinué, puesto que éstos, aunque acaso numerosos, han sido «secretamente» destituidos de la categoría que originalmente tienen. Aparecen tal vez como principales, pero no lo son «in pectore», y esto se nota; sobre todo, en la falta de consideración con que su autor los trata, llegada la hora del arrepentimiento y la modificación.

LOS TEMAS «CONTEMPORÁNEOS» COMO SÍMBOLOS

Tras las anteriores reflexiones, retornemos a nuestro análisis del símbolo, del que nos restan por decir algunas cosas que tal vez no carezcan por completo de interés. Empecemos

por recordar algo ya dicho. Que el crecimiento de la irracionalidad a lo largo del siglo XX no consiste sólo en el uso cada
vez más frecuente de símbolos, imágenes visionarias y visiones: consiste también en que el símbolo homogéneo se sale
del marco constituido por lo que es una figura retórica en
sentido estrecho, y su empleo invade, pronto y progresivamente,
espacios de mucha mayor amplitud y significación. En la poesía contemporánea, el tema mismo y los «conceptos» explícitos
manejados, pueden, con frecuencia, hacerse simbólicos, constituirse como símbolos en su sentido más riguroso, puesto que
con esa misma frecuencia quedan relegados a la categoría de
«segundos» con respecto a la emoción. Si, como dijimos, el
autor en vez de partir del tema (procurando, eso sí, tratarlo
emotivamente), parte, desde un cero temático y conceptual,
de la subjetiva emoción, cuya expresión nos proporciona,
posteriormente y como material accesorio, el tema y los conceptos, es evidente que éstos, de ser, en cierto sentido, un *fin*
hacia cuyo tratamiento el escritor se encamina, se han transformado en un puro *medio* para comunicarnos la emoción;
algo, en definitiva, intercambiable, en principio, por otro tema
o conceptos cualesquiera que puedan cumplir con parecida
idoneidad idéntica misión. Pero si el tema y la masa conceptual
carecen por sí mismos de valor, si sólo son un instrumento
para expresar esa cosa tan distinta que es la emotividad, dentro de la cual se implican «otros» conceptos, conceptos, pues,
«implícitos» (que no son los «explícitos» del tema), en cuanto
que toda emoción es, como venimos repitiendo, una interpretación (aunque «irracional») del mundo, o mejor, dentro de
la cual se implica la equivalencia funcional de un concepto o
complejo conceptual C, *no cabe duda de que el tema y los
conceptos «explícitos» son entonces un «simbolizador» de esos
conceptos implicados o implícitos*, al cumplir éstos con la
definición que del simbolizado dimos en los primeros capítulos
de este libro («irracionalidad», etc.). De esos otros conceptos,
los «implícitos», *no somos*, en efecto, *conscientes* en el acto
de la lectura, lo mismo que pasa en los simbolizados *sensu*

*stricto*, y como en ellos, podemos encontrarlos sólo a través de un posterior análisis extraestético.

COSMOVISIONES CONTEMPORÁNEAS
COMO SÍMBOLOS HOMOGÉNEOS

Pero no sólo en la poesía contemporánea la trama temática de un poema puede manifestarse como simbólica. En círculo más amplio, simbólica, y en este caso de modo homogéneo, puede ser también en esa época la cosmovisión misma que en un libro o en un conjunto de libros se encierre, aunque este último fenómeno resulte, bien que no menos característico, bastante más raro que el primero, dada su inherente dificultad. En mi libro *La poesía de Vicente Aleixandre* he intentado evidenciar esta sorprendente y original peculiaridad como propia de la primera época del autor allí estudiado, esto es, la época aleixandrina que está comprendida entre *Ámbito* y *Nacimiento Último*. Me permito remitir al lector en este punto a esas páginas mías [3], pues no puedo examinar aquí, con la minucia indispensable, la cosmovisión aleixandrina de ese tiempo para comprobar el aserto de su carácter simbólico homogéneo. Pero que, en efecto, la cosmovisión del primer Aleixandre posea esa condición de símbolo homogéneo nos lo está diciendo, sin más, el hecho de que tratándose de una obra de gran plenitud artística y emocional, se opone, en cuanto al entramado lógico de su interpretación de la realidad, a nuestro modo común de entender el mundo. Así, el trato de favor que se concede allí a la elementalidad, estimada en esta poesía muy por encima de lo que normalmente recibe nuestro mayor aprecio; la idea de la unidad del mundo, y más aún, la de que sea el amor, dentro de esa unidad, la substancia de todos los seres, incluso de los inanimados; el consiguiente repudio de la individuación; la concepción de que el amor se manifiesta como

---

[3] *La poesía de Vicente Aleixandre*, Madrid, ed. Gredos, 1968, páginas 44-143.

destrucción, no en el sentido vulgar de que nos haga sufrir, sino en otro más esencial y profundo, y, sobre todo, esa diversa y más audaz concepción con que Aleixandre cierra, dentro de la primera parte de su obra, el amplísimo arco de su interpretación de la realidad: la muerte como vida y amor, como el amor definitivo y absoluto, pese a ser la muerte para él disolución del individuo en la materia universal; etc. Por supuesto, para poder gozar de una obra artística no necesitamos creer lo mismo que el autor cree[4]: basta con que eso que el autor cree, opuesto acaso a nuestras propias convicciones, nos parezca *posible* en un hombre *cabal*. O de otro modo: el pensamiento en poesía no tiene por qué coincidir con la verdad objetiva, pero, en cambio, resulta requisito indispensable, insisto, que tal pensamiento, al ser mantenido como subjetivamente válido, no nos obligue a desconsiderar como hombre completo a quien lo sustenta. Aunque yo crea, por ejemplo, que Dios existe, nada me impide (salvo acaso su calidad) gustar, incluso al máximo, de un poema agnóstico, ya que hay en el mundo motivos suficientes para que alguien dude, y también para que alguien, sin dar pruebas de deficiencia humana, pueda negar la existencia de Dios.

Ahora bien: decir, como dice Aleixandre, que la muerte, esa que llamamos «muerte para siempre», es «gloria, vida» («El enterrado»), o decir, y no por pesimismo, que destruir es amar («amarlos con las garras estrujando su muerte»; «mientras cuchillos aman corazones»), etc., ¿no es ir más allá de ese holgado margen de que el poeta, en cuanto a la «veracidad» de sus palabras, dispone? ¿Hay algo en el mundo, como sin duda lo hay en el caso de agnosticismo antes citado, que permita, en efecto, a un autor regularmente lúcido creer «realmente» en tales conceptos y en los otros que antes hemos rápidamente enumerado?

He aquí uno de los grandes problemas de la poesía y en especial de algunos momentos de la poesía contemporánea,

---

[4] Véase mi *Teoría de la expresión poética*, Madrid, 1970, t. II, páginas 96-99.

que es donde significativamente y con más frecuencia ha de plantearse, al ser mayor la originalidad que el público y el propio autor exigen de las creaciones artísticas.

La solución de estas cuestiones es, sin embargo, si no me engaño, muy sencilla. Si partimos de que un poema emociona y, con todo, sus ideas no pueden ser por completo «creídas» por ninguna persona normal, evidentemente ello sólo puede ser porque tales ideas, pese tal vez a su apariencia contraria, *no se ofrecen*, en realidad, *para ser creídas*, sino sólo como *medios* para transmitirnos, ocultamente y por vía irracional, o sea, a través de una emoción simbólica C, otras (B$_1$, B$_2$, B$_3$ ... B$_n$), *perfectamente sustentables*. Dicho de modo diferente y más preciso: esas ideas se manifiestan, en rigor, como símbolos homogéneos, otorgando a esta palabra el sentido técnico que le venimos dando en este libro. Y, como les ocurre a los símbolos, lo que se nos quiere decir a su través sólo aparece emotivamente en nosotros, aunque esa emoción lleve dentro de su atmosférica masa emotiva un núcleo duro de tipo conceptual, o dicho mejor, la equivalencia funcional de uno o varios conceptos, que el análisis (innecesario, claro es, dijimos, desde el punto de vista estético) puede extraer hasta la conciencia lúcida.

Diré una vez más que aunque esos conceptos o equivalencias de conceptos («preconceptos») no sean percibidos por nosotros en el momento de la lectura, están en nuestra psique, al implicarse en las emociones. La emoción que sentimos supone la existencia de esos conceptos (o «preconceptos»), y sin ellos no habría podido originarse.

Y ocurre que la actitud de credibilidad con que aceptamos el poema (lo que en mi *Teoría de la expresión poética* [5] he llamado «asentimiento» lector) se refiere no a las ideas-símbolo (símbolo homogéneo), sino, valiéndose de las emociones implicitadoras, a esos conceptos de que hablo, a los que podemos ya denominar, siguiendo nuestra terminología, términos reales

---

[5] Véase t. II, págs. 23-24, y luego prácticamente todo lo que sigue en ese tomo, que es un desarrollo de la noción de asentimiento.

B, o expresado simbólico, del simbolizado C. De ahí que aunque el pensamiento poético aleixandrino de la primera época nos cueste trabajo sentirlo como verdaderamente «creíble» en todos sus puntos desde la vida efectiva de alguien, nuestro asentimiento o credibilidad poemática fluya con naturalidad y sin embarazo alguno.

EL SISTEMA DE RELACIONES COSMOVI-
SIONARIO Y EL SISTEMA DE RELACIONES
DE LOS SIGNIFICADOS IRRACIONALES

Se nos plantea aquí otro importante problema. Puesto que el sistema aleixandrino de la primera época se ofrece como una vasta red de relaciones entre elementos simbólicos de tipo homogéneo, diríase, a primera vista al menos, que habría de darse bajo ella otra red paralela de elementos de «realidad» (llamémoslos de este modo), constituida por los «expresados simbólicos» B de los diversos simbolizados C que entre sí se encadenarían, uno a uno, como perfectos homólogos de los primeros. Y sin embargo no es así. Lo que en definitiva «signifique» «realmente» en Aleixandre, de ese modo irracional, la preferencia por los seres elementales, lo que «signifiquen» la «unidad del mundo», el «amor substancial», la ecuación «amor = muerte» y «muerte = amor», etc. («expresados simbólicos» todos ellos), no son ingredientes relacionados entre sí del mismo modo que lo están las coberturas simbólicas respectivas que acabo de nombrar. Y ello precisamente porque una visión del mundo no es un conjunto alegórico, que exige una correspondencia minuciosa y exhaustiva entre plano real y plano evocado, sino un conjunto simbólico que, como sabemos, no lo exige.

El sistema aleixandrino de la primera época se comporta, en este sentido, en efecto, como un vasto símbolo homogéneo E que se desarrollase en otros elementos o símbolos homogéneos menores $e_1$, $e_2$, $e_3$ ... $e_n$, que son los sucesivos componentes de tal sistema («amor a lo elemental», «unidad del mundo», «amor = destrucción», «destrucción = amor», etc.). Estos componentes se relacionan entre sí por conexiones lógicas que no tienen otra justificación, según dejé dicho, que la visible en el plano simbólico E. Las sucesivas «significaciones» $b_1$, $b_2$, $b_3$ ... $b_n$ de los respectivos elementos cosmovisionarios $e_1$, $e_2$, $e_3$ ... $e_n$ no reproducen, vuelvo a decir, en la realidad A la misma red de relaciones con que se unen en la evocación o cosmovisión E esos términos $e_1$, $e_2$, $e_3$ ... $e_n$ de que hablamos. Más clara y concretamente: la sucesiva filiación que nosotros podríamos determinar, dentro de la cosmovisión aleixandrina de la primera época, entre, por ejemplo, la primacía de lo elemental ($e_1$), la unidad panerótica del mundo ($e_2$), el amor como destrucción ($e_3$), la destrucción como amor ($e_4$), etc., no halla paralelo en otras relaciones idénticas de sus respectivos significados $b_1$, $b_2$, $b_3$ ... $b_n$. Quiero decir que $b_1$ (significado, por ejemplo de $e_1$, la primacía de lo elemental) no se relaciona con $b_2$ (significado, digamos, de $e_2$, la unidad panerótica del mundo), con $b_3$ (significado de $e_3$, amor como destrucción) o con $b_4$ (significado de $e_4$, la destrucción como amor) en el mismo sentido y modo en que se relacionan entre sí sus «símbolos» respectivos $e_1$, $e_2$, $e_3$ ... $e_n$. Se trata, en suma, de un desarrollo «visionario» de E que siempre se manifiesta como «independiente» de A [6].

Tal falta de correlación entre lo que sucede en E y lo que sucede en A no es una extravagancia de los poetas contemporáneos; antes, al contrario, se nos aparece como resultado de una mayor espontaneidad en el proceso creador, fruto, a su vez, de un individualismo más intenso. Prueba de ello sería el paralelo que de pronto, y no sin sorpresa por nuestra parte, nos es dado establecer en este punto con respecto a lo que pasa en el sueño. La elaboración onírica, según

---

[6] Una cosmovisión simbólica (en el sentido de «símbolo homogéneo») no es, pues, otra cosa que el desarrollo visionario de un plano E simbólico. Ese desarrollo tiene una congruencia lógica con respecto a E. Pero esa relación congruente no es la misma que la que existe entre el «expresado simbólico» *del desarrollo* visionario de E y el «expresado simbólico» de E.

señala Freud, se realiza, precisamente, introduciendo entre ideas «latentes» (en nuestra terminología, «expresado simbólico») y «contenido manifiesto» (en nuestra terminología, simbolizador) un «desorden» muy semejante al que hemos visto en la poesía aleixandrina. Merece la pena copiar un párrafo de *La interpretación de los sueños*:

> Los elementos que se nos revelan como componentes esenciales del contenido manifiesto están muy lejos de desempeñar igual papel en las ideas latentes. E inversamente, aquello que se nos muestra sin lugar a dudas como el contenido esencial de dichas ideas, puede muy bien no aparecer representado en el sueño. Hállase éste como diferentemente *centrado*, ordenándose su contenido en derredor de elementos distintos de los que en las ideas latentes aparecen como centro. Así, en el sueño de la monografía botánica, el centro del contenido manifiesto es, sin disputa, el elemento botánico, mientras que en las ideas latentes se trata de los conflictos y las complicaciones resultantes de la asistencia médica entre colegas, y luego, del reproche de dejarme arrastrar demasiado por mis aficiones, hasta el punto de realizar excesivos sacrificios para satisfacerlas, careciendo el elemento botánico de todo puesto en ese módulo de las ideas latentes [7].

Tras la lectura de estas líneas del creador del psicoanálisis, será muy difícil reprochar a Aleixandre, o a los poetas que como él ostentan cosmovisiones simbólicas homogéneas, arbitrariedad alguna en su manera de expresarse. La «naturalidad» (si es que tal término tiene sentido preciso dentro del campo artístico) con que puede manifestarse este modo de creación es, al parecer, tanta, por lo menos, como su contraria, y si se da poco, no se debe a una ausencia de «naturalidad» sino, como antes sugerí, a una intrínseca dificultad. En efecto: sólo un poeta de imaginación poco frecuente es capaz de crear un vasto mundo coherente de esa especie. En consecuencia, podemos decir que, pese a su carácter insólito, el tipo simbólico

---

[7] Sigmund Freud, *Obras Completas*, VII, *La interpretación de los sueños*, II, Madrid, Biblioteca Nueva, 1934, pág. 7 (traducción de Luis López Ballesteros y de Torres).

homogéneo de cosmovisión caracteriza a la época contemporánea, puesto que con toda evidencia tiene tanto significado
en ella como el mucho que a todas luces posee el uso del
símbolo homogéneo en sentido estricto y su modo específico
de desarrollo.

No dejaría de tener interés que un crítico especializado en
la poesía de Rilke comprobase si en ella existe algo semejante
a lo que acabamos de examinar en Aleixandre: creo que, al
menos en lo que toca a las *Elegías del Duino*, el resultado de
esa investigación habría de ser positivo. Por lo demás, todas
las visiones del mundo son simbólicas, como haré ver en un
libro de inmediata publicación [8], pero lo son de manera heterogénea, y por lo tanto, *creíble*. Lo que resulta excepcional es
que tales visiones del mundo resulten simbólicas homogénea-
mente, que es lo que nos sorprende en Aleixandre (o en Rilke).

---

[8] El titulado *Superrealismo poético y simbolización*.

# CAPÍTULO VIII

# EL IRRACIONALISMO EN LA POESÍA DE
# TODAS LAS ÉPOCAS

### LAS IMÁGENES DEL SIGNIFICANTE
### COMO IMÁGENES VISIONARIAS

Se sabía que la poesía había sido «alógica» en todos los tiempos. Pero debemos ya agregar algo más radical y profundo, que en un primer instante nos desconcierta: que, aunque, por supuesto, sólo en algunos puntos muy concretos (de hecho, sólo en dos), además de *alógica*, la poesía había sido siempre *irracional*, en el sentido técnico que hemos otorgado al calificativo. En mi *Teoría de la expresión poética*, sólo vi uno de esos dos puntos, pues pensé que el hecho se limitaba a las «imágenes del significante», esto es, a aquellos casos en que la perfecta adecuación entre fondo y forma producía expresividad. A las diferentes maneras, conocidas por la crítica, con que tal adecuación puede darse (rítmica, fonética y sintáctica) mi libro agregó una más: la del dinamismo de las frases poemáticas. A poco que estirásemos el sentido original del vocablo, podríamos designar con el nombre de «onomatopeya» el conjunto de estas cuatro manifestaciones de la idoneidad formal. Pues bien: ni hay duda de que la onomatopeya, así entendida, no es sino una «imagen visionaria». El plano real A estaría constituido por el significado, y el plano imaginario E,

por el significante. Y digo que toda onomatopeya es una imagen visionaria porque su actuación en nosotros es irracional.
El elemento E en cuanto unido al elemento A, produce en nuestro ánimo una emoción C, antes de que nuestra razón conozca
el parecido puramente asociativo entre A y E. Los sonidos (E)
de este verso de Góngora:

> El congrio que viscosamente liso
> las redes burlar quiso.

nos dan una emoción (C) de viscosidad o resbalamiento, aná-
loga a la que en otro orden nos suscita el congrio (A). ¿Por
qué? Sin duda, por la aliteración de la ese. No tendría sentido, claro es, hablar de semejanza inmediatamente reconocible
por la razón (que es la propia de las imágenes tradicionales)
entre la esfera A (el concepto de «congrio») y la esfera E (la
materia fonética del verso, con su aliteración de la ese). Pero
si analizamos nuestra impresión C de viscosidad o resbalamiento, podemos llegar, en cambio, a la determinación de la
relación sólo asociativa de que he hablado, tal como nos sucede frente a las imágenes visionarias. ¿Cuál es la causa de que
la palabra «congrio» y la sucesión de eses nos impresione de
ese modo? El congrio, por su viscosidad, resulta resbaladizo;
el sonido de la ese, en cuanto que puede prolongarse, nos conduce igualmente (en el contexto) a esa emoción: la prolonga-
ble ese se une, de modo preconsciente, con la noción de «resbalamiento», cuya emoción sentimos en la conciencia. Pero
repárese que esta semejanza por asociación («resbalamiento»)
no la percibimos, claro está, conceptualmente en la lectura;
únicamente la percibimos de ese modo después de emocionarnos, y sólo en el caso de que realicemos (cosa no obligatoria)
una ardua recapitulación extraestética: exactamente lo que
hemos creído probar, repito, para las imágenes visionarias. Y
si ahora quisiéramos hablar en los términos del análisis más
apurado que de la misma realidad hemos practicado capítulos atrás, diríamos esto: la noción «congrio» en su contexto
(o sea, unida a las sibilantes utilizadas por el poeta) desenca-

dena en el lector un proceso preconsciente cuyo último miembro viene a coincidir con el miembro asimismo final del proceso de la misma clase que, a su vez, las eses reiteradas desencadenan:

congrio [= viscosidad, resbalamiento =] emoción de resbalamiento en la conciencia.

aliteración de sibilantes [= sonidos prolongables = prolongación = resbalamiento =] emoción de resbalamiento en la conciencia) [1].

---

[1] En este caso, la serie «real» del proceso X consta de un miembro menos de lo que es frecuente, y por tanto el simbolizado C viene aquí a coincidir *casualmente*, diríamos, con el «expresado simbólico», esto es, con las propiedades reales B (viscosidad, resbalamiento) del término real A (congrio). Pero el carácter simbólico del proceso en su conjunto se mantiene, pues la otra serie, la irreal (la iniciada en la aliteración de las sibilantes), tiene la suficiente extensión para que se produzca el «salto a otro ser», y por lo tanto el ocultamiento del significado («resbalamiento») en el preconsciente. Y no olvidemos que al esconderse ese significado en una de las series ha de esconderse en la otra, ya que sólo se suscita en ella por la conexión que entre ambas se establece. Elevémonos a una ley general: el simbolismo exige, para existir, que de las dos series, la real y la irreal, *una, como mínimo*, conste de tres elementos (al menos en el sentido indicado en la nota 15 a la pág. 34), conceptualmente distintos entre sí. Aunque la fórmula más frecuente sea, como ya dije:

A [= B = C =] emoción de C en la conciencia
E [= D = C =] emoción de C en la conciencia

bastaría, como en el caso del «congrio», para que el simbolismo se diese, con este esquema «mínimo» (donde B sería una cualidad real de A): es decir, en este caso, el expresado simbólico coincidiría con el simbolizado:

A [= B =] emoción de B en la conciencia
E [= D = B =] emoción de B en la conciencia

o con este otro, mínimo también

A [= B = C =] emoción de C en la conciencia
E [= C =] emoción de C en la conciencia,

pero donde ya el «simbolizado» (C) y el «expresado simbólico» (B) serían nociones perfectamente diferenciadas.

En mi libro añadía yo: «es importante observar que las imágenes del significante constituyen la única especie de irracionalidad verbal en sentido estricto que la poesía anterior a la contemporánea se permitía, precisamente porque era la única que no llamaba sobre sí la atención en cuanto tal. Al pasar inadvertida, forzosamente había de hacerse tolerable, «asentible», por el exigente racionalismo de entonces. Y es que el hombre de todos los siglos, en comportamiento espontáneo, es irracionalista. Y este irracionalismo primario es sofocado o no por una posterior reflexión, según sea la índole de la época». (*Teoría...*, 1970, t. I, pág. 383.)

Todo esto sigue siendo verdad, salvo lo del carácter solitario con que la irracionalidad del significante se ofrecía en los viejos tiempos.

### LA PROTAGONIZACIÓN POEMÁTICA ES SIEMPRE SIMBÓLICA

En efecto: existe otro elemento simbólico en sentido estricto que afecta a la poesía de todas las épocas: la protagonización poemática. Normalmente atribuimos al autor el dicho poético, y así oímos continuamente a los críticos cosas como estas: «Bécquer afirma en unos versos suyos...» (o Quevedo, Hugo, Shelley...). La más leve reflexión nos lleva a pensar, sin embargo, que la persona que habla en el poema, aunque con frecuencia mayor o menor (no entramos en el asunto) coincida de algún modo con el yo empírico del poeta, es substantivamente, no el autor, sino un «personaje», una composición que la fantasía logra a través de los datos de la experiencia[2]. Esto se ve con mayor claridad, por ejemplo, en la novela o en el teatro, pero no deja de ser cierto para la lírica. Lo que ocurre es que en este último género el autor recurre más a menudo que en los dos anteriores a utilizarse a sí mismo como «modelo» para su creación. Diríamos un poco vagamente que si atendemos a la cuestión estadística resulta infre-

---

[2] Véase mi *Teoría de la expresión poética*, Madrid, 1970, t. I, páginas 27-30.

cuente la novela de raíz autobiográfica, mientras en la poesía
el subjetivismo de esta clase es mucho más esperable, lo cual
puede darnos la impresión, absolutamente ilusoria, de que es
el propio poeta quien nos está hablando en sus versos. Pues
aun en los casos límites de uso de la propia vida para fines
artísticos, trátese de un poema lírico o de una narración en
prosa, escrita en primera persona, donde se utilicen datos bio-
gráficos de la persona del autor, quien nos dirige la palabra
no puede ser más que un ente de ficción. Cuando decimos que
el narrador de la novela de Proust es el propio Marcel, estamos
afirmando algo que, si hablamos con rigor, no tiene sentido,
bien que pueda sernos útil convencionalmente en determinados instantes. Dice muy oportunamente Pessoa:

> O poeta é um fingidor,
> finge tão completamente
> que chega a fingir que é dor
> a dor que deveras sente [3].

Ahora bien: ese personaje poemático que nos habla desde
las composiciones poéticas, no está en ellas de cualquier modo,
sino, precisamente, figurando ser el autor. Y aun agregamos
que este hecho pertenece, por completo, a su esencia. ¿Qué
quiere decir esto? Sin duda quiere decir que ese personaje,
que no es el autor, tiene mucho que ver con el autor, posee
con él estrechísimas relaciones. ¿De qué índole? Sin duda,
relaciones simbólicas: ese personaje expresa cualidades reales B
del autor o cualidades que el autor desea que supongamos
como *reales* en su persona. Que el narrador poemático no es
el autor, pero sí su símbolo, se ve diáfanamente en el poema
XXXIV de Antonio Machado:

> Me dijo un alba de la primavera:
> yo florecí en tu corazón sombrío
> ha muchos años, caminante viejo
> que no cortas las flores del camino.

---

[3] Fernando Pessoa, *Cancioneiro*, «Autopsicografia», en *Obra poética*,
Río de Janeiro, Aguilar Editora, 1965, pág. 164.

Tu corazón de sombra, ¿acaso guarda
el viejo aroma de mis viejos lirios?
¿Perfuman aún mis rosas la alba frente
del hada de tu sueño adamantino?

Respondí a la mañana:
sólo tienen cristal los sueños míos.
Yo no conozco el hada de mis sueños,
ni sé si está mi corazón florido.

Pero si aguardas la mañana pura
que ha de romper el vaso cristalino,
quizás el hada te dará tus rosas,
mi corazón, tus lirios.

¿Cuántos años tenía Machado al redactar esta composición? La tuvo que escribir entre el año 1903, en que se publicó el libro *Soledades*, donde la pieza no figura, y el año 1907, en que, en el libro *Soledades, Galerías y otros poemas*, la pieza aparece por primera vez. O sea, entre los 28 y los 32 años del poeta. Como se ve, era Machado francamente joven aún, y en nada podía parecerse al protagonista poemático, ese

caminante viejo
que no cortas las flores del camino.

¿Pero es cierto que no se parece en nada? Corrijamos el aserto: se parece en algo, pero en algo puramente emocional, simbólico. La relación entre el protagonista poemático y el autor es entonces la misma que media entre el plano imaginario E y el real A de una imagen visionaria. Lo mismo que en una imagen visionaria A = E no hay parecido objetivo entre A y E, sino sólo un parecido en el sentimiento que ambos planos despiertan en el lector, así sucede aquí. La discrepancia objetiva es evidente: el narrador poemático es viejo y Machado no. Pero Machado ve, en ese instante en que escribe, dentro de sí, una actitud de conocimiento y desengaño (B) que le produce (a él, y luego a nosotros) una *emoción* semejante a la que le (y nos) produce la vejez, asociada, en el contexto, de modo preconsciente a través del eslabón «larga experiencia de la vida», a la noción de que hablo. Luego esa vejez *simboliza* tal actitud. Las dos series preconscientes del proceso X del lector serían estas. Serie «real»:

> poeta [= conocimiento, desengaño =] emoción en la conciencia de conocimiento y desengaño [4].

Serie irreal:

> hombre viejo [= experiencia grande de la vida = conocimiento y desengaño =] emoción en la conciencia de conocimiento y desengaño.

Para expresar simbólicamente el oscuro saber que se atribuye a sí mismo, el poeta no podía representarse en un protagonista joven, pues el concepto de juventud conlleva asociaciones opuestas a las que le interesaba expresar. Tuvo, pues, que pintarse viejo, indiferente a los placeres de la vida:

> caminante viejo
> que no cortas las flores del camino,

y lo mismo sucede en otro poema de *Campos de Castilla* (XXI de las *Poesías Completas*):

> Por estos campos de la tierra mía
> voy caminando solo,
> triste, cansado, pensativo y viejo [5].

Lo que vemos tan evidentemente en estos casos no es menos verdad en otros en que el hecho se manifiesta sin tanta evidencia, *pues el autor es siempre libre de modificar a su anto-*

---

[4] He ahí otro ejemplo en el que la serie real es «breve» y donde, por tanto, el «simbolizado» coincide con el «expresado simbólico».

[5] Más acusadamente que en Machado, observamos el mismo fenómeno en el primer libro de Francisco Brines, titulado *Las brasas*, escrito cuando el autor tenía 27 años de edad. Podemos decir que en *todos* los poemas de esta obra el protagonista poemático que representa al autor es viejo.

jo *al protagonista poemático*, para lograr así la expresión
cabal de ciertas significaciones que le interesa *atribuirse en
cuanto autor del poema*. De manera que a quien simboliza el
personaje que figura ser el autor no es ni siquiera al hombre
de carne y hueso que duerme, come, suda y trabaja y además
escribe el poema en cuestión, sino sólo a este último, sólo al
autor como tal, a ese aspecto absolutamente plano que es el
autor ahora haciendo esta especial obra de arte, y pensando
de sí mismo como tal esta o la otra cualidad [6], y ello, claro es,
no resulta cierto sólo para Machado o para la poesía contemporánea, sino para la poesía de todas las épocas. Quien habla
en los poemas de Garcilaso, o de Lope, o de Quevedo, etc., es
un «símbolo» (en la forma concreta de imagen visionaria, tal
como indicábamos) de estas criaturas humanas en cuanto
autores y exclusivamente en cuanto autores. Y aún lo que
acabamos de sentar lo deberíamos acaso subscribir para los
raros casos en que quienes toman la palabra en las composiciones poéticas sean personajes que no intentan encarnar el
papel de autor, como cuando en una pieza de esta clase se
hace dialogar a dos o más criaturas imaginarias. Aun en estos
casos, repito, hay alguien que simboliza al autor, sólo que no
se ve ni aparece por ningún sitio. No se ve, no aparece, pero
existe, implícitamente: el ser que ha imaginado a esas criaturas y que *podría* intervenir en el poema añadiendo algo
como colofón a lo dicho por sus personajes. Sólo que «casualmente», por una vez, diríamos, ha optado por callar.

--------

[6] Habría que poner comillas a la palabra «autor», para indicar que
se trata de un ente imaginario y que consiste en la idea que en
ese momento el autor sin comillas, o sea, el autor de carne y hueso,
tiene de sí mismo como tal autor. El autor (sin comillas) llamado Machado se piensa a sí mismo, *como* «*autor*», experimentado, conocedor,
y lo expresa creando un personaje «viejo» que-figura-ser-el-«autor». Estos
distintivos, que parecen bizantinos, muestran su eficacia y necesidad en
ciertos casos límite, que no es ahora oportuno especificar. Diríamos entonces: el personaje-que-figura-ser-el-autor simboliza ciertas cualidades
del «autor» entrecomillado.

# IRRACIONALISMO
# Y
# CONNOTACIÓN

## CAPÍTULO IX

## IRRACIONALISMO Y CONNOTACIÓN

PRIMERAS DIFERENCIAS ENTRE
IRRACIONALISMO Y CONNOTACIÓN

Creo que no está de más en este punto despejar y buscar claridad al problema de las relaciones, contactos y diferencias entre el concepto de «irracionalidad» (o «irracionalismo» o «simbolismo»), tal como nosotros lo entendemos, y el concepto, que le es de algún modo afín, de «connotación», tal como lo entiende generalmente la Lingüística y la Lógica moderna, con raíces, en este punto, antiguas (Guillermo de Occam)[1].

---

[1] Guillermo de Occam: *Summa logicae* (pars prima, ed. Ph. Boehner, O. F. M., 1951, cap. 10). El término «connotación» ha tenido sentidos diferentes (J. Molino, «La connotation», *La Linguistique*, 7, 1, 1971; Georges Mounin, *Los problemas teóricos de la traducción*, Madrid, ed. Gredos, 1977, págs. 172-199), no sólo en cuanto que los lógicos (desde Stuart Mill a Bar-Hillel, Russell, R. M. Martin, etc.) y los lingüistas han de interpretarlo de maneras forzosamente distintas, al enfocarlo desde perspectivas discrepantes; el sentido del vocablo en cuestión varía igualmente al ser considerado desde ángulos tampoco idénticos por los autores sucesivos de cada grupo. Véase, digamos (para poner sólo algunos ejemplos), la distancia que media entre las connotaciones de Louis Bloomfield (*Language*, London, 1955) o Hjelmslev (*Prolegómenos a una teoría del lenguaje*, Gredos, 1971) y las de Ogden y Richards (*El significado del significado*, Paidos, 2.ª ed. 1964), o las de J. Cohen (*La estructura del lenguaje poético*, Gredos, 1970).

Generalmente, he dicho. Y es que, al no haberse fijado previamente de un modo científico (tal como aquí y en mi *Teoría
de la expresión poética* he intentado hacer) la noción de «simbolismo» o «irracionalidad», este hecho, el de irracionalidad o
simbolismo, sin definición suficiente ni claridad alguna en su
uso teórico, y precisamente por eso, se ha infiltrado contami-
nadoramente y ha perturbado en ocasiones la nitidez del concepto de «connotación» con el que puede confundírsele, en
virtud de las evidentes concomitancias que con él tiene[2].
Quisiera que estas líneas contribuyeran a dilucidar tan ingrata
equivocidad. Veamos, pues, qué es lo que, a mi juicio, debemos
considerar común en ese par de conceptos, y en qué punto
debemos establecer entre ellos una frontera, que la Lingüística, repito, no ha considerado hasta hoy.

La coincidencia de ambos está, me parece, muy clara: su
marginalidad semántica. En los dos casos, se trata de significaciones que se hallan situadas a los lados de otra significación de más cuerpo y evidencia que centra la palabra: la
«denotación». Frente a lo que cada vocablo «denota» con principalía, hay toda una serie de significados secundarios que cons-
telan el vocablo y lo circundan de brillos menores, que si los
vemos conscientemente de manera inmediata, o si, al menos,
nos producen una emoción «adecuada» o «racional» (luego
aclararé esto) llamaré, en mi interpretación, «connotación»; y
si no los vemos ni percibimos más que a nivel emocional,
siempre que se trate de lo que en este libro hemos designado
como «emoción inadecuada», denominaré «significados irracionales» o «simbólicos» (o «simbolizado»). Y aquí yacen, a mi

---

[2] Esa confusión no se halla ni en Bloomfield ni en Hjelmslev, y
menos, claro está, en los lógicos como Stuart Mill y los otros arriba
citados, pero sí, a veces, en ciertos lingüistas o críticos literarios que
llaman connotación a las asociaciones (*del orden que sea*) que se
nos pueden juntar en la mente al enunciar denotativamente una palabra
o término. En su reciente libro, José Antonio Martínez incurre de un
modo especialmente explícito en idéntica confusión (J. A. Martínez,
*Propiedades del lenguaje poético*, Universidad de Oviedo, 1975, págs. 172-
189, 205, 416, etc.).

entender, las primeras diferencias específicas que deben mediar, si queremos ser precisos, entre la noción de connotación y la de irracionalidad o simbolismo. En adelante, reservaremos exclusivamente el primero de esos dos nombres a los significados que, aunque marginales, nos sean conscientes, o que, al menos, en el caso de que se trate de significados percibidos únicamente por vía emotiva, posean, en cuanto implicados en tales emociones, carácter racional. Conviene aclarar el concepto: entiendo como «emoción racional» a aquella emoción que procede de alguna cualidad o grupo de cualidades que en nuestra cotidiana vida despierta nos parecen reales en los objetos o situaciones de que se trate, séanlo de modo efectivo, o o séanlo sólo subjetivamente. Así, es de esta clase la emoción de terror que experimento frente a una serpiente, a causa de su venenosa agresividad: aquí, la cualidad es objetiva. Pero también las emociones serán «racionales» en nuestra consideración, si las cualidades de que éstas proceden se las suponemos al objeto en un juicio puramente privado o subjetivo. Al decir «comunismo» alguien puede experimentar reacciones de entusiasmo y adhesión, o, al revés, de escepticismo y repudio. En ambas hipótesis, tales emociones se nos ofrecen como «racionales», puesto que se corresponden con atributos («cosa buena», o, por el contrario, «cosa mala») que en nuestra mente lúcida pensamos a diario como existentes en aquella forma de estructura social y política.

Según puede advertirse, el concepto de «emoción racional», que en nuestra terminología habría de convenir a las connotaciones, se coloca exactamente en el otro polo de lo que en este libro hemos denominado «emoción irracional» o «simbólica», la cual se origina, en todo momento, no de una atribución «real», o que suponemos real en el objeto, sino de cierta atribución inexistente en éste y propia de un objeto diverso hacia el que nuestro preconsciente ha ido, en un salto identificativo, con toda *seriedad* y, por lo tanto, en el que se ha instalado *totalitariamente* [3], produciendo la «inadecuación» emo-

---

3 Lamento tener que adelantar aquí expresiones técnicas que sólo más adelante (véanse las págs. 225-228) tendrán pleno sentido para el

cional que caracteriza a los símbolos: la connotación es, pues, lo contrario del simbolismo.

Cuando oímos o leemos expresiones como «parecióme» o «callóse», *somos conscientes* de que la persona que habla o escribe se manifiesta con un dejo de arcaísmo; y si alguien dice «hetaira», también lo somos de que hay en esa palabra un regusto culto que no existe en la voz «furcia», que, en cambio, trae consigo la noción «insulto popular». He aquí, pues, evidentes connotaciones, que, en este caso, aparecen como significados *conscientes*. Los hablantes de un idioma suelen tener en cuenta y responsabilizarse de las connotaciones que en ese instante y contexto se actualicen en el vocabulario que usan, y ese conocimiento y responsabilidad les lleva a seleccionar la voz adecuada para cada caso particular. Cuando un mejicano *quiere* insultar a un español le llamará, no de ese modo, sino «gachupín», y cuando *quiere* insultar a un norteamericano, le llamará «gringo». Como vemos, la lucidez preside con frecuencia estas selecciones connotativas, cosa que de ningún modo sucede en la irracionalidad, cuya característica es la opuesta. Claro está que el hablante pudiere ser inconsciente de las connotaciones de sus palabras[4] (por ejemplo, «provincianas» o «vulgares»); pero, en este caso, las connotaciones, para que de hecho existan, han de ser conscientes en la mente

---

lector. Con la palabra «seriedad» quiero significar que toda ecuación preconsciente es de orden matemático. $A = B$ quiere decir en el preconsciente que A «del todo» (o sea, A con todos los atributos de la realidad A) es «del todo» B. Los «caballos negros» del verso lorquiano son verdaderamente «noche»; y esa «noche» es una noche «de verdad»: de ahí que se asocie a continuación la noción «no veo», etc. La seriedad de las ecuaciones preconscientes implica el «totalitarismo», expresión con la que pretendo dar a entender que en la ecuación $A = B$ se pasa desde A a un B *total*, esto es, no sólo al aspecto de A en que A y B coinciden sino a *todo* B, es decir, también a aquellos aspectos de B que no tienen nada que ver con A, y así en el tantas veces mencionado verso de Lorca se viaja desde «caballos negros» no sólo a «noche» en cuanto «negrura», sino también a «noche» en cuanto «imposibilidad de ver».

[4] Véase Martinet, A., *Éléments de linguistique générale*, Paris, A. Colin, 1960, pág. 53.

de quien las oye o lee. Si se trata de connotaciones puramente emotivas, y en la hipótesis de que la cualidad de que aquellas dependen no sea percibida en forma consciente, la emoción, para merecer el calificativo de «connotativa» y no de «simbólica», ha de ostentar, como ya dije, carácter racional. El sentimiento de repulsión que inspira una serpiente; o el sentimiento de simpatía o de antipatía que pueden suscitar en mí palabras como «comunismo» o «catolicismo» serán connotaciones (al ofrecérseme tales sentimientos como «racionales»), aunque acaso en ninguno de esos casos se me hagan lúcidas las atribuciones «realidad dañina», «realidad excelente» o «perversa» de que nuestra emoción haya, pensémoslo así, respectivamente nacido.

Y ¿a qué se debe la frecuencia con que las connotaciones asoman en nosotros, no en forma únicamente de «emociones racionales», sino en forma, como digo, de «significaciones conscientes», bien que lateralizadas? Cuando se trata de ese tipo de connotaciones de que hablan, no los lógicos, sino los lingüistas, en que éstas expresan algo del hablante («arcaísmos», voces «pedantes» o «locales», etc.), la cosa es clara: en tales circunstancias, la connotación, como ya dije, sólo existe en la medida en que seamos conscientes de ella. Aquí la lucidez es evidente y por definición. Pero hay otro tipo de connotaciones en las que el hecho, para ser manifiesto con la misma claridad, requiere un previo análisis.

Me refiero a las connotaciones en el sentido recibido de la Lógica moderna, aunque ampliado después para que esa voz, la de «connotación», de sentido puramente objetivo en tal sistema, pueda congraciarse y encubrir los casos subjetivos del tipo «comunismo — cosa buena» (o «mala»), no menos interesantes en la Lingüística y la Estilística. Para los modernos lógicos, la denotación hace referencia a los objetos [5]; la conno-

---

[5] Russell, Bertrand, *Logic and Language*, 1956, ed. R. Ch. Marsh, páginas 41-56; Martin, R. M., *Truth and Denotation. A study in semantical theory*, 1958; Bar-Hillel, J., «Three methodological remarks on Fundamentals of language», *Word*, 1957, núm. 2, pág. 325; Cherry, Colin, *On human communication*, London, Chapman, 1957, pág. 303.

tación a las notas que a estos determinan. La palabra «nieve» «denota» el objeto así denominado, pero «connota» blancura, frialdad, etc. Claro está que ser consciente de un objeto *supone*, en principio, *serlo de sus rasgos definitorios*. Los términos connotados resultarán así, insisto, frecuentemente lúcidos, aunque de manera lateral. Nuestro ojo se fija centralmente en la denotación y sólo de soslayo en sus connotaciones. Pero ver de soslayo implica, por definición, ante todo, *ver*. Lo connotado tiende a hacérsenos de este modo presente, y más en el caso de la poesía. El poeta se las arregla para que nuestra atención de lectores recaiga con más intensidad de lo usual en estos alrededores semánticos, que, incluso, a veces se nos ofrecen —hemos de comprobarlo muy pronto— en un monstruoso primer plano, donde se han invertido los protocolos y exigencias de la visualidad en un como escándalo jerárquico. ¿Para qué se realiza esta operación subversiva que coloca en un primer término lo que debía situarse en un término segundo de borrosa discreción? En mi *Teoría de la expresión poética* puede el lector hallar la respuesta al interrogante: Se trata de «modificar el lenguaje» para proporcionarnos significados «plenos» o «saturados» (véase todo el capítulo IV del libro citado, págs. 72-97, del tomo I, 5.ª ed., Madrid, Gredos, 1970).

Consideremos ahora otro tipo de fenómenos: las famosas «relaciones asociativas» de Saussure, recogidas y ampliadas después por Ikegami [6]: una palabra puede evocar, no sólo como «oposición», también como «solidaridad», a otra, bien por semejanza (o, añadamos nosotros, por identidad) de los respec-

---

[6] Saussure, Ferdinand de, *Curso de lingüística general*, Buenos Aires, ed. Losada, 1945. Dice en la pág. 212: «Una palabra cualquiera puede siempre evocar todo lo que sea susceptible de estarle asociado de un modo u otro». El número de asociaciones es en principio indefinido: «mientras que un sintagma evoca en seguida la idea de un orden de sucesión y de un número determinado de elementos, los términos de una familia asociativa no se presentan ni en número definido ni en un orden determinado. Si asociamos dese*oso*, caluro*so*, temero*so*, etc., nos sería imposible decir de antemano cuál será el orden de palabras sugeridas por la memoria ni en qué orden aparecerán» (pág. 212). Ikegami, Y., «Structural semantics», *Linguistics*, 33, 1967, págs. 49-67.

tivos significantes (casa, masa), bien por parecido de los respectivos significados (polvo, lodo, ensuciarse); o bien (esto sólo en Ikegami) por relaciones del referente (por ejemplo, relaciones de proximidad) con una entidad diversa (digamos, la relación que hay entre las nociones «torre castellana» y «cielo azul»). ¿Se trata de connotaciones? Precisamente puede verse aquí muy bien la necesidad de nuestros distingos, ya que estos hechos, en sí mismos, darán lugar, según los casos, tanto a verdaderas connotaciones como a fenómenos no connotativos sino claramente simbólicos. *Depende del modo en que aparezcan en el texto.* Un término puede traer, de la forma dicha, otro a nuestra memoria, tal vez en forma de ecuación consciente y por lo tanto lúdica (caso de las metáforas tradicionales), o de manera que el lector sienta la evocación, pero sin establecer una identidad (caso de la rima o de las paronomasias, etc., en poesía; caso también de la sensación de claridad que la expresión «torre castellana» pudiere aportar a un texto): nos hallaremos frente a connotaciones. Pero si la asociación de esa clase consiste en una verdadera confusión preconsciente, y en consecuencia «seria», de la que sólo nos llega la emoción, que forzosamente habrá de ser en este caso «inadecuada», lo que tendríamos delante sería, por el contrario, simbolización, irracionalismo. Es lo que pasa en el verso lorquiano «jorobados y nocturnos» («jorobados en el sentido de 'inclinados' = jorobados en el sentido de 'jorobados de verdad', de 'hombres con joroba'»). Meter en el mismo saco cosas tan radicalmente discrepantes supondría un grave yerro. En suma: por cualquier sitio que lo miremos, la característica de las connotaciones es siempre la racionalidad: la racionalidad de las emociones, si se trata sólo de emociones, y con frecuencia, la de los significados, que en ese caso comparecen como lúcidos.

Nótese que esta primera oposición entre connotación y simbolismo (racionalidad, no racionalidad) implica y lleva interiorizada otra: a saber, el carácter *«delirante»* de la atribución simbólica frente a la *«cordura»* que preside el fenómeno connotativo. En el simbolismo, el lector, como dijimos, identifica

de modo preconsciente, y por tanto con seriedad, cosas que
no tienen *ningún punto en común* (caballos negros = muerte),
mientras que las connotaciones jamás incurren en tales despro-
pósitos. Como este fenómeno de la insensatez simbólica es ya
muy conocido del lector, no precisa de mayores comentarios
por nuestra parte [6 bis].

IRRACIONALISMO «DÉBIL» Y CONNOTACIÓN

Debemos añadir cuanto antes a las precisiones anteriores
que, aunque la diferencia entre connotación y simbolismo sea,
como se ha visto, teóricamente tan nítida, tal nitidez parecería menos intensa en ciertos casos prácticos si no tuviésemos
en cuenta frente a ellos el hecho de que la irracionalidad *admite grados* (irracionalismo «fuerte» o «débil»), en relación con
la mayor o menor novedad del significante simbólico. La repetición de éste en ocasiones diversas de tiempo y espacio hace
que se vaya debilitando, en la misma medida, su irracionalidad [7], por lo que entonces tal irracionalidad, rebajada en su

---

[6 bis] No hay delirio en la connotación, pues, aunque el sujeto, según
afirmábamos, atribuya en algún caso al objeto denotado una propiedad
no objetiva, como esa atribución la ha realizado él mismo de manera
consciente, no le puede a él por definición (digámoslo así) parecer delirante; ni tampoco realmente a otra persona (por ejemplo, un lector),
ya que al menos habrá de parecer verosímil que alguien conceda tales
cualidades al objeto de que se trate («comunismo», «ser bueno» o «ser
malo»). Por el contrario, si se le ofreciera como lúcida al sujeto (en
un análisis *a posteriori* y extraestético) la relación simbólica por él
ciegamente establecida entre el objeto denotado (digamos, «caballos
negros») y el objeto simbolizado (digamos, «muerte»), tal persona sen-
tiría irremediablemente como disparatada la identidad, de la que entonces no se responsabilizaría en ningún modo, al haberse realizado,
fuera del control racional, con tanta intolerable insensatez.

[7] En varios de mis trabajos, me he referido a ese importante hecho
de que los símbolos, al reiterarse, se vayan acercando a la concienciación hasta llegar del todo a ella. Pasan primero desde un irracionalismo «fuerte» a un irracionalismo «débil», y luego, si se me permite la
expresión, «debilísimo», y, finalmente, la irracionalidad se pierde por
completo. Tal es lo que sucede, por ejemplo, en el irracionalismo de la

graduación, fácilmente pudiere ser confundida por la crítica con el fenómeno connotativo, del que sin embargo sigue difiriendo con amplitud. Sería buen ejemplo de ello el mismo texto simbólico que nos ha servido frecuentemente en este libro de estímulo para nuestras reflexiones: el lorquiano de «los caballos negros». Como lo negro y la negrura se ha utilizado tantas veces en la literatura y en la vida como representación simbólica de la muerte, no cabe que el simbolismo de la expresión lorquiana surja, en este preciso sentido, con «fortaleza». El error de pensar en tal caso como connotación lo que es sin duda simbolismo resulta explicable, ya que la reiteración antes dicha hace que el adjetivo «negros» tenga tan a flor de piel su simbolismo de «muerte» que éste se aproxima algo a lo que, en consideración subjetiva, surge como característica «real» del objeto (caso de connotaciones del tipo «comunismo» — «bueno» o «malo»). Pero se nos manifiesta con no menor evidencia la obligación en que se halla el teórico de no tomar una cosa por la otra, si quiere llevar algún rigor a sus análisis.

LAS IMÁGENES TRADICIONALES SE BASAN
EN CONNOTACIONES Y LAS VISIONA-
RIAS EN SIGNIFICADOS IRRACIONALES

Tras esta aclaración, debemos volver a las distinciones primarias en que estábamos. Pero antes nos conviene examinar, a la nueva luz que hemos logrado, la diferencia que separa a las imágenes que hemos llamado «tradicionales» de las visionarias. Pues, recíprocamente, examinar tal diferencia desde este nuevo enfoque hará que se nos ponga de relieve con más fuerza la frontera que media y aparta, uno de otro, esos dos tipos de significaciones implícitas.

---

visión sinestética «colores chillones», o en la imagen visionaria del lenguaje coloquial «Juanita está como un tren». El significado que fue irracional se ha tornado enteramente lúcido: 'colores vivos e inarmónicos', 'Juanita es una mujer muy atractiva'.

No hay duda de que las metáforas e imágenes de estructura tradicional se basan siempre en connotaciones. Cuando, entre muchos, Bécquer denomina «nieve» a una mano muy blanca utiliza la palabra «nieve» no en su significado denotativo de «meteoro» sino en su significado marginal de blancura. Ahora bien: este significado «marginal» es, a todas luces, una connotación, dada su inherencia al objeto «nieve», y, en el texto, dado su carácter consciente. Lo primero es evidente; lo segundo, en cuanto lo reflexionamos, también: todo lector, para poder emocionarse, ha de entender *antes* distintamente, según dijimos, que en esa frase el vocablo «nieve» debe ser interpretado como un determinado color y no como «eso que cae del cielo». Mas si esa noción cromática aparece aquí lúcidamente es porque antes de la formación metafórica tal noción tenía «racionalidad» en el interior de la palabra «nieve». De lo contrario, la imagen «mano de nieve» no se nos haría inteligible. Advirtamos que las connotaciones, aunque son, en nuestra terminología, repito una vez más, significaciones laterales que residen con racionalidad en nuestra conciencia, de ningún modo se trata de conceptos. El análisis que acabamos de hacer lo revela. Todo procedimiento retórico tiene como misión desconceptualizar las expresiones, y, por tanto, las imágenes tradicionales harán lo mismo: anulan lo conceptual precisamente en cuanto que parten del predominio de la connotación. Después volveré sobre esto.

Pero si las imágenes «tradicionales» se basan en una semejanza connotativa, hemos podido, páginas atrás, definir, en cambio, a las visionarias como basadas en una semejanza irracional. Dicho de otro modo: en las imágenes tradicionales el plano real A y el evocado E quedan identificados (A = E) porque se parecen en cuanto a ciertas connotaciones; en las imágenes visionarias ocurre lo propio, pero porque A y E se parecen en cuanto a ciertos significados irracionales. Y justamente al estribar en significados de esa índole, el parecido se hace, como sabemos, rigurosamente invisible.

NUEVA COINCIDENCIA ENTRE IRRACIONALIDAD Y
CONNOTACIÓN: EL «GOLPE DE ESTADO» VERBAL
QUE AMBAS ESPECIES DE SIGNIFICADOS MARGI-
NALES PUEDEN DAR, PONIÉNDOSE EN EL «LUGAR»
DE LA DENOTACIÓN

Antes afirmé algo que prometí ampliar: el hecho de que en
las imágenes tradicionales se parte siempre del predominio de
la «connotación». Pero esto supone que la «denotación» ha sido
previamente derrotada, o, en otros términos, que la «connotación» ha usurpado el puesto atencional de la «denotación». Y
como cosa semejante puede ocurrir en el campo de la irracionalidad, he aquí que hemos hallado una segunda coincidencia —la otra es la lateralidad semántica— entre ambas formas de significación secundaria. Y en efecto: lo mismo los
significados «connotativos» que los «irracionales» son capaces
de dar verdaderos «golpes de estado» verbales, apoderándose
de la palabra en la que se marginan e instalándose en su denotativa zona central. Tal es lo que sucede en expresiones como
«no estoy muy católico esta mañana», donde la connotación
«bueno» que en España ha poseído, entre grandes masas, la
palabra «católico» ha usurpado totalmente el sitio de la denotación «persona perteneciente a determinado sector del cristianismo». Y tal es lo que acabamos de ver también en las
imágenes tradicionales. La noción de «blancura» es una connotación de la palabra «nieve», pero se convierte de hecho en
un equivalente de la denotación (puesto que ocupa su puesto
atencional y sólo en ese sentido), al decir «mano de nieve».
Hallamos algo análogo en la esfera de la irracionalidad.
Pues como adelanté, el «golpe de estado» a que nos hemos
referido puede darse igualmente en ella. Y así, los significados
irracionales se convierten en algo que hace las veces de las
denotaciones, previa aniquilación de su irracionalidad, cuando
las expresiones de este tipo se lexicalizan. Frases hechas tales
«colores chillones» (visión sinestética) o «Juanita está como un

tren» (imagen visionaria), originalmente irracionalistas, han perdido su irracionalidad al entrar en el torrente lingüístico coloquial, pues, al ser usadas en la conversación, el sentido escondido, que es inherente a esta clase de fenómenos, hubo forzosamente de aparecer en el plano consciente, «ya que al hablar queremos siempre decir algo, y no sólo producir vagas emociones» escribíamos, que es el único propósito de la irracionalidad [8].

El paralelismo que acabamos de establecer entre la irracionalidad y la connotación, en cuanto a su común posibilidad de derrocar el «ancien régime» denotativo e implantar por la fuerza otro nuevo, no debe ser enturbiado por ilusorias diferencias, que alguno de los ejemplos traídos a colación podría aparentemente proponer. Y así, tal vez alguien hiciese observar que, en el caso de «mano de nieve», la connotación de blancura propia de la palabra «nieve», dentro de ese contexto se hace, en efecto, equivalente a la denotación, pero en forma no conceptual (al menos en su primer uso), en tanto que en el caso de «colores chillones» y en el de «Juanita está como un tren», los respectivos significados irracionales sufren una operación similar, mas de orden opuesto: de orden claramente conceptual. Debemos, sin embargo, observar aquí que esa diferencia no posee carácter alguno general, y no indica, por tanto, una diferencia al propósito entre «connotación» e «irracionalidad», sino sólo una diferencia «casual» de los ejemplos aducidos, distantes al respecto exclusivamente en cuanto a su coloquialismo, única causa del fenómeno. Lo que hace, en efecto, que la «equivalencia denotativa» (llamémosla así) se haga conceptual no es el hecho de su origen en la irracionalidad («Juanita está como un tren», «colores chillones») y no en la connotación («mano de nieve»), sino el hecho de que la expresión haya entrado o no en el acervo común de la lengua, en forma de frase hecha. La prueba de ello está en que el sintagma antes mencionado «no estoy muy católico esta mañana»,

---

[8] Véase mi *Teoría de la expresión poética*, ed. cit., t. I, págs. 152-154 y 183-185.

cuyo origen es evidentemente connotativo, al volverse «lenguaje de todos» sufre también la doble transformación, de equivalente denotativo y de concepto, igual que les ocurre a los ejemplos originalmente irracionales («Juanita está como un tren», «colores chillones»). La irracionalidad y la connotación no son, pues, diferentes en este punto[9], como no lo son en el otro, más esencial, de su marginalidad semántica.

NUEVA SEMEJANZA Y NUEVA DIFERENCIA ENTRE
CONNOTACIÓN E IRRACIONALIDAD: EL «ENCA-
DENAMIENTO» CONNOTATIVO Y EL IRRACIONAL

Una vez que hemos aislado las diferencias y las semejanzas que median entre los casos *simples* de connotación e irracionalidad, veamos lo que vuelve a unir y a separar a ambas formas de significados marginales cuando se ofrecen *en complicación*. Páginas atrás hemos comprobado la posibilidad y, hasta la fortísima propensión a «encadenarse» que tienen los signos irracionalistas del «primer tipo», los símbolos de disemia heterogénea[10]. Un poema o fragmento poemático puede no ser otra cosa, en último análisis, que el efecto de unirse en estrecha colaboración toda una serie de palabras que incluyen, cada una de ellas, un mismo significado irracional. A esta técnica de solidaridades la llamábamos «símbolos heterogéneos encadenados». Pues bien: ocurre que los signos con-

---

[9] En este punto, no, aunque sí en este otro: cuando se pierde la irracionalidad, convirtiéndose ésta en un equivalente denotativo, es siempre por lexicalización, por conceptualización no poética, al entrar la expresión en el torrente lingüístico. A las connotaciones puede ocurrirles lo mismo, según vimos. Pero esto no pasa siempre, como también es perceptible estudiando los casos que pongo en el texto: «mano de nieve» es una frase, dijimos, de equivalencia denotativa, pero no es una frase conceptual, sino precisamente una frase no conceptual, una frase poética (cuando recién creada, por supuesto: al repetirse por obra de sucesivos poetas se va, claro es, conceptualizando).

[10] En mi libro *Superrealismo y simbolización* explico el porqué de esa fortísima tendencia.

notativos vienen a coincidir también en esto —tercera coincidencia entre ambos— con los irracionalistas, de manera que es posible desentrañar en las connotaciones un «encadenamiento» similar al que, ya desde la primera edición de mi *Teoría de la expresión poética* (Gredos, 1952), hice ver en los símbolos de naturaleza irracional. Hay así en ciertos poemas o instantes poéticos series enteras de palabras que «connotan» una misma propiedad. Gregorio Salvador lo ha mostrado *de hecho* con gran finura en su trabajo incluido en *El comentario de textos* [11], aunque sin pararse a un examen previo y a una teoría de las diferencias y de las semejanzas (que son grandes) entre el encadenamiento connotativo, y el simbólico («símbolos heterogéneos encadenados») que yo había estudiado previamente en mi citado libro. Y dadas estas indiscriminaciones (no sorprendentes, por otra parte) es natural que no aparezca por ningún sitio, en las páginas de Salvador, la conciencia del distinto resultado poético que se obtiene con una y otra técnica. Nada de ello, insisto, resta eficacia y brillantez al trabajo de tal autor, y si lo menciono es sólo para puntualizar y definir lo que nosotros necesitamos agregar, de índole completamente diversa, a sus excelentes comentarios.

Ya hemos dicho algo de esto, al separar radicalmente la connotación de la irracionalidad, y por tanto, el encadenamiento de una clase y el de la otra en cuanto tales. A continuación, completaremos la tarea, procurando mostrar con diafanidad que también al «encadenarse» se patentiza una distinción nueva, muy importante, entre las dos formas de marginación semántica.

Lo que sucede en el encadenamiento irracionalista lo sabemos ya: la disemia heterogénea. Los símbolos de esta clase son, en efecto, no sólo irracionales sino heterogéneamente disémicos, pues lo «denotado» en ellos es un objeto radicalmente distinto al que se le asocia de modo inconsciente. Pero cuando lo que se encadenan son connotaciones, la disemia heterogénea

---

[11] De varios autores, Madrid, ed. Castalia, 1973, «'Orillas del Duero', de Antonio Machado», págs. 271-284.

no puede darse, ya que la disemia de esa especie, por definición, exige que se aluda a dos seres, y aquí no hay más que uno *con ciertas «propiedades»*, las connotadas, por muy intensificadas que aparezcan éstas, tras el contacto catenático (discúlpese el neologismo que por su utilidad volveré luego a usar). Las «connotaciones», en efecto, se superlativizan, en cuanto que se reiteran dentro de la cadena en la que van, y toda reiteración, como ya sabemos, produce estos resultados: la expresión «Pedro es rico, rico, rico, rico» supera aun en ese sentido a la expresión «Pedro es riquísimo».

Ahora bien: aunque las connotaciones se van intensificando conforme avanza la serie, las denotaciones permanecen inalterables, pues lo único que se repite es lo primero. La seriación connotativa no afecta, pues, a la denotación. Si se hablaba, por ejemplo, de «nieve», de «cigüeñas», de «espuma», sigue habiendo esas realidades y no otras junto a ellas. Sólo se modifica *el grado* de la presencia connotativa. Lo que era «blanco» se hace «blanquísimo», pero por ningún sitio asoma un nuevo objeto, vuelvo a decir, que pudiese dar pie a nuestra constatación de doble significado en cada una, o en alguna, de las palabras. El encadenamiento connotativo, a diferencia del irracionalista, es, pues, insisto, amén de lógico, monosémico (al menos, en principio).

Para probarlo, tomemos el poema de Antonio Machado «A orillas del Duero», y veamos lo que de él nos dice Gregorio Salvador [12], cuyo pensamiento procuraré resumir con fidelidad, o, incluso, a ratos, transcribir literalmente. Todo el poema viene a converger en el verso final («¡Hermosa tierra de España!»), frente al cual el lector experimenta una sensación de belleza «unida a la abundancia, a la exuberancia». Pero «lo que leemos», apunta sutilmente Salvador, «es todo lo contrario de eso. Una cigüeña, un campanario, un solitario caserón. La mañana es tibia, la tierra es pobre y el sol solamente calienta «un poquito». Ha llegado la primavera, pero sólo ofrece alguna humilde flor». «¿Cuál es, pues», sigue diciendo nuestro

---

[12] *Op. cit.*, pág. 278.

exegeta, «el intríngulis estilístico del poema? ¿Qué abundancia le puede dar sentido al preocupante «hermosa» del final?»

Sirviéndose de «conmutaciones», esto es, de cambios en ciertas palabras decisivas del poema, el comentarista nos hace palmarias las connotaciones que poseen en el poema las voces sustituidas, y que, por el contrario, no tienen las que vienen a sustituirlas en la versión pedagógicamente alterada por él. Copiemos primero, para comprobarlo, el poema de Machado y a continuación el texto conmutado:

> Se ha asomado una cigüeña a lo alto del campanario.
> Girando en torno a la torre y al caserón solitario,
> ya las golondrinas chillan. Pasaron del blanco invierno
> de nevascas y ventiscas los crudos soplos de infierno.
> Es una tibia mañana.
> El sol calienta un poquito la pobre tierra soriana.
>
> Pasados los verdes pinos,
> casi azules, primavera
> se ve brotar en los finos
> chopos de la carretera
> y del río. El Duero corre, terso y mudo, mansamente.
> El campo parece, más que joven, adolescente.
>
> Entre las hierbas alguna humilde flor ha nacido,
> azul o blanca. Belleza del campo apenas florido,
> y mística primavera.
>
> Chopos del camino blanco, álamos de la ribera,
> espuma de la montaña
> ante la azul lejanía,
> sol del día, claro día.
> ¡Hermosa tierra de España!

### Versión conmutada por Gregorio Salvador:

> *Ha anidado la cigüeña en* lo alto del campanario.
> Girando en torno a la *plaza* y al caserón solitario
> ya las golondrinas *trinan*. Pasaron del *largo* invierno
> de nevascas y ventiscas los crudos soplos de infierno.

Es una tibia mañana.
El sol calienta un poquito la pobre tierra soriana.

Pasados los verdes pinos,
*tan fragantes*, primavera
se ve brotar en los finos
chopos de la carretera
y del río. El Duero corre, terso y mudo, mansamente.
El campo parece, más que joven, adolescente.

Entre las hierbas alguna humilde flor ha nacido,
*morada o gualda*. Belleza del campo apenas florido
y cándida primavera.

*Olmos* del camino *largo*, álamos de la ribera,
*silueta* de la montaña
ante la azul lejanía,
sol del día, *bello* día.
¡Hermosa tierra de España!

«Es indudable», dice nuestro escoliasta, «que el texto así obtenido se desinfla, se avulgara». ¿Por qué? Porque han desaparecido las connotaciones de «blancura» y de «azul» que posee el texto original. Por lo pronto, la blancura viene dada, no sólo por el hecho de que el adjetivo «blanco» se nombra tres veces, sino porque varios vocablos poemáticos connotan tal sensación: «cigüeña», «nevascas», «chopos» (dos veces: «chopo» = «álamo blanco»), «espuma», «e incluso, partiendo de cierta usual atribución simbólica, (...) el 'mística' del (verso) decimoquinto». «De ahí que la sustitución de 'chopos' por 'olmos' y la de 'espuma' por 'silueta' resulten tan (...) desafortunadas.» «Hay, eso es indiscutible, una enorme carga semántica de 'blanco', que luego veremos dónde va a parar. Porque antes «hay que referirse al otro color que se entreverá, el azul, cuya importancia estilística en la composición nos ponen de relieve, igualmente, las conmutaciones efectuadas»: 'verdes pinos', pero 'casi azules', «La cigüeña recorta su blanco en el azul del cielo.» Por eso, el posible conmutador 'ha anidado la cigüeña en' escamotea esta connotación», lo mismo que lo hace el término «plaza» en vez de «torre», situando «el vuelo de las golondrinas con fondo urbano y no celeste. El sol del sexto verso luce en un cielo ya entrevistado dos veces al llegar a él. Y ese sol, que va a iluminar todo el poema, reaparece brillantemente (...) en el penúltimo verso, donde encontramos la verdadera clave lírica del texto, puesta de relieve por la última conmutación que realizamos: 'claro' por 'bello'». Pero «ese adjetivo 'claro' es la palabra clave, o mejor, la palabra gozne que une indisolublemente todo el poema con el aisladamente vulgar e inexpresivo verso final, dándole insospechado y convincente sentido».

«En 'claro' convergen y se funden todos los blancos y los azules, todas las claridades derramadas en el poema, y lo superlativizan, lo potencian, lo elevan a una alta cima significativa: 'claro día = clarísimo día'. Probablemente nunca habrá querido decir tanto ese adjetivo en castellano». «Con la particularidad, además, de traspasar su intensidad expresiva al que le sigue en el discurso», anticipado por él, en cierto modo, «por serle, en ese sintagma, claro día», estrictamente sinónimo: 'hermosa' adquiere así honda significación. En un poema de tantas parvedades, nos preguntábamos al principio, ¿qué abundancia le puede dar sentido al inquietante «hermosa» del final? La abundancia de claridad, nos dice ahora el análisis, ¡Hermosa tierra de España! «La entusiástica y manida exclamación, tan malgastada, vuelve a ser eficaz y concluyente: hermosa por clara».

Hasta aquí, Gregorio Salvador. La técnica de este agudo y preciso análisis es aparentemente la misma que yo había inaugurado, creo, en 1952 con el poema XXXII de Machado, y con otros suyos similares. También hice yo ver, y entonces sospecho que por vez primera, la superlativización que se produce en los significados marginales al reiterarse éstos, pese a hacerlo de un modo no aparente; y del mismo modo puse de relieve a la sazón el contagio semántico de este tipo que pueden sufrir, en tales circunstancias, las expresiones colindantes, o la eficacia de la técnica de las conmutaciones (aunque yo no

las llamaba así). En «A orillas del Duero» lo que se repiten
son connotaciones; en el poema XXXII (y en otros muchos
poemas contemporáneos, no sólo, por supuesto, de Machado),
irracionalidades. Las consecuencias del dato diferencial en
cada caso las hemos adelantado ya. En el poema XXXII, por
su irracionalidad, aparece un significado simbólico de disemia
heterogénea: por un lado se alude a un paisaje, y, por otro,
se alude a cosa bien dispar: a la muerte. En «A orillas del
Duero», asoma, al revés, un significado, en un preciso sentido
que en seguida diré, monosémico. Lo que era «claro» se hace
«clarísimo», como nos enseña con agudeza Gregorio Salvador. Pues no debe desorientarnos el hecho, observado por
este comentarista, de que «hermosa tierra de España» venga
a decir «hermosa por su claridad», ya que, como se ve, el objeto, decimos ahora nosotros, sigue siendo uno solo, la claridad
potenciada y extrema, de la cual la hermosura resulta ser sólo
*una mera cualidad*. No nos salimos, pues, del objeto mentado:
estamos frente a una connotación. La claridad, por su intensidad desusada, se hace hermosa, adquiere la cualidad de la
suprema belleza. No hay, pues, según hemos avanzado, disemia, aunque, por supuesto, existan en este poema, como en
todo poema que lo sea, conforme a la tesis de mi *Teoría de la
expresión poética*, lo que he llamado en ese libro «sustituciones», modificaciones del estereotipo lingüístico habitual (lo
que allí denominé norma o «lengua»). «Hermosa», por ejemplo, ha cambiado de significación con respecto al diccionario
(y por eso es poética, precisamente). Pero una cosa es que
existan cambios semánticos, y otra, muy distinta, que esos
cambios consistan en que una palabra aluda a dos objetos
*diferentes*.

En la última estrofa del poema ha de tenerse en cuenta, además, algo que Gregorio Salvador no menciona y que es importantísimo: la emoción (esta vez simbólica) de entusiasmo que
produce en el lector lo que en mi mencionada *Teoría...* [13] deno-

---

[13] *Teoría de la expresión poética*, Madrid, ed. Gredos, 1970, t. I, páginas 337-360.

miné «dinamismo expresivo» [14]: esa estrofa, al ser muy diná-
mica, nos sume en un ardiente gozo que es el efecto fundamental de todo el poema. Y ¿a qué se debe, a su vez, tal dinamismo? Si tenemos en cuenta las normas que me cupo estipu-
lar en aquellas páginas mías, deduciríamos que, aquí, el dinamismo procede de, 1.º, el tono exclamativo; 2.º, la acumulación
de nombres; 3.º, la supresión del verbo (en relación con el
tono exclamativo); y 4.º (*y sobre todo*), el clímax ascendente,
que siempre es lo más eficaz en este sentido. De manera que
no sólo nos comunica el poeta de manera sugerente que España es hermosa por clara, sino que nos manifiesta y nos hace
sentir el arrebato que este hecho le produce.


MEZCLA EN UN POEMA DE SIGNOS CONNOTA-
TIVOS Y DE SIGNOS IRRACIONALISTAS. LOS
«SIGNOS DE SUGESTIÓN». IRRACIONALIDAD
AL SERVICIO DE LA CONNOTACIÓN


Y ahora pasemos a considerar otro asunto: la presencia,
entre los signos connotativos de «A orillas del Duero», de un
signo que no tiene ese carácter: el adjetivo «mística» («y
mística primavera»). Y digo que no posee carácter connotativo porque lo místico no connota «blancura» sino «pureza», y
es esta pureza la que *inconscientemente* nos lleva a un objeto
*distinto* de él mismo, a aquella idea de «blancura» de que he
hablado. Por tanto, el paso del adjetivo femenino «mística» a
la noción cromática susodicha, por serle completamente ajena,

---

[14] En ese libro mío denominé «dinamismo expresivo» la capacidad
poseída por un determinado texto de obligarnos a una lectura rápida
o lenta; si lo primero, el dinamismo será positivo; si lo segundo, negativo. El dinamismo positivo lo comportan los nombres, los verbos principales (y más si permanecen tácitos), los versos o frases breves y,
más aún, como afirmo en el texto, los clímax ascendentes. El dinamismo
negativo lo llevarán al revés, los versos o frases largas, los adverbios,
las subordinaciones, los adjetivos, las reiteraciones, y sobre todo, los
clímax descendentes.

no puede ser connotativo, sino irracional. Constatemos que, en este caso (y en otros muchos), signos connotativos se unen a otro u otros de índole irracionalista. En seguida diré en qué sentido opera semejante colaboración, pues antes de hacerlo, quisiera observar que el hecho mismo de tal colaboración y el parecido que media entre ambos tipos de significación marginal manifiestan la utilidad de hallar un término más amplio que los abarque a los dos. Propongo la expresión «signos de sugestión», ya usada por mí en algún otro trabajo[15]. Los «signos de sugestión», por tanto, podrán ser «racionales», «connotaciones», pero también no «racionales», elementos, pues, «irracionales». Diremos entonces que un poema o trozo poético está construido con «signos de sugestión» cuando se combinan en él «connotaciones» y signos «irracionales» siempre que vayan, unos y otros, en la misma dirección semántica. Ahora bien: si se mezclan de este modo las dos especies de «sugestionadores» (permítasenos el uso del término), la irracionalidad puede ponerse al servicio de la connotación, o al contrario. Quiero decir que, dentro de la serie en la que se insertan, los signos irracionales adquirirán, acaso, *en cuanto a la serie,* una función finalmente connotativa, esto es, monosémica y «racional»; o bien, al contrario, los signos connotativos adquirirán tal vez, del mismo modo, una función irracionalista (disémica, por tanto) también final. Lo primero es lo que sucede en «A orillas del Duero», donde la asociación irracional «mística-blancura» colabora en la función connotativa del poema y lleva a la monosemia y «racionalidad» postreros del conjunto poemático, tal como hice ver más arriba.

CONNOTACIÓN AL SERVICIO DE LA IRRACIONALIDAD

El caso opuesto se nos hace patente, como ya vimos, en el poema de Verlaine, analizado en la pág. 136, así como en este

---

[15] *Teoría de la expresión poética,* Madrid, 1970, t. I, pág. 220 y nota 11 a esa página.

de García Lorca titulado «Juan Ramón Jiménez» (de *Tres
retratos con sombra*):

> En el blanco infinito,
> nieve, nardo y salina,
> perdió su fantasía.
>
> El color blanco anda
> sobre una muda alfombra
> de plumas de paloma.
>
> Sin ojos ni ademán,
> inmóvil sufre un sueño.
> Pero tiembla por dentro.
>
> En el blanco infinito,
> ¡qué pura y larga herida
> dejó su fantasía!
>
> En el blanco infinito.
> Nieve. Nardo. Salina.

No hay duda de que la función poseída por varias de las
palabras fundamentales de este hermoso poema es la connotación de blancura. «Nieve», «nardo», «salina», «paloma» están
ahí, principalmente, para proporcionarnos una sensación cromática. (He paliado adverbialmente mi afirmación diciendo
«principalmente», porque, aparte de esa connotación más importante, hay otras: en ese texto, «nardo» connota también
«fragancia»; «salina», sabor; «nieve», frialdad —no emocional,
sino de distinto orden, al que luego aludiré—. Apunto, de paso,
que hallamos aquí una característica radical de la poesía, y en
general del arte: la apracticidad que es esencial al mundo
estético: la forma poética está ahí segregando todas las significaciones irracionales o connotativas de que es capaz, más
allá del reino utilitario del puro conceptualismo. Hacer poesía
es afirmar la libertad del hombre frente a la esclavitud de la
consuetudinaria utilidad racional.)

Ahora bien: el blancor de que se inunda connotativamente la breve pieza, al haber sido aquél intensificado por el «encadenamiento», no descansa en su propio ser, no es un fin en sí mismo: su función es ancilar y se supedita a la irracionalidad [16]. Si Lorca nombra realidades blancas es para trasmitirnos la noción de pureza. Lo blanco es, en el poema copiado, *símbolo*, en efecto, de la pureza del «poeta puro» que el segundo Juan Ramón Jiménez es. Y si lo blanco aparece como «blanquísimo» tras la reiteración catenática es precisamente porque lo puro quiere ofrecerse, asimismo, en superlativo: como purísimo.

---

[16] Cosa semejante hemos visto en un poema de Verlaine (véanse las págs. 135-136). En el poema XC de Antonio Machado comprobaríamos algo idéntico:

> Los árboles conservan
> verdes aún las copas,
> pero del verde mustio
> de las marchitas frondas.

> El agua de la fuente,
> sobre la piedra tosca
> y de verdín cubierta,
> resbala silenciosa.

> Arrastra el viento algunas
> amarillentas hojas.
> ¡El viento de la tarde
> sobre la tierra en sombra!

Connotan «encadenadamente» la noción de tiempo muchas palabras de esta composición («conservan», «aún», «mustio», «marchitas», «verdín», «amarillentas hojas», «tarde»), para lograr finalmente la creación de dos símbolos: el «agua», que «resbala silenciosa», y «el viento de la tarde sobre la tierra en sombra». Pese a la brevedad de la composición, el final alcanza verdadera grandeza, precisamente por la fuerza que esos dos símbolos de la temporalidad tienen en el poema: «el tiempo actúa incesantemente, imperceptiblemente («resbala silenciosa») y destruye cuanto hay» se nos viene a decir en los dos últimos versos, y por eso la tierra —toda la tierra— está en sombra.

No necesito aclarar que el paso de «blanco» a «puro» es irracional (como lo era, y por las mismas razones de «salto a otro ser», el paso inverso de «puro» a «blanco» en el verso «y mística primavera» de «A orillas del Duero» de Machado).

Pero el poema es aún más complejo. Lo blanco no sólo se da connotativamente: se da también de modo denotativo. El verso cuarto alude, en efecto, directamente al «color blanco». Este tipo de promiscuidades es frecuente en los encadenamientos sugestionadores, lo mismo en los casos de connotación que en los de irracionalidad. He ahí otra semejanza —y van hasta ahora cuatro— entre ambos fenómenos: la posibilidad de expresar irracionalmente en una «cadena», o de connotar en ella, cierta noción que aparece allí también de otra forma: como denotación. Y así, en el poema «A orillas del Duero», la blancura, connotada por «cigüeña», «espuma», «nevascas», etc., se da de manera denotativa dentro del poema, el adjetivo «blanco». Por otra parte, el análisis que hice en mi *Teoría...* de la composición de Antonio Machado titulada «El viajero» reveló, pienso, algo semejante, pero en enfoque más amplio, pues en esa pieza el autor mezcla con indiferencia connotaciones, irracionalidades y denotaciones de idéntica orientación semántica todas ellas. ¿A qué se debe este fenómeno de mixtura? La explicación es sencilla. Lo que busca el encadenamiento sugestionador de una u otra índole es una doble finalidad. En primer lugar, la superlativización del significado. Notemos que este primer hecho no exige «marginación» para producirse, sino sólo reiteración. Si las cadenas sugestionadoras intensifican los significados marginales que encierran no es propiamente a causa de la marginación de éstos, sino a causa de la reiteración que el procedimiento supone. Por tanto, para que se produzca el fenómeno de la superlativización, da igual que la noción reiterada posea naturaleza connotativa o irracional, o, por el contrario, naturaleza denotativa. En cuanto a la misión segunda del «encadenamiento» sugestionador, está claro que siempre consiste en *aludir* a un significado *sin mencionarlo directamente*. En la denotación simple, por definición, el significado se menciona. Pero ¿qué le acontece a la denotación en el caso, que es el que aquí nos importa, de que forme parte de una «cadena», connotativa o irracional? En tal caso, la denotación se pone al servicio del resto de los términos encadenados, *en cuanto partícipe*, perfectamente eficaz, *del juego reiterativo común.* Tal servicio consistirá, pues, en *contribuir a la superlativización del significado que se reitera*, y como este resulta ser marginal en todos o en muchos de los miembros de la serie, se sigue con claridad que el elemento o los elementos denotativos *ayudan a reforzar*, precisamente, *la marginalidad semántica* de *los otros* vocablos de la cadena, exactamente como hacen estos entre sí. No hay, en suma, diferencia alguna, en cuanto a su función y eficacia dentro del conjunto catenático, entre los términos denotativos y los propiamente sugestionadores, por lo que es natural la mezcla de unos y otros en bastantes poemas.

Creo que cuanto acabamos de decir es verdad en todo caso, pero se hace más evidente cuando la carga de sentido «marginal» va a parar a una palabra o a un sintagma que son, en sí mismos, completamente «inocentes» de la connotación o irracionalidad serial. Tal es, por ejemplo, lo que sucede en el poema de Antonio Machado «El viajero» [17], donde la expresión

---

[17] Helo aquí:

> Está en la sala familiar, sombría,
> y entre nosotros, el querido hermano
> que en el sueño infantil de un claro día
> vimos partir hacia un país lejano.
>
> Hoy tiene ya las sienes plateadas,
> un gris mechón sobre la angosta frente,
> y la fría inquietud de sus miradas
> revela un alma casi toda ausente.
>
> Deshójanse las copas otoñales
> del parque mustio y viejo.
> La tarde, tras los húmedos cristales,
> se pinta, y en el fondo del espejo.
>
> El rostro del hermano se ilumina
> suavemente. ¿Floridos desengaños
> dorados por la tarde que declina?
> ¿Ansias de vida nueva en nuevos años?

final «todos callamos», aunque exenta de asociaciones «autár-
quicas» —permítaseme decirlo así— de cualquier especie con
la idea de «tiempo», hereda, sin embargo, ese significado de
los signos, irracionales *y denotativos,* que encadenadamente
le preceden. Pese a tal mixtura, la emanación de temporalidad
que el sintagma susodicho, leído en su contexto, hace sensible,
se manifiesta como de índole irracionalista. Pasa igual, pero
ahora por lo que toca a la connotación, en el poema «A orillas
del Duero». El significado de claridad de que se puebla el adjetivo «hermosa» del último verso («¡Hermosa tierra de España!») es marginal, de esa manera connotativa, aunque la claridad haya sido «denotada» en el verso anterior («claro día»).

Tras esta digresión, podemos volver a la pieza lorquiana,
pues nuestro análisis no ha terminado aún. Nos damos cuenta
de que en ella existen otras palabras secretamente unidas a las
que connotan blancura, pero que, curiosamente, no nos proporcionan, esta vez, sensaciones cromáticas: «infinito» (el blan-

> ¿Lamentará la juventud perdida?
> Lejos quedó —la pobre loba— muerta.
> ¿La blanca juventud nunca vivida
> teme, que ha de cantar ante su puerta?
>
> ¿Sonríe al sol de oro,
> de la tierra de un sueño no encontrada;
> y ve su nave hender el mar sonoro,
> de viento y luz la blanca vela henchida?
>
> Él ha visto las hojas otoñales,
> amarillas, rodar, las olorosas
> ramas del eucalipto, los rosales
> que enseñan otra vez sus blancas rosas...
>
> Y este dolor que añora o desconfía
> el temblor de una lágrima reprime,
> y un resto de viril hipocresía
> en el semblante pálido se imprime.
>
> Serio retrato en la pared clarea
> todavía. Nosotros divagamos.
> En la tristeza del hogar golpea
> el tic-tac del reloj. Todos callamos.

co), «muda alfombra», «plumas de paloma», «sin ojos», «ni
ademán», «inmóvil». ¿Por qué entonces sentimos tales expresiones como puestas en relación con las otras colorísticas?
Tiene que existir alguna connotación común a todas ellas que
justifique nuestra impresión. ¿Cuál? Veamos. La «mudez» de
la alfombra y sus «plumas de paloma» no hay duda de que
sugieren «racionalmente» (connotación) *ausencia* de sonido; la
inmovilidad del poeta cantado y la eliminación de sus adema-
nes, ponen de relieve, con igual evidencia, *ausencia* de movimiento; «sin ojos» alude a *ausencia* de visualidad; infinito
(el blancor) la *ausencia* de variaciones. En todos los casos se
trata de la ausencia de algo. A esta luz, el blancor de antes se
nos muestra como un caso particular de lo mismo: se reduce,
en última instancia, a *ausencia* de color. No hay por qué añadir, pues es obvio, que en todos estos casos nos enfrentamos
con connotaciones. Ahora bien: estas connotaciones, y no sólo
las cromáticas de que hicimos mención, resultan simbólicas,
se subordinan, pues, a la irracionalidad. Lo que se «expresa»
simbólicamente («expresado simbólico») con las ausencias
connotadas es la esencialidad de la poesía juanramoniana en
su segunda trayectoria, una esencialidad hecha de supresiones,
pues Jiménez, a la sazón, no canta los objetos en su externa
apariencia realista, sino en un esquema ideal a que aquellos
vienen a estrechársele interiormente. El poeta substrae de las
cosas la superflua carnalidad y actúa por eliminación: eliminación de la opulencia métrica, verbal y material; eliminación
del sentimentalismo, de la nostalgia: eliminación de la anécdota; eliminación del rico colorismo impresionista anterior.
Y ahora comprendemos el sentido, también simbólico, de
aquella connotación de frialdad aportada por la palabra «nieve»: es una negatividad equivalente a las otras, un no estar
ahí el calor de la apariencia formal: el calor va por dentro,
«tiembla por dentro». Pues es manifiesto que Lorca no atribuye
al poeta retratado insensibilidad sentimental: Juan Ramón
«sufre», pero procura disimularlo. Todo queda interiorizado:
temblor y sufrimiento.

La ausencia o supresión de algo sucesivamente distinto en el poema de Lorca viene, pues, a representar de modo irracional («expresado simbólico») la supresión o ausencia en la poesía de Juan Ramón de ciertos elementos que antes existían en ella. No se trata de que cada uno de los elementos que Lorca representa como suprimidos aluda a un elemento, y sólo a uno, que Juan Ramón Jiménez haya arrancado de su poética (verbi gratia: «sin ojos» = supresión, por ejemplo, del color; «sin ademán» —y también «nieve» en su segunda connotación— = supresión del sentimentalismo; «muda alfombra» = supresión de la anécdota, etc.). No. Lo que experimentamos es que un proceso reductor —el del poema lorquiano— expresa irracionalmente, esto es, emocionalmente, en conjunto y sin análisis pormenorizado (que sólo es propio de las alegorías, no del símbolo: véase la pág. 68), otro proceso reductor (B) de distinta especie: el puesto en marcha por el poeta retratado en los versos de su segunda época.

Estamos, en suma, frente al fenómeno inverso del antes considerado. En «A orillas del Duero», el irracionalismo del adjetivo «mística» («y mística primavera») se ponía al servicio, vuelvo a decir, de la connotación general poemática, adquiriendo, con respecto al conjunto, una función finalmente connotativa; aquí, en el presente poema de Lorca, el sistema connotativo se supedita, opuestamente, a la irracionalidad simbólica en que la pieza últimamente consiste.

MISTERIO DE LOS SÍMBOLOS Y NO
MISTERIO DE LAS CONNOTACIONES

Y ahora pasemos a la nota más importante, desde el punto de vista estético, que separa a la connotación de la irracionalidad. Me refiero al efecto tan distinto que cada uno de estos dos tipos de recursos producen en el ánimo del lector. Lo mejor será examinar el asunto en poemas que mezclen connotaciones y símbolos, pues en tal caso la discrepancia al propósito se hace más inmediatamente visible.

Tomemos de nuevo el poema de Verlaine, citado hace poco, que quedó copiado en la pág. 136: «L'heure du berger». Nos las habemos con una pieza sólo connotativa en cuanto a su primera estrofa, y connotativa también, pero con menos pureza, como diré, en cuanto a los otros versos. Ahora bien: tal sistema connotativo se subordina a la irracionalidad, al simbolismo de la última expresión («et c'est la Nuit»). Ampliemos en este sentido nuestro análisis de la página mencionada. Se trata de la caída de la tarde, del comienzo del anochecer, y, finalmente, de la llegada de la verdadera noche. Todas las palabras del poema connotan, de modo progresivo, 'escasa visibilidad', 'penumbra', 'anochecer': «lune... rouge», «brumeux horizon», «brouillard», «la prairie s'endort fumeuse», «les fleurs des eaux referment leurs corolles», «spectres incertains», «sans bruit», «l'air noir», «ailes lourdes», «lueurs sourdes». Y ello ocurre asimismo, paradójicamente, en aquellas voces que denotan ideas aparentemente opuestas a tales connotaciones: las de sonido («la grenouille crie»); movimiento («circule un frisson»; «vers les buissons errent les lucioles»); despertar («les chats-huants s'éveillent»); color blanco («Vénus émerge»). Hasta aquí el recurso poemático fundamental consiste en un «encadenamiento» connotativo; pero ocurre que tal encadenamiento se pone, inesperadamente, al servicio de la irracionalidad de la frase final («et c'est la Nuit»), en una forma muy distinta a lo que hemos visto en el poema de Lorca sobre Juan Ramón Jiménez. En tal poema, la servicialidad de esa clase se producía desde el comienzo de la cadena: eran símbolos que partían de connotaciones; en la composición verlainiana, podemos decir que, del todo, ello sólo sucede en su broche postrero. Toda la carga connotativa de creciente penumbra y nocturnidad va a dar ahora a la oración final («et c'est la Nuit»), intensificándola en su sentido de «noche», ahondándola y convirtiendo a esa «noche» en «La Noche» por antonomasia, y, por lo tanto, en un símbolo. Esa «noche» es, en efecto, la «Nuit», la noche absoluta y sin salida, la noche definitiva, la muerte. Se nos ha formado una serie preconsciente («Noche [= no veo = tengo menos vida = estoy en peligro de

muerte = muerte =] emoción de muerte en la conciencia»).
No estamos ya frente a una connotación sino frente a un verdadero símbolo: hay una emoción «inadecuada», irracional;
hay salto identificativo realizado con «seriedad» a lo completamente otro: delirio. Claro está que antes de llegar a la decisiva palabra «Nuit», la insistencia en la misma connotación va
dando creciente trascendencia a las connotaciones de las dos
últimas estrofas, que empiezan ya, por eso, a tener un cierto
halo simbólico. Pero sólo es en ese cierre («la Nuit») donde el
simbolismo se consuma. La proximidad en un mismo poema
de palabras puramente connotativas (las de la primera estrofa)
y de palabras simbólicas (las del resto de la composición, especialmente la palabra última) hace que podamos compararlas
entre sí en cuanto a su efecto sobre nuestra sensibilidad. ¿Cuál
es la diferencia a este respecto? *Sin duda, el misterio.* Las
connotaciones, en cuanto tales (o sea, siempre que no se pro-
longuen hasta un más allá simbólico), precisamente porque
tienen carácter consciente, o, al menos, emotividad racional,
*no son misteriosas*: tal es lo que comprobamos en las connotaciones de la primera estrofa, en las que no asoma aún el
simbolismo. Los símbolos, por el contrario, *tienen evidente
misterio,* por motivos, claro está, opuestos, o sea, por su irracionalidad. Sentimos un significado que se nos rehuye: lo conocemos en cuanto existente tanto como en cuanto *oculto* y,
por consiguiente, en calidad de *enigmático.* En el presente
poema, he ahí, sobre todo, la palabra «Nuit», tan cargada de
una hondísima sensación de misterio, el cual revierte hacia
atrás, sobre el poema entero, al que, retroactivamente, trueca
entonces, súbitamente, en un vasto símbolo. Un análisis semejante, realizado sobre el poema XC de Machado (copiado en la
pág. 197), vendría a confirmar nuestras conclusiones. También
en él su cuerpo inicial (los siete primeros versos) es puramente
connotativo (se connota, en diversas palabras, la idea de tiempo) y, por lo tanto, aparece como no misterioso; los cinco
últimos versos resultan, en cambio, puramente simbólicos, y,
en consecuencia, se hallan traspasados de incomprensibilidad,
de misterio.

CAPÍTULO X

## CLASIFICACIÓN DE LA IRRACIONALIDAD
## EN CUANTO A SU ORIGEN

### ORIGEN DIACRÓNICO DE LA IRRACIONALIDAD

La irracionalidad puede clasificarse según un criterio de origen, con lo que se nos dividirá en dos especies muy netas y diferenciadas: una de origen diacrónico y la otra, sincrónico. Empecemos por el origen diacrónico. La *historia* que haya tenido la palabra, su inserción anterior en ciertos posibles contextos determina a veces sus posibilidades *actuales* de asociación irracional. Tomemos el comienzo de «Malestar y noche», de Federico García Lorca:

> Abejaruco.
> En tus árboles oscuros.
> Noche de cielo balbuciente
> y aire tartamudo.
>
> Tres borrachos eternizan
> sus gestos de vino y luto.
> Los astros de plomo giran
> sobre un pie.
> Abejaruco.
> En tus árboles oscuros.

Necesito analizar este fragmento con algún cuidado antes de entrar en la cuestión que propiamente nos interesa. Todo en él es irracional, simbólico. El «tú» que aquí aparece («tus árboles») resulta de objetivizar el «yo» del propio poeta: «tus árboles» son entonces «mis árboles», los del narrador poemático, pero cargando suavemente además ese posesivo con un sentido muy general: «mis oscuros árboles como lo son todos los de los hombres». Y aquí empieza la simbolización, en esa oscuridad arbórea. Pues ¿qué significa irracionalmente ésta? Es la oscuridad de nuestra alma, la oscuridad de nuestra ignorancia acerca de la vida y su ulterior destino. El verso siguiente prolonga el símbolo de la oscuridad:

> Noche de cielo balbuciente
> y aire tartamudo.

Los árboles son oscuros; coherentemente, el paisaje descrito será nocturno. El sentido que tenga aquí la noche no discrepará del poseído por la oscuridad anterior, de la que constituye como una contaminación, siguiendo en esto Lorca otra práctica crecientemente poderosa en la poesía desde el romanticismo: la de solidarizar el ambiente con el personaje o elemento temático en él sumergido: a un alma oscura le corresponde una atmósfera de nocturnidad: he aquí, de nuevo, el fenómeno de las «correspondencias». Y como esa noche es, en definitiva, la del humano no saber, se tratará de una noche «balbuciente», cuyo aire es «tartamudo». Balbuceo y tartamudez que en registro fuertemente irracional, vienen, pues, a significar el modo entrecortado con que las cosas («cielo», «aire») nos dicen su ser. Los tartamudos y balbucientes somos así, de hecho, nosotros, idea que lleva a la aparición de otro símbolo: el de los borrachos. Esos borrachos son, pues, los hombres en cuanto que sólo entrecortadamente, balbucientemente, saben de la realidad; en cuanto que se encuentran como perdidos y desorientados en ella. Y es que el yo del poeta, representado por los borrachos, es el yo universal del hombre que siempre (de ahí ese verbo «eternizar») ha desconocido y desconoce oscura, beodamente, el sentido de las cosas. Y ahora podemos ya entrar en lo que nos importa. ¿Por qué *tres* borrachos, y no cuatro, cinco, dos, ocho? En poesía todo tiene un sentido (y con frecuencia no uno: varios simultáneamente). ¿Sería poéticamente idéntico decir, en el texto lorquiano, «tres borrachos» que decir otro número cualquiera? Anotemos, en primer lugar, un hecho: el adjetivo numeral «tres» posee, en el poema, una asociación de trascendencia de que carecen los demás. Y como con tal cifra, asignada a los borrachos, se quiere sugerir, siquiera remótamente, según dijimos, el yo universal del poeta, esto es, el yo que *trasciende* hasta ser el de todos los hombres, conviene utilizar un número que exprese tal trascendentalización. Y ahora veamos por qué el «tres» llena ese requisito. En mi *Teoría de la expresión poética* he escrito que las palabras conservan como significación irracional posible el sentido lógico que esas mismas palabras han tenido *en otros contextos*, siempre que tales contextos sean suficientemente conocidos. El poeta, de manera intuitiva, utiliza, pues, en su trabajo, el polvo significativo con que el transcurso del tiempo ha ido «ensuciando» cada uno de los vocablos de la lengua. Lo que no sabía yo, al pensar todo eso, era la enorme frecuencia de tal práctica. Ahí tenemos ese tres lorquiano. Numerosísimos textos medievales han empleado el tres como alusión consciente a la Trinidad. Compendiémoslos todos en la *Divina Comedia*, con sus tres partes; sus 99 cantos ($9 = 3 \times 3$ y $9 = 3 \times 3$), aparte del prólogo, distribuidos en 33 cantos por parte ($33 =$ dos treses), sus *tríadas* de personajes, y no sólo de personajes: por ejemplo, en el último canto del «Infierno» vemos al «imperador del doloroso regno» en posesión de *tres* rostros («*vidi tre facce a la sua testa*»), bajo cada uno de los cuales brotaban dos grandes alas (en total hay, pues, $6 = 3 \times 2$), de las cuales nacían *tres* vientos; con los dientes de cada una de las *tres* bocas trituraba un pecador, que eran entonces otro *trío*: Judas Iscariote, Bruto y Casio.

¿Para qué seguir? Por todas partes la Edad Media nos enseña lo mismo. De tan frecuente empleo sobrenaturalizador y teológicamente alusivo le ha quedado al adjetivo «tres», como posibilidad actualizable, un halo irracional de significación trascendente, que Lorca activa muy eficazmente ahora en

«Malestar y noche». El «tres» no insinúa ya aquí, al revés de lo que en la Edad Media sucedía, que en este mundo, reflejo borroso de la naturaleza del Más Allá, quede en muchos sitios refractado el carácter trinitario de las personas divinas; pero sí se rodea, ese número, de un aire, vuelvo a decir, trascendentalizador, que nos hace sentir a estos «borrachos» como representantes de un yo poético universal, encubridor de la totalidad de los hombres. Es evidente que con ningún otro número se lograría lo mismo. La irracionalidad, en este caso, tiene, pues, como intentábamos mostrar, un origen diacrónico.

La gran frecuencia del origen diacrónico de la irracionalidad se prueba aún en el mismo texto de Lorca, que nos muestra otro ejemplo: el de los «astros de plomo». El girar «sobre un pie» de estos sirve para lo mismo que servía el símbolo de los tres borrachos: darnos irracionalmente la impresión de que las cosas del mundo se muestran como desvariantes e insensatas, o mejor, con un sentido sólo a medias y confusamente perceptible; pero además y por otra parte, esos mismos «astros de plomo» tienen, dentro de sí, si no me equivoco, otra significación, igualmente irracional, de procedencia diacrónica, precisamente. Al haberse los astros interpretado, en tiempos de fe viva astrológica, como regidores del destino humano, la palabra «astros» encierra aún la posibilidad de aludir irracionalmente a la idea de «destino». Es, pues, el destino humano el que se nos ofrece como absurdo, o con un sentido problemático, verosímilmente negativo. Por eso (y no sólo, aunque también —disemia— por el dato realista de su color) esos astros son «de plomo»: nuestro destino es gris y pesado como él.

La frecuencia del diacronismo de la irracionalidad se nos ha puesto así en evidencia: en una canción tan breve como esta el fenómeno se ha dado nada menos que dos veces.

CASO POÉTICO DE DIACRONISMO ESTABLE-
CIDO EN EL INTERIOR DEL MISMO POEMA

Como interesante variación de la misma especie, consideraré ahora el caso en el que, curiosamente, el diacronismo se establece en el interior del mismo poema. La cosa ocurre en la breve composición de Manuel Machado titulada «Canto a Andalucía»:

> Cádiz, salada claridad. Granada,
> agua oculta que llora.
> Romana y mora Córdoba callada.
> Málaga, cantaora.
> Almería, dorada.
> Plateado, Jaén. Huelva, la orilla
> de las tres carabelas.
>                         Y Sevilla.

Tras el nombre de cada una de las ciudades andaluzas citadas, viene en el poema una atribución panegírica. Pero he aquí que, exactamente en el final de la composición, este sistema se rompe y «Sevilla» no va seguida de ninguna estela calificativa. Ahora bien: la noción de ciudad, en que «Sevilla» genéricamente entra, está diacrónicamente contaminada por la presencia de esa misma noción en cada uno de los nombres de ciudad anteriores, en cuanto calificados meliorativamente, por lo que al expresar finalmente la voz «Sevilla», a lo dicho por el poeta («Y Sevilla») le añadimos, de un modo tácito y sin darnos cuenta («irracionalidad»), el efecto de la contaminación que la noción «ciudad» ha venido sufriendo a lo largo de la composición.

¿Y en qué consiste tal contagio? De lo que se ha «ensuciado» la noción de «ciudad» es de acumulada melioración, si se me permite el neologismo. Sentimos al leer, que Sevilla está más allá de todo elogio, de manera que le hemos concedido a esa ciudad irracionalmente el equivalente emocional de algo así como todos los adjetivos anteriores.

Lo que hace de este caso algo sorprendente y hasta único son, fundamentalmente, dos cosas: en primer lugar, que aquí la contaminación no preexiste al poema de que se trata. El poeta no cuenta con la suciedad significativa que el tiempo ha ido depositando en un cierto vocablo, sino que es el propio autor el que ensucia un sintagma al usarlo antes de un determinado modo (nombre de ciudad al que se atribuyen cualidades positivas). La otra rareza del ejemplo que consideramos es que aquí el sujeto de la contaminación no es una palabra como tal («Sevilla»), sino sólo esa palabra en cuanto continente de una noción genérica («ciudad»).

### EL DIACRONISMO PUEDE NO SER LITERARIO, SINO SOCIAL

Pero debo añadir que no siempre el diacronismo tiene naturaleza literaria, pues puede tenerla social. En el poema XXXII de A. Machado que hemos analizado más arriba (págs. 131 y sigs.) la relación «cipresal»-«muerte» se establece, no exactamente por el hecho de que los poetas, por ejemplo, hayan usado en ese sentido la palabra «ciprés»; mas bien porque los hombres *han visto* antes (diacronismo) cipreses *reales* en cementerios igualmente *reales*. Aquí no es la literatura, es la vida la que sirve de previo contexto a las palabras que ahora, en el poema, se pueblan de significaciones no conscientes.

### ORIGEN SINCRÓNICO DE LAS ASOCIACIONES IRRACIONALES: DESDE EL SIGNIFICADO (DENOTATIVO O CONNOTATIVO)

Si no resulta raro que la irracionalidad se vincule a la diacronía, menos raro es aún que lo haga a la sincronía, en cuyo caso la fuente de la asociación se hallará unas veces en el significante y otras en el significado. Lo segundo es lo que vemos en el verso que más arriba hemos analizado: «los caballos negros son». La conexión «caballos negros» con «noche» y con «muerte» llega desde el significado *denotativo* «negro». Aclaro lo de «denotativo», puesto que hay casos —y son los más frecuentes— en que la asociación irracional se relaciona con el significado, pero no a través de la «denotación», como en el caso de «los caballos negros son», sino a través de la

«connotación» [1]. Tal sucede cuando, como ya vimos, la connotación se pone al servicio de la irracionalidad: la asociación
entre «nieve» y «pureza» en el poema de Lorca titulado «Juan
Ramón Jiménez», se origina no en la denotación «meteoro»
que esa voz tiene, sino en la connotación de «blancura» que
posee. Tomemos otro ejemplo del mismo poema XXXII de
A. Machado, y fijémonos ahora en la palabra «humean»:

> Las ascuas de un crepúsculo morado
> detrás del negro cipresal humean.

Las palabras fundamentales de este poema, sabemos, se
asocian, de manera irracional, con la idea de la muerte. También lo hace la expresión «humean». ¿Cuál es el eslabón entre
«humean» y «muerte»? Sin duda, no la denotación de «humean», «echan humo»; sí la connotación de «negrura» de que
ese vocablo se acompaña. (Aprovecho la ocasión para insistir,
un poco al margen y una vez más, en el frecuente carácter lúcido
de la connotación, frente a la no lucidez del significado irracional. Cuando leemos «humean», la noción de «negrura» se nos
hace presente en la conciencia, justo al no salirnos del ser de
que hablamos: es una connotación. No así la noción de muerte,
que permanece absolutamente escondida y además representa
el salto a otro ser: es un significado irracional).

ORIGEN SINCRÓNICO DE LAS ASOCIACIONES IRRACIO-
NALES: DESDE EL SIGNIFICANTE (POR COINCIDENCIA
TOTAL O POR COINCIDENCIA PARCIAL)

Pero, como adelanté, existen muchos casos en que la significación irracional se engendra en el significante. Y así, la

---

[1] Escrito el presente apartado, leo en Ikegami («Structural Semantics», *Linguistics*, 33, 1967, págs. 49-67) algo semejante: las connotaciones, dice este autor, proceden del significante o del significado, o bien,
nacen de asociaciones por parte del referente (yo esto último lo englo-
baría en asociaciones oriundas de la denotación).

identificación de «jorobados», en el sentido de «inclinados sobre el caballo», con «jorobados» en el sentido de «jorobados»,
esto es, de «hombres con joroba» que hemos visto en el mismo
romance de Lorca antes mencionado («Romance de la Guardia
Civil española»), no deriva ya del significado: deriva de la coincidencia fonética de ambos significantes. Pero debo advertir que
también la irracionalidad desde el significante admite dos posibilidades. En el caso que nos ocupa observamos una de ellas:
la de identidad fonética. «Jorobado» en un sentido es fonéticamente idéntico a «jorobado» en el otro sentido. Pero no
siempre hay identidad, pues basta la mera semejanza, esto es,
la coincidencia no total, la coincidencia sólo parcial de los
significantes. La canción de Lorca, cuyo primer fragmento acabamos de comentar, termina así:

> Dolor de sien oprimida
> por guirnalda de minutos.
> ¿Y tu silencio? Los tres
> borrachos cantan desnudos.
> Pespunte de seda virgen
> tu canción.
>                        Abejaruco.
> Uco uco uco uco.
>                        Abejaruco.

Nos viene bien, también aquí, un comentario algo pormenorizado. El dolor de cabeza es, sobra decirlo, una de las malas consecuencias de beber con exceso. Pero, aparte de esa
justificación general, tal dolor posee en el poema una significación irracional independiente, igual que les ocurría a los
«astros de plomo». Como la embriaguez de los borrachos era,
según sabemos, expresión de la falta de sentido con que el
mundo se revelaba, y esa falta de sentido se relaciona, sin duda,
con la existencia del tiempo, que nos envejece y hace morir,
el dolor de sien lo entenderá Lorca como originado en la opre-
sión de una «guirnalda de minutos». Y ante esa evocación
terrible del paso del tiempo y su dolorosa sensación, el poeta
se vuelve interrogativamente hacia aquella segunda persona,

que ya conocemos por el segundo verso del poema («en tus
árboles oscuros»): «¿Y tu silencio?» ¿Qué silencio es ese? A
mi juicio se trata del silencio expectante de que solemos ser
presa cuando algo decisivo y último sobrecoge y suspende
nuestro ánimo. Es el silencio de estar sumergidos en el pensamiento trágico de la temporalidad. Contrastando con el silencio de aquella segunda persona («tu silencio»), los borrachos
cantan:

> ...Los tres
> borrachos cantan desnudos.

«Cantan» en cuanto sumidos en el conocimiento supremo de la
incomprensibilidad de nuestro destino. Y lo hacen «desnudos»,
esto es, reducidos, en ese instante, a su esencialidad, despoja-
dos de todo lo que no sea su propio éxtasis.

Podemos ya entrar en el análisis que nos atañe más centralmente:

> Pespunte de seda virgen
> tu canción.
>> Abejaruco.
> Uco uco uco uco.
> Abejaruco.

La canción del abejaruco es entrecortada («uco uco uco
uco») como lo era la «balbuciente» noche y el «tartamudo» aire,
en simbólica correspondencia con nuestro también tartajoso
conocimiento de la vida y de su sentido. Se nos pone así en
claro la significación, hasta ahora oculta, del abejaruco y de
su misterioso canto. Pues el poeta llama, sin duda, «pespunte»
a ese canto para expresar el hecho de su intermitencia. El
poema se cierra con la repetición de una parte del estribillo,
ofrecido como puro tiempo insensato en toda su incomprensibilidad misteriosa: «uco uco uco uco. Abejaruco». Ahí —en
la primera mitad del verso— tenemos una formación neológica
que pretende imitar onomatopéyicamente el canto del abejaruco. Los sonidos por su *semejanza* con los de la palabra
«cuco», evocan entonces, además, el reloj así denominado, y

contribuyen a darnos la sensación de temporalidad que percibimos en nuestra intuición lectora del fragmento. Bien claro queda entonces que el verso «uco uco uco uco» atrae el complejo «cuco» = reloj de cuco = tiempo» desde el significante, pero ahora por una mera *semejanza* fonética con el primer elemento de la serie asociativa citada. (Problema aparte es la razón de que estas identificaciones asociativas, con base tan inesencial, produzcan poesía y no chiste, como parecería normal sucediese. No es del caso tratar aquí (pues lo haremos en el capítulo XII), ese interesante problema, y sólo adelantaré, sin entrar en el asunto, que ese motivo hay que buscarlo, precisamente, en la irracionalidad con que tales ecuaciones igualatorias se producen. Al no ser nosotros conscientes de ellas no podemos *disentirlas*, y la comicidad, basada en el *disentimiento*, no llega entonces a darse.)

Todo lo dicho podría ser resumido en el siguiente cuadro:

La irracionalidad procede
- de la diacronía
  - social
  - o
  - literaria
- o
- de la sincronía
  - en cuanto al significante
    - por identidad fonética
    - o
    - por mera semejanza fonética
  - o
  - en cuanto al significado
    - por lo que toca a lo denotativo
    - o
    - por lo que toca a lo connotativo.

# LOS TRÁNSITOS PRECONSCIENTES

# CAPÍTULO XI

# TRANSICIONES PRECONSCIENTES ENTRE EL SIMBOLIZADOR Y EL SIMBOLIZADO

MIXTURA ENTRE IRRACIONALI-
DADES Y CONNOTACIONES EN
LOS COMPLEJOS ASOCIATIVOS

Una vez que en el capítulo anterior hemos examinado el origen de la irracionalidad, investiguemos en éste algunos pormenores de las transiciones preconscientes. Creo que no resultará ocioso volver los ojos otra vez a la asociación «uco = cuco = reloj de cuco = tiempo» que acabamos de comprobar en «Malestar y Noche». Lo primero que advertimos en esta nueva cala es que se trata de una asociación irracional elevada, no a la segunda potencia, como en los casos registrados en el capítulo anterior, sino, más aún, a la potencia tercera; son ahora tres los elementos sucesivamente atraídos por el significante inicial. Pero nos damos cuenta de algunas otras cosas de interés: el paso de la primera potencia asociativa, «cuco», a la segunda, «reloj de cuco», es completamente idéntico al paso anterior desde «uco» a «cuco». Posee como él naturaleza irracional y procede del significante, por mera semejanza y no por identidad: «cuco» sólo parcialmente coincide fonéticamente con el sintagma «reloj de cuco». Ahora bien: el cambio de la segunda a la tercera potencia (de «reloj de cuco» a «tiempo») es de índole distinta a las asociaciones anteriores: no sólo nace del significado denotativo y no del significante; tampoco estamos ya frente a una asociación que en sí misma sea irracionalista, pues se trata de una connotación. La idea de tiempo es evidentemente, en efecto, una connotación de la denotación «reloj». Y a esto quería llegar. Pues es preciso decir que, sin embargo, el fenómeno ha de ser clasificado en su conjunto como irracional: para recibir el todo esta etiqueta *basta con que la lleve una sola de sus partes*, puesto que al obnubilarse la racionalidad lectora en ella, forzosamente, con mayor razón todavía, se obnubilará para las consecuencias asociativas de que esa parte resulte fecunda, y por tanto, para el resultado final de la serie, que es el verdaderamente decisivo. Pero además, *en cuanto un término A queda identificado*, sin que nos demos cuenta de ello, *con una connotación suya* B, *esa connotación ha dejado de serlo y se ha convertido en un significado irracional*, pues de hecho hemos saltado preconscientemente a otro ser: el representado por el sentido de la connotación. Pues aunque la connotación *como tal* sea racional y hasta muchas veces consciente, no lo es, por definición, *la identidad*, la cual conlleva siempre disparate e inadecuación emotiva.

### NÚMERO DE MIEMBROS DE LOS PROCESOS PRECONSCIENTES

Cabe que los conglomerados irracionalistas tengan un número mayor aún de miembros, número teóricamente indeterminable en principio. Recordemos la serie preconsciente que corresponde, en el proceso X o del lector, a la expresión lorquiana «los caballos negros son», donde los términos de ese proceso ascienden a ocho (y no se trata, ni mucho menos, de un ejemplo que quepa clasificar como extremoso):

«los caballos negros son» [= color negro = oscuridad, noche = no veo = tengo menos vida = estoy en peligro de muerte = muerte =] emoción de muerte en la conciencia.

Pero lo que nos interesa estudiar ahora, en esta clase de procesos, no es la cantidad de elementos de que pueda constar, asunto de ningún relieve, sino, por lo pronto, estas dos cosas: 1.º, el tipo de relación que se ha establecido entre un miembro y otro de la serie preconsciente como fundamento de su ecuación (A = B = C = ... Z); y 2.º, las propiedades que ostentan las ecuaciones mismas como tales.

METÁFORAS, SINÉCDOQUES Y
METONIMIAS PRECONSCIENTES

Atendamos, pero por ahora brevemente, al punto primero. Si estudiamos detenidamente el salto de un miembro a otro en los procesos X o del lector, conducentes a un simbolizado, que hasta ahora llevamos vistos, nos percatamos pronto de que el tránsito preconsciente a lo otro en que la irracionalidad consiste puede producirse *por metáfora* (identidad basada en una relación de semejanza entre dos términos, A y E), *por sinécdoque* (identidad basada en el hecho de tomar la parte por el todo o el todo por la parte) *o por metonimia* (identidad basada en el hecho de tomar la parte por la parte). A estas breves definiciones debo agregar dos aclaraciones puntualizadoras algo más extensas. La primera es que las sinécdoques han de ser consideradas, en rigor, como metáforas, e introducidas, por tanto, en el grupo que éstas forman. Se trataría, en efecto, de metáforas en las que los miembros comparados, A y E, coincidiesen, no en una cualidad, sino en la totalidad constituida por una de estas dos entidades, puesto que el todo implica e incluye a la parte. Si digo «en el mar había cinco velas» queriendo expresar «cinco barcos de vela», es evidente que en «barco» (A) y en «vela» (E) se da el elemento «vela», compartido entonces por ambos términos, aunque uno lo haga exhaustivamente y el otro, no. Las sinécdoques se basan, pues, en semejanza, como las metáforas: son, en consecuencia, una de las especies en que éstas pudieran dividirse.

La segunda aclaración que necesito hacer es que las metáforas, y más aún las metonimias, alteran hondamente su constitución habitual por el hecho de producirse fuera de la conciencia, y en consecuencia, por el hecho de no sujetarse al control racional. Pero no es posible entrar en tal cuestión, sin hacerse cargo, con carácter previo, de otro esencialísimo tema: el de las propiedades poseídas por las ecuaciones preconscientes, conocimiento indispensable para poder esclarecer en profundidad la naturaleza misma de la simbolización.

# Capítulo XII

# PROPIEDADES DE LAS ECUACIONES PRECONSCIENTES

POSIBLE INESENCIALIDAD DEL PARE-
CIDO ENTRE LOS DOS MIEMBROS DE
LAS ECUACIONES PRECONSCIENTES

La propiedad radical de las ecuaciones preconscientes (radical, pues en ella, en efecto, «radican» todas las otras) será, por
consiguiente, esa precisamente: la de no instalarse tales ecuaciones en lugar vigilado por la razón, sino fuera de su implacable luz. No en el inconsciente, sin embargo; sí, en región
menos cerrada e inabordable: en ese sitio que Freud y el
psicoanálisis han denominado «preconsciente». Ahora bien: al
no hallarse sometidas al control racional, las ecuaciones de que
hablamos no pueden ser disentidas: el disentimiento es, en
efecto, un juicio lógico. Hagamos aquí un paréntesis aclaratorio.

En mi *Teoría de la expresión poética* he afirmado que todo
instante verbal, para hacérsenos poético, precisa cumplir dos
inexorables leyes: la primera, la he recordado no hace mucho:
«desviación de la norma», constituida por la lengua habitual,
ley que denominé [1] «de la sustitución» o «saturación del significado» («individualización», dije también, aunque tal «individualización», como sabemos, sólo se produce de forma iluso-

---

[1] Véase la nota 37 a la pág. 327.

ria); la segunda ley es la del «asentimiento». No basta con que
una expresión nos entregue con plenitud o «saturación» su significado (ley de la «individualización»); es preciso, además,
que ese significado «pleno» o «saturado» pueda ser sostenido
por alguien, quien al afirmarlo en el instante en que lo hace,
no nos esté dando una correspondiente impresión de deficiencia humana. En otras palabras: es preciso que sintamos el
contenido semántico a que se nos invita como «legítimamente
nacido» en ese momento psíquico del «autor»[2]. Conste que no
se necesita coincidir con el poeta en la creencia, idea o valor
de este modo enunciados. Pero sí es indispensable que, aunque
nosotros opinemos de otro modo, o, incluso, en contra, reco-
nozcamos que el autor no es irresponsable o inmaduro al decir
lo que dice.

Tal es la diferencia, justamente, entre la poesía y el chiste.
Pues si la poesía se basa en el asentimiento, el chiste se basará
en lo opuesto: en un «disentimiento», bien que «tolerante».
Y así, una metáfora será poética cuando se fundamenta en un
parecido que juzgamos esencial entre sus dos miembros, A y
B[3], pues entonces el lector puede «asentir» a la identificación
realizada por el poeta. La metáfora será, en cambio, cómica
cuando el parecido entre esos términos A y B, aunque existente, resulta mínimo, inesencial. En tal caso, «disentiremos»
el error que la ecuación supone, pero «tolerándolo», en cuanto
que hay, al menos, una cierta similitud que justifica el dicho.
De no darse ni siquiera esa semejanza insuficiente, lo que se
produciría habría de ser un «absurdo», pues ni se suscitaría
asentimiento ni se suscitaría tolerancia. Pongamos ejemplos

---

[2] Pongo comillas a la palabra «autor» para indicar que se trata del
personaje que habla en el poema figurando ser el autor (éste sin comillas).

[3] A lo largo de este libro vengo llamando A al plano real de las
metáforas y E al plano imaginario, pues necesitaba reservar las letras
B, C, y D para designar a las sucesivas asociaciones no conscientes de
A y de E (cuando se hablaba de imágenes visionarias, etc.). Como ahora
no son precisas tales reservas, llamo A al plano real y B al imaginario
de las metáforas a que el texto se refiere.

de todo ello. Es poética la comparación del cabello rubio con el oro, o de una mujer guapa con Venus; cómica, la que identifícase con Venus a una mujer fea sólo por el hecho de haber perdido ésta los dos brazos; absurda, la de un hombre, igualmente manco y de mala facha, con Apolo (excepto si nuestra intención era irónica). ¿Por qué? Porque en el primer caso, la imagen se basa en algo que podemos tomar como esencial (el color rubio, común al oro y al pelo; o la belleza en que esa mujer y Venus coinciden); en el segundo, por el contrario, el fundamento de la comparación carece de esencialidad (es la hermosura y no la falta de brazos lo que se constituye como atributo de toda Venus; también, sin vacilación, de la de Milo, a la que se alude); y en el tercero, en cambio, no hay nada, ni esencial ni inesencial, que dé sentido, poético o cómico, al símil. Advirtamos que el segundo caso sólo sería visible si el humorista lograse suspender, a través de un contexto, el movimiento piadoso que podría interferirse en nuestra percepción ordinaria de tal desgracia física, esto es, si la aproximación de esa mujer a Venus no fuera vista como crueldad por parte del autor, lo cual éste puede lograr por muy diversos subterfugios. El hecho de que la comicidad no se dé en caso contrario no significa que la metáfora no sea en sí misma cómica, sino que por intervenir en nuestra contemplación un elemento de piedad, constituido esencialmente este último por un impulso de *adhesión* al objeto (piedad es *com-pasión*, no lo olvidemos), forzosamente ha de suspenderse su contrario, el separador «disentimiento» en que la comicidad se basa, con lo que la comicidad queda entonces como entre paréntesis y sin efecto.

Pues bien: ¿qué ocurre con las metáforas y las metonimias insertas en el interior de los procesos simbolizadores? Que al no realizarse en la conciencia, sino en el preconsciente, donde la razón no les alcanza, se hallan fuera de juego con respecto a ésta, y por tanto, más allá de la posibilidad de ser disentidas. Notemos que este hecho es importantísimo, ya que, gracias a él, las ecuaciones preconscientes admiten, sin deterioro alguno en su eficacia, lo que a la luz del entendimiento sería considerado como inesencialidad en la equiparación. Las metáforas y las metonimias de los procesos simbolizantes pueden así disparatar cuanto les plazca, *y no se convierten por ello en cómicas*, siempre que se guarde ese mínimo de justificación que precisamente las metáforas cómicas conscientes exigen para existir. De otro modo: en el preconsciente podrán entrar en ecuación finalmente poética dos términos A y B *por poco que se parezcan*, con tal de que se parezcan algo. La cosa se confundirá acaso con cualquiera de sus posibles relaciones aunque éstas sean muy remotas, siguiendo en pie, no obstante en tal circunstancia, todas sus posibilidades poéticas. Ello nos está diciendo que las metáforas o las metonimias que serían productoras de hilaridad en la conciencia[4] *resultan conducentes a la emoción poética y no a la risa cuando se suscitan en los procesos preconscientes.* Y así, la confusión de «jorobados» en el sentido de «inclinados sobre el caballo» con «jorobados» en el sentido de «hombres con joroba» (confusión que nos ha sido dado analizar en el proceso X incoado en el lector frente al verso lorquiano «los caballos negros son»); o la confusión de «uco» con «cuco» y de «cuco» con «reloj de cuco» (en otro proceso parecido, arriba considerado), etc., si ocurriesen en el plano consciente, resultarían, en principio, puros juegos de palabras, estructuralmente cómicos en el mejor de los casos y absurdos en el peor (eso depende del contexto en que estén), pero jamás se ofrecerían, también en principio, como poesía. Sin embargo, como en las composiciones de Lorca, en las que se produce, la confusión pasa inadvertida por la razón, el disentimiento no puede operar, y el resultado se nos hace poético.

---

4  En el capítulo IV de este mismo libro analizo el caso especialísimo que a este propósito constituyen las imágenes visionarias en que no hay parecido *ninguno* entre los dos términos comparados y sin embargo no hay risa, sino poesía. Como se verá, tal hecho no contradice lo afirmado en el texto.

SERIEDAD

Pero la ausencia de inspección y censura racionales, el hecho de ser preconscientes las ecuaciones de los procesos simbolizantes, tiene otra consecuencia acaso más importante aún que la anterior: *la seriedad* con que tales ecuaciones quedan establecidas. Para entender con entera transparencia lo que pretendo decir con el término «seriedad» que nos acaba de salir al paso, será útil examinar antes lo opuesto, el carácter lúdico que define a las metáforas y metonimias conscientes. Cuando decimos «nieve» de esa manera lúcida para designar una mano («mano de nieve») hay que partir forzosamente de que ambas realidades difieren, y lo mismo le sucede a quien lee esa metáfora en un libro de versos. Si creyésemos a pies juntillas lo que dice el poeta en ese caso, no habría emoción. La identificación establecida en la imagen o metonimia tradicionales implica, pues, el escepticismo lector, la ironización del enunciado igualatorio. Implica, en suma, que esa identificación no afecte en cuanto tal al significado: «mano de nieve» («mano = nieve») quiere decir «mano tan nívea, tan blanca, como una mano puede ser», y, para significar eso, se necesita *no creer* que la «mano» sea la «nieve-meteoro». Nótese que no sólo no creemos esto, sino tampoco algo mucho más verosímil: que el color de la mano y de la nieve coincidan. Nuestra razón, junto a lo que Freud denominaba el «principio de realidad», nos hacen saber, a través de la metáfora susodicha, que el color de la mano no es el de la nieve: sólo *se parece* a ese especial cromatismo, tal como antes indiqué. Para llegar a este resultado, necesitamos, insisto, haber desacreditado antes la literalidad del sintagma que se nos propone («mano de nieve») por ser éste absurdo, y haber entendido el término imaginario («nieve») no como la realidad así denominada, sino, añadamos ahora, como un mero adjetivo del otro término que, en cambio, aparece como real (como «plano real»), «mano». Lo que nos dice «nieve» de «mano» es que tal «mano» es «nívea».

Al convertirse en metáfora, el término B, «nieve», se ha vaciado de sentido, ha dejado de significar «nieve» y se ha puesto al servicio del plano real, «mano», como una mera calificación suya, expresiva de una cualidad que le pertenece de veras únicamente a «mano», su especial blancura.

Al contrario sucede cuando la ecuación, como en los procesos simbolizantes, es «seria», pues en tal caso la identificación soslaya toda ironía y guiño cómplices entre autor y lector. Al ser tales igualdades rigurosamente irreflexivas, no dan lugar a la intervención del escepticismo, que es siempre un juicio del intelecto razonador. La igualación entonces *no puede ser descreída como tal*. Al no ser lúcidas, ni de otro modo manifiestas, las asociaciones irracionalistas (caballos negros [ = color negro = oscuridad, noche = no veo = tengo menos vida = estoy en peligro de muerte = muerte =] emoción de muerte en la conciencia), la razón no puede poner en entredicho las sucesivas identificaciones en que aquellas (las asociaciones) consisten, y por consiguiente, éstas (las identificaciones) se configuran con un carácter muy distinto a las propias de la imagen tradicional.

La diferencia entre las ecuaciones «serias» de los procesos irracionalistas y las ecuaciones lúdicas propias de las metáforas y las metonimias tradicionales no se queda en la pura oposición «seriedad-no seriedad», sino que desciende hasta lo más profundo, pues tiene gravísimas consecuencias semánticas. Y en efecto, el sentido de las expresiones se modifica por completo, según se trate de una u otra especie de igualación. «Mano de nieve», por ser una metáfora lúdica, quiere decir cosa diferente de lo que literalmente enuncia: quiere expresar «mano con una especial blancura»; pero si esa frase resultase ser una identificación del otro tipo, o sea, una identificación seria y por tanto total, entonces afirmaría algo bien distinto: que la mano es realmente el meteoro que nos llega del firmamento cuando hace frío. No puede haber mayor distancia entre los medios con que tales significados se significan. Sólo, pues, en la pura apariencia podrían confundirse procedimientos que discrepan tan radicalmente.

Diríamos, en suma, que ser seria una ecuación $A = B$ significa que A (el plano real) es verdaderamente y del todo B (el plano imaginario). Y así, poniéndonos de nuevo en el caso, puramente imaginario, que antes propusimos, o sea, en el caso de que la identidad «mano = nieve» fuese seria, a la «nieve» de que en ella se habla, podrían crecerle las uñas, y a la «mano» le acontecería la extraña posibilidad de caer del cielo en días muy fríos. Pero ser A verdaderamente B exige que también B lo sea, que también B sea verdaderamente B. El totalitarismo de la identificación y de B son, pues, consecuencia de la seriedad. El término B no aparece, como en la metáfora tradicional, descreído y reducido a una de sus cualidades (en la expresión tradicional «mano de nieve», «nieve» se estrecha a la mera designación de un color que no es ni siquiera del todo el suyo, pues significa, tras la disminución, «color todo lo níveo que una mano puede tener»: pero lo níveo de una mano no es lo níveo de la nieve). La ecuación, al ser total en los procesos preconscientes, obliga a que B no sufra ese efecto reductor, que lo anula hasta el punto de convertirlo en un mero adjetivo realista de A, sino que aparece en el pleno despliegue de su ser, incluso en cuanto a aquellas notas en que B difiere de A. De tratarse de una ecuación seria, la expresión «mano de nieve» (o «mano como nieve») estaría aludiendo a una verdadera nieve, esto es, a una nieve en posesión y disfrute *de todos* sus atributos: venir por el aire, tener forma de copos, etc. Por supuesto, lo mismo le sucedería a la «mano»: esa «mano» sería una mano verdadera, con piel, dedos, uñas, etc. No en vano, además, se trata de una realidad que el poeta enuncia como tal: es, en efecto, por definición, un plano «real». De todo lo dicho se deduce que, en caso de «seriedad» ecuacional, serían tres los realismos que se postulan: el de A («mano»), el de B («nieve») y el de la ecuación $A = B$

(mano = nieve), dentro del supuesto en que hemos querido situarnos[5].

El preconsciente se caracteriza, en consecuencia, por afirmar los dos términos de una ecuación como reales y lo mismo a la ecuación como tal. Cuando dice $A = B$ quiere decir, insisto, que A es A por completo y que B es, por completo B; pero que, al mismo tiempo, A es B y B es A con la misma fuerza y perfección, con lo que de hecho —y a eso iba— se hace posible, *en abierto desafío al principio de contradicción*, que ambos términos, A y B, entren en disemia y ambigüedad. A significará A y significará B de modo simultáneo, y lo propio le ocurrirá a B, que siendo B será igualmente A. Tal es, justamente, una de las grandes ventajas, diría incluso más, uno de los grandes hallazgos del irracionalismo, y, especialmente, del superrealista. En estos movimientos literarios todo puede ofrecerse existencialmente como doble y hasta como triple, cuádruple, etc. El lenguaje se descompone en irisaciones, visos, reflejos. Se carga de *sentidos*, y por lo tanto de *sentido*, ostenta dobleces, recovecos, no como, por ejemplo, en Quevedo, pues la polisemia quevedesca, y, en general, la polisemia anterior al período contemporáneo carecía de este «realismo» que ahora investigamos como gran novedad. La polisemia a la que nos referimos aquí es, en efecto, otra cosa, y otra cosa, en esta perspectiva, más eficaz. Decir lo cual no es dar al irracionalismo un rango artísticamente superior al que puedan tener grandes obras no contemporáneas. Hablo sólo, por supuesto, de la eficacia de la polisemia *como tal polisemia* en ambos momentos históricos.

---

[5] Añadamos (luego volveré sobre ello), que de la «seriedad» y el «totalitarismo» de las ecuaciones preconscientes se deduce, tal como dijimos en la nota 15 a la pág. 34, que los miembros del proceso X no pueden ser menos de tres, aunque en este punto ha de ser tenido en cuenta lo que en la pág. 167 agregábamos al aserto en cuestión.

CAPACIDAD PROLIFERANTE: CAU-
SA DEL PROCESO PRECONSCIENTE

Otra cuestión, más fundamental aún, queda aclarada por
nuestras precedentes reflexiones. Si el preconsciente asocia,
en identificación realista, a dos elementos, en cuanto estos
tengan algo, aunque sea trivial, en común, una vez realizada la
ecuación, convertido A real en B real, B habrá adquirido derechos asociativos, capacidad de emitir, a su vez, una nueva
metáfora, un nuevo plano imaginario C, ya que ahora B es
una auténtica realidad. Por irrelevante que sea la similitud
entre B y C, se producirá entonces la relación:

$$B = C$$

en el mismo sentido y por la misma causa que antes se había
producido la relación A = B. Y así sucesivamente, hasta llegar
al final de la serie, tal como vimos. En suma: la seriedad totalitaria de las ecuaciones preconscientes hace a éstas proclives
a su proliferación en cadena. Dicho de otro modo: la seriedad
totalitaria es la causa de los procesos preconscientes. Esta explicación vale también, *mutatis mutandis*, para el carácter
enracimado y arborescente del fenómeno visionario como tal,
según haré ver en otro libro [6]. Hablo del hecho, tan familiar
nuestro, de que, por ejemplo, una visión dé lugar a una imagen
visionaria, que, a su vez, produzca nuevas visiones, etc., etc.
Pero debemos observar que, en ese proceso que se forma, como
todas sus ecuaciones son serias y reales todos sus miembros,
quedarán identificados, con idéntico realismo y seriedad, el
conjunto de los términos entre sí. Más concretamente: si A es
igual «realmente» a B, y B igual «realmente» a C, y así sucesivamente, A, el simbolizador, forzosamente vendrá a confundirse con todos los demás de la misma manera, y, por supuesto, con el simbolizado.

---

[6] *Superrealismo poético y simbolización.*

EL SALTO A OTRO SER POR COMPLETO DISTINTO

Y pasemos ya a otra consecuencia de la seriedad ecuacional: el salto a otro ser, rasgo éste que separa al fenómeno irracionalista, no sólo del fenómeno metafórico consciente, como más arriba dijimos, sino que le separa, asimismo, del fenómeno connotativo[7]. Las connotaciones, aunque en forma, por supuesto, lateral, son, en la definición que de ellas nos fue preciso dar, *racionalmente* percibidas como notas («connotaciones») que, en efecto, son (o nos lo parece a *nivel lúcido*) del objeto. Si alguien me dice la palabra «nieve», su connotación de blancura la percibo, vuelvo a decir, *desde la conciencia*, me doy cuenta clara, aunque marginal, de ella, y por tanto, se me representa como lo que es: una mera cualidad de «nieve». Las relaciones establecidas por las connotaciones, lo mismo que las establecidas por las metáforas tradicionales A = B, según vimos, no son, pues, identificativas, sino calificativas del término real, que en ambos casos podemos denominar A. No hay, por tanto, un salto desde A a un término segundo que le sea a A de veras ajeno, pues B, el término metafórico o connotativo, se nos aparece como un mero calificativo de A, *con lo que ir a B no es salir de A, sino continuar en A*. Esto separa a tales relaciones (las metafóricas, las connotativas) de aquellas otras con las que entre sí se traban los miembros ecuacionales del preconsciente, que forman conexiones, repito, verdaderamente confundentes, esto es, «serias», en las que forzosamente habremos de dar el brinco que antes dije a otro ser, y ello desde la primera identidad. Desde la primera identidad, nos instalamos en una realidad que por ser realmente otra, y no un mero calificativo de la que le precede en la serie, resulta de hecho independiente por completo de esta última, la cual, sin embargo, la ha hecho nacer y a la que, pese a todo, le une un cierto parecido, en ocasiones sumamente

---

[7]  Véanse las págs. 175 y sigs.

leve o insignificante. Ejemplo de ello: en el caso del mencionado verso de Lorca («jorobados y nocturnos») es de esta índole el parecido que media entre «jorobados» en el sentido de «inclinados sobre el caballo» y «jorobados» en el sentido de «jorobados», «hombres con joroba»; parecido que consiste tan sólo en el nombre que a esas personas «inclinadas» se les concede: las realidades designadas así son radicalmente distintas una de otra. La similitud, baladí o no baladí (en el caso citado, sin duda baladí), con que los dos términos se unen en el preconsciente ha sido únicamente el pretexto, digámoslo así, de que esa región de nuestro espíritu se ha servido para dar aquel salto o lo otro, en que ya la primera ecuación consiste en todo caso.

TODO PROCESO PRECONSCIENTE, AUN CUANDO A VECES PAREZCA CONSTAR SÓLO DE DOS MIEMBROS, CONSTA COMO MÍNIMO DE TRES, Y EL ÚLTIMO NUNCA SE ASEMEJA AL PRIMERO

Pero no sólo ya desde la identidad inicial $A = B$ estamos del todo en otro ser al llegar al término segundo B. La cosa es más grave y terminante, pues podemos afirmar rotundamente que esa identidad inicial $A = B$ supone, de hecho, la confusión de A con un miembro del que A es por completo desemejante. Pero ¿no hemos dicho que en los procesos preconscientes cada miembro se parece algo, aunque sea poco, al que le antecede en la serie? ¿Habremos, pues, incurrido en contradicción?

Vayamos por partes. En la ecuación preconsciente $A = B$, B ostenta siempre, en efecto, alguna similitud, grande o pequeña, con A. Pero esto, paradójicamente, no lleva consigo la anulación del anterior aserto de total discrepancia, ya que el término B, en tal supuesto, implica, sin excepciones, la descomposición de su propia entidad en dos porciones, $b_1$ y $b_2$, que, a su vez, han entrado en ecuación, y de las cuales, la segunda, $b_2$, *no tiene cosa que ver con A*. Quiero decir que la ecuación

A = B equivale a la serie identificativa A = $b_1$ = $b_2$, en la que $b_1$ fuese la parte de B que se parece a A, mientras $b_2$ representaría la parte de B con la que A no tiene similitud. Pero si ello es así, el término A se manifestaría como idéntico al término $b_2$ (A = $b_2$), con el que, sin embargo, no comparte nota alguna. ¿Cómo puede ser esto? La causa de tal fenómeno es fácil de colegir: se trata de la «seriedad», o sea, del «realismo», del «totalitarismo» de las ecuaciones preconscientes. Al ser «seria» («realista» y «totalitaria») la relación entre A y B (A = B), no sólo A se identifica con aquella zona de B que se le parece (llamémosla $b_1$); también lo hace con aquella otra (llamémosla $b_2$) *que no se le parece*, ya que se trata de un «B real», de un B que es «del todo B», y no hay duda de que B posee zonas no coincidentes con A (si todas fuesen coincidentes con A, no tendría sentido hablar de B: B no sería B, sería A). Pero como el preconsciente confunde de un modo «serio» todos los elementos que siente en ese instante como trabados en alguna relación, sea de semejanza, sea de mera proximidad, los términos $b_1$ y $b_2$, al ser contiguos, en cuanto partes de un mismo todo, forzosamente se identificarán en una metonimia $b_1$ = $b_2$, con lo que a la fórmula A = B le cabría ser representada en la fórmula A = $b_1$ = $b_2$ cuya ecuación primera A = $b_1$ puede tener carácter metonímico pero también metafórico, en tanto que la segunda $b_1$ = $b_2$ sólo puede tener, según acabo de decir, carácter metonímico. Lo que importa es señalar que en la serie susodicha A = $b_1$ = $b_2$, el último miembro, $b_2$, aunque quede identificado con el primero A, no manifiesta con él, por definición, la menor afinidad.

Ejemplo concreto de todo ello podría ser la igualdad «caballos negros = noche» con la que comienza el proceso simbolizante del verso lorquiano «los caballos negros son». Por mostrársenos tal igualdad seria y totalitaria, la noche de que se habla será sentida en el preconsciente como una noche *de verdad*, no como una mera figura de dicción a cuyo través se subrayase la negrura de tales caballos. «Noche» no es, pues, un mero adjetivo de estos últimos, como lo sería si tal metáfora se diese en la conciencia. Ahora bien: ser una noche «de verdad», pensábamos, implica la identidad del primer miembro de la serie, «caballos negros», no sólo con aquella cualidad de la noche, la negrura ($b_1$), en la que los «caballos negros» coinciden, sino la identidad, también, con aquellas otras porciones o propiedades de la noche en las que no coinciden ($b_2$); digamos: la capacidad que tiene la noche de impedirnos la visualidad. La ecuación «caballos negros = noche», al ser preconsciente, se nos desdobla, por lo arriba dicho, en una serie identificativa de tres miembros:

caballos negros (A) [= noche en cuanto negrura ($b_1$) = noche en cuanto a todas sus otras propiedades que no son precisamente la negrura: por ejemplo: la de no permitirnos ver ($b_2$)].

De este modo, tal como adelantábamos al comienzo del parágrafo y como pretendíamos demostrar, el término segundo de la ecuación A = B (en nuestro caso, el término «noche») resulta siempre de hecho por lo que toca a su ingrediente $b_2$, una realidad sin nada en común con la inicial A de la serie (aquí, «caballos negros»). Repitamos, pues, lo dicho en ese párrafo inicial: los procesos preconscientes, incluso cuando sólo semejan constar de dos miembros A = B, constan, en realidad, de tres, A = $b_1$ = $b_2$, de los cuales el último ($b_2$) no tiene cosa que ver con el primero (A). *De ahí la inadecuación emotiva entre el simbolizador y el simbolizado, hasta en los casos de máxima brevedad en cuanto al número aparente de las ecuaciones irreflexivas.*

LA INCONEXIÓN LÓGICA

Dicho de otro modo: en una serie no lúcida, su primer salto identificativo A = B establece ya, de hecho, una completa inconexión lógica del miembro segundo B respecto del primero A, *puesto que la establece en cuanto a los aspectos de B que no se relacionan con A.* Pues ahora B es ya, repito, un

«B real», y este B real ostenta, como vimos, muchos lados indiferentes a A, que no tienen nada que ver con A, y que hasta
pueden ser hondamente contrarios a A, lo cual no impide que,
sin embargo, esos lados discrepantes y heterodoxos ($b_2$) que-
den, según vinimos a saber, identificados «realmente» con A
(A = $b_2$). Ahora bien, tal identidad sería, sin duda, lógicamente
inconexa. Pongamos al propósito otro ejemplo distinto del de
los «caballos negros» que ya conocemos en este sentido. Hace
poco recordábamos la identificación preconsciente entre «jorobados» en el significado de «inclinados» (A) y «jorobados» en
el significado de «hombres con joroba» (B). Ambos miembros
(primero, A, y segundo, B) se asemejan, dijimos, en el nombre,
*pero nada más que en el nombre*, pese a lo cual, los dos, A y B,
quedan preconscientemente confundidos en forma totalitaria
y real, con evidente inconexión lógica entre ellos: los hombres
«inclinados sobre el caballo» no ostentan deformidad física ni
monstruosidad ningunas. Esta primera inconexión lógica entre el primer miembro A y el segundo B es causa de las
subsiguientes que se producen en los miembros C, D, etc.,
en su relación con el miembro inicial, A, las cuales inconexiones
son ya visiblemente completas y definitivas, pues *todo lazo* con
el miembro primero A ha desaparecido en ellas, y además de
manera palmaria; quiero decir, sin que se nos haga necesario
para probarlo un análisis previo, como el que resulta indispensable realizar siempre, según nos hizo notorio en el caso del
miembro segundo B por lo que toca a su inconexión lógica
con A. Y así, en la serie recién citada:

> jorobados en el sentido de inclinados (A) [= jorobados en el
> sentido de jorobados (B) = monstruos físicos = monstruos espi-
> rituales («malvados») =] emoción de monstruos espirituales («mal-
> vados») en la conciencia.

si «jorobados» en el sentido de inclinados (B) tiene aparentemente (o sea, prescindiendo del hecho cierto de la descomposición de B en sus componentes $b_1$ y $b_2$), si tiene alguna afinidad (la del nombre) con «jorobados» en el sentido de «hombres con joroba», no tiene ninguna relación con la noción

«monstruos físicos» que a esta última sigue, ni, por supuesto, con la que viene después, «monstruos espirituales» («malvados»). Dicho en forma genérica: dada una cadena $A [= B = C]$ tenemos en todo caso que A se parece a B en un solo aspecto que puede ser trivial; B a C en otro aspecto que nada posee en común con el anterior, y, por consiguiente, C no se parece de ningún modo a A. ¿Por qué esto es así? ¿Por qué el término B en su viaje hacia C parte, sin excepciones, de cualidades suyas que no se relacionan con A, lo cual es motivo, como digo, del completo desamarre y despegue de todo parecido con A? No olvidemos que los términos preconscientes son términos que el simbolizado en su relación con el simbolizador postula. Ahora bien: si el aspecto de B que mira hacia A fuese el mismo que mira hacia C, B no necesitaría ser postulado: lo postulado sería la relación directa de A con C. En suma: la inconexión lógica perceptiblemente total del tercer término (C) respecto del simbolizador surge como forzosa.

Por supuesto, si la serie tiene más de tres miembros, la inconexión lógica no se acentúa, por ser ello imposible, pero se mantiene, en principio, hasta el producto final.

RECIPROCIDAD METAFÓRICA

De estos comentarios sobre la seriedad metafórica y metonímica preconsciente y sus consecuencias poemáticas es fácil ir a una nueva deducción: la reciprocidad que cada miembro de la serie manifiesta, no sólo con respecto a sus inmediatos vecinos de la derecha y de la izquierda, sino con respecto a cualesquiera otros en cuanto a su papel en la ecuación. En principio, podría parecer que cada término es plano real del término que le sigue (si lo hay) y plano imaginario del que le antecede (si, en efecto, posee antecesor)[8]. Pero tras haber hablado del realismo de cada ecuación (y por tanto, del realismo

---

[8]  El primer término, A, de una serie $A [= B = C =]$, carece de antecedente, y el último, C, carece de consiguiente.

de la serie completa en cuanto tal —A = B = C = ... Z—, en que todos los términos han de aparecer en el preconsciente *como reales*), ¿qué queda de tal apariencia? Los miembros sucesivos hacen, sin duda, función de plano real con respecto a algunos de los términos (puesto que los producen), y función de plano imaginario con respecto a otros (puesto que son emisiones suyas). Pero en todo lo demás pierde sentido la nominación de «imaginario» y «real» referido a ambos planos, en cuanto que aparecen los dos sostenidos como *reales*. El preconsciente es democrático e igualitario, y no admite jerarquía alguna.

TRANSITIVIDAD

Saquemos aún una última conclusión de todo lo dicho: la «transitividad» de las ecuaciones preconscientes. Si hay seriedad en tales ecuaciones, dado un proceso A [= B = C = D = ... Z], es evidente que todo A estará en todo B, en todo C, y así sucesivamente hasta llegar a Z. Pero también será verdad lo opuesto: y así, todo Z (el último miembro de la cadena, convertido luego en simbolizado) estará, por los mismos motivos de seriedad y comunicación perfecta y completa o transitividad, en todo A. Este hecho transitivo es, sin duda, el más importante atributo de la simbolización, *ya que se constituye como la causa inmediata de que el simbolismo pueda emocionarnos*. Si frente a la frase «los caballos negros son» de Lorca recibimos una emoción negativa, ello se debe a que en el proceso X que tal frase promueve en el lector:

> los caballos negros son [= color negro = noche = no veo = tengo menos vida = estoy en peligro de muerte = muerte =] emoción de muerte en la conciencia,

la emoción correspondiente al miembro último de la corriente igualatoria puede trasmitirse, sin más, al primero: *es la frase «los caballos negros son» la que nos produce la emoción susodicha*. Tal emoción no es, en efecto, otra cosa que un préstamo que el simbolizador («los caballos negros son») recibe de ese miembro postrero de la serie que el propio simbolizador incoa (muerte). Sorprendemos así al simbolizador en tres instantes muy diferentes, pero que al lector se le antojan un único instante indiferenciado. En un momento primero, el simbolizador se halla aún horro de emotividad: es cuando se dispone a su empresa asociativa, que produce un elemento preconsciente final y su correlativa emoción, preconsciente también. He ahí ya el momento segundo, que, a su vez, engendra el tercero: la emotividad del último miembro da marcha atrás y se instala en el simbolizador, convirtiéndose entonces, y sólo entonces (pues ese simbolizador es consciente), en simbolizado poemático, o sea (si la operación ha tenido éxito) en poesía [9].

Pero no sólo emigran o pueden emigrar de un miembro a otro las emociones que corresponden a cada uno de ellos (lo mismo de derecha a izquierda que de izquierda a derecha). El tránsito puede afectar, asimismo, a la totalidad, o a una parte, de la significación en cuanto tal de los miembros ecuacionales, cosa que se hace visible y tiene una importancia especialmente grande por lo que toca a las relaciones entre un sintagma y otro en la poesía superrealista. La transitividad es, pues, una de las propiedades más importantes de los procesos mentales preconscientes, y resulta aclaradora, tanto de la emoción simbólica propiamente dicha, según acabo de afirmar, como de las extrañas o sorprendentes secuencias sintagmáticas del superrealismo, e incluso del irracionalismo que cronológicamente antecede a este último (y también, como veremos, sirve para explicarnos ciertas operaciones de la hechicería y de la magia, e incluso de la cultura medieval).

---

[9] La transitividad la hemos de ver en otros casos muy diferentes al indicado en el texto, dentro de este mismo libro. En obra próxima, varias veces mencionada ya, *Superrealismo poético y simbolización*, intentaré mostrar el fenómeno mencionado como explicación de numerosos hechos expresivos propios del superrealismo.

LISTA DE LAS PROPIEDADES ECUACIONA-
LES DE LOS PROCESOS PRECONSCIENTES

Las propiedades que derivadas unas de otras, hemos hallado a las ecuaciones preconscientes son, en suma, las reflejadas
en la siguiente lista:

1. No lucidez.
2. No descreimiento.
3. No estar afectadas por la posibilidad del disentimiento.
4. Posible inesencialidad de la relación metafórica o metonímica entre dos miembros contiguos.
5. Seriedad.
6. Realismo de sus miembros.
7. Realismo de la ecuación como tal.
8. Totalitarismo.
9. Ambigüedad y disemia.
10. Capacidad proliferante.
11. Salto a otro ser desde la primera ecuación $A = B$.
12. Inconexión lógica, en realidad desde el segundo miembro, B $(A = B)$, y evidentemente desde el tercero C $(A = B = C)$.
13. Transitividad de las emociones.
14. Transitividad de las propiedades y de las porciones, o la totalidad, de los significados.
15. Reciprocidad metafórica (o metonímica).

De estas quince propiedades, las más importantes por sus
consecuencias poemáticas y poéticas son la 4.ª (posible inesencialidad), la 5.ª (seriedad) y las 13.ª y 14.ª (transitividad), que
se nos ofrecen, en cierto modo, como el resumen y compendio
de todas las otras.

VENTAJAS DEL IRRACIONALISMO

Las posibilidades expresivas que se abren ante el poeta irracionalista son así enormes. Todo lo que tiene alguna remotí-

sima semejanza o mera proximidad con algún objeto se incorpora al objeto, pero además (y eso es lo paradójico) en ecuación identificativa seria. Y como este elemento segundo que se asocia al primero se relaciona, a su vez, en las mismas condiciones de posible inesencialidad y de totalitarismo, sin excepciones, con un elemento tercero, etc., que por transitividad vuelca sobre el inicial o simbolizador la plenitud de su emoción, convertida esta así en simbolizado, resultará que las cosas, al ser nombradas, se cargarán de una potencia afectiva de que antes carecían. La frase «los caballos negros son» se beneficiará de este modo de toda la carga sentimental de la noción «muerte», con la que no tiene, sin embargo, en principio, cosa que ver directamente en ningún sentido. Lo que era inerte o neutro se vuelve ahora expresivo, emocionante. La naturaleza, en especial, al ser ahora descrita por el poeta, se tornará por sí misma, y sin más, sugestiva, y se hará posible así uno de los mayores hallazgos de la poesía contemporánea: la consideración del paisaje como entidad autónoma y no como fondo (quizás ilustre) para otra cosa. He ahí el poema XXXII (véase la pág. 131) o el poema XC[10], de Machado, en los que nada ocurre. Nada ocurre, pero desprenden una emoción profunda, inefable. Lo mismo diríamos de los relatos en verso (por ejem-

---

[10] El poema XC dice así:

Los árboles conservan
verdes aún las copas,
pero del verde mustio
de las marchitas frondas.

El agua de la fuente,
sobre la piedra tosca
y de verdín cubierta,
resbala silenciosa.

Arrastra el viento algunas
amarillentas hojas.
¡El viento de la tarde
sobre la tierra en sombra!

plo, el poema XXXVIII o *La tierra de Alvargonzález,* ambos de Machado también, o muchos romances o trozos de romances de Lorca), tantas veces sugestivos, y llenos de misterio, a causa de una técnica semejante. Aquel famoso misterio de la poesía, que tanto dio que hablar a los críticos, especialmente a los que se enfrentaban con la poesía contemporánea; misterio que no es, las más de las veces, sino la fluencia subterránea de una corriente identificativa no consciente, que, por serlo, nos emociona, claro está, de modo inexplicado.

CAPÍTULO XIII

# DESCRÉDITO DE LA LITERALIDAD IRREAL DEL SIMBOLIZADOR EN LA CONCIENCIA, PERO NO EN EL PRECONSCIENTE

AUNQUE LAS SUCESIVAS ECUACIONES IRRA-
CIONALISTAS SEAN «SERIAS», LA LITERALIDAD
IRREAL PROPIAMENTE SIMBOLIZADORA ES
«LÚDICA»

Tras haber insistido en el carácter «serio» de la totalidad de las ecuaciones en que consiste un proceso irracionalista, debo aclarar que, en cambio, posee (al ser consciente) carácter opuesto, esto es, un carácter que por contraste podríamos denominar «lúdico» (si el adjetivo no se prestase a equívocos), la literalidad de la expresión propiamente simbolizante, excepto en el caso de disemia heterogénea. Y así, la relación «lluvia = cosa que sucede en el pasado», del soneto de Borges («la lluvia es una cosa / que sin duda sucede en el pasado»), al ser explicitada por el autor y, por consiguiente, al aparecer en el plano de la conciencia lectora, se afecta de la misma clase de descrédito que arrojamos sobre la frase «mano = nieve». Quiero decir que no recibimos en la conciencia esa identidad como algo a lo que otorgamos verdadera fe, algo que damos como existente de verdad en el mundo. Por el contrario, sabemos (en ese nivel lúcido) que el poeta habla de una lluvia *actual*, no pretérita, y que si de ella afirma que es «cosa que sin duda sucede en el pasado» lo hace sin ánimo de que nos lo creamos, *como un puro medio* para dar a entender irracionalmente algo distinto.

Esto, que es evidente en las imágenes visionarias, no lo es menos en las visiones. Si Guillén dice que los «carmines cantan» o si Lorca nos habla de «cielo balbuciente» y «aire tartamudo» nosotros no pasamos a creérnoslo, por ser tales dichos completamente absurdos en su estricto enunciado, con lo que nos obligamos a creer únicamente en las emociones que respectivamente se nos suscitan, implicadoras, eso sí, de ciertos sentidos que comparecen en nuestra conciencia, pero sólo *en cuanto ocultos*. Ocurre lo propio en los símbolos homogéneos: también desacreditamos la «letra» y acreditamos exclusivamente el sentido: sabemos que representan borrosamente algo que nos emociona: a eso y sólo a eso es a lo que nosotros otorgamos fe. Cuando Machado dice que «nada importa ya que el vino de oro rebose de tu copa cristalina o el agrio zumo enturbie el puro vaso» comprendemos que no habla en serio, comprendemos que no se refiere realmente ni a vino, ni a agrio zumo, copa o vaso. Se nos hace obvio que Machado con esa expresión sólo quiere comunicarnos una emoción de cierta especie, cuyo contenido es, todo lo más, averiguable, pues en nuestra mente lectora, ese contenido, aunque está, está sin aparición.

En todos los casos que acabo de recordar, el lector es escéptico en el plano consciente frente a la literalidad de las aseveraciones, y sólo no lo es frente a la secuela emotiva y las implicaciones conceptuales no conscientes de aquella. No ocurre igual, por definición, en los símbolos de disemia heterogénea, siempre que éstos no se compliquen con la metáfora tradicional, ya que en tales símbolos la literalidad contiene un sentido lógico que por ser plenamente cuerdo no es rechazado por el lector, que, al revés, lo recibe sin reticencias ni atenuaciones en su psique. Al leer el verso de Lorca «los caballos negros son», entendemos «los caballos negros son», aunque también nos hagamos con una determinada emoción que lleva en su seno, a nivel, por lo tanto, no lúcido, un significado muy diferente. Claro está que, como sugerí hace un instante, a veces los símbolos heterogéneos se sirven de la metáfora tradicional para sus propios fines, y en tal caso el lector ironiza la frase en cuanto a tal metáfora, no en cuanto a lo que la expresión tenga de símbolo heterogéneo. Tomemos el octosílabo lorquiano, tan citado por nosotros, «jorobados y nocturnos». El poeta, con el primer adjetivo, ha construido un símbolo heterogéneo, cuyo significado irracional es «monstruo» y cuyo significado lógico es «inclinados sobre el caballo», significado este último que como resulta de ley en esta suerte de figuraciones, el lector acepta sin reservas ni modificaciones semánticas, exactamente igual a lo que sucedía en «los caballos negros son». No hay duda de que es una cuestión aparte, «casual», diríamos, y completamente ajena al símbolo heterogéneo, que ese sentido lógico haya sido expresado, esta vez, con una metáfora tradicional: «jorobados = inclinados sobre el caballo». Por lo que toca a dicha metáfora, pero sólo por lo que toca a ella, sí hay descreencia: la palabra «jorobados» no nos lleva lógicamente a la idea de «jorobados», sino, repito, a la idea, muy distinta, de «inclinación sobre la cabalgadura».

DESCRÉDITO DE LA LITERALIDAD IRREAL DEL SIMBOLI-
ZADOR EN LA CONCIENCIA, PERO NO DESCRÉDITO DE
ESA MISMA LITERALIDAD EN EL PRECONSCIENTE

La literalidad de los simbolizadores («carmines cantan», «la lluvia es una cosa que sin duda sucede en el pasado», «y nada importa ya que el vino de oro rebose de tu copa cristalina o el agrio zumo enturbie el puro vaso») queda, pues, descreída; pero advirtamos que tal hecho sólo sucede *en la conciencia*, y además, sólo en cuanto a los puros conceptos. Como ya dije, *no creemos*, por ejemplo, que los carmines canten, pero en cambio *sentimos* (por supuesto en nuestra lucidez) que tal canción es, en cuanto atributo de colores, *una realidad* y no un puro modo de decir. *Lo que sabemos* va, pues, por un sitio, y *lo que sentimos,* por otro, que es su exacto antípoda. Y es que lo sentido viene de que en el preconsciente (el preconsciente, en primer lugar, del poeta, y luego el del lector) se ha efectuado la ecuación «carmines [=] cantan» con toda seriedad. Por eso, precisamente, el fenómeno simbólico se nos manifiesta como visionario. Sobre esta importante cuestión he de volver pronto [1].

---

[1] Véase el capítulo XVI.

# CAPÍTULO XIV

# ECUACIONES PRECONSCIENTES, CULTURA PRIMITIVA Y CULTURA MEDIEVAL

## I. ECUACIONES PRECONSCIENTES Y CULTURA PRIMITIVA

### PROPIEDADES DE LAS ECUACIONES PRE-CONSCIENTES Y MENTE PRIMITIVA

Durante largos milenios, el hombre ha vivido fundamentalmente no desde la razón, sino desde la emoción, y, por tanto, también desde las consecuencias emotivas de afirmaciones o negaciones preconscientes. No nos asombra así que el análisis precedente, acerca de los atributos de las ecuaciones en que esta región de nuestra psique se complace, nos aclare de súbito multitud de fenómenos propios de la mente primitiva, o incluso de la mente medieval, en lo que esta tiene de primitiva (primitiva, claro es, no en lo que respecta a sus contenidos, todos o casi todos derivados, sino en cuanto a su estructura). Tales fenómenos eran, en cuanto tales, conocidos, pero no así su causa, que permanecía escondida, ya que se trataba precisamente, según veremos, de estas ecuaciones (de las que hemos hablado, creo que por primera vez, en este libro) y de sus extrañas propiedades.

Enumeramos, al propósito, algunos hechos significativos. Es sabido que al hombre primitivo le basta una remota (y hasta

remotísima) semejanza entre dos realidades para que ambas
se le pongan, con alguna frecuencia, en inmediata relación y
contacto, *pero bajo la forma* (y eso es lo curioso) *de sustancial
identidad* [1]. Nombrar será entonces lo mismo que poseer, puesto que el nombre ostenta visible conexión, aunque *inesencial*
(percatémonos bien) con lo nombrado. Nadie ha explicado,
creo (al menos de un modo satisfactorio y último, más allá de
las genéricas vaguedades, que nada, en definitiva, vienen a decir), este hecho. Intentémoslo nosotros, pues acaso la doctrina que hemos expuesto sobre las ecuaciones preconscientes
nos haya capacitado para ello. No hay duda, en efecto, de que
aquí se ha desencadenado un proceso X, en todo coincidente
con los que hemos estudiado en la poesía contemporánea:

> nombre de la cosa [= la cosa misma =] emoción en la conciencia
> de «la cosa misma».

La confusión que la mente primitiva establece entre la cosa
y lo que tiene que ver con ella (por ejemplo, en el caso en que
estamos, el nombre), no era, por supuesto, un fenómeno desconocido por la Psicología de las culturas primitivas. Lo que,
en cambio, creo que puede considerarse como novedad es explicar el dato por las propiedades (asimismo no investigadas
por nadie hasta hoy, según ya dije) de las ecuaciones preconscientes (no estudiadas tampoco) que dan lugar a los símbolos.
En el caso de que acabo de ocuparme, el extraño fenómeno de
que un primitivo venga a completa confusión entre las cosas
y su mera denominación; que tenga, pues, ante las denominaciones, la emoción de que está tratando realmente con las

---

[1] Véase, por ejemplo, entre otros muchos, el famoso libro de Sir
James George Frazer: *La rama dorada*, México, Fondo de Cultura Económica, 1951, especialmente el capítulo III («Magia simpatética»), páginas 33 y sigs.; o véase T. Huizinga, *El otoño de la Edad Media*, Madrid,
ed. Revista de Occidente, 1961, pág. 280.

(Entre nosotros, podría citarse, asimismo, la obra de Alfonso Álvarez
Villar, *Psicología de la cultura. 1. Psicología de los pueblos primitivos*,
Madrid, Biblioteca Nueva, 1966, págs. 160-197.) El hecho es, pues, muy
conocido.

cosas, sólo puede explicarse, a mi juicio, por razón de que se han formado, efectivamente, en su mente, ecuaciones simbolizantes que son, 1.º, *preconscientes*; 2.º, con posibilidades de *inesencialidad*; 3.º, *serias*; 4.º, *totalitarias*, y 5.º, *transitivas*. Todo lo cual trae, además, a los miembros emparejados la posibilidad de *ambigüedad* (6.º) y de *disemia* (7.º). Veamos. Las ecuaciones, al ser preconscientes, resultarán, pensábamos, «serias». Pero la «seriedad» ecuacional tiene, como sabemos, consecuencias. Y así la identidad de que hablamos, entre los nombres y las cosas, será una verdadera identidad, o en otras palabras, será una identidad de tipo matemático (de la especie 3 + 2 = 5), no una mera comparación como la que hay en las frases «mano de nieve» o «pelo de oro», que sólo establecen un parecido, y, sobre ello, tal parecido no afecta a los dos objetos sometidos a ecuación («pelo» y «oro»; «nieve» y «mano»), sino sólo a una mera *cualidad* de tales objetos (el color). En las ecuaciones realizadas preconscientemente por la mente primitiva, hay, al revés, en vez de parecido, identidad real; y en vez de tratarse de las cualidades de los objetos, son los objetos mismos (nombre y cosa, digamos) los que se funden y asimilan por completo. *Por completo*: he ahí el «*totalitarismo*». El nombre, sin dejar de ser un nombre, es también y *de veras* («*disemia*», «*ambigüedad*») la cosa misma, en alguna esencial dirección; la cosa misma, esto es, la cosa en cuanto a *todas* sus propiedades, incluso aquellas que nada tienen que ver con el nombre de referencia. Si se trata, digamos, de una puerta (cuento de Alí Babá y los cuarenta ladrones) poseer, pongo por caso, la capacidad de abrirse:

> Tener el nombre de la puerta (saberlo), dominar ese nombre [= tener la puerta misma, dominarla =] emoción en la conciencia de «tener la puerta misma, dominarla».

De este modo, si el nombre de la puerta es «Sésamo», Alí Babá podrá abrir la puerta diciendo el nombre («Sésamo») que es propio de ella, y formulando, a continuación, como una orden, el deseo que, en ese momento, interesa realizar: «Sésamo, ábrete». El nombre no puede, claro es, «abrirse»; pero

*dominar* el nombre, conocerlo, enunciarlo, es tener, *dominar*
el objeto al que el nombre se refiere (la puerta), en cuanto a
la plenitud de su realidad, dijimos, incluso por lo que toca a
aquellas propiedades (abrirse) que son por completo ajenas a
las propiedades que pueda tener el nombre como tal (*totalitarismo*, insisto). Sin duda, cuanto estamos señalando supone,
además, el fenómeno de la «*transitividad*», y, sólo por él, tan
complejo asunto resulta, en definitiva, explicable (fenómeno
que, a su vez, *implica*, tal como acabamos de ver, el *totalitarismo*, amén de la seriedad ecuacional, etc.). Pero, aparte y
antes de tan finos pormenores, la «transitividad» la percibimos
ya en el hecho primario de que el nombre proporciona al primitivo la emoción de la cosa en su completa realidad. Y aún es
observable, en el ejemplo susomentado, otra notable característica: la ecuación se ha establecido *sin cumplir con la condición de «esencialidad»* que exigen siempre, en cambio, las ecuaciones metafóricas conscientes que no quieran producir un
efecto cómico. Si conscientemente alguien confundiese un
objeto con su denominación suscitaría la risa, a causa, precisamente, de la inesencialidad de la semejanza entre ambas
realidades. Los chistes basados en juego de palabras nos hacen reír, justamente, por presentarnos errores de esta clase.
El primitivo experimenta un error idéntico, pero con resultados muy diferentes y hasta opuestos, al ocurrir en el preconsciente. La igualdad «nombre = cosa», aunque inesencial, hemos visto que es, en efecto, no lúdica, amén de «totalitaria»,
«transitiva», etc. O sea: *lo contrario* del rechazo de la identidad que la risa, frente a una metáfora cómica, supone sin
excepciones.

En suma: sólo las propiedades de las ecuaciones preconscientes (posibilidad de inesencialidad sin resultados hilaran-
tes, seriedad, totalitarismo, transitividad, disemia, ambigüedad) pueden hacernos inteligibles estos hechos identificativos
propios de la mente primitiva, en que la cosa se confunde,
*realmente*, no lúdicamente, con *cualquiera* de sus relaciones,
por ejemplo, con su denominación. En cuanto a esto último,
veamos algunas de sus diversificaciones, aparte del caso que

ya hemos expuesto de los abracadabras del tipo «Sésamo, ábrete». Las fórmulas mágicas, que suscitan la obediencia o la presencia del ser al que se hallan referidas, pertenecen a este mismo tipo. Pero creo que deberíamos incluir en idéntico apartado un hecho que nunca he visto aproximado a los que acabo de citar. Y, sin embargo, la solución que hemos propuesto para ellos nos explica de pronto, espero, que en la Biblia no pueda decirse el nombre de Dios, pues decirlo sería tanto como tener a Dios, dominarlo, señorear sobre él (lo mismo que Alí Babá dominaba, señoreaba sobre la puerta de la cueva en que se hallaban sus tesoros), pretensión, la de señorear sobre Dios, evidentemente sacrílega:

tener, dominar el nombre de Dios [= tener, dominar a Dios =] emoción de tener, dominar a Dios en la conciencia.

El pintor de Altamira se servirá de su arte para atraer a los bisontes y poder así darles caza, ya que al representarlos en el techo de una cueva se establece una relación esencial entre la representación y lo representado:

bisonte pintado [= bisonte real =] emoción de bisonte real en la conciencia

por lo que, al ser pintado, tendría que aparecer el animal por algún sitio próximo, en donde se le pudiera apresar.

Pero hay más: la imagen de alguien (pintura, retrato, muñeco de trapo o cera) equivale a ese alguien, *y, en consecuencia, repercutirá por «transitividad»* [2] *en éste cuanto a aquél hagamos.* Nos explicamos así, *y sólo así,* que el brujo crea poder matar de esta manera a una persona sin más que pinchar el corazón de su mera efigie:

efigie de una persona [= la persona misma =] emoción de la persona misma en la conciencia.

---

[2] Véanse las págs. 236 y sigs. del presente libro.

Al ser realmente iguales efigie y persona, lo que hagamos a la efigie le ocurrirá a la persona: *por transitividad* ésta habrá forzosamente de morir.

En todos estos casos, y en muchos más que podrían con facilidad mencionarse[3], el objeto (nombre de algo, o de alguien, pintura de un bisonte, muñeco que representa a un ser humano) se le convierte al hombre primitivo *en un simbolizador* que se le identifica de verdad y no lúdicamente con otra cosa. El mundo se llena de símbolos, en el sentido estricto con que usamos aquí esta palabra; símbolos que emocionan, a su sencillo espectador, de la manera que a los símbolos es propia: de un modo «inadecuado» a la «letra» en cuanto tal del simbolizador. El nombre, la pintura o la efigie de algo o de alguien *no deberían*, en efecto, desde una perspectiva puramente racional, producir la emoción de que nos hallamos realmente frente a la realidad así representada.

## II. ECUACIONES PRECONSCIENTES Y CULTURA MEDIEVAL

EL FORMALISMO MEDIEVAL:

CAUSAS Y CONSECUENCIAS

Pero, como dije antes, no sólo el primitivo sentía de este modo el mundo. También el hombre de la Edad Media experi-

---

[3] Tal es también la explicación de numerosas supersticiones. Si romper un espejo trae mala suerte, se debe, en mi opinión, a que el supersticioso (al menos, el que experimenta por vez primera la superstición) ha establecido en su conciencia un proceso preconsciente:

espejo [= figura mía en el espejo = mi persona=] emoción de mi persona en la conciencia,

con lo que, por «transitividad», lo que le ocurra al primer miembro (que hace de simbolizador: el espejo, romperse, sufrir un daño), repercutirá en el último (mi persona) que se sentirá en trance, igualmente, de padecer algún mal.

mentaba la realidad en consonancia con estos procesos que podemos desde ahora denominar «mágicos», ya que son los que pueden, como vimos, explicar los ritos de la brujería y la caverna.

Multitud de hechos y creencias medievales tienen, en efecto, este origen. Enumeremos algunos de ellos. Por lo pronto, y dicho de una manera general, el enorme interés, de que esta época da prueba, por la pura apariencia o formalidad. Y es que, digámoslo una vez más, la mente, cuando aún no ha adquirido la madurez racional, tiende a vivir desde la emoción, o sea, con frecuencia desde el preconsciente, que confunde la cosa con lo que tiene que ver con ella, por escaso que sea este vínculo de aproximación, ya que en esa región no lúcida no se precisa, según hemos sentado, de la esencialidad en la similitud de los miembros identificados. Se confundirá así la esencia de una determinada realidad, lo que tal realidad sea verdaderamente, con su manifestación externa. Toda forma, por este motivo, será vista como esencial, y habrá que cumplir con ella. El proceso preconsciente que se suscita aquí sería el que sigue:

Forma del objeto [= esencia del objeto =] emoción en la conciencia de esencia del objeto.

De ahí que la Edad Media sea el período histórico en que más ha contado el protocolo, la etiqueta [4] y el comportamiento ex-

---

[4] Huizinga, en *El otoño de la Edad Media* (Madrid, ed. Revista de Occidente, 1961, 5.ª ed., pág. 316), dice que en esa época «todo lo que se convierte en una forma de vida —las costumbres y los usos más corrientes, lo mismo que las formas más altas en el plan universal de Dios— es considerado como de institución divina. Así se revela muy claramente, por ejemplo, en la idea de las reglas de la etiqueta palatina». Como se ve, nuestra explicación del hecho difiere de la que nos proporciona Huizinga. Por debajo de la religiosidad medieval está, a mi juicio, el primitivismo y su propensión a las ecuaciones preconscientes en calidad de causa de mayor radicalidad, ya que ese primitivismo ecuacional explica también otros muchos fenómenos, como comprobaremos, que nada tienen que ver con la religión: por ejemplo, los fenómenos económicos, la economía «de gasto» que caracteriza al período. Es cu-

terno de las personas. Es una época eminentemente visual. Si
se moría un familiar, había que llorarlo visiblemente, o bien
(obsérvese) pagar a alguien para que, al menos, el rito llegase
a cumplimiento (institución de las plañideras): el caso era llevar a cabo la externa formalidad o ceremonia. El puesto que
un hombre tenía en la sociedad, el «estado» de cada cual, se
convertía en naturaleza. Todo responde al esquema preconsciente arriba estipulado (forma [= esencia =] emoción de
esencia en la conciencia): ser caballero, ser rey o villano no
era un accidente que le había sobrevenido a uno por el hecho
de nacer en el interior de una determinada clase o familia,
sino, insisto, una esencia. Nunca después estuvo tan acentuado
el sentido de las jerarquías. Pero puesto que lo de fuera era
tan importante, se hacía preciso manifestarlo también en el
traje. Es el imperio de los uniformes[5]. Siendo esencial el hecho de ser plebeyo o caballero (y aun de ser herrero, tejedor o
campesino) lo habrá de ser, asimismo, vestir en correspondencia con ello, ya que el vestido supone, por las mismas razones,
una formalidad hecha sustancia[6]. Cada persona manifestaba
por fuera lo que era por dentro, y ello como un deber. El humilde había de aparecer como humilde en su atuendo, y al
revés, el hombre principal. Se esperaba que el gran señor se
produjera con boato. Comprendemos ahora de un modo nuevo, y acaso más radical, el sentido que tenía, en tal edad, la
economía del gasto justo (tan contraria a la nuestra de hoy

---

rioso que nadie, que yo sepa, haya buscado como raíz unitaria de tan
numerosos fenómenos culturales los procesos no lúcidos de que hago
mención en el texto. Y sin embargo nada, en mi opinión, tan evidente:
se trata, sin duda, de ecuaciones realizadas fuera de la conciencia, y por
lo tanto, de ecuaciones dotadas de *seriedad, totalitarismo, transitividad*, etc.

[5] Véase José Ortega y Gasset: *En torno a Galileo*, en *Obras Completas*, t. V, Madrid, 1947, pág. 163. Tampoco Ortega, claro está, alude, como
explicación del fenómeno, a las ecuaciones preconscientes de que aquí
hablamos.

[6] Esquema preconsciente: vestido [= esencia de la persona =] emoción en la conciencia de esencia de la persona.

basada en la justa ganancia) que le era característica[7]. Cada persona debía percibir tanto de riqueza cuanto le fuere necesario para su sustento, pero evaluado éste por el rasero de su categoría social. Así lo estipula Santo Tomás[8]. Como el noble se hallaba en el deber de la magnificencia, el dinero de la sociedad había de ir a sus manos. Lo que no dicen ni Santo Tomás ni sus comentaristas (tampoco los actuales) es la razón puramente emocional (o sea, preconsciente) que subyacía al supuesto deber de gasto en que se hallaba la aristocracia, y que representaríamos, vuelvo a decir, así:

> Forma en que se manifiesta la persona [= esencia de esa persona, lo que esa persona era de verdad =] emoción en la conciencia de esencia de esa persona, lo que esa persona era de verdad.

Añadamos aquí, en rápida nota, que, a mi juicio, como por razones económicas no hubo a su tiempo en España un triunfo suficiente de la burguesía[9], perduraron durante el Renacimiento y aun bastante después, de modo especialmente anómalo, muchas concepciones medievales, entre ellas la que es-

---

[7] Werner Sombart (*El burgués*, Madrid, Alianza Editorial, 1972, página 20) llama a este tipo de economía «economía de gasto». Dice: «la idea de sustento según la posición social (...) domina en toda conducta económica precapitalista. Lo que la vida había ido moldeando en el curso de una lenta evolución recibe después de las autoridades del Derecho y de la Moral su consagración como precepto» (*Op. cit.*, página 21). La explicación que doy en el texto de este hecho es exclusivamente de mi responsabilidad.

[8] «Bona exteriora habent rationem utilium ad finem: unde necesse est, quod bonum hominis circa ea consistat in quadam mensura: dum scilicet homo secundum aliquam mensuram quaerit habere exteriores divitias, prout sunt necessaria ad vitam eius secundum suam conditionem. Et ideo in excessu huius mensurae consistit peccatum: dum scilicet aliquis supra debitum modum vult acquirere vel retinere. Quod pertinet ad rationem avaritiae quae definitur esse inmoderatus amor habendi» (Santo Tomás, *Summa Theologica*, IIa. IIae. qu. 118 art. 1, 1886).

[9] Véase Claudio Sánchez-Albornoz, *España, un enigma histórico*, Buenos Aires, Editorial Sudamericana, 1956, t. II, págs. 105-161 y 299-348.

tamos considerando: el hidalgo del *Lazarillo* y los numerosos hidalgos de la vida real española de los siglos XVI y XVII esconden, *por razones últimamente morales*, sus hambres y penurias: les impelía a ello un sentido de la exterioridad decorosa, vista como esencial, semejante al que estamos estudiando para la Edad Media; y aún en el siglo XIX hispano, la importancia del qué dirán en cuanto al cuidado de las apariencias y el fingimiento que ello llevaba consigo tienen un origen idéntico: léase a Galdós (por ejemplo, *La de Bringas*). La cursilería (palabra significativamente sin verdadera traducción a otros idiomas) a que todo esto abocaba no es, caso de que mi interpretación sea correcta, sino medievalismo a destiempo. La cursilería es, pues, cosa española, y su raíz no ha de buscarse, primariamente, al menos, en la vanagloria, sino en una actitud que es ética en principio: la de cumplir un deber: el deber de ser fieles a nuestra esencial condición, el deber de no desnaturalizarnos, de no ser, en suma, unos «desnaturalizados». Pero volvamos a la consideración de ese remoto pasado.

Los privilegios resultaban en la Edad Media, asimismo, sustanciales. Si el jefe de la policía de París poseía el privilegio de salir a la calle precedido de tres músicos que anunciaban sonoramente y con toda pompa su paso, incluso cuando iba de servicio, el requisito había de llevarse a cabo, aunque ello redundara en contra de la eficacia del cargo. Imagino que los ladrones habían de hallarse agradecidos de la buena fe con que se cumplían en la época estos pormenores, entendidos como ineludibles. Los atributos y prerrogativas se sentían, en efecto, como portadores de irremediable estabilidad e inexorabilidad. El rey Apolonio, náufrago, arriba a un lejano reino, donde nadie le conoce. Llevado a la presencia del soberano de aquel país, Apolonio declara su condición, y es admitido en la corte como egregio invitado. Se dispone a dar un recital de vihuela. De pronto se detiene: no puede tocar el instrumento. Y es que le falta la corona, sin la cual considera imposible ejercer sus maravillosas facultades de músico. Cortésmente, su regio amigo y huésped le cede una de las suyas, lo que soluciona el grave conflicto: «Non quiso Apolonio la duenya contrastar; / priso huna viuela e sópola bien temprar, / dixo que sin corona non sabrie violar» (*Libro de Apolonio*, estrofa 185) [10].

Así nos lo cuenta, con delicioso candor, el autor del poema. El pasaje, idéntico en lo decisivo a infinidad de otros de la misma época, declara la primitiva confusión que la Edad Media tiende emocionalmente a establecer entre esencia y accidente, de modo que todo se convierte, con indiferencia, en sustancia. El rey y su corona vienen a ser lo mismo, con lo que sin lo uno, la corona, no se da del todo lo otro, el rey. Y como, por otra parte y por parejos motivos, se hacen igualmente de alguna manera indistintas la persona y su categoría social, si no se es por completo rey por no llevar corona, no se es tampoco, en cierta especial dimensión, persona en toda la plenitud de su dignidad. Sin corona, el rey no debe tocar. La Edad Media se nos aparece a esta luz, como la época en que todo tiene algo de hierática figura de baraja, portadora de su inalienable y fijo atributo.

Se confundía, por razones similares, la causa y sus efectos, y estos últimos entre sí, cuando se trataba de efectos de la misma causa. El tratadista de etiqueta francés Olivier de la Marche sostenía que el «fruitier», criado que se encargaba de la fruta, debía de encargarse, igualmente, de las iluminaciones, «le mestier de la cire». ¿Por qué? Porque las frutas nacen de las flores, decía, de donde nace también la cera con que las velas se fabrican [11]. Tan ingenua explicación, tenía su base (aquí como en los otros casos) en un proceso preconsciente que le otorgaba al razonamiento una verosimilitud emocional. Para la emotividad de sus lectores, las palabras del tratadista resultaban entonces concluyentes [12], por razón, a mi juicio, de

---

[10] Véase mi *Teoría...*, 1970, t. II, pág. 139.

[11] Olivier de la Marche, *L'Estat de la maison...*, tomo IV, pág. 57.

[12] Es curioso observar cómo se convierten en evidencias *que no necesitan* demostración *las ideas que se han hecho emociones.* Si *sentimos* que A = B, tenderemos a creerlo como cosa que va de suyo y partiremos acaso en nuestras reflexiones de esa identidad como de un axioma

ciertas metonimias preconscientes que identifican causas y efectos: de un lado:

> frutas [= flores =] emoción de flores en la conciencia.

Por otro:

> cera [= flores =] emoción de flores en la conciencia.

Cera y flores producían la misma emoción: eran, pues, emocionalmente la misma cosa, y un solo criado habría de ocuparse de esa cosa única.

EL MISONEÍSMO MEDIEVAL

Pero ocurre que las ecuaciones preconscientes que consideramos

> forma [= esencia =] emoción consciente de esencia

explican aún otros fenómenos medievales (y no sólo medievales, como veremos) que acaso revistan todavía una mayor importancia y trascendencia. Me refiero, por lo pronto, al misoneísmo, tan evidente y manifiesto y de tanta repercusión de todo orden durante el vasto período que consideramos, y aún después. En realidad, este misoneísmo inmovilista sólo vino a hacer quiebra, realmente y de un modo franco, en el último tercio del siglo XVII («querella de los antiguos y los modernos [13]»), y más aún a lo largo del XVIII, en que ya aparece, en

_____

que no es preciso probar. En la Edad Media, pero no sólo en ella, por supuesto, el fenómeno se repite una y otra vez.

[13] La célebre «querella» se produce, como es sabido, a partir de 1687; pero claro está que antes de esa fecha, ya Desmarets de Saint-Sorlin da preeminencia a los modernos sobre los antiguos (André Lagarde y Laurent Michard, *Les grands Auteurs français, XVII siècle*, Bordas, 1965, pág. 433). Por otra parte, si quisiéramos ser precisos, situaríamos el cese del inmovilismo medieval, como quiere Ortega («En torno a Galileo», en *Obras Completas*, t. V, Madrid, Revista de Occidente, 1947,

algunas cabezas solitarias (De Turgot, a mitad del siglo, y Condorcet después, ya al fin de esa centuria), la idea que sólo se hará popular en el siglo siguiente: la idea de «progreso». Para la Edad Media y su secuela posterior, renacentista, y aun de manera reminiscente y residual, algo después, todo cambio resultaba condenable; era un abuso que iba contra la naturaleza misma de las cosas. El hecho es muy conocido[14]; no así su secreta razón, que para nosotros no puede ser más clara. Se trata, como he adelantado ya, de la confusión preconsciente y simbolizante entre la esencia inmóvil e inmodificable de las cosas y su variopinta exterioridad: sus cambiantes y móviles accidentes. En efecto: si los accidentes de la cosa son sentidos como esenciales:

accidentes de la cosa [= esencia de la cosa =] emoción en la conciencia de esencia de la cosa

forzosamente habrán de considerarse como inmodificables, ya que las esencias, por definición, ostentan ese carácter de invariabilidad.

Ahora bien: si las cosas no están sujetas a mutación, por supuesto, en cuanto a su esencia, pero tampoco en cuanto a sus accidentes, no tendrán, por ningún sitio, capacidad de cambio[15]. Consecuencia: el hombre medieval experimentará el mun-

----

pág. 162), entre las generaciones de Bacon y Descartes, o sea, entre 1580 y 1620. Lo que digo en el texto, se refiere, pues, al momento en que ya se hace claro el movimiento que venía pugnando por imponerse tiempo atrás.

[14] Véase J. Huizinga, *El otoño de la Edad Media*, Madrid, Ed. Revista de Occidente, 1961, pág. 52.

[15] Ortega, curiosamente, interpreta el inmovilismo social desde la filosofía, contrariamente a nuestros supuestos. Para nosotros, la estructura mental primitiva, de tipo simbolizante, siente la emoción simbólica de la sustancialidad de los accidentes, con lo cual el mundo aparece como emocionalmente inmóvil, tal como digo en el texto: desde esa emoción (en nuestra tesis), se engendraría, en forma, digamos, de «racionalización» (estirando un poco la significación del término psicoanalítico), una determinada filosofía, y no al revés. Ortega, como digo, piensa las cosas de otro modo. He aquí sus palabras: «Intente-

do como un bloque dado de una vez para siempre, en el que
no hay modo de introducir innovaciones radicales. Cuanto hay
lo ha habido, en cuanto a su realidad genérica, y lo habrá, de

mos», dice, «revivir, por nuestra cuenta, aquella situación [la del siglo xv]. (...). Si ahora nos preguntamos cuál es la efectiva realidad en
todo eso que vemos a nuestro alrededor, sea en los cielos, sea en la
tierra, nos encontramos con esta respuesta: lo real son las formas sustanciales, entidades espirituales; es decir, inmateriales, que informan
la materia produciendo con esta combinación las cosas sensibles. Estas
formas serán una para cada especie de cosas, como creen los tomistas,
o una además para cada individuo de la especie, como creen los esco-
tistas, es decir, que habrá una sola forma «hombre» para todos los
hombres que se multiplica e individualiza al contacto con la materia,
o habrá además una forma individual «Pedro», «Juan», mejor aún,
«este Pedro», «este Juan». Lo importante es que esas formas son el
principio de los fenómenos, su realidad, y que cada una no tiene nada
que ver con las demás, es una realidad, en este sentido, absoluta e independiente y además inmortal. Nos encontramos, pues, con que el
mundo está constituido por una muchedumbre enorme de realidades
últimas, indestructibles, invariables e independientes (...). Una forma
no puede cambiarse en otra y como el mundo consiste principalmente
en ellas, tendremos que vivimos en un mundo que no tolera transformación real ninguna. Es como es de una vez para siempre. Siempre
habrá perros y caballos y hombres e irremediablemente idénticos en todo
lo esencial a como hoy son.
    Y este modo de pensar nos obliga» (a nosotros, hombres del siglo xv)
«a interpretar análogamente lo social: la sociedad está compuesta de
rangos indestructibles. Hay los reyes, los nobles, los guerreros, los sacer-
dotes, los campesinos, los comerciantes, los artesanos. Todo esto lo hay
y lo habrá siempre, sin remedio, indestructiblemente, cada figura social
encerrada en sí misma. Como habrá la prostituta y el criminal» (José
Ortega y Gasset, *Op. cit.*, págs. 158-159).
    Como puede comprobarse, Ortega, tal como hemos anunciado, deriva
lo social de lo filosófico, en un extraño idealismo culturalista, que se
halla en desacuerdo con sus tesis filosóficas fundamentales, donde la
noción de «circunstancia» como configuradora del «yo» debería llevarle
a conceder una prioridad a la «situación» sobre la «cultura», tal como se
lee en *El tema de nuestro tiempo* (*Obras Completas*, t. III, Madrid, ed.
Revista de Occidente, 1950, pág. 178); véase la pág. 332 del presente
libro, donde copio el párrafo en que taxativamente se enuncia la prioridad susodicha.
    Por otra parte, la explicación que da Huizinga del misoneísmo inmo-
vilista de la Edad Media tampoco me parece convincente, o, todo lo más,

ese modo, en todo momento y en toda situación. De ahí, por
lo pronto, la plenitud de la vigencia del «argumento de autoridad»: «pensemos hoy como se pensó ayer». Y la vigencia,
también, de lo que llamaríamos el «argumento de la costumbre»: «hagamos hoy lo que ayer se hizo». Pero, asimismo, nos
explicamos, si no me equivoco, una de las características más
notables y conocidas de la literatura medieval, prolongada
luego como tal hasta el teatro del siglo XVII español, el de
Lope y sus discípulos. Estoy aludiendo al anacronismo. El
hombre de la Edad Media (y aun, de otro modo y en otro
grado, el posterior que he dicho) es, de alguna manera, incapaz de imaginar lo distante o sobrenatural como substancialmente distinto a lo cotidiano, próximo y tangible: todo lo
que es, dijimos, fue antes en cuanto a su molde genérico, y
seguirá siendo después, idéntico a sí mismo. Alejandro Magno
era visto aproximadamente como un caballero cristiano de
entonces y don Júpiter, según nos enseña Alfonso X el Sabio,
aprendió de niño el trivio y el cuadrivio [16]. Pero el fenómeno

---

sería admisible como una concausa. Dice: «La Edad Media apenas ha
conocido esta aspiración» [al mejoramiento y perfeccionamiento del
mundo]. «El mundo era para ella tan bueno y tan malo como podía
ser; es decir, todas las cosas, puesto que Dios las ha querido, son buenas; los pecados de los hombres son los que tienen al mundo en la miseria. Aquella Edad no conoce ninguna aspiración consciente al mejoramiento y a la reforma de las instituciones sociales o políticas como
resortes del pensamiento y de la acción» (*Op. cit.*, pág. 52). En una frase
breve: Huizinga entiende que el inmovilismo procede de la religiosidad.
Ahora bien: la idea expuesta por nuestro autor constituye más bien,
a mi juicio, otra «racionalización» que la Edad Media se forjaba de su
sentimiento simbólico inmovilista. Lo cual no quita para que, como
sugerí más arriba, tal racionalización intensificase el misoneísmo, al afirmarlo y consolidarlo con argumentos de razón.

[16] Alfonso X, en su *General Estoria*, expone las enseñanzas en las
que Júpiter se adoctrinó. Afirma, en efecto, que:

estudió y aprendió y tanto que supo muy bien todo el trivio y
todo el quadrivio.

(Capítulo XXXV del libro VII del *Génesis*.)

no es muy distinto cuando Berceo pinta a las criaturas celestes e infernales con la actitud y el pergeño de las gentes, buenas y malas, a quienes tropezaba diariamente en su humilde mundo y menester [17]. He aquí unos demonios que arrastran al infierno a un condenado:

También Aristóteles está visto como un maestro medieval de ese tipo en el *Libro de Alexandre*, obra cuyos anacronismos se han hecho cita obligada. Su protagonista, el gran macedonio, es tan valeroso:

> ca moros e judíos temien la su espada

> (*Libro de Alexandre*, Madrid, 1952, Biblioteca de Autores Españoles, tomo LVII, pág. 213, est. 2.168.)

Don Júpiter era algo así como un Papa romano:

> Y estava don Júpiter con çirios çelestiales,
> yva apres del fuego con muchos cappellanes.

> (pág. 172, est. 806.)

Si Alejandro sueña verá un ángel vestido de obispo, con mitra, zapatos y dalmática. Todros, a su vez, sueña que cuando las gentes de Jerusalén supiesen

> ... que Alexandre veníe,
> exiés (saliese) contra él el que la missa dezie

> (pág. 181, est. 1.089.)

Y así fue:

> vistiós el bispo de la ropa sagrada,
> puso en su cabeza una mitra preçiada.

> (pág. 181, est. 1.091.)

Aparecen «merinos», «caballeros», «órdenes». El rey se dirige a ellos:

> Oytme, fijosdalgo.

> (pág. 155, est. 185.)

Pero antes, el protagonista se había armado caballero al modo medieval:

> El infante el cavallo nol quiso cavalgar
> ante que fues armado e besás el altar.

> (pág. 150, est. 106.)

[17] Otros ejemplos de lo mismo aún más evidentes que los del texto, en Berceo: Oria llama a Cristo «mi señor natural» (*Vida de Sancta Oria*, en *Ibid.*, pág. 143, est. 191). San Millán vive en una cueva, con lo cual está

> al so sennor sirviendo commo buen caballero

> (*Sant Millán*, en *Ibid.*, pág. 66, est. 32).

Prisieronlo por tienllas [«cuerdas»] los guerreros antigos,
los que sienpre nos fueron mortales enemigos.
Davanli por pitanza non manzanas nin figos,
mas fumo e vinagre, feridas e pelcigos [«pellizcos»].

> (*Milagros de nuestra señora:* «Los dos hermanos»,
> Madrid, Espasa-Calpe, ediciones de «La Lectura», 1934,
> est. 246, pág. 62.)

La Virgen defiende a un devoto suyo contra las malas artes
de un diablo que en figura de león le atormentaba:

Empezóli a dar de grandes palancadas,
non podien las menudas escuchar las granadas («las grandes»),
lazrava el leon a buenas dineradas,
non obo en sus dias las cuestas tan sovadas.

Diçiel la buena duenna: «Don falso traidor,
que siempre en mal andas, eres de mal sennor,
si más aqui te prendo en esti derredor,
de lo que oi prendes aun prendrás peor».

> (*Op. cit.:* «El clérigo embriagado», págs. 114-115,
> ests. 478-479.)

El oscuro sentimiento inmovilista, de raíz preconsciente en
nuestra interpretación

accidente [= esencia =] emoción consciente de esencia,

---

San Millán y Santiago se aparecen a los guerreros cristianos e intervienen
en la batalla a su favor:

Non quisieron enbaldi la soldada levar,
primero la quisieron mereçer e sudar,
tales sennores son de servir e onrrar,
que saben a la coita tan ayna uviar.

(*Sant Millán*, ed. y tomo citados, pág. 78, est. 448.)

¿Para qué seguir? La Edad Media quiere domesticar lo distante, convertir la lejanía en algo casero y consuetudinario. Ve al Más Allá (o el
pasado histórico) como una ampliación o sucursal del aquí, y no entra
en sus cálculos la existencia de la historicidad, ni tampoco del todo el
hecho de la espiritualidad descarnada de la ultratumba.

se veía, además, confirmado, en cierto modo, y en consecuencia, intensificado por la realidad social de entonces. Nos encontramos, digamos, en el siglo X. La sociedad, jerarquizada y hieratizada por el feudalismo, que tiene ahora su forma clásica, es una pieza rígida, prácticamente quieta, o con un dinamismo de tanta lentitud que de cerca no se percibe. El gran comercio y la gran industria han desaparecido desde hace más de dos centurias (podríamos fijar para ello una fecha concreta: toma de Cartago por el Islam en el año 695 [18]), pues los árabes se han adueñado del Mar Mediterráneo, interrumpiendo el tráfico mercantil que antes iba y venía desde Bizancio [19]. En estas condiciones, la persona queda extremadamente alienada en el cuerpo social, en cuanto que éste le suministra un destino que le es previo y al cual no le es posible substraerse: ni por el lado jerárquico, pues la situación de clase le encarcela en algo como una naturaleza inviolable; ni por el lado económico, pues no le es dado enriquecerse con el trabajo, en suficiente escala, de creación o venta de productos. El hombre permanecía así congelado en una situación que tenía visos de inamovible. Se nacía y se moría, además, en un mundo y un contorno sociales que asomaban como hechizados en un molde sin posibilidades de alteración. La ciega emoción inmovilista que le llegaba a cada cual desde su preconsciente, era ratificada y así con fuerza acrecida por los dictados de la experiencia de un mundo que se hallaba, en cierto modo, sumido en un como extraño éxtasis, en un como suspenso calderón, y en consecuencia, era ratificada también, de alguna manera, por la razón misma, que siempre se aconseja de lo que percibe y capta en la realidad.

Y sin embargo, a veces, algo nuevo, pese a todo, sobrevenía; el esquema esperable no se completaba, el agua discurría por un cauce imprevisto: había sobrevenido el escándalo de

---

[18] Jacques Pirenne, *Historia Universal*, volumen II, Barcelona, Editorial Éxito, 1961, pág. 33.

[19] Jacques Pirenne, *Op. cit.*, vol. II, págs. 53-54; del mismo autor: *Historia económica y social de la Edad Media*, México-Buenos Aires, Fondo de Cultura Económica, 1947, pág. 10.

una variación. ¿Cómo podía la mente medieval «racionalizar», en tales casos, la mudanza? De este modo: el mundo *no debía* cambiar; el cambio era, en consecuencia, un error moral, un desorden, un contrasentido, una monstruosidad que contradecía a la naturaleza, torciendo y desbaratando la manifestación normal de las cosas: se trataba, en definitiva, de *un abuso*, insisto, que se hacía preciso corregir.

¿Cómo? Al concebirse el cambio como «abuso», su rectificación y la consiguiente recuperación del «buen uso» exigía ir hacia otra época en que el abuso no se había aún cometido. Esa época de conducta correcta no podía ser sino un ayer. El «buen uso» era, en todo caso, «el buen uso antiguo». De ahí las nostalgias de una Edad de Oro, siempre inmemorial, en que se han complacido todos los períodos que poseen de manera residual o plena una dosis de primitivismo. Pues he de decir que la concepción inmovilista duró, en el mundo europeo, aunque ya resquebrajada por muchos sitios, nada menos que hasta el comienzo del último tercio del siglo XVII [20]. En ese sentido, no es disparatado el criterio de aquellos historiadores que consideran que sólo en tales fechas puede darse por clausurada la Edad Media. No sólo, en efecto, hay misoneísmo en el período medieval propiamente dicho

> (Santillana: «si tu recobrases [dice a España] las antiguas costumbres, entonces creería yo que la piedad de Dios se toviese contigo»),

sino también en los siglos XVI y XVII (y no sólo en España). He aquí algunos textos. Fray Luis de Granada, en el *Símbolo de la fe*:

> como si la novedad de las cosas nos hubiese de mover más que su grandeza, a inquirir la causa de ellas.

---

[20] Véase el paliativo que a esa idea pongo en la nota 13 de la pág. 256. En realidad, con autenticidad sólo duró hasta el comienzo del siglo XVII o poco antes.

Guevara, en 1531:

> No curéis de intentar introducir cosas nuevas, porque las nove-
> dades siempre acarrean, a los que las ponen, enojos, y en los
> pueblos engendran escándalos [21].

Sebastián de Covarrubias (1611: *Tesoro de la lengua castellana*):

> La novedad suele ser peligrosa por traer consigo mudanza de
> uso antiguo [22].

Quevedo:

> Perdió al mundo el querer ser otro, y pierde a los hombres el
> querer ser diferentes de sí mismos. Es la novedad tan mal con-
> tenta de sí que cuando se desagrada de lo que ha sido, se cansa
> de lo que es. Y para mantenerse en novedad, ha de continuarse
> en dejar de serlo. Y el novelero tiene por vida muertes y falleci-
> mientos perpetuos. Y es fuerza o que deje de ser novelero, o
> que siempre tenga por ocupación el dejar de serlo.

Gracián (*El Criticón*):

> Andamos mendigando niñerías en la novedad para acallar nues-
> tra curiosa solicitud en la extravagancia... Pagámonos de juguetes
> nuevos... haciendo vulgares («groseros») agravios a los antiguos
> prodigios por conocidos.

Naturalmente esta antipatía a la novedad se hallaba arrai-
gada con más fuerza en el siglo xv que en estos ecos postreros. Comprendemos ahora el sentido de la frase manriqueña:

> cualquiera tiempo pasado
> fue mejor.
>
> (*Coplas a la muerte de su padre.*)

Todo ayer es mejor que el abusador hoy porque en el pasado reside el buen uso. El paraíso, el bien, estaban, pues, en el
pretérito, y para hallarlos sólo había un camino: el regreso,
la restauración, el «renacimiento». Volver a nacer, liberándose

---

[21]  Citado por Ramón Menéndez Pidal, «Los españoles en la historia»,
en *España y su historia*, Madrid, Minotauro, 1957, pág. 27.
[22]  Citado por Ramón Menéndez Pidal, *op. cit.*, pág. 27.

de la espesa capa de abusos en que hoy consistimos. Tal es el sentido del Humanismo (vuelta a los escritores antiguos) y de la Reforma (vuelta al cristianismo primitivo), como ya vio Ortega. Pero Ortega, que percibió con claridad este hecho, no entró, a mi juicio, en su verdadera causa, que, a mi entender, es la que antes hemos intentado determinar: los procesos preconscientes que establecíamos, la manera simbolizante de actuar la mente del hombre cuando ésta se manifiesta con espontaneidad primitiva. Y es que, además, como no cabía de veras innovar, el instinto humano de evitar las cansinas repeticiones de lo mismo, llevaba a acumular lo dado, sea en el traje [23], sea en el arte (gótico florido), o en la ornamentación [24], sea en las devociones (las cuales se hacen en el siglo XV amaneradamente minuciosas) [25], sea en las citas de los humanistas (convertidas con frecuencia, a la sazón, como en seguida veremos, en insoportables monsergas) e incluso en la ciencia, la cual procedía también por amontonamiento. Todo era en aquel entonces inaguantable recargamiento y retahíla, de los que sólo podía uno liberarse, como dije, en una fuga hacia atrás, hacia los orígenes, para recuperar la inocente simplicidad del mundo previo a la complicación.

### ACUMULACIÓN Y COMPLICACIÓN

De la complicación en el siglo XV y aun en el siglo XVI no cabía dudar. Pero para no caer en simplismos desvirtuadores, añadamos que el motivo de esta tendencia a la acumulación y al amontonamiento tenía, además del ya indicado (imposibi-

---

[23] J. Huizinga, *op. cit.*, pág. 351.

[24] J. Huizinga, *op. cit.*, pág. 350.

[25] Véase Ortega y Gasset, *op. cit.*, pág. 149. El amaneramiento en las devociones procedía, no sólo de la tendencia a la acumulación, sino también de la tendencia a ver en toda propiedad una substancia, algo, pues, que merecía consideración de tal. Toda minucia se convertía en cosa respetable que había de ser atendida. El hombre del fin de la Edad Media se perdía así en un infinito detallismo, en donde la porción más pequeña absorbía la totalidad de nuestra atención. Así, en la pintura, en las devociones, en el pensamiento, y en todo. Véanse ejemplos de ello en Huizinga, *op. cit.*, pág. 285.

lidad de modificar de raíz un orden de cosas o sus datos fundamentales, concebido todo ello como absoluto) otros motivos, cuya enumeración nos conviene para completar y enriquecer el cuadro antes establecido. En primer lugar, la escasez (fruto también del primitivismo, en el grado antes dicho, de la estructura del espíritu) de los criterios de selectividad, que siempre son, en último término, resultado de un predominio de las instancias racionales. En segundo lugar, la mente, cuando aún es primitiva, por lo menos en cierta cuantía, ostenta una relativa inhabilidad para percibir directamente lo abstracto, lo cual tiene como consecuencia, a mi entender, la propensión a la minucia y, por tanto, a la riqueza enumerativa, ya que esa inhabilidad de que hablo supone un movimiento invertido en los mecanismos perceptivos de la mente medieval. Es preciso detenerse a considerar este punto, precisamente porque no ha sido tampoco estudiado.

Nuestra inteligencia, formada en el racionalismo, se ha acostumbrado a pensar las partes sintéticamente desde el todo. Ello significa que percibimos primero el todo de manera global y sólo entonces la mirada desciende analíticamente hacia los componentes de ese todo, a los que va filiando como tales. Pero el cerebro primitivo funciona en un sentido exactamente inverso. Incapaz hasta cierto punto de concebir directamente lo abstracto, sólo puede alcanzar la noción general reconociendo previamente, y una a una, sus particularizaciones sensibles. Avanza, pues, en lenta progresión hacia arriba y sólo cuando ha comprobado las diversas parcelas de que algo se compone puede forjarse la idea de conjunto. Esto explica, vuelvo a decir, la vocación medieval por la minuciosidad analítica, por el detallismo, que tanto caracteriza a esa Edad, no sólo en la pintura, donde el hecho se hace evidente. No se trata, pues, únicamente de que para un espíritu incompletamente racional lo abstracto exija urgente materialización, cosa que sus diversas particularizaciones pueden proporcionarle: se trata, más radicalmente aún, de que ese espíritu, en trance de percepción, tiende a ir al todo desde las partes, y no al revés. Y claro está que, si ello es así, necesita recorrer exhaustivamente y, por tanto, minuciosamente esas partes, para al final de la fatigosa ruta comprenderlas como constituyendo un complejo unitario. La enumeración pormenorizante sería así medio indispensable de llegar a la idea general. Los universales del pensamiento se captaban recorriendo uno a uno los individuos de que el universal se compone, aunque a veces uno solo de ellos o unos pocos podían representarlo. Pero como de lo que se trataba era, justamente, de expresar lo mejor posible ese universal, nada más fácil que caer en la tentación de agotar el número multitudinario de sus singularizaciones. Y aun así, difícilmente se habrá sido exhaustivo, con lo que, además de fatigoso, el autor se doblará de arbitrario. Los artistas medievales producen en múltiples ocasiones la impresión de padecer una especial miopía que les lleva a acercarse desmesuradamente al objeto que miran, perdiendo así de vista el todo en beneficio de las partes. Es una época de pupila analítica más que de pupila sintética. Pero la síntesis no deja de producirse, aunque parcial y torpemente, a fuerza de hipertrofiar escandalosamente el detalle, de encarnizarse en el pormenor, lo cual, claro está, ha de producir con frecuencia en el lector moderno una impresión de prolijidad suma. Y a eso precisamente iba.

Pongamos algunos ejemplos de ello, empezando por los más sencillos, que por su misma simplicidad no dan aún la sensación de minucia. Abrimos el *Libro de Buen Amor*:

> Conbrás [comerás] de las arvejas e non salmón nin trucha
>
> (Juan Ruiz, *Libro de Buen Amor*, Madrid, Espasa-Calpe, «La Lectura», edición de Julio Cejador, 1937, pág. 107, estrofa 1.164, del t. II.)

En el primer verso la voz «arvejas» encierra por sí sola, como ya anunciábamos, un universal (alimentos groseros). En el verso segundo, hay otro universal (buenos alimentos), pero que ahora se distribuye no en una sino en dos particularizaciones: «salmón» y «trucha».

Según aumenta el número de soportes individuales que conllevan en conjunto la idea general, se va intensificando en el lector la sensación de arbitrariedad selectiva y de amontonamiento a que antes hemos aludido. Tal en el siguiente caso. Juan Bautista se dispuso a ayunar. Berceo nos lo cuenta con la consabida desintegración del concepto:

> Abrenuncio el vino, xidra, carne e pez.

¿Es esto todo lo que el santo dejó de comer? Un lector poco avezado a esta clase de lecturas podría acaso llegar a dudarlo: buen índice de la esencial equivocidad a que el capricho en la elección de las partes puede conducir.

A veces el universal se enuncia, lo que no basta para anular la tendencia medieval al análisis, y ello es aún más probatorio de la escasa comprensión de la época con respecto a lo que carece de corporeidad:

> Que clérigo nin cassado
> (...) no tuviese manceba, cassada nin soltera.
>
> (Juan Ruiz, *Libro de Buen Amor*, ed. cit., t. II, pág. 280, estrofa 1.694.)

La especificación «cassada nin soltera» sobra desde nuestro punto de vista, pero no desde el criterio de entonces, mucho más ávido de incorporación.

Dando ya de lado estos casos de relativa sobriedad en el uso del proceso desmenuzador, pasemos a ilustrar otros, donde la enumeración pretende ser exhaustiva, y que, por tanto, entra de lleno en lo que denominábamos detallismo. El todo queda pulverizado, atomizado en mínimas porciones. Empezaré con casos de minucia aún no excesiva, y cerraré !a breve antología con los de mayor pormenorización.

Tomemos el *Libro Infinido* de don Juan Manuel:

> Mas cuantos maestros et cuantos ayos en el mundo son, non podrán fazer al mozo de buen entendimiento, nin apuesto, nin complido de sos miembros, nin ligero, nin valiente, nin esforzado, nin franco, nin de buena palabra, si Dios por la su merced...
>
> (Don Juan Manuel, *El libro infinido*, Biblioteca de Autores Españoles, tomo LI: «Escritores en prosa anteriores al siglo xv», Madrid, 1952, pág. 267.)

El universal sería aquí «hacer al mozo, cabal», «hacerle perfecto en todo». Sigamos leyendo:

> A los niños (...) non han mester otra cosa sinon guardarles la salud del cuerpo faziéndoles lo que les cumpliere et aprovechare en el comer et en el bever et en el mamar et en el dormir et en el vestir et en el calzar para ser guardados del frío et de la calentura.
>
> (*Op. cit.*, pág. 268.)

¿No habría bastado con decir «haciéndoles lo que les aprovechare en todos sus actos», evitando así la farragosa retahila? Del mismo libro:

> Sabet que unos de los homes que forzadamente mucho han de saber de facienda de los fechos de los señores e de sos cuerpos et de sos mugeres et de sos fijos et de sos privanzas et de sos poridades et de sus placeres et deleites et de cualquier cosa que los señores fagan o a los señores acaezca o que mucho pueden guisar (...) son los porteros.
>
> (*Op. cit.*, pág. 272.)

Hubiese sido suficiente escribir: «uno de los hombres que forzosamente mucho han de saber de todas las cosas de sus señores». Otro texto del *Libro Infinido*. Se indica que es preciso comer de todo:

> Otrosí, usad todas las viandas de carnes et de pescados et de vianda, de leche et de fructa et de hortalizas et de salsas et de specias et de confites et de las otras viandas que llaman en latín liquores, asi como miel et aceite et vino et sidra de manzanas et leche et vinagre.
>
> (*Op. cit.*, pág. 267.)

Se es traidor por tres razones, la tercera de las cuales consiste en:

> facer tuerto con la mujer de su señor o con las dueñas que andan en su casa, o con las doncellas que y andan o con las cobijeras o con todas aquellas que se encierran de las puertas del corral adentro.

Nótese que en este caso la última expresión comprende todas las anteriores, es su «universal». Y sin embargo, se sitúa en el mismo escaño que ellas, como un miembro más de la serie. Una ley de 1412 ordena que los judíos no se relacionen con los cristianos. Pero en vez de enunciarlo de ese modo, la formulación desciende al pormenor, que, por lo demás, no puede ser exhaustivo, con lo que brota un chorro de la más pintoresca arbitrariedad. Los judíos no tendrán servidores cristianos para:

> encenderles lumbre los sábados e irles por vino (...), nin tengan amas cristianas, ni ortelanos ni pastores, nin que vengan y vayan a honrrar, ni a bodas, ni a sepulturas de cristianos, nin sean comadres ni compadres de los cristianos, nin los cristianos et cristianas de ellos (...) [Que los judíos no] envien a los cristianos presentes de fojaldres nin de especias nin de pan cocido nin de aves muertas.

Puesto Diego de Valera a enumerar a las virtuosas mujeres, cita 31 por sus nombres, sin dejar de recordar, aunque afortunadamente sólo en conjunto, a las «dueñas indianas», que fueron 50; a las 5.000 vírgenes de la Sagrada Escritura y a las 11.000 cristianas:

> Que si de las gentiles enxenplos queremos, muchas podemos fallar, de las quales algunas nombraré: de las vírgines: *Atalante de Calidonia;* a *Camila,* reina de los vosclos; a *Claudia,* vestal romana; a *Minerva,* por otros llamada Palas; a *Marcia Varonis;* a *Clodia,* romana; a *Erifola,* sibila, por otros llamada Erichea; a *Armonia,* fija de Chiro, rey de Seçilia. De las castas, a *Lucrecia,* muger de Colatino, romano; a *Penélope,* muger de Ulises: a *Porcia,* muger de Bruto; a *Julia,* fija de César; a *Cornelia,* muger del magno Pompeo; a *Antonia,* fija de Marco Antonio; a *Tamaris,* reina de los Chiaros; a *Artemissa,* reina de Caria; a *Argia,* fija del rey Adrastro; a *Sulpicia,* muger de Fluvio Flacio; a *Ipólita,* griega; *a la muger del rey Amete,* de Tesalia; a las nobles mugeres de los tudescos, vencidos por Mario, cónsul romano; a las dueñas indianas (...). De las judías, a *Sarra,* muger de Abraham; a *Cipora,* muger de Muisén; a *Dévora,* profetissa; a *Ester,* muger del rey

Assuero; a *Tamar*, fija del rey David; a *Marian*, profetissa, hermana de Muisén; a la *madre de Sansón*; a *Elisabeth*, muger de Zacarías; a *Ana*, madre de Samuel; a *Rebeca*, muger de Isaque; a *Rachel*, muger de Jacob.

(Biblioteca de Autores Españoles, tomo CXVI: «Prosistas castellanos del siglo xv», págs. 57-58.)

He dejado para el final otro texto del mismo autor, en que se nos describen «las cosas necesarias a las fortalezas». Merece la pena leerlo:

E las cosas que toda buena fortaleza deve tener son las siguientes: pozo o algibe, forno, molino de viento o atahona, fragua, establos, mastines, ansares (...). Deve así mismo aver en toda buena fortaleza oficiales, ferramientas, artillerías, vituallas, armas ofensivas e defensivas. Es a saber: ballestero, lombardero, ferrero, cirujano, carpintero, minador; picos, visagadas, almadanas, palancas de fierro, taladros, escodas, martillos, tenazas, açuelas, fierras, escoplos, tapiales, agujas, maços, espuertas, madera, fierro, asero, nuezes de ballestas, cuerdas, madexas de bramante, cáñamo, maromas, sogas, esparto, salitre, piedra sufre, carvón de sas, pólvora, yesca, pedernal, eslavón; jubones, calças, çapatos, gavanes, capas, camissas, lienço, filo, agujas, dedales, alesnas, cabos de çapatero, cueros, ferramental de ferrar ferraduras, clavos; trigo, cevada, centeno, farina, pan, viscocho, cecinas, pescado, sardinas, quesos, garvanços, favas, arrós, arvejas, lantejas, gallinas, palomas, anades, azeite, miel, vino, vinagre, especias, sal, cera, sevo, ajos, cebollas, leña, carvón; lonbardas, truenos, serpentinas, culebrinas, espingardas, ballestas; almazén, lanças, dardos, garguzes, mandrones, fondas, paveses, celadas, casquestes, piedras de lonbardas e truenos, plomo, estaño, molde para fazer pelotas de las culebrinas e serpentinas.

(*Providencia contra fortuna*, op. cit., pág. 143.)

No deja de ofrecer interés el análisis de tan curiosa página. Tras la enumeración de ciertos elementos inclasificables en grupo, Diego de Valera pasa a nombrar cinco géneros de cosas que una fortaleza debe tener: oficiales, herramientas, artillerías, vituallas y armas ofensivas y defensivas. Pero inmediatamente se ve arrastrado a descomponer en sus elementos cada una de estas realidades, siguiendo un conato de orden: la primera (oficiales) la desmenuza en seis componentes; la segunda (herramientas) la mezcla con la tercera (artillerías) en confuso montón, incluyendo algo más que se le escapó en el enunciado general (prendas de vestir), y todo ello se representa en nada menos que 46 términos, donde no falta ni la mención de la aguja y del hilo. El pesimismo de Diego de Valera con respecto a la sagacidad del buen entendedor no parece conocer límites. Pero sigamos. La realidad cuarta (vituallas) posee 30 miembros. Detengámonos de nuevo aquí. El autor anota en su lista la palabra «pescado». Mas este vocablo debió parecerle demasiado general, y llevado de un rapto de inspiración plástica se vio impulsado a concretar: «sardinas». Se colocan así en el mismo plano un todo y su parte, en calidad de realidades homogéneas, cosa frecuentísima en toda la Edad Media. Un ejemplo más y bien notorio, de la caprichosidad e irracionalidad de esta clase de pormenorizaciones. De pronto, entre las vituallas, tropezamos primero con cera y luego con leña y con carbón. Las armas se dividen en 19 donde se cuentan como tales también las municiones correspondientes; o en 20, si puede considerarse arma un almacén, que súbitamente hallamos entre las armas y cuyo único motivo de figurar entre tan furibundos compañeros (culebrinas, espingardas) sea tal vez la sorpresa como de escopetazo que nos produce.

Me he recreado en el comentario detenido de este trozo, porque cuanto en él vemos es característico de la época: la extremada minucia analítica en alianza inseparable de la torpeza irracional de ese mismo análisis. Pues análisis aquí no significa, sobra decirlo, racionalidad, sino lo opuesto: es una propensión primitivista, cuya escrupulosidad en el detalle se une, con el mayor desenfado, al olvido, a veces increíble, de lo más sustancial e importante. Los textos de la Edad Media producen constantemente el azoramiento cogitativo del lector,

cuya mente se desconcierta y queda como aplastada por el peso
de esa continua contradicción.

Pero la paradoja es sólo aparente, porque la implacabilidad
del análisis no procede de un impulso inteligente de conocimiento exhaustivo y riguroso de las partes, realizado deducti-
vamente desde la percepción previa del todo, sino que lleva
opuesta dirección: va hacia el todo desde las partes, y no con
afán inductivo, sino plástico. Quienes llamaron «primitivos» a
los detallistas pintores de la Edad Media acertaron de lleno
en el nombre, quizá sin darse cuenta cabal de todo el alcance
de su designación.

El texto de Diego de Valera es, en cuanto a detallismo,
ejemplo extremoso, pero muy del siglo xv: la tendencia a tra-
bajar el pormenor, inherente a toda la extensa época que consideramos, se intensifica hacia su final. Si volviésemos la vista
hacia los ejemplos aducidos, y los comparásemos con otros
semejantes de un período anterior, observaríamos que la tendencia acumulativa *aumenta en los textos del siglo XIV y más
aún en los del XV*. Alfonso X en *Las Partidas*, al prescribir las
cosas de que debe abastecerse un castillo, es, de hecho, mucho
menos minucioso que su posterior compañero de letras:

> E por ende, ha menester, que en todo tiempo, tenga el castillo
> bastecido de vianda. E mayormente de agua (...). Otrosí se de-
> ven bastecer de pan (...). E esso mismo deven fazer de carnes, e
> de pescados e non deven olvidar la sal, ni el olio, ni las legumbres,
> ni las otras cosas, que cumplen mucho para bastecimiento del cas-
> tillo. Otrosí deven ser apercebidos de aver molinos, o muelas de
> mano, e carbón, e leña, e todas las otras cosas, que llaman pre-
> seas (...). E el vestir, e el calçar de los omes... (*Partida II*, títu-
> lo XVIII, ley X). Armas muchas ha menester que aya en los
> castillos (...). (*Partida II*, título XVIII, ley XI.)

> (*Las Siete Partidas del Sabio Rey don Alfonso el
> nono*, impreso en Salamanca por Andrea de Porto-
> nariis, MDLV, pág. 58.)

Esto que aquí vemos, admite generalización: los siglos que cierran la Edad Media intensifican, como digo, la prolijidad. Pero como, al mismo tiempo, hay en ellos *más* racionalismo que en los anteriores, parece que tendrían que funcionar *menos* durante su transcurso (o, como mínimo, de ningún modo podrían funcionar con energía mayor) las tres causas del fenómeno acumulativo de que hablamos, ya que todas ellas consisten, precisamente, en una relativa ausencia de racionalismo. Recordemos que tales motivaciones son, en efecto, si no erramos, éstas: 1.º, la tendencia *primitiva* a ir, en la percepción de las realidades, desde las partes hacia el todo; 2.º, la tendencia, asimismo *primitiva*, a la no selectiva abundancia; y, en fin, 3.º, la tendencia, primitiva también, a confundir los accidentes con las esencias, tendencia esta última, que lleva, de un lado, a atender a todo elemento adjetivo como si fuese importantísimo, y de otro, al misoneísmo. El primitivismo o no racionalismo es, en cualquier caso, el motivo inicial de las acumulaciones, que, sin embargo, se agigantan en el desenlace postrero del período en cuestión (el trescientos y el cuatrocientos), *más racional sin duda*. La paradoja es evidente. ¿Podríamos salir de su embrollo? Creo que no es difícil hacerlo. En efecto: estas causas, aunque acaso vayan actuando cada vez con menos fuerza, continúan, por supuesto, ejerciendo su influjo, puesto que aún no se han anulado, y, por consiguiente, una de ellas, la últimamente citada, seguirá suscitando el misoneísmo que le hemos atribuido. Ahora bien: el misoneísmo, *por su mera existencia*, lleva consigo, como consecuencia, pero sólo *a la larga* (subrayémoslo, pues ahí radica la explicación del extraño fenómeno) una tendencia acumulativa *cada vez mayor*. ¿Por qué? El hombre necesita del cambio progresivo, y ya que la Edad Media no tolera, pensábamos, la esencial mudanza, la novedad no podía venir sino a través de la intensificación cuantitativa, del amontonamiento de lo recibido. Este amontonamiento e intensificación mayores hacia el fin del período histórico que nos ocupa ha de ser atribuido entonces, con exclusividad, al misoneísmo como tal, y no a los otros motivos cuyo examen hemos realizado hace un momento.

El siglo xiv actúa, pues, como una fuerza pluralizadora de cuanto material se le pone por delante. El Arcipreste se dispone, por ejemplo, a decirnos que:

> El grand trabajo sienpre todas las cosas vençe
>
> (*Op. cit.*, t. I, pág. 220, est. 611.)

y que, por tanto, debemos insistir cerca de las mujeres hasta que nos concedan lo que tan tercamente imploramos:

> Non há muger en el mundo, nin grande nin moçuela,
> que trabajo é serviçio non la traya al espuela;
> que tarde ó que ayna, crey' que de ty se duela.

> Non te espantes della por su mala respuesta;
> con arte e con serviçio ella la dará apuesta;
> que seguiendo é serviendo en este cuydar es puesta;
> el ome muncho cavando la gran peña acuesta.

> Si la primera onda de la mar ayrada
> espantar' al marynero, quando vyene tornada,
> nunca la mar entrara en su nave herrada;
> non te espante la dueña la primera vegada.

> Jura muy muchas vezes el caro vendedor
> non dar la merchandia synon por grand valor;
> afyncándole mucho artero comprador
> lyeva la merchandía por el buen corredor.

> Servila con grant arte, mucho te la achaca;
> el can que mucho lame sin dubda sangre saca;
> maestría e arte de fuerte fazen flaca,
> el conejo por maña doñea a la vaca.

> A la muela pesada de la peña mayor
> maestría é arte la arranca mijor;
> anda por maestría lygera enderedor;
> moverse há la dueña por artero seguidor.

> Con arte se quebrantan los coraçones duros,
> tómanse las çibdades, derríbanse los muros,
> cahen las torres fuertes, álçanse pesos duros,
> por arte juran muchos, por arte son perjuros.

Por arte los pescados se toman só las ondas,
e los pies bien enxutos corren por mares ondas.
Con arte é con oficio muchas cosas abondas,
por arte non há cosa a que tú non rrespondas.

Ome pobre, con arte, pasa con chico ofiçio,
el arte al culpado salva del malefiçio;
el que llorava pobre, canta ryco in vyçio,
façe andar de cavallo al peon el serviçio.

Los señores yrados de manera estraña
por el muncho serviçio pierden la muncha saña;
con buen serviçio vençen caballeros d'España;
vençerse una dueña non es cosa tamaña.

Non pueden dar los parientes al pariente por herençia
el mester é el oficio, el saber nin la ciençia,
non pueden dar de la dueña el amor nin querençia;
todo lo da el trabajo, el uso é la femençia.

Maguer te diga de non é aunque se te asañe
non dexes de servirla, tu afán non se te dañe;
fasiéndola serviçio tu coraçón se bañe;
non puede ser que s'non mueva canpana que se tañe.

(*Op. cit.*, t. I, págs. 220-223, ests. 612-623.)

En este fragmento, el plano real («el gran trabajo siempre
todas las cosas vence», o más explícitamente, «non te espante
la dueña la primera vegada»), se repite, en diversa modulación, once veces. Las comparaciones de que el poeta se sirve
para expresarlo son más aún: 21. Tan generoso despliegue se
acusa por todas partes y de muchos modos en la obra, y es el
origen de casi todos sus defectos y virtudes. Puesto Juan Ruiz
a decirnos los nombres y sobrenombres de las alcahuetas, la
lista no se interrumpe sino al completar la cifra de 33:

A la tal mensajera nunca le digas maça,
byen o mal que gorgee, nunca l'digas pycaça,
señuelo, cobertera, almodana, coraça,
altaba, traynel, cabestro nin almohaça.

> Garavato nin tya, cordel nin cobertor,
> escofyna nin avancuerda nin rascador,
> pala, agusadera, freno nin corredor,
> nin badil nin tenasas nin ansuelo pescador.
>
> Canpana, taravilla, alcahueta nin porra,
> xaquima, adalid nin guya nin handora;
> nunca le digas trotera, aunque por ti corra;
> creo, si esto guardares, que la vieja te acorra.

> (*Op. cit.*, t. II, págs. 18-19, ests. 924-926.)

Si en el libro se citan instrumentos musicales, la enumeración no abarcará menos de 22, tras haber caracterizado, aquí, sí, escuetamente, a cada uno de ellos con rápida y certera pincelada:

> Ally sale gritando la gitarra morisca,
> de las vozes aguda, de los puntos arisca,
> el corpudo alaút, que tyen' punto á la trisca,
> la gitarra ladina con estos se aprisca.
>
> El rrabé gritador con la su alta nota:
> ¡*calbí, garabí!* ba teniendo la su nota;
> el salterio con ellos más alto que la mota,
> la viyuela de péñola con estos ay sota.
>
> Medio caño é harpa con el rrabé morisco,
> entr'ellos alegrança al galope françisco,
> la rrota diz'con ellos más alta que un risco,
> con ella el taborete, syn él non vale un prisco.
>
> La vihuela de arco faze dulces vayladas,
> adormiendo á las vezes, muy alta á las vegadas,
> voces dulçes, sabrosas, claras é bien pintadas,
> a las gentes alegra, todas tyene pagadas.
>
> Dulce caño entero sal con el panderete,
> con sonajas d'açófar faze dulçe sonete,
> los órganos que dizen chançonetas é motete,
> la ¡*hadedur'alvardana!* entr'ellos s'entremete.

Gayta é axabeba, el inchado albogón,
çinfonía é baldosa en esta fiesta sson,
el ffrancés odreçillo con estos se conpón',
la neçiacha vandurria aquí pone su son.

Tronpas é añafiles ssalen con atabales,
non fueron tyenpo ha plaçenterias tales.

(*Op. cit.*, t. II, págs. 136-144, ests. 1.228-1.234.)

Lo que el *Libro de Buen Amor* cuenta primero narrativa-
mente puede repetirlo con variantes a continuación de manera
más lírica. Así pasa en las serranillas, cuyo asunto nos es siempre conocido por anteriores versos en cuaderna vía. Todo ello,
en conjunto, colabora con otras peculiaridades de la obra para
darnos esa impresión de riqueza y plenitud que caracteriza a
nuestro poeta. Pero el sistema no deja en ocasiones de mani-
festar fallos, pues a veces sentimos artísticamente innecesaria
y viciosa la reiteración. Tras el estupendo relato de los amores
de don Melón, vienen en el libro otras aventuras eróticas, algunas de las cuales nada añaden a lo dicho. Un gusto más
depurado las hubiese, sin duda, desechado por inútiles y rei-
terativas. Mas pedir continencia y ponderación a Juan Ruiz es
desconocer la índole de su genio, que era desbordante de suyo
y nada inclinado a la serena reflexión. Gracias en parte a su
despilfarro, el *Libro de Buen Amor* se ofrece cargado en plé-
tora de vida, y su léxico posee una amplitud desconocida antes
y pocas veces después superada. Y no es malo, sino natural
tener los defectos de las propias virtudes, que es lo que, en
última consideración, le ocurre al Arcipreste.

De otro modo, la caudalosidad de Talavera es famosa también:

La Pobreza alçó sus ojos en alto e començó de mirar la pompa e loçanía e locura e vanagloria, la jactancia e orgullo que la
Fortuna consigo traía (...). Pues tú dizes que fazes et desfazes,
viedas e mandas, ordenas e dispones todas las cosas del mundo,
et que son a tu gobierno e mando las baxas e aun las altas.

Asy la mujer piensa que non ay otro bien en el mundo sinon
aver, tener e guardar e poseer, con solícita guarda condensar, lo

ageno francamente despendiendo, et lo suyo con mucha industria guardando.

«¿Qué se fizo este huevo? ¿Quién lo tomó? ¿Quién lo levó?
¿Adóle este huevo? (...). ¿Quién tomó este huevo, quién comió
este huevo?»

¿Dó mi gallina la rubia, de la calça bermeja o la de la cresta
partida, cenizienta oscura, cuello de pavo, con la calça morada,
ponedora de huevos? ¿Quién me la furtó? Furtada sea su vida.
¿Quién menos me hizo de ella? Menos se le tornen los días de
su vida. Mala liendre, dolor de costado, ravia mortal comiese con
ella; nunca otra coma, comida mala comiese, amén.

Lo mismo que Juan Ruiz utilizaba a veces un número grande de «símiles paremiológicos» para expresar un mismo plano
real, *La Celestina* empleará en ocasiones multitud de refranes
tradicionales con una misma intención significativa. Veamos
un caso. Se pretende decir que no conviene a la mujer estar
sola y que ha de buscar compañía de varón:

Un ánima sola nin canta nin llora; un fraile solo pocas
veces lo encontrarás en la calle; una perdiz sola por maravilla
vuela; un manjar solo presto pone hastío; una golondrina no hace
verano; un testigo solo no es entera fe; quien sola una ropa
tiene presto la envejece.

La redundancia en esa gran obra ha sido muy destacada por
la crítica:

¿En quién hallaré yo fe? ¿En dónde hay verdad? ¿Quién care-
çe de engaño? ¿Adónde no moran falsarios? ¿Quién es claro amigo? ¿Quién es verdadero amigo? ¿Adónde no se fabrican trai-
ciones?

(*La Celestina*: doceno auto, parlamento de Calisto,
Madrid, Alianza Editorial, 1971, pág. 172.)

Lo mismo ocurre con su acumulación de palabras:

Hasta que los rayos ilustrantes de tu claro gesto dieron luz
a mis ojos, encendieron mi corazón, despertaron mi lengua, ex-
tendieron mi merecer, acortaron mi cobardía, destorcieron mi

encogimiento, doblaron mis fuerzas, desadormecieron mis pies y
mis manos.

(*Id.*, pág. 173.)

Se amontonaban de parecida manera las citas de los «auctores». Abro el *Espejo de la verdadera nobleza* de Diego de
Valera por su capítulo primero (y lo mismo ocurriría en cualquier otro pasaje), y encuentro que en un espacio que no pasa
de página y media hay, seguidas, doce menciones de esa clase,
con su texto correspondiente: referencia a Dante, «en una de
sus canziones morales»; a Bártulo, «en el Tratado de Dignida-
des»; de nuevo a Bártulo, en otro párrafo de la misma obra;
a «Aristotiles», «en el quinto de los posteriores»; a «Juan Vo-
cacio», «en el capítulo ciento e quatro del su libro de las Caí-
das»; a Boecio, «en la sesta prosa del tercero de Consolación»;
a Séneca, «en el segundo capítulo de su libro de Amonestaciones
e Doctrinas»; a San Ambrosio, «en el capítulo Illud de la distinción quarenta»; a Sant Gregorio, «en el capítulo Nos»; a
Crisóstomo, «en el capítulo tercero sobre San Mateo»; a Julio,
«en la retórica a Salustio»; a Luciano, «en la comparación que
fizo de Alixandre Cipión a Aníbal» (*op. cit.*, pág. 90). Y así, por
todas partes, en este Tratado, y en muchos otros libros de la
época.

¿Y qué decir de las interminables listas del «ubi sunt», que
Pedro Salinas ha estudiado en su magistral libro *Jorge Manrique o tradición y originalidad* (Barcelona, ed. Seix Barral,
1974, págs. 143-151)? Esta fórmula, uno de esos hábitos expresivos a que la Edad Media nos tiene acostumbrados, consiste,
como es sabido, en una patética interrogación sobre el destino
común de cuanto ha alcanzado preeminencia o consideración
en el mundo y que el tiempo se ha encargado de anonadar:
imperios, bienes, personas de rango. «¿Dónde están?». Pregunta a la que responde el silencio de su propia ruina. Una lección
moral se extrae: el mundo es despreciable, ya que sus valores
son esencialmente deleznables e inconsistentes.

Pues bien: la Edad Media trata esta fórmula con el mismo
criterio amplificador con que lo trata todo. Fray Migir («Decir

a la muerte del rey D. Enrique») recuerda en su lista 54 nombres; Mena, en la suya, 36. Sólo Jorge Manrique en España y François Villon en Francia —dice Salinas— entran en esta técnica con un insólito sentido de selección y poda, reduciendo a muy pocos los personajes de las fatigosas enumeraciones contemporáneas.

### ¿RENACIMIENTO INCIPIENTE EN EL SIGLO XV?

Todo esto nos aclara acaso un punto bastante oscuro y controvertido de nuestro siglo xv. Me refiero a eso que ha recibido el nombre de «prerrenacimiento». Santillana, Mena y cuantos escritores (que eran bastantes) recurrían a términos mitológicos o echaban mano de latinismos se ven a menudo colocados, en equívoca clasificación, como renacentistas incipientes. En efecto, el Marqués utiliza mucho la mitología, y Mena, junto a otros poetas y prosistas de su época, también lo hace. Y aunque a veces ese empleo tiene un aire ejemplarizante de clara estirpe medieval, en otros ostenta una finalidad embellecedora que es típica del Renacimiento. Los cultismos latinizantes de construcción y léxico eran no sólo frecuentes en aquellos años sino frecuentísimos, hasta el punto de constituir algo así como una «enfermedad del siglo», pues muchas páginas del cuatrocientos resultan, merced a ese recargado humanismo, de difícil lectura para una sensibilidad no exclusivamente dada a los placeres estrictos de la erudición. No hay por qué negar tan evidentes realidades. Pero erraríamos si de ellas creyéramos haber deducido algo claro sobre el renacimiento de ese siglo. Pues el concepto de Renacimiento o de Edad Media pende de algo más profundo. Quienes piensan renacentistas a estos escritores no se han detenido quizás a meditar en la extraña paradoja a que les conduce la etiqueta de que se sirven. Y es que la abundancia misma de alusiones mitológicas y de latinismos constituiría a esos autores del siglo xv español o a algunos de ellos no ya en renacentistas sino, de hecho, en barrocos. El supuesto renacimiento de ese trance histórico posee así, al parecer, la extraña cualidad de empezar por donde normalmente se termina.

Pero precisamente ese «barroquismo» de que hablamos arroja intensa luz sobre la debatida cuestión. Los autores del siglo xv utilizaban cuantiosamente los elementos aportados por el humanismo no por ser renacentistas, sino, al revés, por no serlo; o sea, por pertenecer a una Edad Media, que en su fase final del gótico florido había acrecentado su innata tendencia a la acumulación. Cada ingrediente cultural (no sólo cada ingrediente artístico) sufre un proceso de multiplicación y tesonera redundancia. Se trata de un período que en la intención no era innovador sino sustancialmente aditivo. Crecían las referencias mitológicas y, sobre todo, los latinismos por lo mismo que proliferaban las citas de los «auctores»; las enumeraciones y descripciones se hacían interminables o las devociones se complicaban, amaneraban e iban hacia el arabesco y la arborescencia. En suma: el uso «ejemplarizante» o estético de la mitología y del cultismo es, a fines de filiación, mucho menos decisivo, en mi opinión, que la insistencia y frondosidad mismas con que tal uso se ofrece. Pero, además, ese esteticismo es un producto secundario y pegadizo, mero contagio traído por el humanismo y que *de momento* no destruye la estructura medieval de las obras en que puede observarse. Es ya, sí, un síntoma, pero tan sólo un síntoma, de lo que va a venir, un elemento que presiona y carga contra las paredes del viejo sistema, intentando su destrucción sin conseguirlo.

LOS LÍMITES DE NUESTRA APORTACIÓN

No he intentado examinar en estas páginas toda la visión del mundo medieval, sino sólo algunos de sus fragmentos característicos, para hacer ver cómo el estudio de las propiedades de las ecuaciones preconscientes nos viene a aclarar de súbito multitud de fenómenos de aquella Edad que, en cuanto tales, eran conocidos, pero que no lo eran ni en cuanto a la unidad que entre todos forman, ni en cuanto a su común vinculación a una única causa que hasta ahora, según creo, ha permanecido en la oscuridad. Para arrojar alguna luz sobre ese doble enigma era preciso, en efecto, establecer antes tres conclusiones a las que hasta donde alcance mi conocimiento no se había llegado aún: 1.º, que numerosas realidades (el atuendo y la actitud externa de la persona, los privilegios, la clase social, el oficio de cada cual, los accidentes de las cosas, etc.: cuanto podemos englobar en palabras como «forma» o apariencia o exterioridad de los objetos) actuaban en la mente medieval como otros tantos simbolizadores que llevaban consigo una emoción esencializante, esto es, un simbolizado que, en todos esos casos (y en algunos más que no he sacado a colación) consistía en la noción de esencia [26]. 2.º Pero era, ade-

---

[26] Se conocía, eso sí, que en la Edad Media las propiedades y accidentes de las cosas se veían como esenciales a causa del primitivismo, pero sin explicar nunca por qué el primitivismo de la mente tenía esos efectos, y menos por razón de las propiedades de las ecuaciones preconscientes. Al revés, se partía de tal hecho —el esencialismo— como de un dato bruto, evidente por sí mismo, que servía para explicar *otras cosas*, por ejemplo, la tendencia medieval justamente ... al uso de símbolos. Así en Huizinga. Primera advertencia: lo que Huizinga llama «símbolo» no es tal, sino alegoría, ya que la significación supuestamente simbólica de que habla este autor ocurre *en la conciencia* (el nombre de alegoría lo reserva Huizinga para el caso de personificación: *op. cit.*, pág. 281). Oigámosle: «rosas blancas y rojas florecen entre espinas. El espíritu medieval ve en seguida en ello una significación simbólica: vírgenes y mártires irradian su gloria entre sus perseguidores» (Huizinga, *op. cit.*, pág. 280). ¿A qué se debe esta propensión medieval de que da cuenta Huizinga en el párrafo copiado? Respuesta que él nos suministra: «la ecuación simbólica» (alegórica, diríamos nosotros, insisto: la ecuación entre «rosas blancas», de un lado, y «vírgenes», de otro; entre «rosas rojas» y «mártires»; entre «espinas» y «perseguidores») «fundada en la comunidad de caracteres» (blancura de las rosas y blancura de la pureza de las vírgenes, rojez de la sangre de los mártires y rojez de las rosas, etc.), «sólo tiene sentido cuando las propiedades comunes al símbolo y a lo simbolizado son concebidas realmente como esenciales» (*Op. cit.*, pág. 280).

Huizinga no da razón, pues, de la tendencia medieval a sustancializar las cualidades por las propiedades de las ecuaciones preconscientes de tipo simbolizante a que propende la mente en estado de plena espontaneidad, sino, muy al contrario, da razón de *otra* tendencia de la época,

más, necesario alcanzar otro conocimiento: el de la constitución de los símbolos como consecuencia de un sistema de ecuaciones en cadena, las cuales, 3.°, al no aparecer en nuestra lucidez, sino en esa otra región de nuestra psique que Freud denominó «preconsciente», ostentaban toda una serie de propiedades que son las que, de hecho, vienen a iluminarnos, acaso definitivamente, muchos de los fenómenos fundamentales que los historiadores nos han descrito como propios de la cultura medieval, tales como el misoneísmo; la importancia de la jerarquía, del protocolo, de los privilegios; el extremado formalismo, en fin, que impregna la vida toda de aquella época; la economía de gasto; instituciones como las de las plañideras; la tendencia acumulativa, en todos los aspectos de la cultura, de los siglos XIV y XV, etc., etc. Se nos redujeron de pronto así a unidad todos esos hechos, la mayoría de los cuales han sido considerados hasta ahora como desligados e independientes unos de otros. Y al unificársenos de este modo a través de una causa común, quedaban súbitamente claros, y explicados del todo, pienso, ante nuestra mirada.

Se sabía, por ejemplo, que el traje y, en general, la apariencia, eran para el hombre de aquel período histórico algo que surgía como extrañamente sustancializado. Huizinga ha escrito a este propósito páginas esclarecedoras. Pero entiendo que nadie había intentado dar razón (quiero decir una razón suficiente), ni de este hecho, ni de los otros que se le asemejan en la Edad Media, y antes, en la Prehistoria o en las culturas realmente primitivas, expuestos, en parte, por nosotros en el presente capítulo. Pues, en efecto, tal hecho carece de motivo bastante, si no lo pensamos como fruto de una simbolización, realizada por una criatura que, al ser poco racionalista

---

la de hallar en todo representaciones figuradas del Más Allá (tendencia que el autor, impropiamente a mi juicio, denomina, vuelvo a decir, simbolismo) por el hecho de ese esencialismo de tipo primitivo que él no explica de manera alguna. En una palabra: Huizinga no ha caído en sospecha de que en la Edad Media las apariencias, etc., son simbolizadores que simbolizan su esencialidad.

aún (y por tanto, poco individualista) [27], tiende a vivir desde sus emociones, y, en consecuencia, desde sus emociones simbólicas. Según tal simbolización, la forma (como he dicho quizás demasiadas veces) se viene a confundir preconscientemente con la sustancia o esencia:

> forma de la cosa [= esencia de la cosa=] emoción en la conciencia de «esencia de la cosa».

Pero nótese que una metáfora como esta («forma de la cosa = esencia de la cosa») no podría aclarar nada si antes no nos hubiésemos percatado a fondo, en el presente libro, de que la metáfora de este tipo preconsciente y simbolizante nada tiene que ver con las metáforas conscientes («mano de nieve», «pelo de oro»), cuyas propiedades son opuestas a las de aquella y no implican el realismo de sus dos términos; o dicho de otra manera, no implican las cualidades que hemos hallado en las otras metáforas, en las preconscientes: es decir, la «seriedad», el «totalitarismo», la «transitividad», etc. En efecto: que la manifestación externa de alguien, digamos, su traje o su visible tristeza, sea para el hombre medieval cosa que afecta a la substancia, a lo que el hombre es verdaderamente en su dentro sustancial, requiere que la ecuación «traje (o

---

[27] Véase cómo los análisis realizados en este capítulo confirman cuanto hemos dicho en la pág.7, nota 1, acerca del carácter estructural de todas las épocas, en cuanto centradas en un grado de individualismo. La Edad Media tiene como foco, en efecto, un individualismo mínimo, que, en términos relativos a todo lo que vino después, podríamos denominar, para entendernos, de grado cero. Ahora bien: dada la relación entre individualismo y racionalismo (véase la pág. 87), la escasez de individualismo supone la escasez de racionalismo. Pero tal escasez, implica, a su vez, un cierto primitivismo de la mente cuyas consecuencias simbolizantes y emotivas hemos considerado y seguiremos considerando en el presente capítulo. Todos los elementos propios de la Edad Media forman, pues, repito, una estructura basada en un grado de individualismo tal como, en nuestra tesis, ocurre en todas las épocas. Pues las características medievales de que el presente capítulo no trata confirmarían, sin duda, de ser investigadas en este preciso sentido, lo que hemos mostrado para sus compañeras.

tristeza exteriorizada) = esencia» sea una ecuación simbolizante y que, por lo tanto, posea las cualidades de «seriedad»,
«totalitarismo», «transitividad», etc., a que acabo de referirme;
en suma: requiere que no sea lúdica, como lo es la de «mano»
con «nieve» en la metáfora consciente «mano de nieve», donde
la «nieve» de que se habla no retiene, claro está, en tal contexto, su pretensión de meteoro, o sea, no asoma como una
verdadera «nieve», sino sólo como un cierto color de la «mano». No: en el caso medieval que hemos mencionado («forma
—traje, tristeza exteriorizada— = esencia»), el segundo miembro, la «esencia», a la manera que es peculiar a las ecuaciones
preconscientes, se manifiesta en calidad de «esencia de verdad»
y no lúdicamente, no como una mera figura de dicción, no como
un modo de hablar. Gracias a ello, los hombres medievales
podían *sentir* en la conciencia la emoción («transitividad») de
que la forma (el traje, etc.) era, en efecto, verdaderamente
esencial, por lo que habían de tomar *en serio* («seriedad simbolizante») ese hecho: tan *en serio* habían de tomarlo que
hasta un fenómeno con el que todo juego resulta incompatible,
me refiero nada menos que al sistema económico en que la
Edad Media descansa (la «economía de gasto»), depende, según
vimos, de él.

# CAPÍTULO XV

## LAS METONIMIAS PRECONSCIENTES

### DEFINICIÓN DE METONIMIA

Tras hablar de la posible inesencialidad de las ecuaciones preconscientes, sólo nos resta añadir algo acerca de las metonimias, pues sabemos ya lo que son las metáforas de esa clase. Y es que la inesencialidad con que en el preconsciente pueden aparecer, en bastantes ocasiones, este género de figuras, las modifica tanto en su íntima estructura que las hace de difícil reconocimiento. Partamos, pues, de la definición que la Retórica tradicional nos ha suministrado para esta clase de tropos, en su versión, por supuesto, lúcida. El *Diccionario de términos filológicos*, de Fernando Lázaro Carreter, dice que la metonimia «consiste en designar una cosa con el nombre de otra, que está con ella en una de las siguientes relaciones: a) causa a efecto: «vive de su trabajo»; b) continente a contenido: «tomaron unas copas»; c) lugar de procedencia a cosa que de allí procede: «el jerez»; d) materia a objeto: «una bella porcelana»; e) signo a cosa significada: «traicionó su bandera»; f) abstracto a concreto, genérico a específico: «burló la vigilancia», etc.» [1]. Frente a la sinécdoque que responde al esquema lógico «pars pro toto» o «totum pro parte» ('tomar la parte

---

[1] Fernando Lázaro Carreter, *Diccionario de términos filológicos*, Madrid, ed. Gredos, 1968, pág. 277.

por el todo o el todo por la parte'), la metonimia responde al esquema lógico «pars pro parte» ('tomar la parte por la parte') y, en consecuencia, de algún modo podríamos decir que la metonimia une en ecuación dos términos que mantienen entre sí un vínculo de colindante proximidad: el que media, precisamente, entre dos partes de un todo. Y aunque esta contigüidad entre partes no tenga necesariamente sentido único, sus varias formulaciones admitirían, creo, sin mayor extorsión, ser rebajadas a sólo dos: contigüidad en el tiempo y contigüidad en el espacio. De los anteriores apartados, el a) y el d) podrían agruparse bajo la etiqueta de contigüidad temporal, ya que en el caso a) sentimos que la causa es inmediatamente anterior (al menos con anterioridad lógica) al efecto; y en el caso d), que la materia es, del mismo modo, anterior a la forma. Los otros apartados se estrecharían a contigüidad espacial, o a esa suprema forma de contigüidad espacial que es la parcial coincidencia: hay contigüidad espacial evidente en el caso b); coincidencia parcial, en los casos c) y f). El caso e) parece resistirse a nuestra reducción, pero se vería dentro de ella, si de la consideración objetiva pasásemos a la subjetiva: en nuestra imaginación, experimentamos como entes íntimamente unidos el signo y el objeto significado, puesto que los dos se relacionan y podemos decir que frisan, en cuanto partes del todo que ambos forman.

Nos es especialmente importante esta reducción de las metonimias conscientes al concepto de ecuación entre dos miembros producida no por semejanza sino por limítrofe proximidad, puesto que las especiales características que adopta esta clase de tropos al hallarse libre de control racional, abultan con fuerza y ponen violentamente de relieve precisamente tal sentido de vecindad, al interpretar ésta de un modo especial que luego diré. Pues tratándose de las metonimias preconscientes la cosa está perfectamente clara: consisten éstas normalmente en la ecuación que se suscita entre dos seres por el mero hecho de hallarse ambos cercanos, sea cronológica, sea espacialmente.

De todo lo dicho se deduce que la verdadera diferencia entre metáforas y metonimias reside en cuál sea la realidad afectada por una similitud. En las metáforas, la similitud se refiere a los términos identificados; en las metonimias, a los lugares o tiempos en que tales términos se sitúan. Según nuestra definición, son esos lugares o tiempos los que se parecen, no las cosas en ellos localizadas. Ahora bien: ¿qué sentido puede tener el verbo «parecerse» aplicado a tiempos o a lugares que sólo se definen por el hecho de ser sustentadores de cosas completamente disparejas? ¿Cabe entre ellos un parecido? Y si cabe ¿cómo, o en qué forma, ambas realidades, lugares o tiempos se parecerán? El parecido consistirá, forzosamente, en lo mismo en que consiste cuando hablamos de cualquier clase de semejanza física: tener algún punto en *común*. Pero ¿es ello posible en el caso que nos ocupa? A primera vista no, puesto que, como digo, de esos tiempos o espacios sólo nos llega noticia por los objetos en ellos colocados, y estos últimos son discrepantes e inasimilables entre sí. ¿Y no es esto lo que ocurre en las metonimias conscientes? En ellas se trataba, en efecto, de tiempos o espacios colindantes, que se rozan y vienen, pues, a coincidencia en ese punto fronterizo. El asunto se nos aclara de pronto. Si en esto consiste la coincidencia que buscamos, las metonimias de que nos disponemos a hablar la tendrán también, sólo que de tipo disminuido y poco cuerdo. Y es que las metonimias preconscientes no pueden estar sometidas (como no lo estaban tampoco sus congéneres, las metáforas de esa especie) a la pesquisa racional, ni a sus exigencias esencialistas. No será preciso, pues, para que la ecuación se suscite, que los tiempos o los espacios a que aludimos ostenten «parecido» en cuanto que sean, como las conscientes, entre sí secantes o tangentes. Bastará con que los miembros equiparables posean ese parecido mínimo que sería algún género de laxa proximidad. Se repite aquí, pues, cuanto se nos hacía perceptible en las metáforas preconscientes: la posibilidad de inesencialidad o delirio, sólo que ahora esa inesencialidad o delirio ha de manifestarse, forzosamente, de modo distinto a como antes se manifestaba. El preconsciente estrecha con frecuencia a ecuación objetos situados en tiempos o espacios que no se tocan o interfieren por sitio alguno, sino que sólo se aproximan, entendiendo además esa proximidad con un criterio muy poco exigente, de manera que tal región de nuestra psique, falta de sensatez, interpreta la cercanía cronológica o espacial en cuestión con la misma displicencia, vaguedad o disparate con que interpreta la semejanza metafórica. Tal es lo que vemos en el texto de Lorca tantas veces citado en el presente libro «los caballos negros son», cuyo proceso preconsciente:

> los caballos negros son [= color negro = noche = no veo = tengo menos vida = estoy en peligro de muerte = muerte =] emoción de muerte en la conciencia

nos muestra dos transiciones metonímicas de tipo cronológico, claramente «disparatadas»: la que va de «tengo menos vida» a «estoy en peligro de muerte» y la que va de esta última noción a la que le sigue («muerte»). No siempre, por supuesto, las metonimias preconscientes tienen este carácter. Lo mismo que las metáforas podían ser inesenciales, pero podían igualmente (sin aumento ni merma de su eficacia poética) no serlo (por ejemplo, la relación caballo negro = noche, en el texto lorquiano recién mencionado es de esa especie esencialista), así las metonimias. Cuando en un texto analizado en el capítulo II el poeta dice:

> mientras los muslos cantan

se suscita un proceso X:

> mientras los muslos cantan [= música arrebatada, alegre, hermosa = arrebato, alegría, hermosura =] emoción de arrebato, alegría, hermosura

donde el paso entre «música arrebatada, alegre, hermosa» y «arrebato, alegría, hermosura» podría ser clasificado por Fernando Lázaro en el apartado f) de su lista, lo cual quiere decir que la relación es del mismo tipo esencialista que vemos en las metonimias conscientes.

# VISUALIDAD DE LO IRREAL Y VISUALIZACIÓN EN LA POESÍA CONTEMPORÁNEA

# Capítulo XVI

# LA PLASTICIDAD O VISUALIDAD DEL FENÓMENO IRRACIONALISTA

## DEFINICIÓN DE LA PLASTICIDAD O VISUALIDAD DE LOS FENÓMENOS IRRACIONALISTAS

Hemos hablado en un capítulo anterior de la plasticidad del fenómeno irracionalista, al que precisamente por eso llamábamos también visionario. Las imágenes visionarias, las visiones y los símbolos tienen, pues, una visualidad de que carecen las imágenes tradicionales. Pero ¿en qué consiste esta visualidad o plasticidad? Se trata, sin duda, de que frente a tales figuras el lector ve la letra irreal, la afirma, aunque sólo emocionalmente, en la conciencia. Digo «sólo emocionalmente», porque claro está que no se entra nunca verdaderamente en tan completo error: nuestra razón ejerce una severa vigilancia para impedirlo en todo caso. Pero no está menos claro que al margen de nuestra conciencia, de soslayo diríamos, o sea, en el preconsciente, donde todos los gatos son pardos, sí puede verificarse esa equivocación que a la plena luz de nuestro entendimiento sería repudiada. Es decir: el preconsciente afirma la literalidad irreal y envía tan sólo a la conciencia la emoción correspondiente a tal afirmación: la afirmación de lo irreal aparece, pues, *en la conciencia*, pero únicamente *en cuanto sentida*. En seguida diré cómo y por qué se produce en la mente del lector un efecto de tanta importancia estética.

LA PLASTICIDAD DEL FENÓMENO IRRA-
CIONALISTA Y LA AUSENCIA DE PLASTI-
CIDAD DE LAS IMÁGENES TRADICIONALES

Pero antes de ello, debemos descender a ejemplos concretos,
que nos aclaren la diferencia entre el fenómeno irracionalista,
que es de suyo visual («visionario»), y las imágenes de estructura tradicional, que no lo son. Si un poeta, haciendo una imagen de esta última especie, dice: «tu cabello es de oro», la frase
no nos obliga a *ver* realmente «oro», sino «cabello rubio» en
un especial matiz de ese color; en cambio, cuando Aleixandre
escribe en «El poeta» (de *Sombra del Paraíso*):

> Sí, poeta; arroja este libro que pretende encerrar en sus páginas
>     un destello del sol,
> y mira a la luz cara a cara, apoyada la cabeza en la roca,
> *mientras tus pies remotísimos sienten el beso postrero del*
>     *poniente,*
> *y tus manos alzadas tocan dulce la luna,*
> *y tu cabellera colgante deja estela en los astros.*

aunque arrojemos racional «descrédito» sobre la literalidad del
dicho simbólico (subrayado), éste se nos visualiza vigorosa-
mente (y lo mismo diríamos de todas las imágenes visionarias
y de todos los símbolos). El gigantismo cósmico del personaje
descrito por el poeta es contemplado por nosotros en toda su
plasticidad. Vemos su figura sedente, ocupando todo el paisaje,
con sus pies en el alejado horizonte, con sus manos que tocan
la luna, con su cabellera que deja estela en los astros. Se nos
impone un verdadero cuadro, que podríamos pintar en su literalidad como ilustración del poema en cuestión sin producir
un efecto cómico, cosa que no sucede en las imágenes tradicionales, que si las tomásemos al pie de la letra de ese modo,
nos cubriríamos de ridículo. Recuerdo que hace muchos años,
en uno de los primeros números de la revista de humor «La
Codorniz», venía un dibujo titulado: «La mujer tal como la

ven los poetas». Se trataba de una mujer cuyas mejillas estaban constituidas por dos rosas, perfectamente copiadas como tales, con sus pétalos, etc.; sus dientes eran perlas, en la plenitud de sus atributos de color y de forma, todo ello en concepción naturalista; sus pechos, palomas, con plumas, pico, ojos, etc. El resultado era un espantable monstruo, de efecto hilarante en grado sumo. Nada de esto sucede en las imágenes visionarias, visiones y símbolos, cuya literalidad sería representable plásticamente por un pintor sin que se perdiera por ello la respetabilidad de la obra: prueba de que los lectores, pese al descrédito racional con que reciben estas figuras, ven sus respectivas «letras», en el sentido que dijimos, con una seriedad que no ponen en las «letras» de las imágenes tradicionales.

## CAUSA DE LA PLASTICIDAD DEL FENÓMENO IRRACIONALISTA

¿A qué se debe esta diferencia? La causa nos es ya conocida: consiste en la irracionalidad de la significación. Como en las imágenes tradicionales lo que se quiere decir con ellas es palmario, vemos mucho más esto que se quiere decir que lo que literalmente se dice, ya que, al ser nosotros criaturas racionales, nos importa fundamentalmente lo que las cosas son, *lo que significan*, y no el *medio* a través del cual nos llega ese significado. Toda forma tiende, por eso, a «desaparecer» en la función que le corresponde. Cuando miramos a través de un cristal transparente, no percibimos el cristal sino el paisaje, al servicio de cuya visualidad el cristal se halla. Pero basta con que el cristal pierda la transparencia y se haga, por ejemplo, traslúcido, para que lo percibamos en su materialidad, que sólo entonces se nos abulta con vigor. Y ello, precisamente, es lo que les sucede a las imágenes visionarias, visiones y símbolos: que han perdido la «transparencia», con lo que sus respectivas letras asoman, por consiguiente, como la única realidad que hay; realidad que atrae hacia sí la atención con la misma intensidad de las cosas, en efecto, *reales*. Dicho de otro modo: lo que cada una de esas figuras significa no transparece, no se ve (ya que no se trata de un significado lógico, sino irracional, que, por definición, es un significado oculto). Y como no se ve, se nos obliga a ver *otra cosa*: el aparato mismo a través del cual pretendemos significar, el «cristal», traslúcido, o «forma», tras la que debiera haber una significación que no se manifiesta, sin embargo, en nuestra conciencia. Me refiero a la «letra» misma de las expresiones metafóricas: esa criatura humana de tamaño cósmico, por ejemplo, que entonces se nos hace presente en su figura concreta con fuerza desacostumbrada *como si fuese un ser real que no se significa más que a sí mismo*. El lector escucha, en efecto, lo que dice el poeta:

> mientras tus pies remotísimos sienten el beso postrero del poniente,
> y tus manos alzadas tocan dulce la luna,
> y tu cabellera colgante deja estela en los astros.

e intenta ir hacia un inexistente significado lógico, y como, claro está, fracasa en su cometido, como no encuentra en el dicho poemático que se le propone significado lógico alguno, no tiene más remedio que atenerse a la letra de lo que se le enuncia, y ver eso, precisamente *eso* que se le está diciendo: el gigantismo cósmico del personaje poemático. Pero adviértase que *ver* tal gigantismo significa interpretarlo precisamente como gigantismo, no como una dicción indirecta que nos lleva hacia un diferente significado. Ahora bien: en la plenitud de nuestra lucidez no podemos realizar una operación tan descabellada; pues se trata, en efecto, de algo erróneo, algo que va contra nuestra experiencia y nuestro juicio racional, los cuales habrán de oponerse, por tanto, a ella. ¿Dónde, pues, sufrimos tan grave equivocación? Sin duda, al margen de nuestra conciencia, a los lados de esa luz central donde fulgura nuestra razón; o sea, en el preconsciente. Diríamos que al ver en la conciencia una dicción que no significa nada lógico y visualizársenos consecuentemente ésta, nuestro preconsciente (esa zona penumbrosa de la mente que tiende a confundir la cosa con lo que se le relaciona por escasa que sea la conexión) se ve obligado a afirmar como una realidad la literalidad del dicho (pues que éste aparentemente se halla desprovisto de todo sentido que no sea el de su propio ser, como les ocurre a las cosas reales) y enviar de inmediato a la conciencia la emoción de realidad correspondiente, aunque esta emoción contradiga a la objetividad.

En suma: frente a las expresiones irracionalistas se desencadena en nosotros un complicado proceso mental que tiene las siguientes fases: 1.º, lectura de la literalidad del símbolo; 2.º, intento de hallarle a éste un significado lógico; 3.º, fracaso en tal pretensión de logicidad; 4.º, regreso a la literalidad del dicho y visualización consiguiente de aquella; 5.º, afirmación en el preconsciente *como real* de esa literalidad objetivamente irreal; y 6.º, envío a la conciencia de la emoción realista que antes dije. Una cosa es, pues, *la visualización*, fenómeno consciente, y otra su consecuencia, *la emoción de realidad*, que, aunque ocurra asimismo en la conciencia, es fruto de un previo acto preconsciente.

Diríamos, en conclusión, que aunque en estos casos irracionalistas la mente despierta del lector destruya la literalidad del aserto poemático, la emoción sostiene íntegra esa literalidad en la conciencia, lo cual equivale a decir, repito, que en el preconsciente la literalidad en cuestión ha sido mantenida como una realidad y, por tanto, que ésta *se ha convertido en un verdadero simbolizado.*

### LA VISUALIDAD ES SIEMPRE SIMBOLISMO DE LA LETRA IRREAL

Llegamos así a una conclusión inesperada y sorprendente, pero incuestionable: que en todo fenómeno visionario, del segundo tipo, en todo simbolizador de irrealidad se dan de hecho dos simbolizados. Uno, el que le corresponde a ese simbolizador normalmente: lo que ese simbolizador simboliza para nosotros; y otro, exclusivamente ancilar y reforzador del primero: el constituido por la misma letra irreal del enunciado irracionalista, ya que aquella, la letra irreal, al comparecer *nada más que en la emoción y configurarse de modo afirma-*

*tivo sólo en el preconsciente*, tiene todos los atributos que corresponden a esa clase de significados no lúcidos. Así, en el caso del personaje de tamaño cósmico de que nos habla Aleixandre en el ejemplo antes citado, se suscitarían, en la mente del lector, dos procesos preconscientes distintos, que podríamos esquematizar del siguiente modo:

Primer proceso («principal»):

> hombre de tamaño físico cósmico [= hombre de tamaño espiritual gigantesco =] emoción en la conciencia de hombre de tamaño espiritual gigantesco [1].

Segundo proceso («ancilar»):

> hombre de tamaño físico cósmico (en cuanto dicción *irreal* que simboliza algo real) [= hombre que tiene *realmente* un tamaño físico cósmico =] emoción de hombre que tiene *realmente* un tamaño físico cósmico.

Ahora bien: aunque el lector reciba en su conciencia una emoción simbólica que llamaríamos «irrealista» (la letra irreal del simbolizador en cuanto afirmada como real: en nuestro caso, que el personaje tenga *realmente* tamaño cósmico), pese a tal recepción, nuestra razón no la puede soportar en su integridad, precisamente por irrealista, ni aun en la forma emotiva

---

[1] Por supuesto, el proceso «principal» tendría, como siempre, en realidad dos «series», que he simplificado en el esquema del texto. Serie primera («real»):

> hombre puesto en comunicación con la naturaleza [= riqueza espiritual = grandeza espiritual = grandeza=] emoción de grandeza en la conciencia.

Serie segunda («irreal»):

> tamaño cósmico de ese hombre [= grandeza física = grandeza =] emoción de grandeza en la conciencia.

El simbolizado C sería la noción de «grandeza»; el término real B o «expresado simbólico» que se «representa» en ese simbolizado se hallaría en el término «riqueza espiritual».

en que se halla, por lo que procede de inmediato a una manipulación que cambie su naturaleza fantástica y absurda de modo que ésta se ponga de acuerdo con la vida. ¿Qué es lo que hace para lograrlo? Transformar lo imposible en posible: en nuestro ejemplo, hacer que ese gigantismo emotivamente real refuerce, precisamente con un máximo realismo, la posibilidad, sin duda, en efecto, real, de que alguien sea espiritualmente rico, complejo: «grande».

Elevémonos con esto a una regla general: en los fenómenos irracionalistas, su visualidad, en cuanto que tal visualidad es un significado (o sea, en cuanto que tal visualidad es un simbolismo: la emoción realista con que en tales fenómenos la letra irreal se nos ofrece), su visualidad no tiene nunca un sentido propio, sino un sentido exclusivamente de servicio: su fin es intensificar el otro significado simbólico de las expresiones, el que llamábamos «principal», el único que finalmente se nos aparece como tal significado, justo por surgir en calidad de «posible». Más adelante hemos de volver, con más calma, a esta importante cuestión [2].

LA AFIRMACIÓN DE LA LITERALIDAD IRREAL EN LAS IMÁGENES TRADICIONALES: SU DIFERENCIA A ESTE RESPECTO CON EL FENÓMENO IRRACIONALISTA

El fenómeno irracionalista o simbólico, posee, pues, plasticidad, visualidad, mientras que las imágenes tradicionales carecen de esa sorprendente virtud. Inmediatamente después de decir esto surge ante nosotros un problema. Pasemos a su examen.

Dijimos que hay una relación de causa a efecto entre la visualidad de las figuras contemporáneas irracionales y la emoción ilusamente «realista» que experimentamos frente a ellas. Al hacérsenos visual, por carente de sentido lógico, la letra

---

[2] Véanse las págs. 315-316 y, sobre todo, las págs. 380-382.

irreal de las expresiones simbólicas, aquella, la letra irreal, se
afirma como real en el preconsciente, por lo cual llega a la
conciencia el sentimiento de tal afirmación, pese a que la razón,
en esa región lúcida, niega y expulsa, por absurda, la literalidad en cuestión, que queda entonces meramente simbolizada.
Ahora bien: ¿no hay también en las imágenes tradicionales
una afirmación emotiva de lo que el poeta literalmente dice?
El asunto merece que nos detengamos en él.

Leemos en Góngora:

> quejándose venían sobre el guante
> los raudos torbellinos de Noruega.

Lo primero que hace el lector frente a estos versos es des-
acreditarlos en cuanto a su literalidad, por ser esta absurda.
No creemos que el poeta haya pretendido comunicarnos que
unos verdaderos «torbellinos de Noruega», «raudos», viniesen
quejándose sobre un cierto guante. Y al no creer eso buscamos
un sentido sensato al dicho gongorino, que entonces entendemos de este otro modo:

> Sobre el guante de los halconeros venían quejándose unos rau-
> dos halcones noruegos.

Ahora sí, el dicho se acomoda a nuestra razón, desconsolada
antes por el despropósito, y puede producirse, frente al nuevo
significado, el poemático asentimiento que permite el flujo de
nuestra emoción artística.

Pero la cosa, enunciada con tanta simplicidad, no deja de
ofrecer algunas dificultades. En efecto: ocurre que el verso
de Góngora *nos sorprende,* mientras que su racional traducción *no nos sorprende en absoluto.* ¿Qué es, pues, lo que en
los endecasílabos del cordobés nos causa la sorpresa que les
acabamos de atribuir? No, evidentemente, el sentido sensato,
que les hemos hallado, tras tachar su insensata letra. Y si no
nos sorprende ese sentido (que, en efecto, no tiene, de por sí,
nada que pueda suspender y maravillar), la sorpresa sólo puede
proceder *de la literalidad* del dicho, en cuanto afirmada como

real, a saber, que unos verdaderos torbellinos de Noruega vengan raudos quejándose sobre un guante. Ahora bien: hemos indicado hace un momento que la literalidad del aserto gongorino había sido destronada por nuestra razón en el seno de la conciencia. Henos, pues, frente a una contradicción: por lo visto hemos negado la literalidad poemática, pero de algún modo incomprensible por ahora para nosotros, esa literalidad sigue en pie, indemne, *puesto que nos asombra*. Parece que nos hallamos, tal como dije al comienzo de estas reflexiones, en el mismo caso del fenómeno simbólico, ya que también aquí hay, por lo visto, descrédito de la literalidad del enunciado y afirmación simultánea de esa literalidad. Tal despropósito acaso pudiera ser resuelto pensando que la afirmación de la literalidad irreal, igual que en el irracionalismo sucede, la hacemos en el preconsciente, y se nos aparece conscientemente sólo en la emoción, mientras que su derrocamiento lo verificamos en la plenitud de nuestra conciencia. Pero algo falla en esta tesis, puesto que en un caso (en el caso del fenómeno irracionalista) hay un motivo (la plasticidad) para el fenómeno afirmativo del preconsciente, y en el otro (en el caso de las imágenes tradicionales) ese motivo no existe. ¿Podremos resolver el problema?

Volvamos, para intentarlo, al trozo de *Las Soledades*. No hay duda del descrédito de su letra irreal, pues descreer es indispensable para que busquemos otro sentido, un sentido asentible, a la frase: que los halcones vengan quejándose en el guante de los halconeros. Y no hay duda tampoco de la creencia, puesto que la creencia es, a su vez, indispensable para el efecto de pasmo. Como el pasmo, no menos que el significado sensato recién recordado, los hemos experimentado simultáneamente con toda evidencia, se nos patentiza que las dos cosas, creencia y descreencia, se dan en nosotros. ¿Es hacedera tal paradoja, una vez desechada, a causa de la ausencia de plasticidad, la explicación preconsciente? La respuesta será positiva, siempre que ambas cosas no se produzcan, dentro de la conciencia, *en el mismo instante*. Pero ¿no hemos dicho ahora mismo que la sorpresa se da en nosotros *al mismo tiem-*

*po* que recibimos el sentido cuerdo («los halcones venían quejándose en el guante de los halconeros»)? Parece que nos hemos
trabado con esto en una contradicción, que deberíamos deshacer.

Creo que ello no es, en definitiva, difícil. Al encararnos con
un aserto irreal de tipo tradicional, tal el de los versos gongorinos antes copiados, lo primero que hacemos es recibir su
literalidad y sorprendernos frente a ella. No hay duda de que
esa sorpresa la recibimos *en la conciencia* y está referida a la
letra misma del dicho poemático, que se ha afirmado entonces,
momentáneamente, en esa lúcida región de nuestra psique.
Pero una vez que hemos hecho esto, por ejemplo con los dos
versos de Góngora, y nos hemos sorprendido, la razón se nos
impone, y descree, con su corrosivo criticismo, lo que por un
instante hemos creído con fe de carbonero y sin discriminación alguna. Pero, claro está (y esto es lo que deshace el equívoco de la aparente simultaneidad de las dos afirmaciones, la
de la letra insensata y la del sentido cuerdo), la sorpresa no
puede ser borrada de nuestro ánimo, no sólo porque la hemos
tenido ya, sino, sobre todo, porque la sorpresa *no es un significado* (que se puede siempre eliminar si es disparatado),
sino sólo *una disposición de nuestra psique* que se abre para
inteligir un objeto incomprensible, del todo o en parte, o incomprensible al menos en cuanto a su aparición en este instante frente a nosotros. Y como la sorpresa, *al no ser un
significado* (y menos, por tanto, un significado impensable),
no puede ser corroída por la crítica racional, *perdurará* en
nuestra conciencia. ¿Sobre qué elementos semánticos esa sorpresa habrá de actuar entonces? Indudablemente, sobre el
único significado que nos queda, una vez destruido el significado literal del dicho poemático que hemos repudiado por
absurdo; o sea, sobre el sentido cuerdo, ya que, además, tal
significado se cobija bajo el mismo significante, que, antes, tomado a la letra, nos había sorprendido precisamente por su
delirio. La identidad de lugar entre los dos significados, el
literal delirante y el no literal sensato, da, indudablemente, pie
para que se produzca esto que habría de ser designado como

«desplazamiento aberrante del efecto de sorpresa», pues la sorpresa que nos dan los «torbellinos» interpretados como «torbellinos de veras» (desatino evidente) es atribuida por nosotros a los «torbellinos» interpretados como «halcones» (significación atinada y razonable), con lo que el sentido de estos se beneficia de esa percepción plena o poesía que en mi *Teoría de la expresión poética* denominé «percepción saturada» o «individualizada» (entendiendo esta última palabra en un sentido sólo psicológico, ya que los significados no pueden individualizarse pero sí darnos esa impresión). En las imágenes tradicionales no hay, pues, afirmación preconsciente de la literalidad irreal, y por tanto, la conciencia no recibe la emoción simbólica consiguiente: lo que se da es sólo, vuelvo a decir, la sorpresa de una afirmación de esa clase, pero de naturaleza sólo puntual (más que momentánea) en la conciencia, afirmación inmediatamente después rectificada por la razón, que la destituye. Acaso podría oponerse aquí que la sorpresa, en cuanto tal, *supone* el mantenimiento en la conciencia de la literalidad susodicha. La objeción sería válida si no se diese, de inmediato, en esa misma región de nuestro espíritu, el otro fenómeno que acabamos de bautizar con el nombre de «desplazamiento aberrante». Como la sorpresa la atribuimos a la expresión irreal tomada en su sentido cuerdo (torbellinos = halcones), la implicación de literalidad forzosamente *habrá de borrarse en cuanto efecto psicológico en nosotros* (que en el arte es lo único que cuenta).

### LA INCONGRUENCIA SUCESIVA DE UNA LETRA IRREAL NO SIMBÓLICA

Creo que nuestra investigación de las relaciones entre imagen tradicional y fe en la literalidad puede aclararnos aún otro hecho que hasta ahora, en lo que alcance mi conocimiento, no ha sido nunca explicado (aunque sí descrito, incluso por la Preceptiva tradicional): la necesidad de que en una metáfora lógica, que se desarrolla alegóricamente, los sucesivos elementos aunque, por supuesto, sean literalmente irreales, mantengan entre sí congruencia en cuanto a tal literalidad. Los viejos tratadistas, en nombre de la norma que acabo de mencionar, condenaban frases como esta:

El carro del Estado navega sobre un volcán.

No parece, a primera vista, que esta condena, de la que participamos, encierre problema alguno. Pero una sencilla reflexión nos revela lo contrario. Es evidente que, en nuestra conciencia, cada uno de los términos metafóricos que la frase contiene ha sido descreído en su literalidad, la cual es sustituida por un significado muy distinto. Y así, en vez de «carro del Estado», entendemos «estructura del Estado o simplemente Estado»; en vez de «navega», entendemos «atraviesa»; y en vez de «volcán», entendemos «trance peligroso». Las tachaduras efectuadas en la serie de las letras nos hacen obtener entonces en la conciencia la sentencia que sigue:

El Estado atraviesa trances peligrosos.

Y nótese algo extraño y desconcertante: esta última frase, al no contener idea alguna reprobable, no puede suscitar repudio en nosotros, pese a lo cual nosotros hemos sentido, sin duda, un malestar frente a la expresión del «carro del estado», etc., que lo suscita en nuestra mente. ¿Cuál es el origen de aquél? Como el malestar experimentado no es vinculable a la significación lógica de cada una de las palabras ni a la de su conexo conjunto, sólo nos queda achacarlo a algo que se refiera a la literalidad en cuanto tal del enunciado en su posible afirmación consciente. ¿Pero no hemos sentado hace un momento que tal literalidad ha sido puesta en entredicho y desterrada de nuestra mente lúcida? ¿En qué quedamos? Creo que para dar respuesta condigna a estos interrogantes es menester hacer aquí un análisis de lo que acontece, en este caso, dentro de nuestro espíritu.

Cuando nos hacemos con el sintagma estricto «el carro del Estado», esto es, sin sobrepasarlo en la lectura realizada, nuestra conciencia, como sabemos, sostiene, en un primer instante, la sinrazón de su contenido literal con la consiguiente sorpresa, la que corresponde a todo aserto insólito. Tras esto, el desatino queda, según vimos, descalificado y desaparece del escenario mental, donde es sustituido por un significado pensable (en vez del «carro del estado», entendemos, como dije más arriba, la noción «el estado»). Continuamos entonces leyendo y nos enteramos de que «el carro del estado», al parecer, «navega». Ahora bien: este segundo elemento («navega»), al hallarse referido al primero («el carro del estado») *y no poder existir sin él*, «*restaura*» a éste, momentáneamente, en su letra, de la que resulta ser una contradicción, que, en cuanto tal, atrae hacia sí, con fuerza insólita, la atención consciente del lector, a la que sume en desconcierto y en escándalo. Y sólo tras este efecto viene el nuevo derrocamiento de la literalidad, que en vez de sorpresa, deja, por tanto, tras de sí, el escándalo lógico de que hemos hecho mención. Y es este escándalo, en vez de la sorpresa, el que ahora sentimos al par que el significado lógico «atraviesa», que viene a sustituir al otro no lógico (a «navega»). La operación vuelve a repetirse en lo que respecta al elemento tercero, «por un volcán». Un «carro» no puede «navegar», pero si navegase, no lo haría, evidentemente, por tan peliaguda e inverosímil anfractuosidad. Resultado: nos escandalizamos de nuevo, pero ahora más gravemente, y «disentimos» el párrafo.

La paradoja con que hemos iniciado nuestras reflexiones queda con esto, me parece, desvanecida. Pese a que nuestra razón halle una significación coherente al complejo metafórico que hemos traído a colación, la frase es «disentida» y resulta cómica (o absurda), no por la índole de tal significado, sino porque la literalidad del segundo elemento, sostenida sólo momentáneamente en la conciencia, vuelvo a decir, al renovar, durante ese puntual lapso de tiempo, la literalidad del elemento anterior, que le es incongruente, llama poderosamente nuestra atención sobre la incompatibilidad de las dos sucesivas letras, la nueva y la resucitada, produciéndose así un escándalo lógico en vez de una sorpresa, y es este escándalo, cuando, como aquí, nos parece grave, el que nos lleva al «disentimiento». Si no fuese tan grave, lo que acontecería sería simplemente una rebaja en el «asentimiento» del lector y una consiguiente merma de la intensidad poética del dicho.

CAPÍTULO XVII

## LA ESTÉTICA DE ORTEGA

### LA DOCTRINA DE ORTEGA SOBRE LAS METÁFORAS

Como nuestra tesis acerca de la metáfora tradicional, en cuanto a la esencial cuestión de la fe en el enunciado identificativo, discrepa diametralmente de la que, en más de una ocasión, ha sostenido en ese mismo sentido Ortega, conviene hacer aquí una momentánea pausa para recordar la doctrina de éste al propósito, doctrina en la que tal autor fundamenta lo más esencial de sus argumentaciones estéticas[1]. Ello nos permitirá elevar, por oposición, nuestras conclusiones de ese mismo orden a una generalización más abierta de la que mi *Teoría de la expresión poética* ha realizado.

Ortega analizó la metáfora (por supuesto, la tradicional) en tres ensayos, independientes entre sí, aunque coincidentes en lo importante y sustantivo. Estos ensayos son los siguientes: «Las dos grandes metáforas»[2], «Ensayo de Estética a manera de prólogo»[3] e «Idea del Teatro»[4]. En el primero de ellos («Las

---

[1] También en *La deshumanización del arte* (Obras Completas, t. III, Madrid, ed. Revista de Occidente, 1950, págs. 353-386) expone Ortega ideas de estética, pero, en esa obra, tales ideas se hallan, sobre todo, referidas a la descripción específica del arte a la sazón nuevo.

[2] *Op. cit.*, t. II, Madrid, 1947, págs. 387-400.

[3] *Op. cit.*, t. VI, Madrid, 1947, págs. 257 y sigs.

[4] *Op. cit.*, t. VII, Madrid, 1961, págs. 439-501.

dos grandes metáforas») realiza el autor un curioso y, en mi
criterio, arbitrario distingo entre la metáfora científica y la
poética. La metáfora científica, dice, es expresiva del mundo
real, y sirve para dar nombre a aquellos objetos que no lo
tienen. Se trata, en efecto, de «un procedimiento intelectual
por cuyo medio conseguimos aprehender lo que se halla más
lejos de nuestra potencia intelectual». La ciencia, la filosofía
«usan», pues, «de la metáfora». En cambio, la poesía no usa
en ese sentido de la metáfora, sino que «es metáfora» [5].

¿Qué pretende sugerir Ortega con esto último? Que así
como el filósofo no toma en serio las identificaciones metafóricas (que siempre se exceden y van más allá de lo que los dos
objetos comparados tienen efectivamente en común), sino que
se queda sólo con lo que estos poseen en verdad de iguales,
el poeta hace lo contrario: afirma la ecuación de lo no idéntico
y, *creando el objeto estético, la da por válida allende el mundo
real*. Quizá convenga copiar los párrafos donde lo viene a
decir: «La metáfora poética insinúa la identificación total de
dos cosas concretas» que no son equivalentes, sino sólo en
algunos de sus elementos abstractos. «El pensamiento metafórico rinde en la ciencia un oficio distinto y aun opuesto al que
espera de él la poesía», pues mientras en la ciencia se trata
de un oficio «suplente» del término de que el lenguaje habitual carece, en la poesía ese oficio es «constituyente». La poesía «aprovecha la identidad parcial de las cosas para afirmar
—falsamente— su identidad total. Tal exageración de la identidad, más allá de su límite verídico, *es lo que le da un valor
poético*» [6] (el subrayado es mío). «La metáfora empieza a irradiar belleza donde su porción verdadera concluye. Pero, viceversa, no hay metáfora poética sin un descubrimiento de identidades efectivas» [7]. Por eso antes nos había dicho Ortega algo
que una lectura rápida podría interpretar equivocadamente
en sentido vagamente semejante al que mi *Teoría de la expre-*

---

[5] *Op. cit.*, t. II, pág. 387.
[6] *Op. cit.*, t. II, pág. 393.
[7] *Op. cit.*, t. II, pág. 393.

*sión poética* ha sostenido: que la poesía es, «en uno de sus lados, investigación». Ortega quiere decir aquí que la metáfora poética se apoya en una *verdad* a la que, por tanto, descubre (la auténtica y completa coincidencia de dos objetos en algunos de sus elementos abstractos), pero sólo para afirmar *como verdadero*, en un mundo que no es este mundo objetivo en el que vivimos, algo *no real*, el objeto «bello»: que una mejilla, por ejemplo, sea una rosa o que los dientes sean perlas. «La ciencia», sigue Ortega, «usa al revés el instrumento metafórico. Parte de la identidad total entre dos concretos, a sabiendas de que es falsa, para quedarse luego sólo con la porción verídica que ella incluye. Así, el psicólogo que habla «del fondo del alma» sabe muy bien que el alma no es un tonel; pero quiere sugerirnos la existencia de un estrato psíquico que representa en la estructura del alma el mismo papel que el fondo de un recipiente. Al contrario que la poesía, la metáfora científica va del más al menos. Afirma primero la identidad total, y luego la niega, dejando sólo un resto». Y tan es así, que al usar una metáfora científica, continúa diciendo Ortega, corremos el riesgo de olvidar «que se trata de una metáfora», e identificar, «como en poesía, lo uno con lo otro», el plano real con el evocado.

Como es fácil observar, el error de Ortega (caso de que aceptemos la tesis que en nuestra argumentación general se encierra) consiste en no ver que, en poesía, el lector desacredita la literalidad del aserto identificativo *exactamente en el mismo sentido en que lo hace cuando se trata de las metáforas científicas*. Años antes, en «Ensayo de Estética a manera de prólogo», que es de 1914, se había extendido algo más el autor sobre los mismos argumentos. Analiza allí la metáfora del poeta López Picó «ciprés = espectro de una llama muerta»:

e con l'espectre d'una flama morta.

«¿Cuál es» aquí, se preguntaba, «el objeto metafórico?». «No es el ciprés, ni la llama, ni el espectro; todo esto pertenece al orbe de las imágenes reales. El objeto nuevo que nos sale al encuentro es un 'ciprés-espectro de una llama'. Ahora bien, tal ciprés no es un ciprés, ni tal espectro un espectro, ni tal llama una llama. (...) No es (...) la asimilación real lo metafórico» (significa Ortega, que lo asimilado verdaderamente por la metáfora no son objetos reales *en cuanto reales*). «Necesitamos del parecido real (...) pero con un fin contrario al que suponemos (...). Se trata de formar un nuevo objeto, que llamamos el «ciprés bello» en oposición al ciprés real. Para alcanzarlo es preciso someter éste a dos operaciones: la primera consiste en libertarnos del ciprés como realidad visual y física, en aniquilar el ciprés real; la segunda consiste en dotarlo de esa nueva cualidad delicadísima que le presta el carácter de belleza. Para conseguir lo primero, buscamos otra cosa con quien el ciprés posea una semejanza real en algún punto, para ambos sin importancia. Apoyándonos en esa realidad inesencial» (inesencial, aclaremos nosotros, no desde el punto de vista estético sino desde una perspectiva ontológica) «afirmamos su identidad absoluta. Esto es absurdo», añade, por lo que «la semejanza real sirve en rigor para acentuar la desemejanza real entre ambas cosas». En la metáfora «vive», pues, «la conciencia clara de la no identidad». Entendamos correctamente el pensamiento del autor, porque estas palabras se prestan a equívocos. No intenta insinuar éste que el lector no toma en serio la identificación metafórica como tal identificación, que es precisamente lo que en el presente libro sostenemos nosotros. Lo que, según Ortega, el lector no toma en serio es la identificación de los dos elementos comparados pero *en cuanto objetos reales*, pues la identificación hace que surja *un nuevo objeto*, el objeto estético, que no es un objeto real, sino un objeto *irreal donde la ecuación es válida como tal*. Oigámosle: «la negación» (se refiere a la negación por parte del lector de la identidad real de los planos de la imagen), «la negación» afirma una cosa *nueva*. «Aquí el 'ciprés — llama' no es un ciprés real, pero es un nuevo objeto, que conserva del árbol físico como el molde mental, molde en que viene a inyectarse una nueva substancia ajena por completo al ciprés, la materia espectral de una llama muerta. Y viceversa, la llama

abandona sus estrictos límites reales (...) para fluidificarse en
un puro molde ideal (...). Al hacer la metáfora la declaración
de su identidad radical con igual fuerza que la de su radical
no identidad, nos induce a (...) encontrar la identidad en un
nuevo objeto, el ciprés al que sin absurdo podemos tratar como
a una llama».

«Segunda operación: una vez advertidos de que la identidad no está en las imágenes reales, insiste la metáfora tercamente en proponérnosla. Y nos empuja a otro mundo donde
por lo visto es aquella posible». Para que no haya vacilación
en cuanto al significado de lo anterior, veamos, entre paréntesis, lo que el autor dice en «Idea del teatro», donde repite su
análisis de la metáfora, tomando como ejemplo de ella esta
vez la expresión «mejilla = rosa»: «Al metaforizar es preciso
que la mejilla deje de ser realmente mejilla, que la rosa deje
de ser realmente rosa. Las dos realidades (...) se anulan recíprocamente. Los resultados de la aniquilación son precisamente esa nueva y maravillosa cosa que es la irrealidad. Haciendo chocar y anularse realidades obtenemos prodigiosas
figuras que no existen en ningún mundo». Ortega evidentemente quiere decir que no existen en el mundo objetivo, pues
en el «Ensayo... a manera de prólogo», hemos visto que nos
hablaba de «otro mundo», donde sí se hace posible lo irreal.
¿Y cuál es este «otro mundo»? Ese otro mundo es nuestro yo.
En nuestro yo «el lugar sentimental» del ciprés (o de la mejilla) coincide con «el lugar sentimental» de la llama (o de la
rosa). El «sentimiento ciprés» y el «sentimiento llama» son
idénticos. ¿Por qué? El lector se dispone a oír por fin la reve-
lación que ilumine todo lo anterior. Pero Ortega contesta a su
pregunta así: «Ah, no sabemos por qué: es el hecho siempre
irracional del arte (...) Sentimos simplemente una identidad,
vivimos ejecutivamente el ser ciprés llama»[8]. Henos, pues, añadamos nosotros, frente al socorrido «misterio de la poesía».

De lo anterior deduce Ortega que el «arte es esencialmente
irrealización (...)». «Es la esencia del arte creación de una

___
[8] *Ensayo de estética a manera de prólogo*, op. cit., t. VI, pág. 261.

nueva objetividad, nacida del previo rompimiento y aniquilación de los objetos reales (...) Es el arte doblemente irreal;
primero porque no es real (...); segundo porque esa cosa distinta y nueva que es el objeto estético, lleva dentro de sí,
como uno de sus elementos, la trituración de la realidad (...)».
«La belleza comienza sólo en los confines del mundo real» [9].

Las reflexiones de Ortega acerca del arte responden, como
veremos, a la corriente irrealista de su momento histórico, de
la que nuestra doctrina, en cambio, se aparta decididamente.
Lo curioso del caso es la contradicción, sin duda inconsciente,
en que incurre Ortega, con este «irrealismo», de origen esteticista, en lo que respecta a su verdadera doctrina filosófica [10],
que es, como nadie ignora, una doctrina que exalta la vida
por encima de la cultura (y, en consecuencia, por encima del
arte).

### LA TESIS DE ORTEGA Y LA QUE NOSOTROS HEMOS SOSTENIDO ACERCA DE LA METÁFORA

Según acabamos de ver en el resumen que del pensamiento
orteguiano he intentado en el parágrafo anterior, tal irrealismo consiste en concebir que el carácter estético de la imagen
tradicional («mejillas = rosas») nace al otorgar validez, en
nuestra emotividad, a la literalidad del enunciado igualatorio.
Lo poético no es, pues, para Ortega, un fenómeno de plenitud
expresiva referido a la realidad, como nosotros pensamos, sino,
al revés, un fenómeno de evasión de esta última. Pero para que
la metáfora tradicional nos haga sostener en la emoción la

---

[9] En *La deshumanización del arte* abunda Ortega en la misma tesis
irrealista: «El poeta empieza donde el hombre acaba». «El destino de
éste es vivir su itinerario humano: la misión de aquél es inventar lo
que no existe (...). El poeta aumenta el mundo, añadiendo a lo real, que
ya está ahí por sí mismo, un irreal continente. Autor viene de «auctor»,
el que aumenta» (*op. cit.*, t. III, pág. 371). «Mallarmé (...) nos presenta
figuras tan extraterrestres, que el mero contemplarlas es ya sumo placer» (*op. cit.*, pág. 372).

[10] Véase más adelante (pág. 332) el texto que he copiado de *El tema
de nuestro tiempo.*

igualdad identificativa, pese a su evidente irrealidad como supone nuestro autor[11], *sería necesario que hubiese un motivo para ello*, como lo hay en el caso, por ejemplo, de las imágenes visionarias. Elevándonos de nuevo aquí a la consideración general a que más arriba llegábamos, conviene repetir que las irrealidades simbólicas (imágenes visionarias, visiones y símbolos homogéneos) se nos aparecían como realidades *en la emoción* gracias exclusivamente a su irracionalidad, *que nos obligaba* a visualizarlas en la conciencia y, por lo tanto, a entenderlas preconscientemente como términos reales, es decir, a entenderlas como términos reales en la emotividad (y sólo en la emotividad) consciente. Ahora bien: en el caso de las imágenes tradicionales *no hay razón ninguna* para que estas complejas operaciones se desencadenen; y por supuesto, es evidente que sin mediar una razón tales operaciones *no pueden darse*, ya que estas sólo son un recurso *segundo, poco grato* para nuestra personalidad racional, recurso a que acudimos solamente cuando nos falla el primero, el verdaderamente espontáneo, que es ir hacia las significaciones lógicas. Como las metáforas tradicionales tienen sentido lógico, nuestra mente se dirige rápidamente hacia ese sentido y abandona por tanto la literalidad irreal de aquellas («pelo de oro»), que ha asomado previamente como insensata. Enunciando de una forma más analítica lo que dijimos de otro modo en el capítulo anterior, podríamos descomponer nuestro proceso mental de lectores frente a una metáfora tradicional en los siguientes momentos:

1.º Lectura de la letra irreal («torbellinos de Noruega que se quejan sobre el guante»; «pelo de oro»).

2.º Sorpresa ante el carácter inesperado de tal letra.

3.º Comprensión de ella como carente de sentido.

4.º Abandono de la letra irreal al entenderla de ese modo.

5.º Intento de hallar un sentido lógico distinto del literal que, por lo dicho, se nos ha hecho intolerable.

---

[11] La frase «el sentimiento ciprés y el sentimiento llama son idénticos» con que, como vimos, viene Ortega a condensar su tesis sobre la metáfora no puede significar sino lo que digo en el texto, una vez vertida la sentencia a nuestra terminología.

6.º Hallazgo del mencionado sentido lógico no literal, en el que al fin podemos definitivamente descansar y al que sentimos como sorprendente, tras aplicarle el efecto de esa clase, experimentado por nosotros en el momento segundo.

Como se ve, no hay sitio en ningún instante para afirmar la literalidad irreal, *pues nada nos obliga a realizar un acto que en principio repugna a nuestra razón y a nuestra experiencia de la vida.* En el caso de las expresiones simbólicas, vuelvo a decir, vencemos esta fuerte resistencia porque, como sabemos, al no hallar un sentido lógico a las palabras del poeta y encontrarnos entonces sin explicación ninguna para el dicho poemático, nos sentimos *forzados* a regresar a éste y verlo en toda su plasticidad; y sólo tras tal visualización con su consiguiente proceso simbólico (el «ancilar») que nos lleva a la emoción de realidad que sabemos, se desencadena el segundo proceso, el «principal», justamente porque nuestra descontentadiza razón no admite, ni aun a nivel emotivo, el disparate de que lo irreal se nos ofrezca en calidad de real. Como se colige fácilmente de estos análisis, el proceso simbolizante sólo se pone en marcha cuando fracasan las vías previas más espontáneas y naturales. Las palabras no se ponen porque sí y sin motivo alguno a emitir significados simbólicos. En otro libro [12] intentaré mostrar que ni siquiera el simbolismo de realidad hace excepción a esta inexorable ley. Ahora bien: lo que Ortega afirma implica, sin que el propio autor llegue a percatarse de ello, la idea de que las imágenes tradicionales sean de hecho simbólicas de su propia literalidad irreal, cosa que nuestra experiencia de lectores, y no sólo los razonamientos que acabamos de aducir, viene rotundamente a negar. Es evidente que notamos, a este propósito, una gran diferencia entre los versos de Aleixandre arriba copiados (los del hombre de tamaño cósmico), y la expresión «pelo de oro» o la expresión «quejándose venían sobre el guante / los raudos torbellinos de Noruega», no simbólicos en ese sentido, por muy sorprendente que esta última frase sea. La emoción de realidad que la figura cósmica

---

12 *Superrealismo poético y simbolización.*

de Aleixandre trasmite se halla por completo ausente de las metáforas tradicionales que hemos citado. Lo que ha confundido a Ortega es, sin duda, a mi juicio, el fenómeno de *sorpresa* que nos proporcionan las metáforas tradicionales cuando éstas son verdaderamente originales: por ejemplo, la gongorina de los noruegos torbellinos. No haciendo un análisis suficientemente escrupuloso como el que en el capítulo anterior nos ha cumplido, no sé con qué éxito, realizar, parece, en efecto, al primer pronto, que la sorpresa que recibimos frente a las imágenes tradicionales recién acuñadas *supone* el mantenimiento de su literalidad irreal, pues sólo ella es capaz de producírnoslo, tal como consignábamos. Ortega no da razón alguna para sus aseveraciones, y no habla, por supuesto, de sorpresa, pero sus palabras no pueden tener otra motivación, a mi entender, que la que le acabamos de otorgar.

En suma: sólo en el fenómeno irracionalista (imágenes visionarias, visiones y símbolos homogéneos) *de que Ortega no se ocupa en ningún instante,* se da una fe puramente emotiva en el aserto poemático irreal; tal fe no se produce, efectivamente, nunca en el fenómeno metafórico tradicional, al que nuestro filósofo se refirió, sin excepciones, a todo lo largo de sus tres ensayos.

## LA VISUALIZACIÓN NO ES IRREALISTA

Recordemos que, tal como establecíamos más atrás, tampoco deben sacarse consecuencias irrealistas de esta afirmación emotiva de lo irreal que es propia de toda simbolización. Lo estético no empieza, como Ortega supone, donde lo real termina; la belleza artística no resulta de expresar lo irreal, sino al revés, nace de que se expresa lo real y sólo lo real (aunque a veces, eso sí, simbólicamente y a través de enunciados irreales) de un modo precisamente más saturado o pleno que de ordinario. La irrealidad como tal y en sí misma no le interesa al hombre lo más mínimo, ni tiene capacidad ninguna para emocionarnos. Más aún: ni siquiera lo real inhumano puede, de manera autónoma, producir tal efecto. Para que un paisaje logre arrancar de nosotros el entusiasmo estético es preciso que lo relacionemos, por medio de asociaciones preconscientes (y por tanto sin darnos cuenta), con la esfera del hombre. Una montaña o un paisaje marino nos parecen, por ejemplo, bellos, si de manera espontánea, al contemplarlos, los hacemos simbolizar algo que, en un sentido u otro, caiga dentro del círculo de nuestros intereses. Lo puramente irreal nos es más ajeno todavía que lo inhumano, y sólo provoca en nosotros perplejidad, rechazo, incredulidad, jamás un sentimiento artístico. Sólo cuando lo irreal se pone al servicio de lo real, haciendo que percibamos la realidad (acaso irracionalmente, repito) con mayor plenitud y precisión, adquiere lo irreal, o puede adquirirlo, un carácter estético. Si en el fenómeno simbólico del segundo tipo aparecen en nuestra emoción, al visualizarse la letra irreal, significados de este orden irrealista es únicamente para otorgar al símbolo una más perfecta eficacia en su cometido de formular, aunque del modo no lógico que sabemos, significados perfectamente pensables en el mundo efectivo del hombre. Como el plano evocado de las metáforas simbólicas nos dice siempre, aunque en síntesis emotiva, algo del plano real, al visualizarse aquél y adquirir así emotivamente una mayor presencia y bulto ante nosotros, eso que del plano real (o sea, de la realidad) está proclamando, lo declarará con más elocuencia, energía, eficiencia. La visualización es un medio, vuelvo a decir, para intensificar las figuras retóricas en su misión, siempre en último término realista, de hablarnos del mundo en que vivimos y somos.

LA PRIMERA FUENTE DEL ERROR ORTEGUIA-
NO: LA CORRIENTE CRÍTICA IRREALISTA,
CON RAÍCES EN EL ESTETICISMO

¿De dónde le viene, pues, a Ortega este irrealismo que desde nuestros análisis y reflexiones se nos ha aparecido como equivocado? Creo que deriva de dos fuentes muy distintas en-

tre sí; una procedente, como dije antes, de la tradición esteticista que imperaba aún en la cultura occidental cuando Ortega
era joven; y otra, de carácter puramente biográfico: el hecho
de haber Ortega concebido sus tesis estéticas partiendo de la
contemplación de la pintura, contemplación cuyos resultados
generalizó después hacia la poesía (en los ensayos que antes
traje a colación), y no viceversa, como sin duda le hubiera
sido más fecundo y provechoso para el descubrimiento de lo
que me atrevería a considerar la auténtica naturaleza del arte.
Merece la pena examinar ambas cosas, empezando por la
primera.

El subjetivismo creciente de la cultura occidental toma, a
lo largo del siglo XIX, formas distintas. Se manifiesta, por
ejemplo, como impresionismo («no importa el mundo objetivo;
importa la impresión que éste nos produce»); pero también
como esteticismo («no importa el mundo objetivo y natural,
sino el mundo subjetivo del arte, la *impresión* estética»). Consecuencia de esto último: la naturaleza, la realidad física espontánea o vital, no es nada; el arte lo es todo. Pero, claro está,
desde este supuesto, la concepción mimética de los fenómenos
estéticos, que venía rigiendo sin desmayo desde Platón y Aristóteles, habrá de venirse abajo, y aun habrá de invertirse. Pues
si el arte es más que la naturaleza y que la vida, no podrá,
sin incongruencia, concebirse como imitación de estas últimas.
Si el arte imitase a la naturaleza y a la vida se pondría, automáticamente, a su servicio, y en consecuencia, se situaría en
un modesto segundo término, ancilar con respecto a ellas,
cosa que va contra el supuesto de primado y supremacía que
el esteticismo le atribuye. Se concibe de esta manera la posibilidad de un arte autónomo, independiente de la naturaleza,
amimético y puramente creativo. Esa concepción halla una de
sus raíces en las teorías de Baudelaire sobre la fantasía artística (y aun en doctrinas anteriores a Baudelaire): «Ella (habla
de la fantasía) descompone la creación, y con los materiales
recogidos y dispuestos según leyes, cuyo origen sólo puede
encontrarse en lo más profundo del alma, *crea un mundo nue-*

*vo*» [13]. En una conversación parece ser que Baudelaire llegó a
decir: «Quisiera prados teñidos de rojo, árboles teñidos de
azul» [14], deseo ampliamente realizado, si no *del todo* en su
propia obra (aunque en ella puedan rastrearse, muy de tarde
en tarde, alguna que otra «irrealidad» visionaria [15]), sí en la de
los poetas posteriores como sabemos, especialmente a partir
de Rimbaud.

Oscar Wilde, uno de los más inteligentes teóricos del esteticismo, nadie lo ignora, va más lejos todavía, en esta dirección,
cuando, en uno de sus ensayos, enuncia y desarrolla, con gran
brillantez, su célebre paradoja: «La naturaleza imita al arte» [16].
Aquí no es ya que el arte se halle fuera del compromiso de imitar la realidad y la vida (caballo de batalla del esteticismo y
de Wilde), sino que, en concepción más audaz, es la naturaleza
la que, como corresponde a su humillación frente al arte, se
dispone a ese oficio de servicio y de copia. Tras esto, no nos
asombra oír al autor, en el mismo ensayo, esta significativa y
coherente declaración: «el arte comienza con la decoración
abstracta, con la obra puramente imaginativa y placentera *que
trata de lo irreal e inexistente*» [17]. Ya estamos, pues, frente a
la noción de un arte creativo, no imitativo, o sea, frente a la
noción que años después Huidobro llama, no sin cierta inge-
nuidad un poquillo petulante, «el artista-dios». Así se expresa
este poeta en el Ateneo Hispano de Buenos Aires, 1916: «Toda
la historia del arte no es más que la historia de la evolución
del hombre-espejo hacia «el hombre-dios» o «el artista-dios», que

---

13 Artículo titulado «La reine des facultés (*Salon de 1859*)», en *Œuvres
Complètes*, París, 1964, Bibliothèque de la Pléiade, Gallimard, págs. 1.037-
1.038.

14 Véase Hugo Friedrich, «Die Struktur der Modernen Lyrik, von Baudelaire bis zur Gegenwart», 2.ª ed., 1958, en *Rowohlt-Hamburg*. Hay edición española: *Estructura de la lírica moderna*, Barcelona, 1974, ed. Seix
Barral, pág. 75.

15 Véanse las págs 73, 86, 101, 106 y 114 del presente libro.

16 Oscar Wilde, «The Decay of Lying», en *Intentions*. London, Publishers
James R. Osgood, Mc Ilvaine and Co., 1891. Edición española: *Intenciones*,
Madrid, 1972, Taurus Ediciones, págs. 32-39 y 46.

17 Oscar Wilde, *op. cit.*, pág. 25.

resulta ser un creador absoluto». «No hay que imitar a la naturaleza, sino conducirse como ella (...) en su mecanismo de producción de formas nuevas» (idea, esta última, exactamente coincidente con la de André Lhote, cuando éste afirma que el artista debe «imitar a la naturaleza en sus rasgos creadores, no en sus productos»). Ya en el manifiesto «Non serviam», leído por su autor en el Ateneo de Santiago de Chile en 1914, había dicho Huidobro: «el poeta, en plena conciencia de su pasado y de su futuro, lanza al mundo la declaración de su independencia frente a la naturaleza. Ya no quiere servirla más en calidad de esclavo (...). Hemos cantado a la naturaleza (...). Nunca hemos creado realidades propias, como ella lo hace o lo hizo (...). Hemos aceptado (...) el hecho de que no puede haber otras realidades que las que nos rodean y no hemos pensado que nosotros también podemos *crear realidades en un mundo nuestro*». «No he de ser tu esclavo, madre Natura, seré tu amo (...). *Yo tendré mis árboles, que no serán los tuyos* (...)». Congruente con este pensamiento, afirma Huidobro en frase que se ha reproducido con frecuencia, sin duda por su carácter lapidario: es preciso «hacer un *poema como la naturaleza hace un árbol*» [18]. (De ahí el nombre de «creacionismo», otorgado a la escuela lírica fundada por un poeta, como ha sido él, para quien *«la verdad del arte empieza allí donde termina la verdad de la vida»* [19].) Lo mismo leemos en León Gischia y Nicole Vedres: «el escultor ya no copia la naturaleza, ya no imita unas apariencias: las crea como la naturaleza crea una montaña, un hombre, una roca. Su hecho plástico sustituye a lo real, está destinado a suplantarlo».

Naturalmente, todo esto no es últimamente otra cosa, como empecé diciendo, que la expresión de doctrinas irrealistas que brotaban por todos los sitios a la sazón y desde hacía tiempo. Pues Wilde no estaba solo en su época, como es natural. Copiemos, un poco al azar, algunos textos (muy conocidos) de diversa fecha: Mallarmé: «...estrictamente imaginativo y abstracto,

---

[18] En *Horizon carré*, París, 1917.
[19] *Vientos contrarios*, 1916.

por lo tanto, poético»[20]. Apollinaire: «los jardineros tienen menos respeto por la naturaleza que los artistas. Es hora de ser los amos. Cada divinidad crea a su imagen y semejanza: así los pintores. Y sólo los fotógrafos fabrican la reproducción de la naturaleza. El cubismo se diferencia de la antigua pintura en que no es un arte de imitación, sino un arte de concepción que tiende a elevarse hasta la creación»[21]. Maritain (habla también del cubismo): «la creación artística no copia la obra de Dios; la continúa». Hans Arp: «no queremos copiar la naturaleza, no queremos reproducir, queremos producir (...) como una planta que produce un fruto»[22]. Pierre Reverdy: «el cubismo es (...) un arte de creación y no de reproducción o de interpretación (...). Estamos en una época de creación artística, en la cual se han creado obras que separándose de la vida, vuelven a ella porque tienen una existencia propia fuera de la evocación o de la reproducción de las cosas mismas»[23]. En los números 4-5, junio-julio, 1917, de la misma revista *Nord Sud*, de donde extraigo esa cita, escribe también Reverdy un «Ensayo de estética literaria», sumamente interesante para nosotros: «crear la obra de arte que tenga su vida independiente, su realidad y que sea su propio objeto, *nos parece más elevado que cualquier interpretación fantástica de la vida real, apenas menos servil que la imitación fiel.* Queremos crear una emoción *nueva y puramente poética*»[24]. Fijémonos, por lo pronto, en esta última expresión: supone, evidentemente —concepto, por otra parte, muy repetido por entonces—, que lo poético, como luego dirá Ortega, empieza en lo irreal: repásense, igual-

---

[20] Mallarmé, *Œuvres complètes*, Bibliothèque de la Pléiade, París, 1945, ed. Gallimard, pág. 544 (artículo titulado «Richard Wagner, Rêverie d'un poète français»).

[21] Apollinaire, *Méditations esthétiques*, 1912 (reeditado en 1921 con otro título: *Les peintres cubistes*).

[22] Hans Arp, *On my way. The documents of Modern Art*, Wittenbonn, Schulz, Inc., New York, 1948.

[23] Pierre Reverdy, «Sur le cubisme», en revista *Nord Sud*, núm. 1, mayo 1917.

[24] El subrayado es mío.

mente, más arriba, las frases de Wilde, de Mallarmé y de Huidobro. En este mismo sentido André Breton afirma que «la obra plástica (...) se referirá (...) a un modelo puramente interior, o bien» (escuchemos atentos) «*no existirá* tal modelo en ningún sitio»[25].

Por su parte, Roland Penrose, en su libro sobre Picasso, dice que en el cubismo «ya no era requerido el arte para copiar la naturaleza, *ni incluso para interpretarla*[26], sino que debía intensificar nuestras emociones (...), dotando a la obra de arte de atribuciones nuevas»[27].

En suma: por todas partes aflora con fuerza una poderosa negación del concepto platónico y aristotélico de «imitación de la naturaleza». Pues no sólo se niega para el arte la necesidad de reproducir la realidad; se niega también, como se ve de modo especialmente explícito en estos pasajes de Reverdy, de Breton o de Penrose que acabo de mencionar, y de forma implícita, aunque clara para el buen entendedor, en los otros que hemos traído a cita, se niega también, repito, y ello es mucho más grave, *la necesidad de interpretar la vida* (reléanse las frases últimamente subrayadas por mí de los tres autores citados). ¿De dónde procede un error, a mi juicio, tan grave y desorientador, y, por desorientador en un punto que es por completo esencial, tan peligroso? A la luz de nuestras indagaciones, la cosa está clara: por un lado, como ya dije, tal desviación se engendra en el esteticismo; por el otro, el yerro se deriva del inicio de la simbolización en el arte, unido a un conocimiento sumamente pobre, esquemático e imperfecto de lo que en este libro hemos llamado «significación irracional». Si no caemos en la cuenta de que la emoción C suscitada, digamos, por el elemento irreal E, que el poeta atribuye (en las visiones) a la realidad A, oculta, implica y supone, por asociación preconsciente, unos ingredientes significativos $B_1$, $B_2$,

---

[25] André Breton, *Le surréalisme et la peinture*, ed. Gallimard, 1928. El subrayado es mío.
[26] El subrayado es mío.
[27] Roland Penrose, *Picasso*, Madrid, Ediciones Cid, 1959, pág. 236.

B₃ ... Bₙ que se refieren a la vida, esto es, que la interpretan, a través de una síntesis emocional C o simbolizado, lo único que percibiríamos habría de ser una pura irrealidad, algo que no es copia de la naturaleza ni significa nada de ella, sino que es una «creación absoluta» que, sin embargo, resulta artísticamente válida, puesto que nos mueve estéticamente: tal es lo que las citas anteriores (y otras muchas que, junto a ellas, podrían aducirse[28]), vienen a decir, y, según nuestra doctrina, con manifiesta equivocación: por eso hablé en otro sitio de la urgencia inaplazable con que se impone la necesidad de situar la teorización literaria, en cuanto a este punto, a la altura histórica en que, por el contrario, se halla, desde hace mucho, la psicología, con su consideración de las freudianas «ideas latentes». Si los sueños más descabellados o los síntomas neuróticos más aparentemente absurdos, si los más insensatos olvidos y equivocaciones, tienen, al menos en la ortodoxia freudiana, un sentido «no consciente», fruto, por supuesto, de una «interpretación de la vida» ¿cómo no iba a tenerlo el arte?

---

[28] Pues algo semejante vemos, por ejemplo, entre los teóricos de la música. Según Hanslick, la música no comunica significado alguno extrínseco a ella misma, sino sólo esquemas sonoros dinámicos: «tönend bewegte Formen» (Hanslick, *Vom Musikalischschönen*, pág. 45). Ideas semejantes en E. J. Dent, *Terpander: or the Music of the Future*, New York, E. P. Dutton and Co., 1931, pág. 237; también en F. Heinrich, *Die Tonkunst in ihrem Verhältnis zum Ausdruck und zum Symbol*, pág. 67; e incluso en Igor Strawinsky, *Erinnerungen*, Atlantis-Verlag, 1937: «Considero a la música, en su esencia, impotente para expresar un estado psicológico, un fenómeno de la naturaleza, etc. (...) Si (...) la música parece expresar algo es una ilusión y no una realidad».

En cambio, Susanne K. Langer cree, como nosotros, que el arte articula significados (*Philosophy in a New Key. A Mentor Book*, ed. The New American Library, Inc., New York, Sixteenth printing (sin fecha), págs. 174-208 y en especial 185-190). Dice concretamente en la pág. 185: «If music has any significance, it is semantic, not symptomatic. Its 'meaning' is evidently not that of a stimulus to evoke emotions nor that of a signal to announce them; if it has an emotional content, it 'has' it in the same sense that language 'has' its conceptual content —symbolically (...). Music is not the cause or the cure of feelings, but their logical expression...».

¿Cómo no iba a ser éste resultado de interpretar la vida, esto es, de imitar, en efecto, a la naturaleza, de un modo que puede ser, eso sí, indirectísimo por irracional? Para llegar a esta conclusión bastaría con pensar lo siguiente: toda obra de arte emociona; pero resulta que toda emoción es, de hecho, según venimos repitiendo, una interpretación de la realidad, reducible y equivalente, por tanto, en un plano racional, a una frase lógica.

Debo advertir que no se trata de proponer una crítica freudiana de la literatura o del arte. Eso (no sé si por desgracia) se ha hecho mucho ya, y nadie lo desconoce. La crítica literaria de ese tipo psicoanalítico consiste, como es de sobra sabido, en descubrir en los textos literarios las motivaciones «reprimidas» del autor o de sus personajes, por ejemplo, sus complejos, etc.; motivaciones situadas, pues, en el inconsciente, y generalmente inoperantes desde el punto de vista estético. El propio Freud afirma que en su método «el desvelamiento de la técnica artística no es ya de su jurisdicción» [29], al revés de lo que ocurre aquí. Nuestro método es, pues, fundamentalmente distinto, y aun en cierto sentido, opuesto: lo que intentamos descubrir es, en efecto, no «represiones» sino significaciones que siempre operan emocionalmente sobre el lector, y que se sitúan, no en su inconsciente, sino en su preconsciente. Poseen, pues, en todo caso, esas significaciones, una eficacia estética y están por ello referidas a la técnica artística, que, como acabo de recordar, es situada por Freud en región que excede al psicoanálisis. No tiene, pues, en principio, nuestro método relación alguna ni, como digo, con el concepto de «represión» ni con el de «censura», gratos ambos a los psicoanalistas. En menos palabras: nuestro método no consiste en la aplicación del psicoanálisis a la crítica literaria, sino en llevar a la crítica literaria, con notorio retraso, vuelvo a decir, el mismo tipo de cambio que antes se efectuó, de otro modo y con otra importancia, gracias a los psicoanalistas, en la ciencia psicológica.

---

[29]  S. Freud, *Mi vida y el Psicoanálisis*, ed. Guadarrama, pág. 387.

LA SEGUNDA FUENTE DEL ERROR ORTEGUIANO

Veamos ahora cuál haya podido ser la segunda causa del error irrealista de Ortega.

El origen teórico del irrealismo se halla, dijimos, en la doctrina esteticista del siglo XIX. Pero hemos de añadir en seguida que el irrealismo, como pensamiento doctrinal, no cobró vuelo y verdadera popularidad entre los críticos hasta que la pintura, especialmente con la llegada del cubismo, manifestó con evidencia la posibilidad efectiva de llevar a la práctica tal tendencia amimética (repásense las citas anteriores). Una vez que la pintura demostró que podían darse de hecho obras de arte independientes (en un cierto sentido) de la realidad (colores «gratuitos» del fauvismo, cubismo, primeros cuadros abstractos) se hacía posible concebir, como esencia del arte, eso que ahora semejaba manifestarse de un modo palmario en la pintura: la idea de que el arte empezaba cuando lo real daba fin. Recuérdense las frases de Ortega más arriba copiadas («la metáfora empieza a irradiar belleza donde su porción verdadera concluye»; «la belleza comienza sólo en los confines del mundo real») o la de Huidobro, casi idéntica («la verdad del arte empieza allí donde termina la verdad de la vida»). Mi tesis es que tales aserciones («arte como irrealidad, esto es, como modificación irrealista de la realidad») se relacionan inicialmente, repito, con el espectáculo de la pintura en los primeros años del siglo, espectáculo irrealista que pronto las demás artes se encargaron de confirmar.

Ahora bien: visto desde la pintura, el arte parece, en efecto, irrealización, incluso el de otras épocas, una vez adiestrada la mirada del crítico por la contemplación de la pintura contemporánea. Varios trabajos de Ortega están dedicados a mostrarlo, especialmente las partes tituladas «Introducción a Velázquez» del libro *Velázquez* [30]. Se habla en esta obra de cómo

---

[30] José Ortega y Gasset, *Velázquez, Obras Completas*, tomo VIII, Madrid, ed. Revista de Occidente, 1962, págs. 453-653.

en todo cuadro hay dos elementos contrapuestos: unas formas naturales y objetivas y unas formas «vacías», impuestas a las anteriores, que Ortega denominó «formales». «Todo cuadro», dice, «es la combinación de una representación» (formas naturales y objetivas) «y un formalismo»[31] (formas artísticas). Este formalismo que el pintor impone (irrealísticamente, diríamos) a la objetividad contemplada «es el estilo». Se tratará unas veces de la organización de los objetos o criaturas de manera que formen un triángulo (Vinci); o más complejamente, un triángulo de triángulos, una gran curva, una diagonal en el fondo del cuadro: Ribera, y en general, todo el siglo XVII. (En otras ocasiones, la diagonal es doble y forma aspa). O se tratará de ver las cosas desde una perspectiva insólita; por ejemplo, de abajo arriba, etc. En Miguel Ángel el formalismo consistirá en el dinamismo con que los torsos son percibidos. El movimiento como forma va a ser el principio del formalismo subsiguiente a Correggio. ¿Cuál es el formalismo de Velázquez? «El arte es» siempre «esencialmente desrealización»[32]. Velázquez desrealiza de un modo nuevo: reduciendo el objeto a pura visualidad[33], con merma o debilitación de los elementos táctiles (como luego harán, más extremosamente, los impresionistas del siglo XIX). En suma: lo que en la obra de arte apetecemos y buscamos es su «forma artística». «Para gozar» «necesitamos que cosas reales, las cuales no son», por ejemplo, «triángulos o pirámides, sin dejar de ser, en suficiente medida, las cosas reales que son» (digamos, cuerpos humanos) «resulten» «a la vez, triángulos, pirámides. Es decir: lo que no son»[34]. Todo arte resulta, pues, metamorfosis, en que la cosa descansa de sí misma, y esa es precisamente su gracia.

La doctrina de Ortega podría resumirse, pues, en esta frase, que el autor no utiliza, pero que se halla implícita en sus aser-

---

[31] *Op. cit.*, parte titulada *Introducción a Velázquez*, 1947, págs. 568-588.
[32] *Op. cit.*, pág. 586. Más atrás, en el mismo ensayo (pág. 575) había dicho: «el arte italiano (...) crea objetos extramundanos como lo son todos los objetos poéticos».
[33] *Op. cit.*, *Introducción a Velázquez*, 1954, pág. 630.
[34] *Op. cit.*, *Introducción a Velázquez*, 1947, pág. 587.

tos: el arte es modificación de la realidad, y por tanto se
muestra como relativo con respecto a ella. Ahora bien: ¿por
qué esta desrealización, esta modificación de lo real produce
placer? Como la tesis orteguiana, al carecer en nuestra hipótesis de verdadera base, no puede explicar convincentemente
la causa del hecho que describe, se recuesta de nuevo sobre
el misterio como *ultima ratio*: «Hay (...) en el hombre», afirma, «un fondo secreto de deseos respecto a la forma de las
cosas», aunque «no se sabe», confiesa, «por qué preferiría que»
éstas «fuesen de otro modo que como en realidad son». «De
ahí que se sienta feliz» con los formalismos metamorfosi-
zantes[35].

Como se ve, la razón que del hecho estético quiere el autor
proporcionarnos, no hace sino resolverse en su opuesto. Recuérdese (y no es azar) que igual ocurría en el caso de la metáfora,
cuando se preguntaba Ortega por qué el poeta vivía ejecutivamente el ciprés como «espectro de una llama muerta». Ah,
respondía, «es el hecho siempre irracional del arte»[36]. No nos
asombra en estos casos el silencio de nuestro autor. Explicar
por qué el hombre ha de necesitar ofrecernos, en sí misma y
sin más la irrealidad (y no como medio para decirnos algo de
las cosas) y que tal expresión, además, nos emocione resulta,

---

[35] *Op. cit., Introducción a Velázquez,* 1954, pág. 622. Ya en *La deshumanización del arte* (1925), y no sólo en el lugar del libro *Velázquez*
que acabo de citar (o en el pasaje del *Ensayo de Estética a manera* de
*prólogo,* mencionado antes), había tropezado Ortega con el misterio del
irrealismo, en que el arte, según él, consiste, para cuya aclaración necesitaba acudir al recurso de postular nada menos que un instinto, tan
misterioso, a mi juicio, como el misterio que se pretendía dilucidar a
su través. «*Es verdaderamente extraña*», dice (el subrayado es mío),
«la existencia en el hombre de esta actitud mental» (habla de la metáfora) «que consiste en suplantar una cosa por la otra, no tanto por
afán de llegar a esta como por el empeño de rehuir aquella. La metáfora escamotea un objeto enmascarándolo con otro, y no tendría sentido si no viéramos bajo ella un instinto que induce al hombre a evitar realidades» (*Op. cit.,* III, pág. 373). Ortega no explica, como se ve,
el porqué de tan enigmático instinto.

[36] Véase, además, lo que digo en la nota anterior.

en efecto, faena imposible. Ortega debió meditar: tropezar siempre así, en sus reflexiones estéticas, con la pared de una incógnita final, ¿no era una advertencia que le estaba haciendo la insobornable verdad de los hechos sobre la posible incorrección de sus juicios?

NUESTRA POSICIÓN ESTÉTICA

Es muy posible que si hubiera ido el autor desprovisto de prejuicios plásticos y pictóricos al análisis de la poesía, se hubiera dado cuenta de que lo poético no es relativo a la realidad, sino al lenguaje tópico, frente al que lo poético siempre aparece como fruto de una desviación. En otros términos: lo poético no nace de modificar la realidad sino de modificar la norma lingüística con que la realidad se expresa habitualmente [37]. No se trata de crear un objeto nuevo, *irreal*, el ciprés

---

[37] Esta idea, tan popularizada hoy, fue enunciada por mí, sin relación ninguna con el formalismo ruso, en 1952; o sea, 14 años antes de que nadie conociese a Šklovskij o enunciase dicha idea fuera de Rusia. Naturalmente, J. A. Martínez, autor del que ya hablé más arriba en su relación conmigo (véase la página 56), no menciona para nada este dato cronológico en su citado libro, ni he visto que lo tuviese en cuenta tampoco ningún crítico o teórico de nuestro país (sí de otros países). Martínez, probablemente, caerá en la cuenta de que la «ley del asentimiento» (que también se enuncia en mi *Teoría*) es una realidad, cuando algún chino, alemán o francés la enuncie, mejor si es con otro nombre, para poder así reprocharme que yo no la hubiese promulgado con la exacta denominación con la que se haya, en tal supuesto, popularizado, a la sazón, en Europa. Eso es lo que hace, precisamente, por lo que toca a mi «ley de la modificación del lenguaje», a la que bauticé también con el nombre de «ley de la sustitución de la lengua» (llamando «lengua» al uso de los vocablos y de los giros sintácticos en el sentido tópico «que tienen en la Gramática y en el Diccionario»). Al parecer, yo tenía que haber dicho (europeamente *avant la lettre*) «desviación del Uso» —aunque fuese eso, *exactamente*, lo que, para cualquier entendedor, yo significaba con mis palabras—. Cuando no se quiere entender, evidentemente, no se entiende nada. Aun sin salirnos del punto que acabo de tocar, pongamos un nuevo ejemplo de la voluntaria cerrazón a comprender cuando las pasiones (o lo que sea) parecen

«bello» o la «bella» mejilla; se trata, al revés, de expresar
(irracionalmente a veces y a través de irrealidades, repito) con
mayor eficacia que de ordinario y de un modo «asentible» lo

aconsejarlo. Aunque yo hubiere sostenido, como ahora mismo recordé,
antes que nadie en el mundo occidental y sin relación con nada previo (y lamento tener que hacer aquí esta exhibición de prelaciones que
va contra mi carácter y mis gustos más hondos), aunque dije que la
poesía era apartamiento de la «lengua» en cuanto «uso» o «estereotipo»,
Martínez desvaloriza implícitamente este hecho (que, repito, no menciona) al encontrar un error en mis apreciaciones: el de que la «lengua»,
en la definición que yo daba, estaba considerada por mí exclusivamente
como conceptual y analítica. Mi aserción era, en efecto, que al resultar
la «lengua» (precisamente a causa de la topicidad de su naturaleza) de
esa índole que digo pobre y esquemática, no podía expresar lo poético,
que consiste en lo opuesto, esto es, en expresión «saturada» o «plena»,
y se hacía, por consiguiente, preciso introducir en ella «modificaciones»,
«sustituciones», «desvíos» de la «norma». Martínez rearguye que la pre-
misa inicial es falsa. La lengua no es sólo conceptual y analítica, afirma,
pues contiene también sentimientos y percepciones sensoriales. Ahora
bien: ¿es verdad que yo, en mi libro, no tenía en cuenta el hecho que
Martínez aduce? Veamos. En la página 90 de la edición de mi obra manejada por Martínez se lee: «Una ilusión semejante, pero opuesta, da
razón de un fenómeno rigurosamente inverso también al que acabamos
de examinar: el de que ni aun podamos experimentar como poéticas
aquellas raras palabras de «lengua» que encierran, de hecho, sentimientos o representaciones sensoriales: tal, de un lado, los aumentati-
vos, diminutivos, despectivos e interjecciones, y de otro, aquellas voces,
cuyo significante, por ser onomatopéyico o sinestético, nos induce a
representaciones sensoriales: «tictac», «pitido», «chispazo», «zigzag», etc.
¿A qué se debe este fenómeno? Sin duda, a que tales vocablos, por
pertenecer a la «lengua» y sentirlos entonces nosotros como «lenguaje
de todos», nos comunican esos sentimientos y sensaciones no sólo apa-
gadamente, sino también como «de todos» y no como «de uno». Diríase
que los recibimos en nuestra psique *encauzados conceptualmente*, si se
me permite la expresión, o si se prefiere, como *«universales»* de la sensación y del sentimiento, y no pueden darnos así la impresión de individualidad que necesitamos para poder emocionarnos estéticamente, a
no ser que el poeta, por medio de sustituciones, los manipule, *igual
que a cualquier otro sintagma*, y los haga entonces, tras ese tratamiento,
aptos para ilusionarnos del modo que sabemos».
    Tener la lengua capacidad de expresar sentimientos y sensaciones no
era, pues, un hecho que mi libro omitiese, negase u olvidase; al revés,

que este ciprés o esta mejilla *reales* sean para mí. ¿Cómo? Haciendo que el lenguaje usual, gastado ya a fuerza de utilizarse siempre del mismo modo, recobre la plenitud de su expresividad al adquirir alguna variación. El hábito embota siempre nuestra sensibilidad frente al estímulo: una mano retenida demasiado tiempo en la nuestra deja de ser experimentada por nosotros, al menos de manera suficiente. Hay que mover la mano en una caricia para que sigamos sintiendo lo que ya estábamos a punto de dejar de sentir. El lenguaje es también fuente de percepciones, y nos embotamos frente a él lo mismo que frente a los estímulos táctiles u olfativos, si no se renueva. El hábito lingüístico disminuye, primero, y anula, finalmente, la expresividad de las palabras y de los giros. Hacer poesía es, pues, por lo pronto, modificar la rutina del lenguaje, desviarse del camino recto por vericuetos nunca transitados, renovar en algún punto nuestras costumbres lingüísticas. O enunciado de otra manera: trastornar, en cierta medida, nuestros módulos mentales.

Es aquí precisamente donde quería llegar. Pues ocurre que el análisis del fenómeno estético hecho *desde la poesía* (y no desde la pintura) redunda en resultados que se pueden generalizar con naturalidad hacia las demás artes, sin hacernos tropezar en ningún incomprensible callejón sin salida. Acabamos de decir que la expresividad se produce al cambiar una costumbre *mental* nuestra o lenguaje. Se nos ilumina de pronto así lo que significa en la pintura eso que Ortega denomina «formalismo». Lo que el pintor cambia no es la realidad, como

lo tenía muy en cuenta, y lo sometía a análisis y consideración, hallando que su evidencia no contradecía, de ninguna manera, el carácter pobre, esquemático y puramente lineal que yo asignaba a la «lengua» (en el sentido, insisto, de «norma»), pues las sensaciones y los sentimientos, aunque están en la «lengua», comparecen en ella (merced a una «ilusión» que en mi obra explicaba) en cuanto disminuidos, estereotipados y encauzados, por tanto, en una dirección conceptual.

Volvamos al libro de Martínez: tras lo que acabamos de ver, no puede menos que pasmar, creo, el método de lectura y escritura que en nuestro país es, aún, por lo visto, posible.

aquél supone, sino *nuestra visión* de ella, la «*palabra*» interior
con que nos la decimos. O sea: el estereotipo mental o verbo
tópico con que la contemplamos y disminuimos: exactamente
como en poesía sucede. La pintura y todas las demás artes
son también modificación de la norma (visual, en el caso de
la pintura; pero norma que, pese a todo, podemos perfectamente llamar «lingüística», puesto que *ver* es, como he insi-
nuado, una manera de *nombrar*). Y es que a través de la
norma no nos hacíamos sino con una realidad empobrecida
por la costumbre, una realidad que nada o muy poco nos decía
ya de sí misma. La prueba de que ello es así, de que la emoción estética nace de quebrantar esquemas que podemos denominar «lingüísticos», y no de quebrantar realidades, por
introducción en ellas de lo irreal (en cuanto por sí mismo
válido), la tenemos en la evolución misma de todas las artes,
en la sustitución de unas escuelas por otras. Cuando un estilo
lleva mucho tiempo vigente hay necesidad de reemplazarlo. ¿A
qué se debe este prurito de cambio que afecta a toda la historia del arte? Sin duda, por lo pronto, a que al reiterarse el
mismo modo de contemplar las cosas, el mismo «lenguaje»,
por ejemplo, pictórico, éste, convertido en rutina, se ha vuelto
inexpresivo. Quizá en tal momento el nuevo estilo *esté más
cerca del naturalismo que el viejo* (nótese bien) y por tanto
se halle *más próximo* a lo que pudiera ser una consideración
objetiva, pero, pese a todo, hiere con mayor eficacia nuestra
sensibilidad, porque viene a alterar el modo ya anquilosado
de *ver* a que los viejos pintores nos habían acostumbrado. No
se trata, pues, de modificar la realidad, sino de modificar su
contemplación o lenguaje: ahí es donde radica el *quid* de la
expresividad. Ello es evidente en estos casos de evolución artística, pero el error orteguiano de considerar lo contrario, pensando que el arte nace de trastornar la realidad, se produce
con facilidad cuando, en vez de comparar un estilo posterior
con otro anterior, comparamos el estilo, por ejemplo, de un
cierto pintor, con nuestra visión efectiva de la objetividad, de
que el pintor en cuestión hubo también de partir. El cambio
(a veces una leve estilización) que introduce el artista con

respecto a esa visión nuestra habrá de parecernos, sin duda, en consideración inicial, una modificación *de la realidad*. ¿Por qué? Porque confundimos con mucha facilidad la realidad con nuestra visión de ella. ¿Qué es, en efecto, la realidad para nosotros? La respuesta espontánea a esta pregunta sería: «eso que tenemos delante de los ojos, lo que vemos». Al abrir los ojos vemos, en efecto, la realidad. Modificar el ver habrá de manifestársenos, según digo, si no lo reflexionamos más hondamente, como modificar la realidad misma. El error de Ortega es, pues, muy explicable, basándose, como él se basa, en el análisis de la pintura para el hallazgo de sus apreciaciones. Y es que, en verdad, sólo podemos percatarnos de la naturaleza equivocada de tal concepción, cuando vamos, como ya dije, al análisis de la pintura desde un análisis previo de la poesía, *donde hablar de «lenguaje modificado» tiene un sentido propio y no meramente un sentido metafórico* [38].

Se nos aclara así, espero, el motivo de que el artista precise llevar a cabo en todo caso un trueque del *status* contemplativo, una transformación de esa «lengua» que es siempre nuestra mirada. Tal operación se hace indispensable, insisto, para que de verdad veamos, percibamos, vivamos, experimentemos. No hay que acudir a ninguna explicación mística o esotérica del hecho. No tenemos que decir, como *mutatis mutandis*, en el plano equivalente de su doctrina, hacía Ortega: «Ah, la eterna irracionalidad del arte: tal es la fuente del cambio lingüístico en que el arte consiste». O bien: «ignoramos por qué al hombre le gusta esta metamorfosis idiomática». No: nosotros

---

[38] A veces, en poesía, la «modificación del lenguaje» consiste también, *como en la pintura*, en la modificación de un hábito mental nuestro. Así ocurre en todas las rupturas del sistema (véase mi mencionada *Teoría...*, t. I, págs. 387-432), como cuando Quevedo dice: «No sabe pueblo ayuno temer muerte». Aquí, como digo, «modificar el lenguaje» es modificar nuestra consideración normal de las cosas: en disposición automática pensamos que todo pueblo y toda persona teme la muerte, y la teme en todo caso. Lo poético surge de esa desviación de nuestras concepciones ordinarias, de ese apartamiento nuestro del «lenguaje» con que pensamos tópicamente la realidad.

sabemos, o creemos saber, el motivo de eso que el poeta hace cuando metaforiza, o de eso que hace el pintor cuando compone sus figuras en el lienzo: obligarnos a mirar de un modo nuevo, y por lo tanto más atento, para que la percepción de la realidad se cumpla así con mayor acuidad y perfección. El arte, incluso el más irrealista (desde el no figurativo y abstracto hasta el que nos ofrece el superrealismo), es un órgano con el que investigamos el mundo, y por eso resulta placentero, alegre. Se trata de la alegría que acompaña siempre al conocer, y ello porque conocer se hace idéntico a vivir más. Al hombre lo único que le importa es, en efecto, su vida.

Por todo lo dicho, no me parece excesivo suponer (permítaseme reiterarlo para dar fin a este capítulo) que si la doctrina amimética e irrealista no se hubiera reforzado y adquirido popularidad entre los intelectuales en la contemplación de la pintura (que parece, en efecto, a primera vista, estilización o modificación *de la realidad* y no *del lenguaje*) la estética de Ortega hubiese ido por otros derroteros, más acordes, además (y eso es lo paradójico), con su verdadero pensamiento. Pues, como ya dije, hay una curiosa contradicción (tambien aquí)[39], entre su tesis irrealista acerca del arte, de raíz, como vimos, esteticista, y el esencial antiesteticismo de su doctrina filosófica. Leemos en *El tema de nuestro tiempo*: «La cultura es un instrumento biológico y nada más. Situada frente y contra la vida, representa una subversión de la parte contra el todo. Urge reducirla a su puesto y oficio. El tema de nuestro tiempo consiste en someter la razón a la vitalidad, localizarla dentro de la biología, supeditarla a lo espontáneo. Dentro de pocos años parecerá absurdo que se haya exigido a la vida ponerse al servicio de la cultura. La misión del tiempo nuevo es precisamente invertir la relación y mostrar que *es la cultura, la razón, el arte, la ética quienes han de servir a la vida*»[40].

---

[39] Recuerdo al lector que en la pág. 257, n. 15, del presente libro he expuesto lo que, a mi juicio, constituye otra curiosa contradicción de Ortega entre su filosofía propiamente dicha y un punto concreto de su filosofía de la cultura.

[40] *Op. cit.*, t. III, pág. 178. En *La deshumanización del arte* quiere

¿No es paradójico que quien escribe estas palabras acerca del primado de la vida sobre el arte diga lo que dice sobre pintura y poesía? La cultura, el arte han de servir a la vida, enseña Ortega, y enseña bien. Pero servir a la vida y a la realidad vital es expresarlas con plenitud. Sólo así el hombre puede emocionarse, afirmábamos no hace mucho. Claro está que la irrealidad, insisto, puede ser utilizada por el artista: lo que propugnamos aquí no es, ocioso parece decirlo, el imperio forzoso de ningún naturalismo. El arte puede ser, y lo ha sido muchas veces, hondamente antinaturalista. Pero cuando el pintor, el escultor o el literato echan mano de las irrealidades (y en ciertos momentos muy significativos del siglo XX esta técnica se ha usado con evidente éxito) es sólo para decir a su través, de manera indirecta y a veces de manera irracional, algo que de un modo u otro nos atañe. Las irrealidades son un medio y no un fin. Pensar lo contrario es lo que habríamos de llamar «la herejía de nuestro tiempo», que Ortega, como tantos teóricos y críticos de su época, vino, extrañamente, a encarnar.

---

Ortega cohonestar sus tesis irrealistas con el vitalismo de *El tema de nuestro tiempo*. Sostiene en aquella obra que la nueva sensibilidad extrema la tendencia desrealizadora (*op. cit.*, III, pág. 366) que es propia del arte en todos los tiempos (a esa tendencia es a lo que denomina precisamente «deshumanización»). «¿Qué significa», se pregunta, «ese asco a lo humano en el arte? ¿Es por ventura asco a lo humano, a la realidad, a la vida, o es más bien todo lo contrario: respeto a la vida y una repugnancia a verla confundida con el arte, con una cosa tan subalterna como es el arte?» (*op. cit.*, III, pág. 370).
Creo que Ortega no se percataba bien del presupuesto esteticista que subyacía bajo su doctrina irrealista, y pensaba, por tanto, que ambas tesis, la vitalista de *El tema de nuestro tiempo* y la irrealista de sus ensayos sobre arte no se contradecían. Ortega hacía un arreglo o componenda completamente exterior diciendo eso de que el arte es subalterno para dar una apariencia congruente que no existía por dentro, a mi juicio, tal como he intentado hacer ver a lo largo del presente capítulo.

# Capítulo XVIII

## LA VISUALIZACIÓN AUTÓNOMA

LA VISUALIZACIÓN AUTÓNOMA Y
LA VISUALIZACIÓN CONTEXTUAL

Tras el paréntesis (aunque necesario) que el capítulo anterior ha representado para el desarrollo rectilíneo de nuestras reflexiones, volvamos a la visualización, y digamos: una de las características más sobresalientes de la poesía contemporánea es, pues, la plasticidad que en esa época adquiere la letra de los enunciados irreales simbólicos. Ahora bien: las técnicas de visualización son, a este respecto, muy variadas y en un principio pudieren ofrecérsenos como en confuso montón. Ese amontonamiento indiscriminado pronto se nos aclara y dispone en dos grupos entre sí diferentes: una visualización *autónoma* se nos separa de una visualización *contextual*. La visualización «autónoma» es aquella que se produce en ciertas expresiones aparentemente por sí misma, pues su motor es únicamente un «mecanismo» psíquico (más adelante explicaré el sentido que tiene aquí la palabra «mecanismo»). La visualización «contextual», en cambio, se origina como efecto, no sólo de un mecanismo psíquico, sino también de un agente *verbal* (que puede, eso sí, permanecer tácito, aunque ello sea muy poco frecuente). En el presente capítulo nos ocuparemos del primer tipo de visualización, la autónoma, y dejaremos para el capítulo próximo el estudio de la visualización contextual.

Enfrentados, pues, a la visualización autónoma, se nos destacan en seguida especies diferentes, que se distinguen, unas de otras, con claridad suficiente para ser estudiadas aparte. Veamos cuáles son.

VISUALIZACIÓN DE LOS ELEMENTOS
QUE SE DESARROLLAN EN EL PLANO
IRREAL DEL FENÓMENO VISIONARIO

En primer término, las tres especies que conocemos del fenómeno irracionalista: las imágenes visionarias, las visiones y los símbolos[1], cuya literalidad, tal como dijimos en un capítulo anterior, se torna plástica por la razón que sabemos. Pero también se visualizan, por un motivo semejante, pero más intensamente, los desarrollos «independientes» con que esos términos simbólicos pueden amplificarse. ¿Cuál será el motivo de esa mayor intensidad? Como los desarrollos de que hablo son «no alegóricos», o sea, como no se hallan por sí mismos en posesión de ninguna significación lógica, sino sólo en posesión de significaciones, *cuando existen*, irracionales, tal desarrollo ostentará, por lo pronto, la misma visualidad que muestra el símbolo (o visión o imagen visionaria) de que se trate. Ahora bien: la prolongación a la que me refiero, sin significado aparente que nazca de su propio ser, *lo tiene muy visible y lógico en su referencia al plano E de la imagen*, con lo cual, nuestra lucidez, *al hallar una explicación tan evidente para el desarrollo en cuestión*, no entra en inquietud inquisitiva acerca del posible significado irracional que le haya cabido en suerte al desarrollo mismo *en cuanto tal*. Consecuencia: al no haber prurito inquisitivo, el lector *no percibe* el posible significado irracional del despliegue de E *ni siquiera en su calidad de escondido*. Esto hace que, además de la visualidad

---

[1] Me refiero ahí a los símbolos «homogéneos»; los «heterogéneos» son visuales también, claro está, pero lo son de suyo, no en virtud de ningún «mecanismo» visualizador. En efecto: en tales casos, los simbolizadores son términos reales, y tienen, en consecuencia, la visualidad que a la realidad corresponde.

que toda dicción irracional posee por sí misma, se añada, en
este caso, un *plus* de visualización, que procede del mero hecho del alargamiento metafórico como tal del plano E. Y es
que la visualización se hace mayor cuanto más grave sea la
aniquilación del sentido. Cuando el sentido es irracional, el
lector lo percibe, aunque sólo como un misterio, como algo
que nos hurta su ser, por lo que la imagen, como digo, se
visualiza. Pero si incluso deja de percibirse tal ocultación, forzosamente la visualidad habrá de incrementarse. Como ejemplo rápido de ello, tomemos una frase del poeta ruso Vladimir
Maiakovski: «Yo me haré unos pantalones negros con el terciopelo de mi voz», cuyo intenso carácter gráfico debe, en
efecto, relacionarse con la total ausencia de significación, racional o irracional, que puede advertirse en el aditamento «yo me
haré unos pantalones negros», que alarga la metáfora «terciopelo
de mi voz». En este caso, y en todos los que se le parecen, que
son bastantes, nuestra contemplación se ve así más forzada
todavía a descansar sobre el significante como tal: la letra del
enunciado que el despliegue susodicho constituye.

### VISUALIZACIÓN QUE SE PRODUCE AL DAR PORMENORES MUY CONCRETOS EN EL DESARROLLO DEL TÉRMINO IRREAL

Me parece ver en mis dos últimos libros poéticos (En *Oda
en la Ceniza*, pero también, y sobre todo, en *Las Monedas
contra la losa*) una fuerte intensificación de lo que ha sido la
creciente tradición «contemporánea» de los desarrollos imaginativos no alegóricos; pero, además, una fuerte intensificación
en una dirección especial que por su carácter discrepante, dentro de la poesía española, tal vez sea conveniente recoger y
analizar aquí.

La intensificación y la discrepancia vienen dadas por el uso
de una técnica que fundamentalmente consiste, primero, en
acumular detalles muy concretos dentro de los «desarrollos
imaginativos no alegóricos» a los que nos hemos referido; des-

arrollos que, aparte de lo dicho, pueden, segundo, alargarse a veces, complementariamente, en proliferaciones especialmente extensas, y a veces con «saltos» a objetos afines, hasta alcanzar, en ocasiones, complejidad muy característica (véase, por ejemplo, el poema «La Música», o el titulado «Investigación de mi adentramiento en la edad»). Tomemos un texto de *Oda en la Ceniza*, que manifiesta, sobre todo, lo primero. El poeta intenta buscar, en esa composición, la verdad ética que esencialmente le sea propia, la verdad personal, intransferible, que acaso contradice y se opone a la moral al uso. Para encontrarla, dice:

> Yo me pregunto si es preciso el camino polvoriento de la duda
>    tenaz, el desaliento súbito
> en la llanura estéril, bajo el sol de justicia,
> la ruina de toda esperanza, el raído harapo del miedo, la desazón
>    invencible *a mitad del sendero que conduce al torreón
>    derruido.*

Bastantes versos después, prosigue aún el poema con el argumento anterior de este modo:

> ... o mejor
> es quizá necesario haberse perdido en el sucio trato del amor,
> haber contratado en la sombra un ensueño,
> comprado por precio una reminiscencia de luz, un encanto de
>    amanecer, *tras la colina, hacia el río.*

En los dos párrafos transcritos se trata de descripciones de la naturaleza, pero de carácter simbólico, realizadas con pormenores precisos, de gran minucia: «a mitad del sendero que conduce *al torreón derruido*»; «una reminiscencia de luz, un encanto de amanecer, *tras la colina, hacia el río*». Ese sendero representa el sendero de la vida; esa reminiscencia de luz, ese encanto de amanecer, etc., representan lo que debería ser el alma en el instante del amor y, por tanto, lo que desearíamos que fuese el alma, toda alma, en tal instante, hasta la de una persona cuya entrega, sin embargo, se solicita y acaso se concierta «por precio». En ambos fragmentos, el plano irreal, simbólico, que acabo de mencionar, se ultima y alarga en pormenorizaciones sumamente concretas, y esa concreción sentimos que se extrema con el uso del artículo determinado, en vez del indeterminado: «*el* torreón», «*la* colina»», «*el* río». ¿Qué se consigue con todo ello? Empiezo por hacer notar que normalmente la letra de los símbolos tiene un carácter general, abierto, universal. «Luz» puede simbolizar «vida»; «nieve», «pureza». Se opondría al uso ordinario de la simbología el hecho de que sea «*esta* luz particularísima que ilumina *esta* particularísima habitación» o «*esta* particularísima nieve que hay ahí sobre *esta* rama de ciruelo» las que en un poema se nos apareciesen como simbólicas, *ya que esas singularidades no añaden nada a la capacidad de tales elementos* (luz, nieve) *para expresarnos las mencionadas significaciones*. Y ahí reside lo que el modo figurativo que estudiamos tiene de peculiar. Pues dentro de él, el poeta hace particular y concreto lo que, en principio, debería ser indeterminado. No nos dice «a *un* torreón» (a un torreón *cualquiera*), sino «*al* torreón» (o sea, «a *ese* torreón único que está en tal sitio y que tan sabido nos es»); no nos dice «tras *una* colina, hacia *un* río», sino, de igual modo, y por el *mismo motivo*, «tras *la* colina, hacia *el* río». Como, según acabo de decir, todo símbolo sólo puede ser simbólico en lo que tenga de universal y deja de significar *de esa manera* en lo que tenga de particular, las particularizaciones o concreciones *como tales* de los símbolos vienen a ser de hecho, aunque no lo parezcan de entrada, un modo peculiar y extremoso de desarrollar no alegóricamente la imagen. Extremosidad que consiste en la anulación *absoluta* del significado (no se pierda de vista que tal anulación se refiere sólo *a la estricta concretización del símbolo*: lo que *esta* colina y *este* río poseen de «colina» y de «río» en términos generales sí significan; no, en lo que poseen de particularización, lo que poseen de «*esta* colina», de «*este* río»).

Ahora bien: como ya sabemos, los desarrollos que carecen de significado propio se visualizan. Nuestra mirada, en lugar de pasar rápidamente, como es normal, desde el significante, sobre el que resbalamos desatentos, hacia el significado, sobre

el que nos detenemos y en el que depositamos con morosidad
la plenitud de nuestra atención; nuestra mirada, repito, al no
encontrar en ningún sitio un significado que tire de ella, no
tiene más remedio que «quedarse» en el significante, que es
lo único que hay, y al que de este modo *ve* del todo, como si
fuese un objeto real. Así, la proliferación simbólica a la que
nos referimos, esos pormenores concretísimos del símbolo,
adquieren una intensa visibilidad.

La visualización por opacidad del simbolizador, esto es, por
pérdida de la significación simbólica propiamente dicha, a causa de la extremosidad de las pormenorizaciones, se percibe
acaso más claramente aún en el fragmento final de un poema
de *Las monedas contra la losa*, que puede servir de ejemplo,
asimismo, de ese tipo de desenvolvimientos imaginativos, de
intrincada complicación, que más arriba mencioné (aunque en
el libro los hay aún más complicados e intrincados):

> El dolor del tormento es entonces indagación en la insignificación
>     de la vida,
> cuantioso examen de su realidad más profunda que empieza por
>     reconocerle fronteras,
> los fosos donde comienza el castillo roquero, los muros levantis-
>     cos de la inenarrable ciudad,
> tan dificultosamente erigida.
> Y he aquí que ha llegado la hora del asalto a *los torreones*,
> el momento del ataque por sorpresa, *al pie de la muralla, poco*
>     *antes de amanecer*,
> la hora de la ciudad sitiada, la hora de la verdad aprendida
> poco a poco hacia adentro,
> retrocedida amargamente hacia adentro,
> como un inacabable y tumultuoso quehacer.

(«Investigación del tormento»).

Todo el amplio párrafo está constituido por la amplificación
«visionaria» («no alegórica»), muy proliferante, en efecto, de
una imagen. El dolor humano es experiencia, conocimiento;
por lo pronto, conocimiento de la «insignificación de la vida».
Pero conocer es conceptualizar, acotar una realidad en sus

estrictos límites, *reconocer las fronteras* que separan a esa realidad de las otras que la rodean. El plano irreal «*fronteras*» es el que recibe «desarrollo» «no alegórico»: se habla de «fosos» donde comienza el «castillo roquero», de «muros levantiscos» de una «ciudad» (pero el poeta no dice una ciudad; dice «la ciudad»: la determinación no es caprichosa: recuérdese lo antes indicado). La imagen se sigue ensanchando a partir de aquí: se menciona el «asalto a los torreones», el

> momento del ataque por sorpresa, al pie de la muralla, poco
> antes de amanecer,

etc. Los pormenores que más centralmente caen dentro del sistema expresivo que analizamos son los contenidos en el último verso: subrayo que también aquí, como en el caso del poema antes comentado, se acentúa la determinación de los elementos simbólicos: la hora, el suceso y su modo, el lugar, aparecen fijados con mucha exactitud: «la hora del asalto a los torreones, el momento del ataque por sorpresa, al pie de la muralla, poco antes de amanecer».

Estamos, pues, con este ejemplo, en el mismo caso anterior, pero representándolo tal vez de un modo más ejemplar. Y el efecto es de idéntico orden: la visualización. Pues es evidente que en el fragmento copiado no sólo hay concreción, como en el caso de «Precio de la verdad», sino que se da también, y de manera más notoria aún que en tal poema, la dispensabilidad, desde el punto de vista de la pura significación simbólica, de la concreción misma: esos elementos tan exactamente detallados son innecesarios para la eficacia propiamente simbólica de la imagen: el carácter de cerco a la verdad que es toda indagación (también la constituida por el dolor) se expresaría *completamente*, sin necesidad de más, con el símbolo de la ciudad amurallada, o a mucho tirar, hablando de ciudad sitiada y asaltada; no resulta, en cuanto a lo que acabo de decir, indispensable agregar que el ataque es «por sorpresa», ni «al pie de la muralla», ni «poco antes de amanecer». No es indispensable, en efecto, entiéndaseme bien, para la significación del símbolo *en cuanto tal*; pero sí para su más perfecta visualidad y por lo tanto para su eficacia. Como el hecho de que el ataque sea «por sorpresa», «al pie de la muralla», «poco antes de amanecer», no añade ningún sentido especial al símbolo de que se trata, nos obligamos a ver, en sí mismos, tales detalles, cuya justificación deriva, exclusivamente, de ser prolongación de la imagen «ciudad sitiada y atacada». Nos adherimos a la estricta literalidad del pormenor en cuanto que no podemos ir hacia un significado, que es inexistente [2].

Escrito lo anterior, leo en Jaime Ferrán un poema publicado en 1971, donde el sistema visualizador, aunque claramente distinto al que acabo de exponer, no deja de serle, en lo fundamental, curiosamente afín. Compara el poeta el cuerpo de la amada a un determinado paisaje:

> En la noche
> tu cuerpo me ha ofrecido
> la infinita extensión de la sabana.
> Por sus claros senderos he llegado
> al pie de la colina solitaria
> donde el botón de la corola pura,
> sin pétalos
> erguida
> me aguardaba.
> Después he descendido
>               poco a poco
> al secreto jardín,
>             la honda cañada
> y ha buscado
>             mi mano temblorosa
> el latido recóndito del agua.
>
> Cerca del río,
>           en la llanura pura,

---

[2] En el prólogo («Ensayo de autocrítica») a mi *Antología poética* (Barcelona, Plaza y Janés, 1976) me extiendo con mayor pormenorización en este tema, que aquí he abreviado a expresión mínima. La explicación que allí doy resulta de una diversa perspectiva, y difiere, por tanto, de lo afirmado en el texto, complementándolo en otra dirección.

                    un pueblo se levanta.
          Su nombre es Chía,
                              dizque media luna,
          oh cualidad sedeña de su plaza.

          Y de pronto
                    mi vida se ha agolpado
          y ha llamado con fuerza a tu ventana,
          y la has abierto,
                              suave y silenciosa
          como una tela ardiente que se rasga,
          y a su través,
                              relámpago infinito,
          esplende el mar,
                              en que mi espuma avanza [3].

Toda la pieza es muy bella, y merecería un detenido análisis que nos diese cuenta detallada de esa belleza suya: la
escrupulosidad casi carnal con que el poeta va descubriendo el
cuerpo-paisaje de la mujer amada. El poeta se recrea en la
descripción, y el poema avanza lentamente. Esa lentitud es
esencial porque resulta simbólica: se expresa así la sensuali-
dad, que es siempre regodeo, minuciosidad despaciosa. Precisamente, los incesantes cortes del endecasílabo tienen como
finalidad hacer, significativamente, la lectura más pausada. Lo
que aquí me importa no es, sin embargo, resaltar todo esto,
sino llamar la atención sobre la visualidad con que la descripción
se nos ofrece. ¿De dónde nace esa visualidad? Por lo pronto,
del crecimiento no alegórico del plano imaginario E. El cuerpo
de la amada, como ya dije, queda visto como un paisaje. Se habla de cosas como «sabana», «jardín», «cañada», «río». Algunos de estos elementos podrían vagamente hallarse referidos
alegóricamente a otros del cuerpo femenino. Así, «colina» se
adscribiría, digamos, al pecho, aunque para esta alegorización
estorba no poco al carácter solitario con que tal colina aparece

---

    [3] Jaime Ferrán, *Memorial*, Provincia, Colección de poesía, 1971, «El
resplandor», VII.

en el poema; «sabana» podría ser el cuerpo, considerado en su conjunto. Ahora bien: esa «sabana» «es «infinita». Con toda evidencia, el adjetivo destruye, aquí ya sin duda, la alegorización: infinita es, en nuestra impresión, una sabana, pero no el cuerpo al que la sabana, en nuestra hipótesis, se refiere. «Río» ya no ofrece traducción posible al plano real, y, menos aún, «pueblo». Hasta ahora no hay nada en el poema de Ferrán que se salga del marco ya ampliamente conocido por nosotros: despliegue «libre» o «insolidario» del término irreal E, y consiguiente visualización. Pero Ferrán, con gran valentía, llega a más, pues a ese «pueblo» le da, inesperadamente, un nombre propio: «Chía». (Chía, en efecto, existe como pueblo en la región de Boyacá, en Colombia.) Estamos de nuevo, mas en una versión inédita, frente al procedimiento que nos es conocido: el detallismo del plano irreal, detallismo que al ser «innecesario» desde el punto de vista estrictamente metafórico, se convierte en visualizante. Reduplica, en efecto, la plasticidad poseída ya, de suyo, por el desarrollo «independiente» «pueblo». Sólo que en Ferrán el recurso asoma en una forma altamente inesperada, y a mi juicio, sin antecedentes: la individualización completa del pormenor visualizante por medio del nombre propio que dijimos.

## LA VISUALIZACIÓN EN LAS SUPERPOSICIONES TEMPORALES

En la poesía contemporánea, no sólo se visualizan las metáforas, sino que tienden a hacerlo todos aquellos procedimientos retóricos cuya «letra» nos ofrezca una «irrealidad». Tal es lo que ocurre en el artificio que en mi *Teoría de la expresión poética* denominé «superposición temporal». Consiste en hacer coincidir un tiempo real, el presente, con otro irreal, que puede ser tanto el pasado como el futuro. Según vemos, este recurso, propio exclusivamente de nuestro siglo, tiene algo en común de orden genérico con la metáfora (la confusión de dos planos, uno real e irreal el otro), aunque se separe específicamente de ella: no se trata de objetos que conscientemente se comparan, sino de tiempos que simplemente se superponen, sin compararse a nivel lúcido entre sí. Cuando Aleixandre, refiriéndose a un elefante vivo en la selva, escribe:

el elefante que en sus colmillos lleva algún suave collar

está, en efecto, haciendo que un tiempo futuro (en el que los colmillos se habrán convertido en collares) se instale en un tiempo presente (en el que los colmillos son aún los colmillos de un animal que no ha muerto). La visualización que se produce en este tipo de procedimientos se debe al mismo motivo que visualizaba la metáfora contemporánea: la ocultación del significado en lo que toca a la percepción lúcida. Pues no hay duda de que el recurso expresa algo que en nuestra conciencia sólo comparece emotivamente. Tiene ello que ser de este modo, en cuanto que lógicamente la aserción es literalmente un disparate, algo que nuestra razón, en reacción espontánea, no puede comprender. No es, en efecto, inteligible, de esa manera que he indicado, la simultaneidad, que ni siquiera es conscientemente comparativa, de momentos, en realidad, separados. Estamos, pues, ante un significado irracional, que para ser extraído al plano consciente requiere un trabajo analítico de carácter extraestético, tal como ocurre en el fenómeno visionario: para saber lo que Aleixandre ha expresado en el verso copiado más arriba debemos consultar nuestra sensibilidad y hacernos cargo de lo sentido al leer. Y sólo así, partiendo de la emoción experimentada, descubrimos que, en este caso, la superposición temporal sirve para aludir a la paradójica delicadeza de las temibles y feroces defensas del gigantesco paquidermo[4].

---

[4] En último término las superposiciones temporales son una variante del recurso que hemos llamado «visiones»; sólo que una variante de tanta importancia y especialísima personalidad, que debe ser considerada aparte y en sí misma.

VISUALIZACIÓN Y ESTETIZACIÓN: LA VISUA-
LIZACIÓN EN EL FENÓMENO VISIONARIO,
COMPARADA A CIERTO PROCEDIMIENTO «RETÓ-
RICO» DE LAS ARTES DECORATIVAS ACTUALES

El fenómeno perceptivo que acabamos de examinar como
responsable de la visualización de las superposiciones temporales y del fenómeno visionario, así como de los desarrollos
no alegóricos de éste, posee un carácter más universal todavía,
pues lo vemos actuar en ocasiones muy diferentes a las que
hemos examinado. Interviene, por ejemplo, en algunas maneras o «procedimientos retóricos» (llamémoslos así) de las artes
decorativas actuales. Detengámonos un momento aquí.

Con frecuencia, objetos como la rueda de un viejo carro, un
molino de aceite, un timón de barco, una noria o una máquina
de coser *antigua* se usan, en ciertas condiciones, hoy y desde
hace no demasiado tiempo, como elementos de adorno, en lugares donde tales instrumentos carecen de todo sentido ins-
trumental[5]. Y precisamente por esto, precisamente por estar
aislados de la función que les corresponde habitualmente, o
mejor dicho, privados de ella, tales enseres ascienden a la
categoría de «bellos», o al menos, pueden ascender a esa categoría y bastantes veces lo hacen. ¿Por qué ocurre esto? La
rueda de carro, o la noria, etc., al ser contempladas, sin más,
ahora, por ejemplo, desencajadas del lugar en el que cumplen
o pueden cumplir su cometido, al contemplarlas, digamos, en
el ángulo de esta sala en que estoy, donde su rodar o girar,
incluso si pudiese darse, carecerían de todo sentido pragmático,
quedan, por ese mero hecho, desposeídas de su utilidad, y en
consecuencia, mi mente, que no puede verlas ya como los úti-

---

[5] El primero que utilizó esa técnica fue, como es sabido, Marcel
Duchamp. En 1913 expone una rueda de bicicleta, sin modificación alguna; un portabotellas, en 1915; la taza de un inodoro, en 1917. Esta técnica
ha adquirido poderoso desarrollo en los últimos años y se ha hecho
especialmente usual en las artes decorativas.

les que han sido, se ve forzada a entenderlas de otro modo: como puras formas, que me entregan así toda su posible expresividad. Dicho al revés: la forma en sí del objeto, que antes «desaparecía» en la función práctica de este, se ve precisada a «reaparecer» en el preciso instante en que esa función cesa, porque mi atención, absorbida antes por la utilidad del útil, forzosamente ha de recaer, una vez aniquilada la utilidad, sobre lo único que queda, y precisamente porque es lo único que queda, *la forma en cuanto tal*, que se manifestará así, *si lo merece*, como estética, y en consecuencia con otro sentido: la forma se dispone, desde ella misma, a arrojarnos emociones, esto es, significados irracionales. La forma se pone entonces, y sólo entonces, a significar.

Antes hablé, en mi ejemplificación preliminar, de una máquina de coser *antigua*, en calidad de elemento puramente plástico. Pero ¿por qué «antigua»? Como las máquinas de coser donde tienen utilidad es en las habitaciones, sólo se nos hace patente su enajenación de,la practicidad de ese modo, ya que la antigüedad, por sí misma, si esta se nos ofrece como evidente, pone a la máquina, sin más, fuera de uso y apartada de toda posible función.

Vuelvo a decir que el proceso perceptivo que acabamos de analizar como explicativo de la conversión de útiles en objetos *estéticos* se parece al que produce *visualización* en el fenómeno visionario y en los desarrollos no alegóricos de la imagen. En ambos casos, en la «visualización» y en la «estetización», se trata de que, como indiqué varias veces, la «forma» desaparece en la «función», y por tanto sólo podemos ver la forma cuando la función perceptivamente se aniquila. En un caso, esa función aniquilada es la utilidad del útil; en el otro, la significación lógica de las palabras; pero, en definitiva, hay en los dos casos, como fondo, un mismo hecho, sólo que el efecto genérico («ver la forma») se refracta, en cada caso, a causa de su distinta peculiaridad, en dos concreciones diferentes. En el caso de la rueda de carro, «ver la forma» significa que esta aparece como tal en todo el esplendor de su belleza (el que posea), con lo que la rueda se manifiesta (si lo merece) en calidad de objeto *estético*. En cambio, «ver la forma» en el caso del fenómeno visionario quiere decir que ésta se *visualiza*, o sea, que recibimos con fe preconsciente (o en otro giro: con fe emocional en la conciencia) su literalidad irreal.

## LA VISUALIZACIÓN EN LOS DESPLAZA-MIENTOS CALIFICATIVOS O ATRIBUTIVOS

Pero no es sólo el fenómeno visionario, con desarrollo o sin él, o las superposiciones temporales, lo que se visualiza en la época contemporánea. Se visualizan en esa época, con no menor vigor, otras figuras retóricas, cuya literalidad es irreal. Tomemos como ejemplo una de ellas: los desplazamientos calificativos o «atributivos». Escribe un poeta:

las lagartijas entre las piedras rápidas.

La movilidad veloz de las lagartijas se atribuye a las quietas piedras entre las que esos animales se esconden. Lo primero que comprobamos es, en efecto, la visualización del sintagma así constituido, «piedras rápidas», visualización que se nos hace patente en el alto grado de sorpresa que ese sintagma produce, pues sabemos, por el contexto no copiado aquí, que tales piedras no se mueven. Cuando decimos «mano de nieve» o «cabellos de oro», no «vemos» propiamente, dijimos, ni «nieve» ni «oro», sino «mano muy blanca» y «cabellos muy rubios», respectivamente, porque como existen manifiestamente en esas expresiones sentidos lógicos inmediatamente reconocibles, nuestra mente se dirige ávidamente hacia ellos, y no tenemos ojos para el aspecto meramente formal de las correspondientes metáforas, cuya literalidad permanece así, en cierto modo, invisibilizada, con la consecuencia de que el lector se maraville y pasme en escala mucho menor. Pasa al revés en el texto antes copiado. El sintagma «piedras rápidas», por ser en sí mismo incongruente, no nos permite el acceso directo a una significación lógica inmediata (pues aunque hay una significación lógica, tal significación es sólo mediata). Nuestra atención, bloqueada en ese primer instante (que es el decisivo), se ve obligada a *quedarse* en el adjetivo «rápidas», en cuanto unido a «piedras», el tiempo suficiente, digámoslo así, para que tal unión se nos visualice. El fenómeno psicológico que está operando en esta visualización es entonces semejante, aunque más complejo, al que actúa en el caso del fenómeno visionario, o de las superposiciones temporales, o en el de los desarrollos independientes del término irreal en ambos recursos, casos todos en los que la visualización resultaba, no del *entorpecimiento* como aquí, sino de la *paralización* completa de nuestro viaje atencional hacia la significación lógica. Es cierto que los «desplazamientos calificativos» o «atributivos» tienen un significado lógico al que desde ellos podemos pasar, pues no hay duda de que «piedras rápidas» sugiere lógicamente y nos viene en último término a hablar de la rapidez de las lagartijas, pero esto sucede, efectivamente, *«en último término»* y no en término primero, que es lo que al propósito importa más. El carácter fundamentalmente indirecto, y como suburbial y meramente alusivo, del significado lógico «lagartijas rápidas», hace que, antes de llegar a él, se nos imponga la significación literal misma del sintagma «piedras rápidas», significación literal de la que, decepcionados por su impensabilidad, regresamos inmediatamente, eso sí, hacia la formalidad «piedras rápidas» de la que el significado impensable procede. «Vemos» entonces la materialidad de esa forma, y sólo tras su visualización, nos lanzamos a la nueva aventura de hallar el significado que convenga en este caso a «piedras rápidas». Es así como nos hacemos con la significación «lagartijas rápidas» a la que antes me referí, que por su condición tardía y segunda con respecto al significado literal no puede impedir la visualización de la frase «piedras rápidas» que le es lógicamente anterior, y que pertenece, por tanto, a un imborrable pretérito.

Este complicado proceso tiene como fundamento el hecho de que, normalmente, los adjetivos aluden al sustantivo al que califican y reciben de él lo sustancial de su verdadera significación. «Blanco» no es nada ni significa de hecho nada, dicho así, aisladamente, sin un nombre al lado en el que pueda apoyarse. Y si creemos que «blanco» quiere decir algo es porque lo pensamos sustantivado («lo blanco», «la blancura»). Sólo cuando le añadimos un nombre, el adjetivo adquiere realidad y sentido. «Blanco» se pone a significar en cuanto lo referimos a «nieve» en el sintagma «nieve blanca». Y «rápidas» se pone igualmente a proporcionarnos un sentido cuando lo enlazamos a «lagartijas» en el sintagma «lagartijas rápidas». Diríamos, en suma, que el significado de los adjetivos se hace real, se «realiza» sólo en su indispensable alianza con el sustantivo correspondiente, y es en ese ayuntamiento en donde ordinariamente lo hemos de buscar. Habituados a esta operación, seguimos, en principio, efectuándola en todo caso, hasta en aquellos en que tal costumbre carece de sentido. Ocurre eso en el ejemplo de las «piedras rápidas». Al decir «piedras rápidas», el lector busca el sentido de «rápidas» en su unión con «piedras», pero ocurre que ahí no puede hallarlo, puesto que «rápidas», en tal expresión, no está predicando realmente nada del sustantivo «piedras» (inmóviles), al que aparentemente se refiere. Y es entonces cuando acaece lo que apretadamente hemos descrito hace poco: tras nuestra frustración semántica, el regreso al significante, que se nos visualiza al encontrarse vano, en principio, de significación. Y nueva movilización de nuestro espíritu en inquisición ansiosa de un sentido en donde podamos descansar. Y es que la inteligencia humana no reposa sino en la intelección auténtica de un significado. Mientras no lo hallamos, nos movemos incesantes hasta dar con él. Tal es lo que acontece aquí.

Acaso se me diga que en la expresión «mano de nieve» o en «cabellos de oro» existe el mismo proceso que acabamos de analizar y que, sin embargo, no se produce la visualización. Al decir «mano de nieve», parece que serían hallables los mismos cuatro tiempos que hemos reconocido para el caso de «piedras rápidas». Tiempo primero: lectura del sintagma «mano de nieve» y búsqueda del sentido literal; tiempo segundo: nuestra razón y experiencia de la realidad, de la realidad «mano» y de la realidad «nieve», rechazan ese significado literal como im-

pensable; tiempo tercero: regreso al significante «mano de
nieve»; tiempo cuarto: nueva salida en persecución de un sentido distinto al literal, que hemos repudiado, y hallazgo consiguiente de otro significado, el «individualizado» que es propio
de esa metáfora: un grado especial, en desconceptualización,
de blancura.

En el tiempo que hemos denominado «tercero» debía de
producirse la visualización. ¿Por qué aquí no se produce y sí
en el caso de «piedras rápidas»? Por un motivo muy claro, a
mi juicio. Y es que nuestro análisis de los cuatro tiempos es
falso, en cuanto a «mano de nieve», en un punto. Al ser la blancura una connotación de la palabra «nieve» (esto es, una cualidad racional de ella)[6], nuestra mente recibe la noción desconceptualizada de «blancura» sin esfuerzo alguno, y sin que, en
realidad, exista un verdadero tiempo «tercero» como distinto
del tiempo «cuarto». Desde «nieve» (tiempo tercero) no se
pasa a *otro ser diferente* que se instaure como un verdadero
tiempo cuarto, sino que «blancura» *pertenece* al ser que llamamos «nieve» y la recibimos en absoluta simultaneidad con
ese ser, puesto que lo incluye. Lo que sucede entonces es que
desde el tiempo «segundo», a saber, desde el significado literal imposible, nos dirigimos a un tiempo tercero: el del encuentro con la palabra «nieve» en cuanto portadora del significado
desconceptualizado «blancura de una especial nitidez». La visualización de «nieve» con la significación de tal meteoro no
puede así producirse. En el caso de «piedras rápidas» hay visualización porque «lagartijas rápidas» no es connotación de «piedras rápidas», y, por tanto, no se trata de una noción *incluida*
en este último sintagma. Tenemos que salir de él e ir hacia
*otro* sitio muy distinto y remoto, y ello requiere, a su vez,
correspondientemente, *otro* tiempo, un tiempo cuarto, perfectamente diferenciado del tercero, en el que, entonces, se ha
producido, forzosamente, el fenómeno de la visualización.

---

6 Véase más arriba el capítulo IX acerca de la connotación, especialmente págs. 176-177.

LA VISUALIZACIÓN EN LOS DESPLAZA-
MIENTOS CALIFICATIVOS, COMPARADA A
CIERTO PROCEDIMIENTO RETÓRICO DE
LAS ARTES DECORATIVAS ACTUALES

Hemos comparado más arriba la visualización de las superposiciones temporales, de las imágenes visionarias y de los desarrollos imaginativos no alegóricos, en cuanto al fenómeno
perceptivo en que esa visualización consiste, con la «estetización» (si se me tolera repetir este feo neologismo) de los útiles,
al suprimirles, precisamente, su utilidad. ¿A qué podríamos
comparar, desde ese mismo punto de vista, los desplazamientos
calificativos?

Creo que existe, también aquí, un paralelo muy exacto dentro de las artes decorativas de los últimos años. Me refiero a
esa moda que se ha impuesto no hace demasiado tiempo y que
aún no ha desaparecido, de emplear ciertos objetos para una
finalidad distinta a la que les es propia. Jarrones que se usan
como pies de lámparas; grandes botellas o garrafones incrus-
tados en el vano de una escalera de caracol para darle luz al
rellano, etc. También en este caso, como en el de la noria o
la rueda de carro de que hace poco hice mención, nos hallamos
ante un objeto, esa botella, etc., que pierde su función habitual.
Media, sin embargo, entre este caso y aquellos otros, la diferencia, aparentemente importante, de que aunque tal botella ya
no sirva para contener líquidos, sigue sirviendo para algo: iluminar. La distancia entre estos dos tipos de fenómenos se nos
ofrece, no obstante, como despreciable, según vemos tras breve
consideración. Pues ocurre que ahora, aunque exista una finalidad práctica (la de iluminar la escalera) hacia la que el objeto se endereza, la forma de éste no «desaparece» en ella antes (cuando se empleaba en calidad de recipiente), precisamente
porque lo impide la «extrañeza» que se interpone entre la forma
del objeto y su nueva finalidad. La «forma de botella» no puede
«desaparecer» en la «finalidad de tragaluz», pues esa forma

nos «lleva», en principio, hacia *otra* finalidad distinta de que
en este instante sorprendentemente carece: la contención de
líquidos. Esperamos ese tipo de utilidad y como nuestra expectación en este sentido se defrauda, nos vemos constreñidos a
«regresar» perceptivamente al objeto en sí por el que hemos
sido engañados, «tropezando» entonces con su configuración.
En otros términos: nos vemos constreñidos en tal caso a la
consideración del engañador continente, de la forma como tal
que nos ha desorientado, ya que, como he dicho quizá demasiadas veces, si a los enseres les suprimimos la finalidad no
queda en ellos otra cosa que la forma, que entonces se pone a
«significar» como tal forma, fuera de toda practicidad. Nuestra contemplación se torna así obligadamente estética, y sólo
tras esta contemplación se nos puede hacer presente la nueva
utilidad, que en este caso, por tanto, no ha impedido la impresión artística, al serle ésta cronológicamente anterior, o de
otro modo, al no absorber y esconder dentro de su seno, repito,
la forma del objeto en cuestión, que, por el contrario, se le
enajena y distancia y permanece, así, expuesta, lejos y separada
de su utilidad, a la consideración artística.

El parecido de este último fenómeno con el que hemos analizado en los desplazamientos calificativos o atributivos es,
como se ve, grande. En los dos casos la «función» que normalmente le corresponde a la «forma» ha sido aparentemente (en
los «desplazamientos») o del todo (en la botella) eliminada. La
botella ha sido desposeída de su finalidad de contener líquidos,
y en el ejemplo de las lagartijas, el adjetivo «rápidas» ha sido
desposeído de su significado realista «lagartijas rápidas», con
lo que la «forma», la «forma» botella o la «forma» literal
«rápidas» en cuanto unida irrealísticamente a piedras (inmóviles) se «ve» en sí misma. Y sólo tras esta visualización, ya realizada y por tanto, intachable, nuestra percepción se dirige a
la verdadera función, que es, en un caso, «iluminar», y en el
otro, aludir a la rapidez de las lagartijas. La única diferencia,
por completo inesencial desde la perspectiva en que nos colo-
camos, entre el caso de la botella-ventanal y el caso de las
«piedras rápidas», es que, en este último, la percepción segun-

da, que tras la visualización realizamos, marcha, precisamente, en dirección a la función que corresponde habitualmente a la forma de que se trata, o sea, hacia el significado realista que esperamos de cualquier adjetivo (aquí, «lagartijas rápidas»), mientras ocurre al revés en el caso de la botella, pues en la botella, la percepción segunda va hacia la finalidad «iluminar», no hacia la finalidad «contener líquidos». Pero lo que importa no es esa discrepancia; lo que importa es el hecho de la fundamental coincidencia ocurrida en dos puntos: 1.º, el intento, que fracasa de modo visualizador, común a ambos casos, de percibir la función que es propia a la «forma» que se nos ofrece; y 2.º, la salida, común también, hacia la consecución de una nueva función, esta vez alcanzada, pero incapaz ya de corregir la visualización susodicha, por pertenecer ésta a un pretérito, que como tal no se deja enmendar.

LOS ELEMENTOS PSÍQUICOS QUE PERMITEN LA VISUALIDAD AUTÓNOMA

Hemos visto que un mismo proceso psicológico es lo que, en definitiva, hay detrás de cosas entre sí tan diferentes como son la superposición temporal, la imagen visionaria, la visión y el símbolo o los desarrollos imaginativos no alegóricos, por un lado, y por otro, la desposesión, a fines decorativos, de la utilidad de los útiles. O bien, con curiosas variaciones, que derivan de la diversidad de los objetos a los que el proceso se aplica, por un lado, los desplazamientos calificativos y por otro, el uso de ciertos instrumentos en menesteres que no les son originalmente propios.

En todo ello hay, escondido y final, como digo, un solo proceso, pero como ese proceso consta de diversas fases, que además pueden adoptar una modulación más compleja en el caso de los desplazamientos calificativos y su correlato dentro de las artes decorativas, creo que convendría descomponerlo en los elementos de que consta, para así examinar más de cer-

ca los supuestos psicológicos últimos en que todo el montaje
descansa. Hecha la descomposición mentada, hallamos esto:

1.º Nuestra mirada, en cuanto percibe una «forma» (sea
verbal, una palabra o un sintagma; sea material, un instrumento), se lanza a buscar, segura de hallarla, la función que habitualmente le corresponde. Aquí lo que evidentemente se pone
en movimiento es lo que he llamado (tomando el nombre de
la física) «ley de inercia», que gobierna, según he dicho ya, en
tantas ocasiones, artísticas y no artísticas, la actividad de nuestra mente. Gracias a esa ley, nuestro espíritu da por sentado,
de manera irreflexiva, *preconsciente*, que lo que ha sido real
en ocasiones anteriores tiene que seguir siéndolo *siempre*. Es
la tendencia a la generalización indebida que caracteriza, de
modos muy distintos a los que aquí consideramos, a la mente
de los hombres primitivos y que se manifiesta aún frecuentí-
simamente, también de diversas maneras, en la cultura, por
ejemplo, medieval, puesto que caracteriza al preconsciente, en
cuyas operaciones ambas manifestaciones, primitiva y medieval, se basan a veces. Anotemos que se trata de un pensamiento erróneo, en el que el artista nos *supone* a todos sus lectores
o espectadores incursos, a nivel no consciente. Pero aunque se
trate de un error, es un error válido, un error con el que es
legítimo contar como base de las operaciones estéticas, puesto
que resulta *universal*, única cosa que el arte, que es un fenómeno psicológico, pide.

2.º Hemos afirmado en estas páginas, acaso con reiteración
excesiva, que la «forma» desaparece en la «función» que le
corresponde. ¿A qué se debe esto? A que de las cosas lo que
nos importa es la significación que poseen. Las cosas aparecen
ante nuestros ojos interpretadas, espiritualizadas [7], o procura-
mos que aparezcan así, porque nos horroriza su *pura* materialidad, ya que esta habría de ser, por definición, una materiali-

---

[7] Véase José Ortega y Gasset, *Unas lecciones de metafísica*, Madrid,
Alianza Editorial, 1966, págs. 142-155; véase también, Julián Marías, *Introducción a la Filosofía*, Madrid, ed. Revista de Occidente, 1956, págs. 333-
342.

dad *incomprensible*, y en consecuencia, peligrosa en algún punto para nuestra vida, tan azarosa siempre.

Aunque el supuesto primero del hecho que analizamos sea nuestra condición inteligente, el supuesto último es, pues, algo mucho más primario y genérico, a saber, el instinto de conservación, siempre alerta en todos los seres vivos y que en el arte está actuando, según se nos hace notorio, incluso cuando menos lo parece, como aquí. Pues bien: si de cuanto hay lo que vale es su sentido, nuestra mente se habrá de dirigir primordialmente hacia ese sentido, y no hacia la forma, que es, según lo dicho, un puro *medio*, o sea, algo en sí mismo ininteresante.

3.º Una vez que, en nuestra persecución del sentido, se ha producido el fracaso, «regresamos» perceptivamente de nuevo, en todos los casos, hacia la forma, por la razón obvia, y que además he mencionado ya, *de ser lo único que hay*. Conocemos asimismo lo que entonces ocurre: la forma hacia la que regresamos es «vista» por nosotros por primera vez *en sí misma*. Quiero decir que al no haber tras ella un «fin» distinto hacia el que podamos dirigirnos, la forma habrá de entregársenos, no como un medio sino precisamente como un fin, como un significado: la forma (que antes significaba sólo su función) se significa entonces a sí misma como tal forma. Y en consecuencia, o bien aparece como «bella», si antes no tenía tal pretensión (rueda de carro, etc.), o bien, si la tenía, se visualiza más en cuanto a ese carácter (imagen visionaria, etc.). He ahí la relación entre lo que hemos llamado «estetización» y lo que hemos llamado «visualización». En el fondo, *se trata del mismo fenómeno*, cosa que al comprobarla nos hace comprender, desde otro ángulo, la gran importancia de la tendencia contemporánea a la visualización. Si «visualizar» es tanto como «estetizar», o sea, tanto como poetizar, la función de la visualidad es clara: potenciar lo poético, *elevar lo poético a un grado de mayor intensidad*. En nuestra terminología lo diremos así: la función de la visualidad es ayudar a la imagen visualizada a cumplir con mayor plenitud su oficio «individualizador» del significado que le corresponda. Como ya dije, la visualización se pone entonces al servicio de la imagen y la apoya en su cometido.

4.º *En algunos casos* (botella que sirve para iluminar, desplazamientos calificativos), después de que la forma ha sido contemplada como un fin y se ha producido, en consecuencia, la estetización o visualización de ella, caemos en la cuenta de que esa forma tiene, pese a todo, un sentido que reclama nuestra atención, aunque no el que al principio, arrastrados por la ley de inercia, suponíamos. La tendencia humana, de que ya hablé, a entender las formas como portadoras de significación, nos llevará a interesarnos y a recoger esa significación que ahora se manifiesta ante nuestros ojos, pero que en el instante presente ya no puede destruir, como sugerí, el efecto de belleza o visualización que hemos experimentado ya, y precisamente porque lo hemos experimentado ya.

### LA LEY DE LA FORMA Y DE LA FUNCIÓN

De este análisis que acabamos de realizar se desprende que la «estetización» de las formas a las que suprimimos del todo la finalidad práctica, o, al menos, la finalidad práctica que les es propia y lo mismo la visualización de las expresiones literalmente irreales, o sea, aquellas que, o bien carecen por completo de significado lógico (aunque lo tengan irracional), o bien carecen del significado lógico *habitual* (caso de los desplazamientos calificativos), esa «estetización» y esa visualización se hacen posibles porque se apoyan en un sistema psíquico de carácter universalmente humano. Mas ¿qué es necesario para que esa universalidad pueda darse? La psique sólo puede funcionar de un modo con el que podamos contar de antemano (porque no exista posibilidad de excepción) cuando funciona *mecánicamente*, esto es, según procesos que sean verdaderos automatismos o mecanismos. Aclaremos: llamo mecánicos a aquellos procesos en cuya actividad la libertad no puede intervenir: dadas ciertas condiciones se desencadenarán inevitablemente ciertas previsibles consecuencias, incluso objetivamente erróneas, según subrayé más arriba. Nada importará en ese caso tal error porque el error del que hablo se instala a un nivel no consciente, en donde el disentimiento no puede intervenir. Y como además en ese error *todos* los hombres hemos de caer, resulta este artísticamente utilizable, al no impedir la peculiar objetividad artística. Los errores carecen, por supuesto, de correlatos en la realidad objetiva, pero lo que sí resulta objetivo en ese mismo mundo real es la emoción estética que el error, al ser universal, contribuye a engendrar.

Nosotros hemos descrito ese sistema psíquico, puesto que forma parte de los procedimientos visualizadores cuyo funcionamiento nos interesaba. Una descripción de tales procedimientos que no mencionase el sistema espiritual que le subyace sería como una descripción botánica que de los árboles considerase exclusivamente la parte visible y desdeñase el estudio de los tentáculos subterráneos. El árbol es el tronco y las ramas, con sus hojas y flores, pero también con sus raíces, aunque estas últimas no se vean. Así, la descripción de los procedimientos visualizadores que estamos examinando, requiere llegar hasta el fondo radical que los fundamenta, y que al ser un mecanismo, esto es, un proceso irremediable, opera en calidad de ley. Démosle nombre: la llamaremos «ley de la forma y de la función». Rezaría, como ya sabemos, así: «Toda forma se identifica, en principio, con la función que le es originalmente propia, desapareciendo en ella, y exige, por tanto, para reaparecer y ser vista, apartarse, de un modo u otro, de ese elemento invisibilizador».

LA LEY DE LA FORMA Y DE
LA FUNCIÓN ES UNIVERSAL

Como, en efecto, se trata de una ley, se cumple con carácter general, de manera que *toda forma*, de la índole que sea, la obedece. Lo dicho significa nada menos que esto: estamos ante una ley que determina y rige la posibilidad del arte, es decir, de todo instante artístico.

Subrayo que con ser tan amplio este último campo de su actividad, no representa *todo el campo* en el que la ley se ejerce, pues esta es más abarcadora todavía. En otro libro de próxima aparición intentaré hacer ver que la ley de que hablo explica, en su positividad, la benevolencia de cada generación con respecto a sus propios defectos o pecados (artísticos, filosóficos, etc.), así como, al contrario, en su aspecto negativo, explica también la severidad con que se comporta la generación filial en lo que toca a tales errores paternos. En el primer caso, la «forma» que acabamos de denominar «error» «desaparece» en su «función», esto es, en su significado cosmovisionario; en el caso segundo, sustituida en el período generacional siguiente, por otra distinta, el error susodicho ya no tiene sentido, o, en otro giro, suprimida la «función», vemos la «forma», o sea, vemos el error como tal error, sin tapujos invisibilizadores. De ahí el repudio con que los hijos contemplan los pecados (artísticos, filosóficos, etc., repito) de sus padres, y su búsqueda de la virtud opuesta, en la que procuran instalarse.

Esta apretada reducción a nuestro lenguaje actual de lo que diré más extensamente y con más pormenor en el libro antes mencionado tiene como finalidad hacer ver que el funcionamiento de nuestra ley es asimismo factor decisivo en la evolución cultural y no sólo artística, pero también artística, de los períodos históricos. Y téngase en cuenta que una cosa es el arte, la posibilidad de cada una de las obras de arte, y otra la evolución del arte, y en general, la evolución de la cultura y sus íntimas razones. Y resulta que en ambas esferas (y no sólo en ellas, por supuesto), aunque tan diferentes entre sí, tiene presencia e influjo la ley que consideramos. En consecuencia, el dominio estético en cuya total extensión nuestra ley rige, resulta ser, pese a la enormidad de su tamaño, tan sólo un caso particular del amplio imperio de su vigencia.

## LA LEY DE LA FORMA Y DE LA FUNCIÓN RIGE EN EL ARTE TODO COMO UN CASO PARTICULAR DE SU VIGENCIA

Estrechándonos ahora a la consideración de este caso particular, por otra parte, tan importante y abarcador, hallamos que el arte es, en efecto, contemplación desinteresada de la forma, para que ésta, por sí misma, se ponga a significar. Y claro es que para que tal cosa suceda, hemos de anular, de una manera o de otra, la practicidad que a tal forma sea inherente, pues, dado el mecanismo, inexorable (no lo olvidemos), que hemos descubierto, sólo así la forma se hace estéticamente significativa. Esto requiere una especial actitud de libertad por parte del lector y espectador, que debe abandonar su maniática adscripción atencional a los fines pragmáticos, para concentrarse en lo que la forma es como tal forma. Una vez liberados de la hipnótica atracción que sobre el hombre ejerce el mundo práctico, la forma empieza a decirnos, a susurrarnos su secreto. Y toda ella, y cada una de sus menores partículas, se dispone a resplandecer semánticamente, hasta que no queda ningún elemento formal que no nos entregue su posible elocuencia, antes muda a causa de nuestra fijación pragmática. Tratándose de poesía, la practicidad vitanda es, sin duda, el mundo de lo conceptual, en cuanto que el concepto se refiere como «fin» a un objeto. La practicidad es, pues, ese plano en el que el concepto asoma como verdadero o como falso. Kant, como es sabido, decía, desde otros supuestos y muy distintas argumentaciones, que la belleza es una finalidad *sin fin*. En poesía puede haber, en ese sentido, aparentes conceptos, pero no auténticos conceptos, ya que los conceptos que hay, aunque digan algo que responda a las exigencias de la objetividad, no están ahí, en el poema, con esa pretensión impertinente. He afirmado en mi *Teoría de la expresión poética* que en el poema nunca recibimos verdades, puesto que para recibir una verdad debemos antes preguntarnos, explícita o implícitamente, si aquello es, en efecto, verdad, y contestar de modo afirmativo. Pero he aquí

que ante un poema (o, *mutatis mutandis*, ante una ɔbra de
arte) nunca nos hacemos esa pregunta, sino esta otra: ¿es
posible que esto que leo lo diga un hombre sin dar pruebas de
deficiencia humana, esto es, lo diga de un modo asentible? Y
como nuestra interrogación se refiere a posibilidades, verosimilitudes, al responder con un «sí», recibimos verosimilitudes,
posibilidades, pero nunca verdades, aunque se trate de cosas
que, dichas fuera del poema, tengan, de hecho, ese carácter. Son
verdades, pero no nos «llegan» como tales, porque no las hemos cuestionado en esa dirección. Los conceptos ya no son
conceptos genuinos, puesto que se les ha arrancado su decisiva
raíz práctica, que es la veracidad, y flotan o resbalan entonces,
desraizados, libres, en el mundo, tan otro, de la imaginación.

¿Cómo se logra esto? Fundamentalmente, por medio de los
géneros literarios. Saber, por ejemplo, que vamos a leer un
poema, nos coloca ya, sin más, en ese reino de maravillosa
libertad en el que nos disponemos a recibir las exentas, exone-
radas emanaciones formales que llamamos «belleza». Y, tratándose de poesía, el ritmo del verso vendrá a completar la indispensable liberación de que hablamos por medio del sistema
alucinatorio en que consiste. El ritmo, en efecto, por su naturaleza elemental, ejerce sobre el lector un cierto género de fas-
cinación o de sugestión que, de algún modo, paraliza la intromisión en nuestra lectura de la facultad racional, propia de la
vida práctica, en la medida en que esa intromisión resultaría
excesiva y por tanto, impertinente en tal lectura. El ritmo
favorece así, con medios idóneos, la actitud psicológica de
liberación de la practicidad y la consiguiente libertad asociativa,
en un cierto sentido, frente al lenguaje, libertad que es inherente a la poesía, en contraposición al lenguaje práctico no
poético, frente al cual, precisamente a causa del pragmatismo
de su naturaleza, no podemos sentirnos libres: quiero decir
que un poema significa *todo* lo que ese poema sugiere a su
lector universal, incluso aquello de que el poeta es inconsciente
en el momento de escribir, como lo es el lector en el momento
de leer, cosa (la de significar sugeridoramente cuanto le es posible a la expresión de que se trate) que no ocurre, para poner

un ejemplo límite, en un trozo de prosa científica. Al leer un poema diríamos que «cerramos los ojos» y nos abandonamos libremente, en ese preciso sentido, a cuantas sugestiones y aso- ciaciones emanen, necesariamente, eso sí, desde el texto, es decir, desde la «forma» que se pone libérrimamente a significar. El ritmo, tal el objeto brillante de que puede valerse un hábil hipnotizador, nos concentra como en un punto la atención, para que el resto de nuestro ánimo, tomado en cierto modo por sorpresa, pueda ser invadido por la irracionalidad no práctica del lenguaje. Y precisamente porque el ritmo satisface estas necesidades generales de la palabra del poeta, es por lo que su presencia resulta casi indispensable en la esencial faena de arrancarnos de la practicidad, en el interior de la cual el orbe estético no puede percibirse.

Para terminar este apartado, debemos preguntarnos qué relación tenga esta ley de la forma y la función con las otras dos leyes de la poesía, la ley de la «individualización» (o «sig- nificación saturada»), o sustitución, y la ley del asentimiento. Nuestra respuesta es taxativa: *no se trata de una tercera ley de la estética*, sino simplemente de un *requisito* sin el cual no se daría la ley primera, la ley de la «individualización». No pue- de haber «individualización» sin que antes se suspenda la practi- cidad. Sólo cuando la función se aniquila, la forma poemática se pone a significar «individualizadoramente», «saturadamente».

### LAS ARTES FUNCIONALES NO OBJE- TAN LA APRACTICIDAD DEL ARTE

A lo dicho podría objetarse tal vez que un automóvil o un avión, o un dicho del coloquio familiar, pueden ser «bellos», sin dejar, por eso, de ser prácticos. No hay duda de que ello es, *en cierto modo, así*, pero debemos añadir, para aclarar nuestro paliativo (el subrayado), que esa belleza, aunque está ahí (en el caso de que esté), está ahí dormida, oculta, y no aparece más que en ese instante (que podemos repetir cuantas veces queramos, eso sí), en que el espectador u oyente contempla el objeto, o escucha la expresión, con entera suspensión de su practicidad. Como la practicidad es el velo que tapa e invisibiliza lo que el objeto, o ese decir, tienen de bellos, debemos poner entre paréntesis tal practicidad, si deseamos que la belleza escondida se nos revele. Y como esto lo podemos hacer en uno o varios sutiles parpadeos de nuestra práctica percepción, es fácil que tan vibrátiles y rapidísimos ensayos de desinterés contemplativo nos pasen inadvertidos, con la consecuencia de engañarnos pensando que, en sentido riguroso, algo puede ser a la vez bello y funcional.

Más complejo se torna el asunto, pero no menos evidente y claro, cuando para asentir a la obra de arte precisamos, justamente, de ese «parpadeo» y el «engaño» consiguiente que he dicho: tal es lo que sucede en la arquitectura. Una casa que no fuese habitable no sería asentible, y por tanto no sería (como tal casa, entiéndaseme bien) artística, por ser el asentimiento una ley estética. Pero eso no significa que lo funcional sea bello en cuanto a su función. La único que quiere decir es que hay artes que exigen, insisto, el «parpadeo» en cuestión y el «engaño» consiguiente de la funcionalidad «bella» para que podamos asentirlas. Y como ese engaño se hace universal, podemos «contar» con él. La arquitectura es una de estas realidades parpadeantes y engañosas, lo que le permite figurar entre las bellas artes, sin exceptuarse de la ley que hemos venido describiendo como inexorable en cuanto procedente de un «mecanismo» psíquico: la que hemos denominado «ley de la forma y de la función» [8].

_____

[8] Por no hacer demasiado cansada la lectura del texto, pongo en nota, para exclusivo conocimiento de quien le interese, algunas otras formas de visualización autónoma. Y es que el análisis de la visualización en los desplazamientos calificativos o atributivos puede iluminarnos el motivo de otros modos visualizantes que le son estructuralmente afines. Empiezo por el que se ofrece en ese recurso típicamente contemporáneo que, en el presente libro, hemos llamado «cualidades imaginativas descendentes». Recordemos que se trata de un fenómeno que viene a «completar», siendo distinto de él, al artificio que denominábamos «desarrollo no alegórico del miembro imaginario E». Los elementos desarrollados en E con «independencia» de A pueden, en efecto, pasar a A, por lo

que A recibirá sorprendentes atribuciones que, desde el punto de vista realista, no se le adecúan, y cuya única justificación es la de ser propias del término E, con el que A se ha unido previamente en ecuación. Entre los ejemplos de Juan Ramón Jiménez que pusimos, figura éste:

> Una a una, las hojas secas van cayendo
> de mi corazón mustio, doliente y amarillo.

El poeta ha comparado a su corazón (A) con un árbol en otoño (E). Este último elemento E queda analizado de forma no alegórica en sus elementos o partes $e_1$, $e_2$, $e_3$ ... $e_n$, que el poeta concede luego graciosamente a A («corazón»). Y así aparece un «corazón» al que se le caen «las hojas» ($e_1$) y que es «mustio» ($e_2$) y «amarillo» ($e_3$). Y ocurre que ese «corazón», tan sorprendentemente calificado, se visualiza precisamente en cuanto a tales calificaciones. El lector «ve» con fuerza la «irrealidad» que se constituye: la amarillez del corazón, etc. ¿Por qué? Como he dicho al comienzo del presente apartado, nuestra anterior indagación en el proceso psicológico que visualiza los desplazamientos calificativos nos hace fácil comprender lo que, en ese mismo sentido, sucede aquí. Al oír la expresión «corazón amarillo», etc., nos lanzamos en busca del significado lógico que directamente pueda corresponderle, y como no lo hallamos porque no existe, regresamos al significante «corazón amarillo» que entonces se visualiza por las razones de vacío semántico que sabemos. Lo que acaece después de esta visualización es parecido, pero no igual, a lo que sucede en los «desplazamientos calificativos». En estos, tras la visualización, encontramos el significado lógico que corresponde, aunque sólo mediatamente, a la irrealidad que el recurso había originado (y así, a la irrealidad «trino amarillo del canario» corresponde, pero de ese modo alusivo y oblicuo, el significado lógico «plumas amarillas», las del pájaro en cuestión). Aquí no damos con un significado lógico, sino con una mera justificación del dicho, que nos permite asentir: comprendemos que la amarillez del corazón no es descabellado delirio, sino que viene legítimamente del término E, «árbol en otoño», en cuanto que el «corazón» y el «árbol otoñal» son metafóricamente realidades idénticas.

Lo que acabamos de ver en las imágenes contemporáneas se repite, curiosamente, con las variaciones que son del caso, en las superposiciones temporales, que también pueden desarrollar, en su término irreal E (tiempo futuro o pasado), elementos discrepantes con respecto al término real A (tiempo presente) que, sin embargo, pasan, «visualizadoramente», a este último. Aleixandre nos ofrece un ejemplo diáfano: habla de

> el violín donde el cedro aromático canta
> como perpetuos cabellos.

Aquí, al revés de lo que ocurre en el ejemplo del mismo autor que más arriba pusimos (el del elefante y sus colmillos), es el pasado (cuando el cedro era árbol) el que viene a encajarse en el momento actual (cuando el cedro es ya violín). Se expresa de esta forma irracionalmente, y por tanto con visualización, la gloriosa naturalidad y frescor de la música que ese instrumento produce. Pero la visualidad que normalmente corresponde al fenómeno irracionalista se agrava e intensifica aquí por el hecho de que se trasladen al plano real A (cedro hecho violín) las proliferaciones del plano irreal E (cedro como árbol): ser aromático el cedro y poseer «perpetuos cabellos», esto es, hojas perennes. El análisis del caso anterior, metafórico, totalmente paralelo a este, hace ocioso una larga explicación del que ahora nos ocupa. La movilización hacia A de las cualidades de E provoca aquí, como provocaba allí, la aparición de una irrealidad sorprendente (violín «aromático» y con «perpetuos cabellos» —hojas perennes—) que al remitirnos inmediatamente a una significación imposible con la que tropezamos, habremos de rechazar, retrotrayéndonos así, de un modo visualizador, a la «forma» irreal que he dicho, con posterioridad a lo cual, hallamos, no un significado lógico que pertenezca a esa irrealidad, pero sí, como en el caso metafórico mencionado, una *explicación* tranquilizadora de ella, que nos permite el asentimiento: tratarse de las cualidades del plano temporal E. Y así averiguamos que los «perpetuos cabellos», etc., son los del cedro pretérito, los del cedro-árbol, no los del cedro actual, convertido en violín.

# CAPÍTULO XIX

## LA VISUALIZACIÓN CONTEXTUAL

### VISUALIZACIÓN CONTEXTUAL FRENTE A VISUALIZACIÓN AUTÓNOMA

En el capítulo anterior hemos estudiado algunas de las formas con que los términos irreales logran «visualizarse». Todas ellas, aunque distintas, coinciden en dos puntos, relacionados entre sí: en primer lugar, el *medio*, y en segundo lugar, el *modo* de conseguirlo. El «medio», en todos los casos, ha sido la opacidad del significante con respecto al significado, lo cual se obtenía, a su vez, por varios caminos. En cuanto al «modo» también existía unanimidad: la visualización se alcanzaba, sin excepciones, *autónomamente*, esto es, sin necesidad de recurrir a un agente verbal exógeno, que, allende el término que se buscaba visualizar, interviniere en la visualización misma. El presente capítulo se reserva, en cambio, el estudio del caso contrario, en que un factor verbal externo (al que más adelante llamaremos «modificante») determina la visualización. Este tipo de visualización «desde fuera» a causa de un «modificante», es el que al comienzo del capítulo anterior habíamos denominado contextual, aunque tengo que decir que al usar este adjetivo debemos extender el concepto de «contexto» hasta cubrir con él a todo lo que rodea operativamente a la palabra o sintagma en trance de visualización, sea el ámbito verbal propiamente dicho explicitado por el poeta, sea un distinto ámbito verbal que éste no ha explicitado, pero que existe, como una implicación de su decir.

El caso cuyo análisis nos proponemos admite múltiples variaciones, que difieren considerablemente entre sí. Y estas variantes, cuyo «modo» resulta, como digo, común (visualización no autónoma, sino contextual), utilizan, a su vez, un «medio» para lograr su finalidad visualizadora que es también siempre el mismo: la localización realista de los términos irreales, la usurpación que los términos irreales hacen del «sitio» en que deberían ir los reales, cosa que puede hacerse, eso sí, de formas muy diversas. Veremos pronto, además, que si esta dislocación usurpadora resulta, en efecto, visualizante, se debe, en todos los casos, a que ello supone la «ruptura de un sistema de representaciones», causa última, y por ello, menos inmediatamente reconocible, del fenómeno que nos interesa.

CONTIGÜIDAD DE DOS EXPRESIONES PARA-
LELÍSTICAS, UNA REAL Y OTRA IRREAL

Empiezo por el estudio de una manera de acentuar la fe emocional en la literalidad absurda, y por tanto, de visualizar contextualmente lo irreal, que consiste en colocar juntas, como si fuesen de la misma naturaleza, una frase, en efecto, literalmente irreal, y otra, de estructura sintáctica idéntica y en buscado paralelismo con la primera, pero de «letra» por completo sensata. El introductor, dentro de la poesía en español, de este sistema visualizador fue, creo, Juan Ramón Jiménez, en casos como los siguientes [1]:

---

[1] Por supuesto, en prosa, se da también, por ejemplo, en Valle-Inclán. (La prioridad importa poco, en este caso, pues no hay duda de que el sistema venía de la literatura francesa contemporánea.) He aquí el comienzo casi absoluto de la *Sonata de Otoño*: «Aquella carta de la pobre Concha se me extravió hace mucho tiempo. Era llena de afán y de tristeza, *perfumada de violetas y de un antiguo amor*».

Está la brisa azul y verde la pradera.

> (*Primeros libros de poesía, La soledad sonora*, Madrid, ed. Aguilar, 1964, pág. 926.)

Los pinos entonaban una vaga romanza
con acompañamiento de grillos y de estrellas.

> (*Primeros libros de poesía, Laberinto*, ed. cit., pág. 1236.)

El ocaso es de oro, de oro el fondo
del corazón, de oro la fantasía;
verdeoro es el agua...

> (*Primeros libros de poesía, Poemas Májicos y Dolientes*, ed. cit., pág. 1069.)

[...] blanca, blanca, blanca, la dulce rosa
perdura tristemente, como la mano blanca,
como la frente blanca de una primera novia.
......
¡Amor blanco —¿qué amor?—, que fuiste cual la luna
de mi juventud pálida, toda llena de historias...

> («Luz», poema 225 de la *Segunda Antolojía poética*.)

Malva es el lamento,
verde el verderol.

> («Verde verderol», poema 74 de la *Segunda Antolojía poética*.)

El río manda a veces una cansada brisa;
el ocaso una música imposible y romántica

> (Poema 174 de la *Segunda Antolojía poética*.)

---

No hay duda: «Perfumada de violetas» es un término real; perfumada «de un antiguo amor» es un término irreal. (Ramón del Valle-Inclán, *Sonata de Otoño, Sonata de Invierno*, Madrid, Col. Austral, 1969, página 7).

de brisa carmesí y de sol verdeante.

> (Poema 239, de la *Segunda Antolojía poética*.)

Morado y verde limón
estaba el poniente, madre.
Morado y verde limón
estaba mi corazón.

> («El pajarito verde», poema 237 de la *Segunda Antolojía poética*.)

En todos estos ejemplos, el procedimiento es el mismo: una frase de literalidad *impensable* reproduce la forma sintáctica de otra contigua de literalidad *pensable*, o, al menos, se ponen juntas o próximas las expresiones literalmente pensables e impensables. Y puesto que el poeta dice las dos *del mismo modo* o juntas nos da la impresión de que las dice *sin hacer ninguna diferencia entre ellas*, con lo que se nos obliga a conceder preconscientemente a la literalidad de ambas una misma o parecida fe, y, por tanto, a visualizar las dos con intensidad similar. Se dice que la brisa está azul *como se dice* que es verde la pradera. Ese azul nos parece entonces de modo emotivo *tan real* y *en sí mismo creíble* como el verde. Y lo mismo en los otros casos: de este modo, los «pinos» ostentan «acompañamiento» musical «de estrellas» exactamente como la ostentan «de grillos»; se nos incita a pensar que el ocaso resultará «de oro» *con no mayor realismo o fe preconsciente* que el poeta pone en la frase que atribuye «oro» al «fondo del corazón» o a la «fantasía»; el «lamento» del «verderol» será «malva» *en el mismo sentido* en que es «verde» su plumaje; el «río» manda «una brisa» como el «ocaso» «una música»; etc. La proximidad o la identidad formal de las frases físicamente colindantes en ciertos elementos característicos nos lleva, repito, a conceder *preconscientemente* una *identidad* de fe a sus respectivas «letras». O dicho en giro diferente: nos lleva a *sentir* (sólo a *sentir*, claro está), en las frases emparejadas, la cuerda y la no cuerda, un mismo grado de plástica veracidad.

Digamos lo mismo de una manera acaso más precisa. Leemos, por ejemplo, la frase: «morado y verde limón / estaba el
poniente, madre», y comprendemos, claro está, como realista
el color atribuido al crepúsculo. Cuando, a renglón seguido, el
poema nos vuelve a enunciar esos mismos colores como propios de otro término («mi corazón»), tendemos, por ley de
inercia[2], a esperar que la nueva atribución siga estando, asimismo, de acuerdo con la realidad. Pero téngase en cuenta aquí
que aquello que es esperado por nosotros, por el mero hecho
de esperarlo, lo estamos «poniendo» ya, ahora, en una suerte
de presencia que llamaríamos virtual. Así, cuando oímos la
expresión: «¿es usted casado o...?» aguardamos la palabra
«soltero» («¿es usted casado o soltero?»). Aunque el autor diga,
en vez de ese vocablo esperado por nosotros, el vocablo «feliz»
(«¿es usted casado o feliz?»), nuestra mente añade, a lo explicitado por el humorista, lo que nosotros erróneamente creía-
mos que iba a explicitar, por lo cual «feliz», en la mentada inge-
niosidad, significa dos cosas: «feliz», y «soltero». Lo que
aguardábamos, lo hemos agregado, pues, por nuestra propia
cuenta, tal como suponíamos, y como volveremos a observar
en el caso de «morado y verde limón». Tras hacernos con tal
expresión, esperamos que el «corazón» ostente los colores
«morado y verde limón» de una manera no distinta a como los
ostenta el poniente, o sea, de una manera *real* y no puramente
simbólica. Y ocurre que como estamos esperando tal realismo,
lo ponemos, sin más, en la irrealidad que se nos enuncia («morado y verde limón estaba mi corazón»). Y aunque luego la
razón nos desengañe y retire de la conciencia eso que precipi-
tadamente hemos colocado en ella, tal destitución afecta al significado, mas no a su emoción, la cual, por ser de naturaleza no
racional, resulta inmune al escepticismo de nuestra lucidez[3]. Se

---

[2] Véase mi *Teoría de la expresión poética*, Madrid, 1970, t. II, páginas 209-213.
[3] Cuando vemos un objeto real, recibimos en la conciencia la *noción*
«este objeto es real» y al mismo tiempo la emoción correspondiente, o
sea, la *emoción* «este objeto es real». Una vez recibidas ambas afirmaciones, conceptual una y emotiva la otra, puede darse el caso, como le

nos anula, pues, el significado de realidad con que lo irreal, en
principio, se nos ofrece en la conciencia; tal significado queda
tachado dentro de ella; no así su emoción, repito, que en ella
perdura. Hablando en términos concretos: descreemos con
nuestra mente despierta el realismo de los colores «morado y
verde» en cuanto que estos se aplican al término «corazón»,
pero nuestra afectividad hace lo opuesto, y siente en la mente
lúcida como real, en virtud del mecanismo de inercia mencionado antes, ese cromatismo: al colocar lo irreal («morado y
verde limón estaba mi corazón») en el sitio en que esperamos
lo real, la inercia hace que experimentemos ante el dicho irreal
el sentimiento de realidad a que acabamos de referirnos, por
mucho que nuestra razón descrea lo sentido. Expresado de
forma diferente: en esas condiciones, las irrealidades se ponen
a simbolizar el realismo de sus enunciados.

La expectación en que estamos de un significado de realidad
opera, pues, expresivamente en nosotros de una manera sumamente parecida a lo que hemos visto que ocurre en el «Canto
a Andalucía» de Manuel Machado [4]:

> Cádiz, salada claridad. Granada,
> agua oculta que llora.
> Romana y mora Córdoba callada.
> Málaga, cantaora.
> Almería, dorada.
> Plateado, Jaén. Huelva, la orilla
> de las tres carabelas.
>                                     Y Sevilla.

Recordemos nuestro análisis de esta bellísima composición. Al
romperse en el último verso, o mejor, en el final del último
verso («Y Sevilla») el «sistema» «de las representaciones», el
lector, sin darse cuenta, procede a añadir al significado enun-

---

ocurre al ejemplo del texto, de que la afirmación primera, la conceptual, se anule. Pero eso no significa que haya de anularse la otra, la
emotiva, que, al no ser racional, no puede afectarse de la crítica de la
razón.

[4]  Véase la pág. 209 del presente libro.

ciado por el poeta («y Sevilla») el equivalente emocional de todos los adjetivos elogiosos, de que antes, en las sucesivas representaciones, se había acompañado cada nombre de ciudad que el poema mienta. Llamando A a tales nombres de ciudad y *a* a los calificativos meliorativos de que estos se rodean, lo acaecido en la parte final del verso postrero podríamos representarlo en la fórmula A-*b* (en vez de A-*a*), donde *b* es el elemento que viene a quebrar el «sistema» A-*a*. En el presente caso *b* sería, dijimos, la mera ausencia de *a*. Al decir A, el lector entiende: A porque lo dice el poeta, y *a* (un supremo elogio en el caso citado) porque, llevado de la inercia de la «costumbre» a que el poema nos ha venido obligando, lo dice, imperceptiblemente, *emotivamente*, el lector. Pues bien: en el trozo de Juan Ramón Jiménez ocurre, insisto, algo semejante. Se da también en él, a su modo, una «ruptura del sistema» de la «representación» que previamente se nos ha proporcionado, y el sistema A-*a* se convierte en A-*b*, o dicho sin abstracciones, el sistema «realidad (A) seguido de color realista» (*a*) queda sustituido por «realidad (A) seguido de color irreal» (*b*), fórmula donde el sistema A-*a* aparece como aniquilado (A-*b* y no A-*a*). Y sucede que el efecto de tal aniquilación o «ruptura» es exactamente equivalente a lo que pasa en el «Canto a Andalucía»: si en este último poema, la espera inútil de un elogio después del último nombre de ciudad («Sevilla») lleva a que nosotros, los lectores, hagamos por nuestra cuenta lo que el autor no hace, y enriquezcamos ese nombre de ciudad («Sevilla») con un intenso halo de valoración positiva, en la pieza juanramoniana, semejantemente, al aguardar, referido a la palabra corazón, un color en cuya literalidad pudiéramos tener fe, aunque esta espera se frustre en el plano racional, se cumple, por ley de inercia, vuelvo a decir, en el irracional: en nuestro preconsciente afirmamos la literalidad de la frase «morado y verde limón estaba mi corazón», le otorgamos el crédito que nuestra conciencia le está, al mismo tiempo, negando, con las consecuencias emotivas conscientes que sabemos. Y al sentir la literalidad irreal de referencia como real, nuestra atención *se fija* en esa «letra», se demora en ella, la «atiende» y le concede la visualidad que tienen siempre para nosotros, en efecto, las cosas reales [5].

Como puede fácilmente observarse, se llega aquí, por medios contextuales, a resultados finales idénticos a los que antes se producían de manera autónoma: las irrealidades, en ambos casos, nos dan una emoción de realidad, y en los dos se produce el hecho de la visualización. Sólo que, en el caso autónomo, la visualidad es causa de la emoción de realidad, mientras en el caso contextual, en vez de causa, la visualidad es, al revés, efecto de la emoción de realidad que hemos dicho. Los dos fenómenos (visualidad y emoción de realidad) se hallan ligados por tan estrecho vínculo que la presencia de uno cualquiera de ellos atrae, automáticamente, la del otro.

### INFLUJO DE ESTA TÉCNICA VISUALIZADORA

Lorca tomó, indudablemente, de Juan Ramón Jiménez esta técnica visualizadora:

> Verde viento, verdes ramas
>
> («Romance sonámbulo», del *Romancero Gitano*.)

> Tienes verdes los ojos
> y violeta la voz

---

[5] En todos los casos citados, el mecanismo psicológico que produce la visualización actúa de la misma manera. En:

> El río manda a veces una cansada brisa;
> el ocaso una música imposible y romántica

tenemos el término A, o «radical» del sistema, en la frase

> El río manda a veces una cansada brisa;
> el ocaso (manda a veces)...

y el término *a*, o «acompañamiento sistemático», en una frase que consistiera en designar aquello que el ocaso pudiera mandar realmente. El sistema «se rompe» visualizadoramente y en vez de *a* surge *b*: en lugar de algo real, *a*, comparece una irrealidad, *b*, atribuida al ocaso, en cuanto a lo que éste nos envía: esa «música imposible y romántica».

Para confirmar la relación no hay más que comparar el primero de estos ejemplos («verde viento, verdes ramas) con el de Juan Ramón arriba copiado:

> de brisa carmesí y de sol verdeante.

No sólo hay en ambos casos un desplazamiento calificativo; sobre eso, es semejante también la materia desplazada: en los dos se trata de que el aire en movimiento («brisa» o «viento») adquiere un color de procedencia ambiental: en Lorca, el «viento» es «verde» porque lo son las «ramas»; en Juan Ramón, la «brisa» es «carmesí» porque lo son las cosas que le hacen fondo [6], miradas por el poeta a través de una cancela que tiene un cristal rojo (y otros, azul, verde: de ahí, ese «sol verdeante»):

> Valle nuevo a través de la cristalería
> de colores. Trastorna su luz y sus colores.
> Cristal rojo, azul, verde. Oh qué policromía
> falsa, brillante y lírica de hojas y de flores.
>
> .........
>
> Qué encanto, que ventura
> de brisa carmesí y de sol verdeante.

En cuanto al otro ejemplo lorquiano («tienes verdes los ojos y violeta la voz») la semejanza con el de Juan Ramón antes copiado («malva es el lamento, / verde el verderol») es mayor aún, pues aquí no sólo aparecen como aproximadamente o del todo idénticos los colores (el malva es un matiz del morado, como lo es el violeta), sino que resulta idéntica, asimismo, la correspondencia, en los dos casos, del verde con el color real, y del morado (malva, violeta) con el irreal atribuido (que es también una semejante entidad: voz humana, voz del pájaro). El recurso se usa, pues, con posterioridad a Juan Ramón. He aquí un ejemplo de Luis Cernuda:

---

[6] Lo propio ocurre en el caso de «está la brisa azul y verde la pradera».

> En el estado de Nevada
> los caminos de hierro tienen nombres de pájaro,
> son de nieve los campos
> y de nieve las horas.

> («Nevada.»)

### VARIACIÓN EN LORCA DE UN ESTRIBILLO CON CROMATISMO PRIMERO REAL Y DESPUÉS IRREAL

Encuentro en Lorca una modalidad, suficientemente diferenciada, del anterior recurso de visualización; modalidad que le es por completo original, hasta donde alcance mi lectura. Se trata, también, de frases paralelísticas; dos de ellas, con literalidad realista, y sólo una con literalidad de carácter opuesto. Pero, en vez de hallarse tales frases en relación de contigüidad, como en los otros casos, están aquí separadas, unas de las otras, por la interferencia, en cada caso, de una estrofa de naturaleza diversa:

> Me miré en tus ojos
> pensando en tu alma.

> Adelfa blanca.

> Me miré en tus ojos
> pensando en tu boca.

> Adelfa roja.

> Me miré en tus ojos
> pero estabas muerta.

> Adelfa negra.

Lo que hace que los versos constituidos por las expresiones «Adelfa blanca», «adelfa roja» y «adelfa negra» se nos muestren en correspondencia no es, por tanto, el hecho antes examinado de la inmediata proximidad, sino el hecho de consistir en un estribillo, variado, en los tres casos, en uno de sus dos elementos, que es siempre genéricamente el mismo: el cromatismo que se atribuye a la «adelfa».

Nótese que tal atribución es realista en las dos primeras apariciones del estribillo, y del todo irreal («visión») en la aparición última: no existen «adelfas negras». Pero la ley de inercia, que gobierna, según dije[7], nuestra psique en tantos momentos artísticos (y claro está, también en tantos otros no artísticos) hace que, tras las dos apariciones iniciales del estribillo, en que a la «adelfa» se adjudica un color realísticamente posible («adelfa blanca», «adelfa roja»), esperemos un color también realísticamente posible en el verso final. Nos hallamos de nuevo frente a una «ruptura del sistema de las representaciones», con las consecuencias simbólicas y visualizadoras que sabemos. En vez del sistema «adelfa (A), seguida de color realista (a)», la «ruptura»: «adelfa (A), seguida de color irreal (b)». El lector, que recibe el término b (color irreal) en la conciencia, coloca tras él, emocionalmente (puesto que lo está esperando), el término a (color real), lo cual hace que el color irreal (b) se beneficie de un sentimiento de realidad (a). De nuevo se nos impone (y aquí con más perfecta nitidez aún) el recuerdo de lo que hemos visto en «Canto a Andalucía», y también, por supuesto, de modo aún más próximo, lo que hemos visto en varios fragmentos poemáticos de Juan Ramón y su posterior descendencia: en todos los casos, repito, un «sistema» queda expresivamente «roto».

### VISUALIZACIÓN CONTEXTUAL Y RUPTURA DEL SISTEMA DE LAS REPRESENTACIONES

Insisto en este hecho de comunidad, pues ocurre que el procedimiento visualizador que acabamos de reconocer en «Remansillo» y antes, de otro modo, en los diversos trozos analizados, es el mismo que se esconde bajo apariencias de las más

---

[7] Véase la pág. 371.

diversas estructuras en todos los casos de visualización «contextual». En tales casos, en efecto, siempre hay, como adelanté al comienzo, una «ruptura del sistema de las representaciones»: uno o varios elementos irreales usurpan («ruptura»), *de un modo u otro* (y ahí reside la modalidad diferencial) el sitio que normalmente («sistema») les corresponde a los términos reales, con lo que, por inercia, esa ruptura nos hace otorgar a aquellos la fe en su letra, y luego la visualidad, que estos últimos, por ser reales, nos merecían.

VISUALIZACIÓN CONTEXTUAL Y LEY
DE IDENTIDAD PRECONSCIENTE ENTRE
EL   OBJETO   Y   SUS   RELACIONES

Del mismo modo que la visualización autónoma tiene detrás, en todos los casos, como eficaz apoyo, la ley que hemos llamado «ley de la forma y de la función», que actúa también en cometidos más universales, así también la ruptura del sistema que he dicho, y por tanto, la visualización contextual, supone, sin excepciones, otra ley, cuyo campo excede con mucho, asimismo, al campo en que ahora estrictamente la consideramos: se trata de la confusión preconsciente de la cosa con lo que tiene que ver con ella, que tanto hemos tropezado en este mismo libro [8]. Esta ley, que podría denominarse «ley de identidad entre el objeto y sus relaciones», obliga a entrar en ecuación igualatoria de tipo «mágico», y por tanto en ecuación seria, totalitaria, a dos cosas en cuanto que tengan una relación en común por leve que esta sea (el preconsciente no necesita para sus ecuaciones que los objetos asimilados en ellas se parezcan en algo esencial: basta una relación cualquiera, grande o insignificante, dijimos). En nuestro caso se trata de una relación meramente locativa. Gracias a esta ley, ocupar lo irreal «el sitio» de lo real resulta suficiente para que, fuera de la conciencia, lo primero se convierta en lo segundo, y, por tanto,

---

[8] Véanse las págs. 221 y sigs.

nos llegue a la conciencia, en forma de simbolizado, esa emoción de realidad, que produce, a su vez, lo que denominábamos aquí visualidad o plasticidad. El proceso preconsciente, X o del lector, que origina la visualidad sería, pues, contextual sin excepciones:

> irrealidad colocada en el sitio de lo real, y que por tanto tiene algo que ver con lo real (esa colocación) [= cosa real =] emoción de cosa real en la conciencia.

## PARALELISMO ENTRE LOS DOS TIPOS DE VISUALIZACIÓN: LA AUTÓNOMA Y LA CONTEXTUAL

El paralelismo entre los dos tipos de visualización se nos ofrece, pues, como perfecto. Ambos tipos se manifiestan en variantes muy alejadas unas de otras, pero todas ellas, por distintas que sean entre sí, se reducen, últimamente, en ambos casos, a un solo procedimiento: en la visualización autónoma este procedimiento único consiste en la ocultación del significado, al menos, del significado inmediato; en la visualización contextual consiste en la ruptura del sistema de las representaciones, ruptura que se produce al localizarse lo irreal como real. Y también en los dos casos, el respectivo procedimiento único se fundamenta y adquiere eficacia gracias a una ley psicológica de vigencia más amplia todavía: de un lado, la «ley de la forma y de la función»; de otro, la «ley de identidad preconsciente entre el objeto y sus relaciones».

## PROCEDIMIENTOS VISUALIZADORES FRENTE A PROCEDIMIENTOS INTRÍNSECOS Y EXTRÍNSECOS

Ahora bien: debemos cuanto antes salir al paso de un equívoco. Se trata del término «ruptura del sistema de las representaciones» que hemos venido manejando en los párrafos anteriores. El concepto genérico de «ruptura del sistema», en sus múltiples variaciones, se me impuso cuando, redactando mi *Teoría de la expresión poética*, hube de examinar la primera ley de la poesía (la ley de la «modificación del lenguaje» o «saturación del significado»), en ciertos casos en que ésta no parecía cumplirse. La «ruptura del sistema» se me presentó como uno de tantos procedimientos retóricos que sirven para que el significado se «sature», se «individualice», en el sentido especial que mi libro da al verbo «individualizar», expresado gráficamente por mí con ese entrecomillado con el que acabo de emparedar tal verbo, para poner en entredicho la acción misma que esa palabra denota. Y es que la pretensión individualizadora, como sabemos, no se cumple más que a nivel ilusorio. Pero esto no importa: por ser el arte, la poesía, dijimos, un fenómeno psicológico, lo que importa no es *lo que hay*: es lo que nosotros *sentimos* que hay, siempre que, como aquí, lo que sintamos lo sintamos o debamos sentir *todos* los lectores, ya que entonces el arte se hace posible, al constituirse como objetivo.

Puesto que las leyes de la poesía son dos, ley «de la individualización» o «desviación de la norma» o ley «intrínseca», y ley «del asentimiento», o ley «extrínseca», los procedimientos retóricos serán, asimismo, de dos especies: los que sirven para que se produzca la «individualización» y los que sirven para que se produzca el «asentimiento». A los primeros, los llamé procedimientos «intrínsecos», por referirse a la ley «intrínseca», y a los segundos los hube de denominar, a su vez, «extrínsecos», por referirse a la ley «extrínseca». La metáfora es, por ejemplo, un procedimiento «intrínseco», ya que «individualiza» desconceptualizadoramente la significación. ¿Cuál será el procedimiento «extrínseco» correspondiente que nos lleve a «asentir»? Sin duda, lo será la «adecuación metafórica», esto es, el perfecto ajuste de un plano real con respecto a un plano evocado, con el que aquél se compara. Esto que hallamos en la metáfora puede ser generalizado diciendo: la «adecuación» de cada procedimiento intrínseco es el procedimiento «extrínseco» correspondiente. Así en la «ruptura del sistema formado por el instinto de conservación» que hay en la frase «más vale morir en

pie que vivir de rodillas» el procedimiento extrínseco sería la
«adecuación heroica», la ajustada correspondencia del heroísmo
(morir voluntariamente) al objeto que lo produce (defensa de
la libertad). Y de este modo morir con un supuesto heroísmo
para, digamos, tener el último modelo del Cadillac, en lugar
del penúltimo, no sería, en principio, poético, por fallo de la
«adecuación» de que hablamos, esto es, por fallo del «asentimiento».

Esto es lo que, con mayor extensión y riqueza de matices y
pormenores, venía yo a sentar en mi *Teoría de la expresión
poética*. Pero he aquí que junto a estos dos tipos de recursos
retóricos, acabamos de dar con un tipo tercero que resulta, en
principio, diferente, en cuanto que posee una distinta finalidad:
no sirve ni para individualizar *directamente* el significado (ya
veremos el sentido del adverbio subrayado) ni para suscitar
«asentimiento» a éste; su finalidad es sólo la visualización
contextual. Se trata de «visualizar» con más poder, desde su
contexto, la literalidad insensata de las expresiones. Los procedimientos incursos en este tercer tipo son, en efecto, visualizadores, y buscan exclusivamente la intensidad de un significado que no producen ellos sino que ha sido suscitado por
los procedimientos intrínsecos, a los que entonces los visualizadores se relacionan de manera ancilar, en cuanto que los
refuerzan. El significado irracional, digamos, de una visión,
de una imagen visionaria o de un símbolo, etc., se nos ofrece
más «individualizado» o sea, con mayor presencia o saturación,
al visualizarse más, a través, por ejemplo, de un desarrollo de
tipo no alegórico.

Pero el hecho de que los artificios visualizadores carezcan
de independencia y se supediten a los recursos intrínsecos, no
significa que coincidan y sean una misma cosa con ellos, ni aun
cuando ambos echen mano de idéntica técnica para lograr sus
fines. Por ejemplo, cuando se valen los dos del mismo tipo de
«ruptura del sistema»: el «de las representaciones». Todas las
modalidades de visualización contextual tienen «detrás», o consisten últimamente, en este procedimiento, la «ruptura» de tal
especie, según hemos ido mostrando, pero este procedimiento

sirve también, como es obvio, para «individualizar». Y téngase
en cuenta que en ambos casos (en el caso «individualizador» y
en el «visualizador») la identidad no se limita a la utilización del
mismo recurso (la ruptura del sistema de las representaciones),
sino que el efecto de ese recurso idéntico es, asimismo, semejante: y así, en ese tipo de ruptura, trátese de la «individualizadora», o trátese de la «visualizadora», lo esperado inútil-
mente por el lector lo pone éste por su cuenta, de manera implícita, como algo que se añade a lo que el poeta dice implícitamente. Pero, pese a estos parecidos y equivalencias, el artificio expresivo que estructura el «Canto a Andalucía» ¿es realmente el mismo que estructura «Remansillo» o los esquemas
juanramonianos? En otras palabras, una ruptura —la del
«Canto a Andalucía»— ¿es por completo, o al menos esencialmente identificable con la otra, la de «Remansillo» y la de
tales esquemas? No, puesto que lo buscado en uno y otro caso,
por medios, eso sí, afines, es radicalmente desemejante. En
«Canto a Andalucía» la «ruptura del sistema de las representaciones» funciona como un procedimiento, según digo, «individualizador»: opera con la significación de las palabras, alte-
rando su estructura hacia la «individualización». «Sevilla» deja
de significar solamente «Sevilla» y pasa a querer decir, desconceptualizadoramente, algo como esto: «Sevilla, ciudad que está
por encima de todo elogio». En cambio, en «Remansillo» o en
los módulos de Juan Ramón la ruptura no manipula directamente los significados, sino exclusivamente la intensidad de
éstos, tal como antes en términos más generales dije. Pero ¿no
hemos informado en el capítulo XVI que la visualidad aportaba
un significado simbólico propio? Así es, indudablemente; pero,
como dije también en ese mismo capítulo [9] la conciencia lo
manipula y lo convierte en un puro medio de intensificación
expresiva. Veamos aquí con más detenimiento cómo lo hace.

Cuando Aleixandre en aquellos versos comentados por nosotros no hace mucho, decía:

---

[9]  Véanse las págs. 298-299.

mientras tus pies remotísimos sienten el beso postrero del
poniente,
y tus manos alzadas tocan dulce la luna
y tu cabellera colgante deja estela en los astros

ese cuerpo gigantesco que se nos describía estaba proporcio-
nándonos dos significados simbólicos: por un lado, el enriquecimiento espiritual de quien se comunica con la naturaleza;
por otro, el que viene dado en la visualización como tal: «grandeza física de tipo cósmico». Ahora bien: este significado
segundo, al no corresponderse con los datos de la experiencia,
no puede permanecer en la conciencia, *ni aun en forma de emoción*, más que puesto al servicio de otro significado sensato:
*al ver plásticamente* la grandeza física, su significado simbólico (el enriquecimiento espiritual) *nos llega* también con más
plasticidad y por lo tanto con *más plenitud*, con más fuerza o
intensidad; nos llega, en suma, de una manera más «individualizada» o «poética». Digamos lo mismo de modo general:
en todos los casos el simbolizado aportado por la visualización, al ser un despropósito (lo irreal, por definición, no puede ser real), aunque asoma en la conciencia de manera emotiva, queda de inmediato transformado por ella, haciéndose así
aceptable para la razón: se aniquila no *como sentido* sino
como sentido *independiente*, y se pone al servicio del otro
significado que le queda a la expresión visualizada, a la que
de esta manera intensifica[10]. Por eso, cuando analizamos nuestras impresiones de lectores, no hallamos dos simbolizados,
sino sólo uno, al que (de no fallar el procedimiento expresivo),
experimentaremos, eso sí, como más intenso y poético.

En sí mismas, por tanto, las rupturas visualizadoras son procedimientos subordinados[11], pues que por propia virtud no «indi-

---

[10] Estas modificaciones de los significados que aparecen en la conciencia, realizadas por esta misma, son muy frecuentes, como podrá
verse en mi *Superrealismo poético y simbolización* de inmediata aparición.

[11] Así denominé en mi *Teoría de la expresión poética* a los procedimientos que se hallan al servicio de otro. (Vean el apéndice «Proce-

vidualizan»: los encargados de realizar esta operación son los
otros procedimientos a cuyo servicio se hallan. En el caso de
Lorca, la ruptura que hemos descrito intensifica la «individualización» de la «visión» «adelfa negra» (un significado fúnebre),
pero es tal visión y no la ruptura susomentada la que obtiene
tal triunfo: la ruptura lo único que hace, insisto, es convertir
en más eficaz el otro procedimiento, al que el primero se subordina: la visión.

MODIFICANTES, MODIFICADOS Y SUSTITU-
YENTES EN LOS PROCEDIMIENTOS INTRÍN-
SECOS, EXTRÍNSECOS Y VISUALIZADORES

Pero la semejanza entre los recursos intrínsecos y extrínsecos y los recursos de visualización contextual, no se detiene
aquí, sino que penetra hasta su más íntima estructura, en cuanto que todos y cada uno de ellos están constituidos del mismo
modo genérico, a saber: o por tres elementos (un modificante,
un modificado y un sustituyente), o, al menos, por dos: modificante y sustituyente: este mínimo común es el que hay en
los recursos extrínsecos. Y si en los procedimientos intrínsecos,
además de ese trío o esa pareja, es analizable un elemento
cuarto, el sustituido, es porque así lo exige su distinta misión,
que es la «individualizadora» o de «saturación».

Veamos, en primer lugar, los cuatro ingredientes de que se
integran los procedimientos intrínsecos. Como la «lengua» [12] (en

---

dimientos principales y procedimientos subordinados», ed. cit., t. II,
págs. 340-342.)

[12] La «lengua» en ese sentido de «norma», aunque tenga a veces sentimientos («pequeñuelo») y sensaciones (zig-zag, tic-tac, etc.), los tiene,
dije en mi mencionada *Teoría...*, como «encauzados conceptualmente»:
son más bien «universales de la sensación y del sentimiento» lo que
se nos aparece. En la poesía, al usar un lenguaje no tópico, esos «universales» comparecen psicológicamente ante nosotros como si no lo
fueran, se pone de relieve lo que hay en ellos de individual o lo que
parece haber de individual.

el sentido de «norma» o lenguaje tópico) es, a causa precisamente de su topicidad, semánticamente pobre, esquemática, sin relieve ni relevancia, lo poético, que expresa, aunque a nivel ilusorio, los significados en su «individualidad», o sea, de forma plena o «saturada», exigirá forzosamente modificar la lengua, «sustituirla» por otro lenguaje de índole opuesta. De esta manera, en toda descarga poética debe intervenir siempre un sustituyente (o elemento poético reemplazador), un sustituido (o elemento poético reemplazado), un modificante o reactivo que provoque la sustitución, y un modificado o término de «lengua» sobre el que actúa el modificante.

Precisemos algo más estos conceptos. Denomino *«sustituyente»* a aquella palabra o sintagma, expreso en el lenguaje poético, que por sufrir la acción de un modificante, aprisiona una significación que llamaremos «individualizada», poniendo, como arriba hemos hecho, esa palabra entre comillas para rebajar su significado hasta la precisa dosis puramente psicológica e ilusoria que antes le hemos concedido. El *«sustituyente»* encierra, por tanto, la intuición misma del poeta y es la única expresión prácticamente exacta de la realidad psicológica imaginada. Doy a su vez, el nombre de *«modificado»* a esa palabra o sintagma que denominamos *sustituyente* en cuanto que privada del *«modificante»* en cuestión, esto es, en cuanto que ordinariamente fuera del poema, resultaría continente de una significación que es y sentimos como genérica y analítica. Por su parte, el sustituido es para mí la expresión manifiestamente analítica o genérica de la «lengua» que se corresponde con la expresión «individualizada» o sintética (que es otra forma de «individualidad») de la poesía, del sustituyente. El *«sustituido»* arrastra solamente, pues, el concepto correlativo a la intuición del artista; toma así una mínima parte de esa realidad interior.

Tomemos un ejemplo. El poeta ha dicho, pensemos que por primera vez en el mundo, «mano de nieve». He ahí una metáfora. ¿Acaso ha pretendido el poeta insinuarnos que la «mano» de que se trata sea efectivamente «de nieve» o «tan blanca como la nieve»? Podemos asegurar que no. El poeta ha aludido a un especialísimo matiz de blancura, que no es tampoco exactamente el mismo que la nieve posee. Ha querido decirnos, pero fuera de la «lengua» y, por tanto, sin concepto, más bien algo como esto: «esa mano es todo lo nívea que una mano puede ser». La experiencia nos señala que la blancura de la mano no alcanza nunca idéntico grado que la blancura de la nieve. Y precisamente en esa experiencia nuestra se apoya el poeta para que no nos dejemos seducir por el significado literal de sus palabras, para que «desacreditemos» este significado. El conocimiento que tenemos de la realidad nos pone ante los ojos el absurdo que la metáfora acarrea en su literalidad estricta, y es un factor que interviene en la imagen: en unión del contexto («mano de») es un «*modificante*» de la palabra «nieve», que fuera del poema, considerada como «*modificado*», significa cosa bien distinta: un determinado meteoro. La palabra «nieve», sumergida en su contexto, afectada por el «modificante», es, pues, un «sustituyente», ya que, por razones que no son del caso aquí [13], nos da la impresión de expresar desconceptualizadamente una singular coloración que no coincide de modo cabal con la de la nieve. ¿Y el «sustituido»? El sustituido ha de ser en este caso una frase como «mano muy blanca», en cuya significación se nos pone de relieve, al contrario de lo que sucedía en la significación del sustituyente, el aspecto general de lo mentado.

Lo esencial de la estructura que acabamos de ver en los procedimientos individualizadores (la presencia de un modificante y de un sustituyente) se da, como he dicho, también en los recursos de asentimiento y en los de visualización contextual. Dejando a un lado los primeros, que aquí, al menos de momento, no nos interesan, ocupémonos de los segundos. En los recursos de visualización contextual (la visualización por ruptura del sistema de las representaciones) hay, además de los dos elementos que acabamos de reconocer como esenciales, otro más:

---

[13] Véase mi *Teoría de la expresión poética*, Madrid, Gredos, 1970, t. I, págs. 73-93.

el modificado. Pongamos un ejemplo. En los versos de Juan Ramón Jiménez:

> Malva es el lamento,
> verde el verderol

la sinestesia del primer verso queda «visualizada» (visualizada, pues, en segundo grado) [14] por el realismo del verso segundo («verde el verderol»). Luego la expresión de este segundo verso («verde el verderol») es el «modificante de visualización», llamémoslo así, que hace pasar a la sinestesia susodicha («malva es el lamento») de ser un «modificado de visualización» (antes del contacto con su «modificante») a ser un «sustituyente» de tal clase (tras ese contacto). «Modificante», «modificado» y «sustituyente» «de visualización» serán los nombres técnicos con que designaremos en adelante a ese tipo de ingredientes visualizadores. Y precisamente la existencia de estos elementos es lo que distingue a este tipo de visualización del otro, el constituido por la visualización que hemos llamado «autónoma». En la visualización «contextual» hay siempre un agente, exterior al elemento visualizado, esto es, hay siempre un «modificante» que se responsabiliza de la visualización de que hablamos, mientras en la visualización «autónoma» no lo hay. Y al existir un «modificante» habrá también, como digo, un «modificado» y un «sustituyente», elementos, todos ellos, de los que no cabe hablar en lo que toca a la visualización «autónoma».

Aprovecho la ocasión para hacer notar rápidamente, en un caso práctico, la diferencia al respecto entre procedimientos individualizadores y procedimientos visualizadores, pues el modificante, modificado y sustituyente de individualización en la frase «malva es el lamento» nada tienen que ver con los que acabo de reconocer como tales en el recurso de visualización correspondiente. Y así, en la frase «malva es el lamento», el adjetivo «malva» es el sustituyente de individualización, en

---

[14] Cuando una visión o un símbolo, o una imagen visionaria que ya son, de por sí, visuales reciben una nueva visualización, podemos hablar de visualidad en segundo grado.

cuanto que, dentro del fragmento poético, alude irracionalmente a todo un grupo de cualidades que nos producen, en su
conjunto, un determinado grado de un determinado sentimiento. Esa palabra, fuera del poema no tiene ya ese sentido: significa que algo posee realmente, en efecto, ese color de la gama
del violeta: he ahí el modificado de individualización. El modificante de esa clase será, pues, el elemento que otorga a «malva» la desconceptualizada, individualizada significación en el
interior de la frase; o sea, la palabra «lamento», unida a nuestro conocimiento de que los lamentos carecen en realidad de
color. Por último, el sustituido de individualización (que no
existe en los artificios visualizadores), estará formado por la
frase con que la «lengua» expresaría conceptualmente, genéricamente, y, por tanto, sin propiedad, lo que el poeta nos dice
dándonos la impresión de expresarse propiamente. Algo que
aludiese, digamos, pero conceptualmente, al matiz de belleza
dulce con que la melancolía de ese trino se nos ofrece.

MEZCLA DE TÉRMINOS REALES E
IRREALES EN UNA ENUMERACIÓN

Pero volvamos ya de nuevo a los casos concretos de visualización contextual y a sus diferentes formas. Lorca manifiesta
también otro caso de visualización de este tipo, pariente de
los que ya conocemos, aunque posea, por otra parte, con respecto a ellos, autonomía suficiente. Se produce al mezclar con
indiferencia, en una enumeración, que puede además ser, *a
veces*, por otros motivos, «caótica», términos reales e irreales,
con lo que, a causa de resortes psicológicos *idénticos* a los
que hemos visto funcionar en los casos precedentes, sentimos
que el poeta enuncia ambas especies de términos *como si fuesen una sola*: lo irreal se dice *junto* a lo real y sin establecer
ningún distingo a su respecto, lo que hace que ambas clases
de elementos sean entendidas por nosotros preconscientemente
con un ánimo similar. El resultado será aumentar la fe preconsciente en la «letra» de los miembros irreales hasta una

intensidad próxima a la que ponemos en la «letra» de los reales, lo que equivale a decir que, finalmente, «vemos» esas letras con plasticidad parecida. He aquí el comienzo de la «Canción del mariquita»:

> El mariquita se peina
> en su peinador de seda.
>
> Los vecinos se sonríen
> en sus ventanas postreras.
>
> El mariquita organiza
> los bucles de su cabeza.
>
> Por los patios gritan loros,
> surtidores y planetas.

El poeta expresa el escándalo provocado por la actitud y maneras de su personaje con el «caos» de la enumeración, el desorden que la heterogeneidad de los elementos enumerados suponen: loros, surtidores, planetas. Pero, además, lo expresa también con esa otra especie de desorden máximo que es colocar en los patios lo que en los patios no puede concebirse: planetas. Y de hacer que grite lo que no tiene voz: no sólo esos mismos planetas, sino también los «surtidores». En los «patios» de verdad, de entre los términos nombrados, sólo podrían gritar los loros, y sólo podrían estar los loros y los surtidores. Que griten surtidores y planetas y que se localicen allí estos últimos constituye la especie de irracionalidad que hemos llamado «visión». El poeta ha dado a los términos irreales, a esas «visiones» (planetas en patios y surtidores y planetas que gritan) el mismo tratamiento que a los reales, barajándolos, indiscriminadamente, repito, en una enumeración. Y como sabemos, la ruptura del sistema de las representaciones, movida por la ley de inercia, nos obliga entonces a la visualización de las realidades enunciadas.

VISUALIZACIÓN QUE SE PRODUCE AL IN-
VERTIR LOS DOS PLANOS DE LA IMAGEN

En Vicente Aleixandre es frecuentísimo y enormemente característico un modo diferente de lograr la visualización de
las irrealidades, es decir, la intensificación de la fe en su literalidad insensata. Consiste en intercambiar el lugar sintáctico
en que se colocan normalmente los dos planos de la imagen,
el real A y el imaginario E.

En vez de decir «A como E», el poeta dice «E como A», teniendo en cuenta que en los dos casos, A es el plano real y E, el
plano imaginario. Al realizar este trastrueque, se nos obliga a
conceder preconscientemente al plano irreal E el grado de fe
en la literalidad que otorgamos ordinariamente al plano real A.
¿Por qué? Es evidente que también aquí lo irreal (E) se pone
en el sitio de lo real (en el sitio de A). Nos hallamos, en efecto,
otra vez, frente a una «ruptura del sistema de las representaciones». Pero aquí, de los dos conjuntos de que un procedimiento de esta clase consta, A — *a* y *b*, el correspondiente
a la «ruptura», *b*, y el correspondiente al «sistema», A — *a*,
únicamente se hace explícito en el texto el correspondiente a
la ruptura, *b*, sin que, como es usual, quede a la vista, tras el
rompimiento, algún elemento del «sistema» (el radical A:
A — *b*) que nos haga a éste visible, por lo que el recurso, como
tal, se enmascara. El sistema, sin embargo, existe: sólo que
no opera *in praesentia*, sino desde la memoria. Nuestra memoria nos recuerda que la construcción normal de una comparación es «A como E». Este conocimiento que tenemos es el «sistema» (A — *a*) destinado a «romperse» en los ejemplos de Aleixandre, donde triunfa el esquema opuesto, E como A, tal como
dije. En vez de «labios como espadas» (que es lo que realmente
se quiere decir) «espadas como labios» (así se titula uno de
los libros de este poeta); en vez de «el amor o la destrucción»,
«la destrucción o el amor» (así se titula otro); en lugar de
«la luna es vacío», «el vacío es luna». Otros ejemplos:

E                        A
celeste túnica que con forma de rayo luminoso
    E               A
palomas blancas como sangre
    E                      A
una larga espada tendida como sangre
recorre mis venas

frases todas en que el plano real A ocupa el sitio del imaginario E, y viceversa. Las construcciones normales de las tres frases anteriores serían, pues: «rayo luminoso que con forma de celeste túnica»; «sangre como palomas blancas»; y «la sangre, tendida como una espada, recorre mis venas»)[15].

-------

[15] J. Guillén usa también el procedimiento, aunque con posterioridad a Aleixandre (que lo usa desde *Pasión de la tierra,* como estipulo en mi libro *Superrealismo poético y simbolización*). He aquí algunos ejemplos guillenianos:

Su candor que es nieve
               («Con nieve o sin nieve»).

Sueño con un frío
que es amor, que es agua
                      («El sediento»).

Esa blancura de nieve salvada
que es fresno
                   («Viento saltado»).

El amor era sol
               («Las doce en el reloj»).

tornasol de un encanto
que es aire
                   («Las cuatro calles»).

un todo que es palabra
                   («La lechuza»).

En todos estos casos, el plano imaginario se antepone al plano real (E como A), y ocupa, por lo tanto, su sitio. La significación lógica de las frases citadas será, pues, esta: «nieve que es candor»; «agua que es frío»; «fresno que es nieve salvada»; «el sol era amor»; «tornasol de un aire que es encanto»; y «palabra que es un todo».

Nuestros anteriores análisis hacen casi superfluo todo comentario, por nuestra parte, del efecto visualizador que producen en los lectores estas rupturas del sistema de las representaciones», implícitas en las fórmulas comparativas «E como A», a que Vicente Aleixandre nos ha acostumbrado en la primera etapa de su producción. La inversión de los planos de la imagen («E como A»), al romper el sistema de las representaciones constituido por el esquema «A como E» tan incesantemente repetido a lo largo de la historia de la poesía, nos obliga a esperar, en el primer elemento de la fórmula, un significante de literalidad creíble. Y aunque en ese lugar inicial coloque ahora Aleixandre un término irreal E en vez del elemento real A del hábito literario («E como A», en lugar de «A como E»), la ley de inercia de que hemos hablado nos lleva a conceder preconscientemente a E lo que en ese mismo sitio hubiésemos concedido ordinariamente a A: una intensa fe en su letra. Acostumbrados a creer en la literalidad del primer elemento de los dos que hay en la ecuación «A como E», seguimos haciéndolo, aun cuando se nos altere la disposición de los materiales puestos en comparación por el poeta. De este modo, concedemos preconscientemente a la letra de E, pese a ser un elemento irreal, la fe que normalmente otorgamos de manera consciente a la letra de la realidad A. Pero la cosa no para aquí, pues ocurre que si bien E ocupa el lugar de A, no es menos cierto que A ocupa el de E, con lo que se nos viene irracionalmente a decir, gracias al proceso mental que antes hemos analizado, que E es más real aún que la misma realidad A. O en otro giro: que la fe en la literalidad concedida a E debe ser mayor que la concedida a A. Y aunque la razón corrija, con su censura, el exceso hiperbólico de esa afirmación puramente emocional [16], queda de ella

---

[16] En algún sitio del presente libro, pero, sobre todo, en la otra obra mía que repetidamente he mencionado en ésta (*Superrealismo poético y simbolización*) he hecho y haré ver que la razón ejerce una severa censura sobre los productos semánticos que aparecen, en nuestra mente consciente, no sólo en forma lógica (lo cual es comprensible) sino también (y esto es lo sorprendente) en forma emotiva. Las emociones simbólicas *se corrigen*, pues, *en la conciencia*, cuando resultan verdadera-

en pie un resto suficientemente cuantioso para intensificar hasta un máximo el crédito que el lector está dispuesto a dar de manera no lúcida a la literalidad de E.

El procedimiento alcanza a veces en Aleixandre gran complejidad. He aquí un caso en que el procedimiento dislocador no se limita al intercambio de lugar entre dos elementos A y E de la imagen, sino que se extiende a los tres miembros A, E y E' de una figuración de segundo grado, cuyo esquema, en caso normal, hubiese sido A como E es E'. Aleixandre transforma esa disposición, del modo que podemos observar en el ejemplo siguiente:

> E'        E
> Relojes como pulsos
>                A
> en los árboles quietos son pájaros cuyas gargantas cuelgan.

El plano real A es «pájaros». «Pulsos» es la imagen de primer grado, E, sobre la que se dispone otra aún: «relojes» (E'). Hay, pues, dos imágenes superpuestas, y las dos tienen cruzados sus miembros. Descomponiendo la primera tendríamos:

> En los árboles quietos, pájaros (A) cuyas gargantas cuelgan son relojes (E') como pulsos (E).

---

mente contradictorias entre sí o con respecto a la objetividad que el sujeto conoce. Este papel censor lo cumple, claro está, como digo, la razón, que, de este modo, vigila de manera implacable no sólo la ortodoxia de las significaciones que le son afines, que son afines a su propia naturaleza (las significaciones racionales), sino también, paradójicamente, la de aquellas otras significaciones que vienen a contrariar tal naturaleza, las significaciones que hemos llamado irracionales o simbólicas. La razón juzga, y luego absuelve o condena, o manipula, todos los resultados semánticos que se manifiestan en la *conciencia*, sean estos de la índole que sean. Podemos, pues, decir que habiendo en el arte significaciones irracionales, ninguna hay que sea, de hecho, antirracional. Antes de aceptarse una tal monstruosidad semántica, o bien sería rechazada ésta por la razón («disentimiento»), o modificada y adaptada por ella, haciéndola así congruente con su índole lúcida.

Pero «relojes como pulsos» es un conjunto que lleva también dislocados los planos imaginativos. Su versión en construcción normal sería «pulsos como relojes». Por lo tanto, el significado completo de los dos versos que analizamos es:

> En los árboles quietos, pájaros (A) cuyas gargantas cuelgan
> son pulsos (E) como relojes (E').

El poeta, un momento antes había hablado de una cobra. Mientras ella pasa, los pájaros, hipnotizados, temerosos, son un puro latido de sangre. La pulsación atrae una noción comparativa: el tictac del reloj, el reloj mismo. He aquí la reducción al plano lógico de los anteriores versos.

La complicación del procedimiento en Aleixandre puede ir en otras direcciones. En «Mina», de *La destrucción o el amor*, leemos este pasaje:

> E
> De nada sirve que una frente gozosa
> A
> se incruste en el azul como un sol que se da,
> E'
> como amor que visita a humanas criaturas.

Un plano real A («sol») recibe dos imágenes en estos versos, E y E', frente gozosa (E) y amor que visita a humanas criaturas (E'). Son, pues, un par de imágenes horizontales [17] que encubren la misma realidad. Ahora bien: el plano real A («sol») y la primera evocación E («frente») intercambian su posición lógica dentro de los versos. El tercer elemento, el plano imaginario E' («amor»), permanece inmóvil. Pero como los otros términos («sol» y «frente») se han cambiado recíprocamente de sitio, parece a primera vista que E («frente») es un plano real que tiene dos imágenes: «sol» y «amor». Y he-

---

[17] En mi libro *La poesía de Vicente Aleixandre*, Madrid, ed. Gredos, 1968, nota 8 a la pág. 242, he llamado así («imágenes horizontales») a aquellas imágenes que lo son directamente de un mismo plano real. De A el poeta dice que es E, por ejemplo, y E'.

mos visto que no es así. La construcción normal de los tres versos transcritos sería:

A
De nada sirve que un sol que se da
E
se incruste en el azul como frente gozosa,
E'
como amor que visita a humanas criaturas.

Acerquémonos ahora a un caso en que la dislocación, siendo muy complicada, posee gran eficacia:

La cintura no es rosa,
no es ave, no son plumas.
La cintura es la lluvia.

(«La lluvia», de *Sombra del Paraíso*.)

Descompongamos estos versos en sus dos piezas fundamentales: la negación, por un lado, y el cambio recíproco de lugar entre los planos de la imagen. Empiezo por aclarar que hay en la poesía de Aleixandre un tipo de negación que equivale a una afirmación frenada por el adverbio casi [18]. Tal lo que hallamos en los versos que acabo de copiar, los cuales tendrán, en consecuencia, un valor lógico semejante a la frase siguiente: «la cintura es casi una rosa, casi un ave, casi unas plumas. Pero la cintura es, sobre todo, la lluvia».

Y pasemos ya a la otra pieza del complejo: el trueque de posición entre los planos imaginativos, de que el poeta se ha valido para reforzar la expresión. Cuando dice, en el tercer verso, «la cintura es la lluvia», el plano real es «lluvia» y el evocado «cintura». De modo que, enderezando la oración, diríamos:

La lluvia es la cintura.

---

[18] Véase mi libro *La poesía de Vicente Aleixandre*, ed. Gredos, Madrid, 1968, págs. 341-345.

Pero la descoyuntación de los planos no ha comenzado en el tercer verso, sino en el primero. La palabra «cintura», ya empezó allí sustituyendo a la palabra «lluvia». Nosotros ahora debemos hacer la operación contraria, restituyendo cada vocablo al lugar que normalmente le correspondería. De esta manera, obtendremos la frase que sigue:

> La lluvia no es rosa, no es ave, no son plumas. La lluvia es la cintura.

Y agrupando ahora las dos piezas (negación y trueque de lugar entre las esferas A, E, E' de la imagen), analizadas hasta ahora por separado, tendremos ya la significación completa de los tres versos:

> La lluvia es casi una rosa, casi un ave, casi unas plumas. Pero sobre todo la lluvia es como una cintura [19].

---

[19]  Existen aún otros procedimientos de visualización de que hablaré en mi libro de inmediata publicación *Superrealismo poético y simbolización*. Así, el desarrollo independiente ($e_1$, $e_2$, $e_3$ ... $e_n$) del término irreal E en las metáforas A = E visualiza *contextualmente* al término E (además de visualizar *autónomamente* a la serie $e_1$, $e_2$, $e_3$ ... desarrollada). Por otra parte, las cualidades imaginativas descendentes (atribuir a A las cualidades $e_1$, $e_2$, $e_3$ ... $e_n$ desarrolladas independientemente en E, dentro de la metáfora A = E), visualizan, asimismo, a E, de ese mismo modo contextual (además de visualizarse autónomamente a sí mismas en cuanto atribuidas a A). En suma: los desarrollos no alegóricos y las cualidades imaginativas descendentes tienen dos actividades visualizadas distintas, una autónoma y otra contextual, en el sentido que acabo de decir.

CAPÍTULO XX

CONTEXTO AUSENTE VISUALIZADOR

VISUALIZACIÓN QUE SE PRODUCE
AL NEGAR TÉRMINOS «SIMBOLIZA-
DORES» LITERALMENTE IRREALES

Ya que hemos hablado de un procedimiento aleixandrino que «visualiza» la expresión, a través de una «ruptura del sistema de las representaciones», se hace obligado traer a colación en este instante otro recurso «visualizador», aleixandrino también, que siendo formalmente muy distinto al primero, no difiere, en cambio, de él en cuanto a su estructura íntima, pues opera psicológicamente del mismo modo, esto es, «rompiendo» idéntico tipo de «sistema».

Se trata de aquellos pasajes de Aleixandre que consisten en negar a un objeto real la posesión de ciertos atributos irreales. De entrada, advertimos el carácter *aparentemente* realista, incluso obviamente realista, de tales formulaciones: «tiniebla sin sonido», «trajes sin música», «florecillas sin grito» son expresiones que, entre otras muchas de la misma índole, entresaco de *Sombra del Paraíso*. En *Pasión de la Tierra* se lee: «¡oh mármol sin sonido!». Todos son casos de «visiones» sinestéticas negadas. Pero es igualmente usual en este poeta que imágenes visionarias se muestren en forma negativa:

la menguada presencia de un cuerpo de hombre que jamás podrá
ser confundido con una selva.

(«La selva y el mar», de *La Destrucción o el Amor*.)

(la luna) no es una voz, no es un grito celeste.

El sentido que tenga este artificio lo vemos con gran claridad
cuando Aleixandre lo usa en otra forma: a una realidad A se
le conceden dos atributos irreales, uno negado, pero afirmado
el otro:

Por mis venas, no nombres, no agonía
sino cabellos núbiles circulan.

Sentimos que lo mismo la parte afirmada de esa frase («por
mis venas... cabellos núbiles circulan») que la parte negada
(«por mis venas... no nombres, no agonía ... circulan») han de
ser entendidas de manera irracional. Y al intentar explicarnos
este fenómeno nos damos cuenta de que la visión afirmada lo
que hace es imantar y atraer hacia un significado de la misma
índole «visionaria» a la expresión negada («por mis venas no
nombres, no agonía... circulan»), de forma que esta expresión
pierde la obviedad realista de que hablé (nadie pone en duda
que por las venas circule sangre y no nombres ni agonía) y se
transforma en una «visión» negada: ya no significa lo que dice
lógicamente; adquiere un significado irracional, opuesto al
que tendría esa misma frase, en caso de presentarse afirmativa-
mente.

CONTEXTO VISUALIZADOR AUSENTE

Mas he aquí que asombrosamente sucede lo propio en los
demás casos en los que, en cambio, no se explicita ninguna
expresión irracionalista afirmada que obligue a irracionalidad
a la irrealidad negada. Y así, el sintagma «mármol sin sonido»,
por sí mismo y sin necesidad de más aparentemente, viene a
significar de manera irracional, lo contrario, según proclama

nuestra intuición lectora, a «mármol con sonido» (oposición o negatividad que desde ahora, para facilitar nuestros análisis, designaremos con el signo matemático «menos» diciendo, por ejemplo que «mármol sin sonido» significa «—mármol con sonido»). Pronto comprobaremos, sin embargo, que tal autonomía es, por completo, engañosa, y que también en estos casos hay un elemento de apoyo, que es el agente irracionalizador, el «modificante de irracionalización», como diremos en seguida.

Al llegar a estas alturas de nuestras reflexiones debemos advertir que acabamos de tropezar con un fenómeno que no conocíamos y que nunca, según creo, ha sido descrito, el de la «irracionalización» de una palabra o de un sintagma. Reparemos en que tal fenómeno se ofrece como distinto del fenómeno propiamente irracionalista, en el mismo sentido en que la causa difiere del efecto. Gracias a la irracionalización, una expresión, la expresión irracionalizadora, a la que llamaremos, repito, «modificante de irracionalización», induce irracionalismo en otra, a la que llamaremos, cuando no ha sido irracionalizada aún, «modificado de irracionalización», y «sustituyente de irracionalización», después de haberlo sido. Observará el lector que aplico aquí, con los indispensables cambios, la terminología que se nos ha hecho útil al hablar de los procedimientos intrínsecos, extrínsecos y de visualización. Nuestras denominaciones coinciden especialmente con las usadas por nosotros al hablar de estos últimos artificios, los visualizadores, a los que los procedimientos de irracionalización se parecen no sólo por descomponerse en los tres elementos de que he hecho mención (modificante, modificado y sustituyente), sino por tratarse de artificios que se subordinan, aunque de otro modo, a los principales, o sea, a los intrínsecos. Y, en efecto, los procedimientos de irracionalización tienen precisamente como misión, no la de intensificar (como los visualizadores) a los procedimientos intrínsecos, es decir, a los procedimientos individualizadores, pero sí *la de dar origen* a estos últimos: concretamente, a las imágenes visionarias, o a las visiones, o a los símbolos. En el ejemplo que nos ocupa, el procedimiento de irracionalización produce una visión. Y con esto recojo y subrayo la idea apuntada más arriba: el hecho de la diferencia entre procedimiento «irracionalizador» y procedimiento «irracionalista». La función del procedimiento irracionalizador es engendrar un procedimiento irracionalista, la «visión» en nuestro caso, pero, como vemos, no significa en sí mismo nada. Es un recurso meramente servicial, que carece de significado y se supedita al otro, al principal, en el sentido exclusivamente genético que he dicho. El procedimiento irracionalista, en cambio, «significa» en todo caso, y descansa, además, sobre sí mismo.

Ahora bien: ¿cómo y por qué se produce esa irracionalización de que hablamos? Para contestar a esta pregunta, debemos volver al ejemplo de que antes hicimos empleo:

> Por mis venas no nombres, no agonía
> sino cabellos núbiles circulan.

La irracionalización se produce en tales versos a causa de una actividad psicológica de algún modo exactamente contraria a la que hemos visto ponerse en juego en todos los casos anteriores de visualización contextual, en que esta resultaba de lo que denominábamos «usurpación irrealista de la realidad». Aquí lo que hay es, para seguir con la misma fórmula, una «usurpación» también, pero ahora (al revés de la otra, en efecto) una usurpación «realista» de la irrealidad. Si antes lo irreal se ponía en el sitio de la realidad y tomaba por ello ciertas características de esta (inspirarnos una fe en su letra, bien que emocional, o sea, preconsciente), ahora lo real, por algo paralelamente semejante y opuesto, se «irrealiza» e irracionaliza, y con esto se nos obliga a abandonar la intensa fe que en su letra conscientemente depositábamos. La irracionalización de ese tipo es, así, curiosamente, el «negativo» de la visualización. Descendamos a los ejemplos concretos. En

> malva es el lamento,
> verde el verderol,

o en expresiones tal «espadas como labios» (en el sentido de «labios como espadas»), etc., el término irreal («malva es el lamento», «espadas»), al localizarse realísticamente, nos obligaba, repito, a creer en su literalidad, nos obligaba a «verlo» plásticamente. Por el contrario, en el caso que nos ocupa, un término literalmente realista («por mis venas no nombres, no agonía... circulan») se ofrece ocupando un puesto semejante al que ocupa un término irreal («por mis venas... cabellos núbiles circulan»), por lo que la «ruptura del sistema de las representaciones», a través de la ley de inercia, nos lleva a «desacreditar» (esta vez, repárese, para que la oposición sea total, *en la conciencia*) la «letra» de la expresión (que es perfectamente racional, y, por tanto, lúcidamente «acreditada», en principio: «por mis venas no nombres, no agonía... circulan»), para entender de otro modo, esto es, irracionalmente, el dicho. El término irreal («por mis venas... cabellos núbiles circulan») es entonces el «modificante de irracionalización» que «pauta» al término real («por mis venas no nombres, no agonía... circulan») que en cuanto real es un «modificado», imprimiéndole su misma dirección semántica de tipo irrealista, irracionalista, hasta llegar a la significación «—mármol con sonido» («menos mármol con sonido»), que es de este modo un sustituyente de irracionalización.

El modificante de irracionalización se nos muestra, en el presente caso, como evidente, pues se ofrece explícitamente a nuestra mirada («por mis venas ... cabellos núbiles circulan»). Mas ¿existe ese modificante en el caso de, digamos, «mármol sin sonido»? Aunque parezca extraño, nuestra respuesta es afirmativa. El modificante, sin embargo, no se ve, ni en este ejemplo, ni tampoco en todos aquellos otros que poseen su misma configuración, sencillamente porque está operando, no desde el texto, sino desde fuera de él: desde nuestra memoria, desde nuestro conocimiento de otras páginas poéticas del presente siglo, que nos han acostumbrado a la existencia del fenómeno visionario en su forma afirmativa (imágenes visionarias, visiones, símbolos). La prueba de que ese y no otro es, en efecto, el principal modificante de irracionalización [1] se nos paten-

---

[1] También es «modificante de irracionalización» el talante irracionalista, si éste existe, del particular contexto en que la frase se inserte.

tiza en cuanto nos ponemos a imaginar qué habría de entender en esas expresiones un lector anterior al período contemporáneo: las interpretaría, claro es, como frases lógicas, e incluso, más aún, si cabe, como frases de equivalencia tautoló-
gica. Pero merced a ese amplio modificante de irracionalización, que podríamos concretar y singularizar, para el caso
particular que consideramos, en el sintagma «mármol con sonido», merced a ese modificante, vuelvo a decir, la fórmula
opuesta, «mármol sin sonido» no es recibida ya por nosotros
lúcidamente en su obvio sentido realista de que ese mármol,
como todos los mármoles, sea silente, sino en el sentido puramente emocional que resulta de haber «desacreditado» racionalmente la letra de la expresión y haberla entendido después
con un significado irracional exactamente antípoda al que tendría la frase pautadora «mármol con sonido», sentido antípoda
que hemos denominado, repito, «—mármol con sonido».

Pero ocurre ahora un fenómeno paradójico, que viene a
complicar en este punto, el proceso que intento describir. Y
es que esa frase «mármol sin sonido», desacreditada en su literalidad realista por nuestra conciencia, se acredita allí únicamente como una expresión puramente emocional, poseedora
de una significación irracionalista, que hemos representado,
para entendernos, como «—mármol con sonido», significación afirmada previamente como tal en el preconsciente. En esa
región de nuestra psique, la frase «—mármol con sonido» es
creída literalmente. Y no sólo eso, sino que nuestra sensibilidad
nos dice que esa fe aparece en su forma más fuerte, esto es,
revestida de lo que hemos denominado «visualización». ¿Por
qué? No cabe duda de que cuando necesitamos negar algo es
porque existía, *en el mundo real*, una posibilidad de afirmarlo,
de manera que escribir, tal como hace Aleixandre, «mármol
sin sonido» *equivale a dar como real* la frase «mármol con
sonido». Podríamos decir entonces, en otro giro, que la frase
«mármol sin sonido», en cuanto expresión irracionalizada, en
cuanto expresión literalmente irreal (en su sentido de «—mármol con sonido») «pone» *en el sitio de lo real* la frase irreal
«mármol con sonido». Y por la ruptura del sistema que cono-

cemos, esta última frase, al «localizarse» como real, queda visualizada.

«Mármol sin sonido» es así un «modificante de visualización» del que resulta «sustituyente» la frase «mármol con sonido». Pero al visualizarse este último sintagma se visualiza también su opuesto «mármol sin sonido» («—mármol con sonido»), ya que el significado irracional de «mármol sin sonido» *depende* del que tenga también irracionalmente «mármol con sonido», *en cuanto que es su exacto opósito*: si «mármol con sonido» adquiere visualidad ha de adquirirla también la expresión que le es contraria «mármol sin sonido» (= —mármol con sonido».)

PELOTEO ENTRE UN SINTAGMA
EXPLÍCITO Y OTRO IMPLÍCITO

Como el lector habrá observado, se trata de un extraño y, sin duda, sorprendente «peloteo» entre un sintagma explícito y otro implícito que se le opone, pero sólo desde nuestra conciencia. Un contendiente invisible, siempre el mismo («mármol *con* sonido»), sirve el juego a otro visible («mármol *sin* sonido»), al que, en sucesivas etapas va transformando, al par que es transformado por él. Recogiendo, ya sin metáfora, en una síntesis, nuestras reflexiones anteriores, hallamos esto: el sintagma visionario «mármol con sonido» que el poeta no ha enunciado, pero que está en nuestro espíritu, a causa del hábito, como indiqué, de lectura y comprensión del fenómeno irracionalista contemporáneo, «irracionaliza» al sintagma realista «mármol sin sonido»; éste, una vez «irracionalizado» «visualiza» a su rival «mármol con sonido», que, por su parte, le devuelve la pelota, «visualizando» el término «mármol sin sonido» que en el momento anterior él mismo se había encargado de «irracionalizar». Son, pues, cuatro operaciones distintas las que se desencadenan, *como por sí mismas*, en cuatro tiempos diferentes, dispuestos unos detrás de los otros, según una precedencia lógica, no histórica, a partir de la expresión «mármol sin sonido», que es la única enunciada por el poeta. Primer tiempo:

suscitación de la frase «mármol con sonido»; segundo tiempo: irracionalización de «mármol sin sonido»; tercero: visualización de «mármol con sonido»; y cuarto, visualización de «mármol sin sonido». Lo sorprendente del caso es que, aparentemente, la frase «mármol sin sonido» se irracionaliza, primero, y se visualiza, con posterioridad, a sí misma, puesto que el término encargado de realizar esta operación («mármol con sonido»), no sólo está originado por «mármol sin sonido» y no se halla presente en el texto, pero ni siquiera «aparece» en la mente del lector, donde yace, sin duda, mas ocultándose en el escondrijo del preconsciente. Todos estos actos que van transformando el dicho «mármol sin sonido» desde su estado natural de expresión realista (el acto de su irracionalización, antes, y el de su visualización, después) son, en efecto, preconscientes. Esto significa que no sólo es irracional el efecto de la irracionalización; lo es también la operación como tal de irracionalizar y la de visualizar.

# CONSIDERACIONES FINALES

# CAPÍTULO XXI

## IRRACIONALIDAD Y ASENTIMIENTO

### EL ASENTIMIENTO A LA IRRACIONALIDAD: ASENTIMIENTO «PROVISIONAL» Y ASENTIMIENTO «EFECTIVO»

El «proceso simbolizador», bien sea en su conjunto, bien sea en cada uno de sus componentes (las ecuaciones identificativas de orden «mágico» que en él se suceden, se halla libre por completo, hemos afirmado, de la fiscalización lógica que nuestro ánimo asintiente o disintiente dispara automáticamente contra las proposiciones artísticas en cuanto se las enfrenta. Pero ¿qué pasa al respecto con la «simbolización» propiamente dicha? Pues una cosa es el *proceso simbolizador* (A [= B = C =] emoción de C en la conciencia) y otra el «símbolo» (A con la emoción de C) que de aquel resulta (uso ahora la palabra «símbolo» en su sentido más amplio). El «proceso» es, pues, el medio, del cual el «símbolo» constituye el fin. La «noche», por ejemplo, en ciertos poemas, es «símbolo» de «muerte», a través de una serie de ecuaciones «mágicas» o «proceso simbolizador» que lo hacen posible («noche = oscuridad = no veo = tengo menos vida = estoy en peligro de muerte = muerte»). El lector, dije, que no desacredita las ecuaciones mágicas del «proceso simbolizador» al no percibirlas, desacredita, en cambio, la literalidad de los «símbolos» en cuanto tales (con la excepción que sabemos) [1]. Pero si ironizamos los asertos simbólicos es, indudablemente, *para poder asentirlos.* Cuando el poeta habla de «islas que navegan», de «luz que canta» (visiones), de «águilas como abismos» o afirma que «la lluvia es una cosa que sin duda sucede en el pasado» o que «un pajarillo es como un arco iris» (imágenes visionarias) necesitamos recibir tales expresiones como un modo de decirnos algo que no es propiamente *eso,* pues *eso,* en su literalidad, resulta rigurosamente impensable, y, en consecuencia, disentible [2].

La necesidad de asentimiento para el fenómeno simbólico en cuanto tal plantea, sin embargo, un grave problema, ya que parece envolver una extraña contradicción. En mi *Teoría...,* tantas veces mencionada [3], digo que toda descarga poética supone cuatro momentos cronológicamente enlazados según una precedencia *lógica* (no *histórica*) de unos sobre los otros. Para emocionarnos (en seguida precisaremos lo que eso técnicamente es) necesitamos antes «asentir» a la significación propuesta, esto es, a los contenidos anímicos encerrados en las expresiones, que han de aparecérsenos entonces —pensábamos— como «legítimamente nacidos». Mas he aquí que no puedo saber si algo es o no «legítimamente nacido» cuando, con carácter previo, no conozco fiscalizadoramente ese algo. Luego el conocimiento «fiscalizador» del contenido anímico posee anterioridad lógica con respecto al asentimiento, que sólo viene, si acaso, después, como una mera consecuencia suya. Y una vez que asiento, puedo pasar a un nuevo conocimiento del contenido

---

[1] Me refiero a los símbolos heterogéneos en que el simbolizador es una realidad que, claro está, por serlo no puede ser desacreditada.

[2] Debo recordar (véanse las págs. 243 y 293) que la literalidad del símbolo, aunque sea descreída en la conciencia en cuanto tal, es afirmada en el preconsciente, y por tanto (visualización) llega a la conciencia la emoción correspondiente. En otras palabras: en la conciencia, nuestra razón desacredita la literalidad del simbolizado y al mismo tiempo nuestra emoción la está acreditando. Sabemos que aquello no es real y sin embargo sentimos, opuestamente, que sí lo es.

[3] Eso sólo lo digo en la 6.ª ed., t. II, págs. 35-37.

anímico, conocimiento que nada tiene que ver con el primero. El conocimiento anterior sólo examinaba los contenidos anímicos en uno de sus aspectos: el de su legitimidad. «¿Puede un hombre, sin dar pruebas de deficiencia humana, decir «mano de nieve»? ¿Se parece suficientemente la «mano» a la «nieve»?» Ese es el tipo de cuestiones que el conocimiento «fiscalizador» intenta resolver. Tal conocimiento no es, pues, desinteresado y libre, sino policíaco y atenido. De hecho, percibe sólo ciertas *relaciones* del contenido anímico, las de la «mano» con la «nieve», en el ejemplo propuesto, y las de su ecuación («mano = nieve») con el autor o con quien en el poema figura serlo, en cuanto que éste la enuncia, pero no percibe el contenido anímico como tal, en su unicidad. Sólo tras la concesión del asentimiento, ese auténtico conocer, al que podemos llamar «desinteresado» o «verdaderamente estético», se va a producir. Y es así como el lector se percata ahora del grado de nitidez que posee la blancura de aquella «mano» que el poeta había comparado con la «nieve». Y al hacer nuestro por contemplación, o «conocimiento desinteresado», el contenido anímico (esa especial «blancura» en nuestro ejemplo), al identificarnos de ese modo con él, sobreviene la última fase del acto artístico, que consiste en la descarga del placer estético, o de la alegría de ese tipo, como, con mejor expresión dice Sartre [4], que es siempre el placer (o alegría) que se deriva del verdadero conocimiento, al que en nuestro caso concreto hemos denominado «desinteresado». Ambas cosas en conjunto unitario, conocimiento «desinteresado» y placer, es lo que designamos con el nombre de «emoción». «Conocimiento fiscalizador», «asentimiento», «conocimiento desinteresado» y «alegría estética» son, pues, los cuatro instantes que una «lupa de tiempo», como dicen los alemanes, reconocería en ese acto, que parece puntual y que lógicamente no lo es, de ser impresionados por una breve frase poética. Asentimos porque conocemos

---

[4] Jean-Paul Sartre, *Qu'est-ce que la littérature*, París, ed. Gallimard, Collection Idées, 1969, pág. 73: el placer estético «que je nommerais plus volontiers, pour ma part, joie esthétique».

«fiscalizadoramente»; conocemos «desinteresadamente» porque
asentimos; y experimentamos placer porque conocemos «desinteresadamente» el contenido anímico que el poeta ha previamente «individualizado», o mejor dicho, que el poeta ha previamente manipulado para producirnos esa ilusión de individualidad: esto último constituye la «primera ley» de la poesía,
de la que el asentimiento es la «segunda».

Bien, pero ¿y el fenómeno visionario? ¿Qué ocurre en la
irracionalidad, donde, por definición, las significaciones están
ocultas? No parece que podamos determinar la legitimidad de
un contenido anímico cuya estofa fundamental no se ofrece
a nuestra mirada. El hecho no sería, sin embargo, inquietante
de no haber llegado, como hemos llegado, a la conclusión de
que, para poder asentir, precisamos antes conocer «fiscalizadoramente» y de que el asentimiento es una de las dos leyes
de la poesía, sin cuyo cumplimiento no hay posibilidad de arte.
Todo símbolo habrá de ser así «asentido». Hay que asentir y,
por tanto, repito, conocer «fiscalizadamente» y, pese a todo, no
conocemos. ¿Cómo puede ser esto?

Para desentrañar tan arduo enigma, examinemos el mecanismo del asentimiento o disentimiento en el caso de una imagen
tradicional, y veamos cómo funciona al respecto nuestra mente
en el caso, por ejemplo, de una imagen visionaria. Pensemos,
para mayor evidencia, en una imagen tradicional disentible, y
supongamos que, en un contexto adecuado para ello, lo fuese
esta frase: «las mujeres son lentejas». No hay duda de que
aquí, ante la afirmación por el autor de una semejanza inexistente, consideraríamos ilegítimamente nacido el contenido anímico que se nos ofrece, y, por tanto, lo disentiríamos.

Ahora bien: nuestro comportamiento es otro frente a una
imagen visionaria, pues, al leer, por ejemplo, expresiones tales
«un pajarillo es como un arco iris» o «águilas como abismos»,
empezamos por no creer lo que sin duda creemos al encararnos
con una imagen tradicional: que ambas realidades deben parecerse en algo objetivo, inmediatamente reconocible por la razón.
No consideramos que el poeta al afirmar tales cosas nos esté
significando que «un pajarillo» se asemeje del modo dicho a un

«arco iris», o un «águila» a un «abismo». Sentimos que las realidades identificadas se han equiparado *con pretensión exclusivamente emocional.* Y al sentir tal cosa no podemos arrojar disentimiento sobre la evidentísima desemejanza entre los términos enlazados en ecuación por el poeta, sencillamente porque, en tal supuesto, no hay error alguno por parte de éste. Y no olvidemos que a quien asentimos o disentimos es al poeta (o dicho mejor, al personaje que en los versos figura que es el poeta), no a lo que dice, o sólo a lo que dice en la medida en que ese decir manifiesta las deficiencias o suficiencias de quien nos habla en el poema figurando ser el autor. La estructura irracionalista de la poesía contemporánea, sabida por nosotros, nos lleva, pues, a relajar completamente, por así decirlo, y suspender nuestra vigilancia y disposición disquiescente, y nos dispone a recibir la carga emotiva sin previa fiscalización de la materia conceptual de que aquella procede. Necesitamos dar paso a nuestra emoción sin ninguna reserva por nuestra parte, ni cumplimiento, por parte del contenido anímico, de requisito alguno, ya que no ignoramos que es en la emoción suscitada por cada uno de los elementos comparados (águilas = abismos; un pajarillo = arco iris) donde está el parecido o no parecido que realmente ha de importarnos. Hasta aquí, pues, el asentimiento o disentimiento no han funcionado, o mejor dicho, puesto que *no disentir es ya asentir,* el asentimiento *sí que ha funcionado,* pero de manera *excesiva,* sin discriminación alguna, ya que se produce «en todo caso», sin excepciones. Ahora bien: ese asentimiento sin crítica, inocuo, no es *el verdadero* asentimiento, que sólo va a venir después. Es un asentimiento meramente «provisional», cuya misión es permitir el flujo de las emociones que A y E, los dos planos de la imagen, desprenden («águilas» = «abismos»; «pajarillo» = «arco iris»), emociones a las que procedemos entonces a conocer «fiscalizadoramente». Y es que lo fiscalizable por nuestro juicio es, justamente, la semejanza emotiva. Asentimos o disentimos al parecido emocional, no al parecido objetivo de A y de E cuando decimos A = E. Pero antes de que esto último se realice han de llegarnos, repito, las emociones, que como van a ser juzgadas, requieren el conocimiento «fiscalizador» que acabo de mencionar, y que resulta de ser examinadas, de modo exclusivo, en cuanto a sus *relaciones*: la compatibilidad que muestran entre sí, o sea, el parecido que una tiene con la otra, y la posibilidad que alguien posee de realizar la equiparación entre las dos sin mostrarse por ello como persona inmadura o insensata. Esta operación fiscalizadora se muestra como hacedera porque una cosa es *sentir* y otra muy distinta *contemplar* lo sentido, contemplación que aquí tiene el carácter parcial que he dicho. Y es inmediatamente después de esto, cuando surge el «efectivo» asentimiento, confirmatorio del que dos «momentos» atrás habíamos otorgado en precario. Claro está que sólo asentimos esta segunda vez en el caso de que las emociones, en efecto, se parezcan, pues de lo contrario, lo que habría de manifestarse sería el disentimiento. Y al asentir de este segundo modo efectivo y auténtico es cuando hacemos nuestras las emociones por contemplación o conocimiento «desinteresado», no por conocimiento «fiscalizador», no en actitud de juicio, como antes, con lo que comparece, a su lado, el placer estético correspondiente, que previamente, con el mero conocer «fiscalizador» no existía, como ya sabemos.

Vemos, en suma, que pese a las apariencias en contra, también aquí el conocimiento «fiscalizador» del contenido anímico (en este caso las emociones que A y E nos despiertan, vistas sólo en cuanto a su legitimidad) es anterior al *verdadero* asentimiento (o disentimiento), que sólo aparecerá después, acto, el del asentimiento, tras el que, de producirse, surgirá el también *verdadero* conocimiento de ese contenido emocional, contemplado ahora en su unicidad o «individualización» («individualización» que como he afirmado nace de una ilusión; pero en arte, por ser un fenómeno psicológico, lo que importa es esa ilusión). La única diferencia que en todo esto hay con la imagen tradicional es, pues, la existencia del asentimiento «provisional», indispensable, repito, para abrirnos a las emociones que posteriormente van a ser «juzgadas» por nuestro ánimo. Y aunque este asentimiento no sea verdaderamente tal, al carecer de discriminatoriedad, nota esencial de este tipo de juicio, su mera aparición revela la originalidad de la poesía contemporánea, cuya novedad estructural, en lo que toca al irracionalismo, afecta a lo más hondo: a nuestro modo de cumplir una de las dos leyes fundamentales del arte.

CAPÍTULO XXII

## EL SIMBOLISMO RECTIFICADOR

IRRACIONALIDAD RECTIFICADORA, LOGRA-
DA A TRAVÉS DEL ENCABALGAMIENTO

Dentro del examen de la irracionalidad, debemos encararnos finalmente con un tipo muy poco frecuente que podríamos denominar simbolismo rectificador, pues lo característico en él es que el contexto reobra hacia atrás, irracionalizando significados que inmediatamente antes habían aparecido en nuestra conciencia de manera lógica. Dicho en términos técnicos: son casos en que aparece primero un modificado de irracionalización y sólo después el correspondiente modificante, que trastorna así retroactivamente el modificado anterior, convirtiéndolo, tardíamente, en sustituyente.

La formalidad del procedimiento se presta mucho para los hallazgos del humor, como luego veremos; pero creo que, aunque menos usado, no es menos apto para la consecución de poesía. Como por su especialísima índole, este tipo de irracionalización posee cierta excepcionalidad, se me permitirá acudir primero a un ejemplo de mi propia producción poética, pues, además, ese ejemplo tiene la ventaja de la claridad con que se manifiesta. El poeta habla del rostro de los jóvenes que al no mostrar por ningún sitio señal alguna del paso del tiempo, ni consiguientemente amenaza de desmoronamiento y ruina, no parece que pueda un día dejar de ser lo que hoy es. Por otra parte, las personas de tan temprana edad, aunque sepan que han de morir, no creen en ello; y no sólo eso: ni siquiera creen de veras que un día envejecerán. Tal es el significado, implícito, del comienzo poemático:

> El joven
> no envejece jamás.

Estrofas adelante, se nos dice que el joven (en ese sentido fuera del tiempo):

> Simula sucesión, mas vive siempre
> un punto más allá del suceder, en el límite mismo
> donde empieza la luz,
> ya por de fuera, aunque casi en la frontera suave
> del innumerable suceso, del poderoso acontecer corrupto,
> existiendo así al margen de la materia ingrata que se mueve
> sinuosamente, serpentinamente
> como siniestra ondulación. El joven está inmóvil,
> puro, incontaminado,
> como el cristal repele un agua lúcida.
>
> El aguacero lúcido golpea
> contra el cristal inteligente.
> Vaso de sí, copa de sí hasta el borde
> de una música, el coronado,
> el cierto, el no mentido
> yace, salvaguardando una verdad,
> albergando una nota, una luz tersa
> por los alcores luminosos.

He tenido que copiar tan extenso fragmento para hacer inteligible el verso y medio que nos interesa:

> Vaso de sí, copa de sí hasta el borde
> de una música...

«El joven está lleno de sí mismo, se halla en la plenitud absoluta de su ser». El proceso mental a través del cual nos

hacemos con la significación a que acabo de reducir los versos
copiados resulta bastante complejo. Al leer:

Vaso de sí, copa de sí hasta el borde

entendemos: «El joven es una culminación de realidad completa; es como una copa llena hasta el borde de su propia substancia». El «borde» de que se habla es, pues, hasta aquí, en el
presente instante de nuestra lectura, el «borde» de la «copa»,
y nada más, significado éste que aparece con claridad en nuestra conciencia, y posee, por tanto, un carácter indudablemente
*lógico*. Ahora bien: *tras* hacernos los lectores con la última
palabra del verso que nos ocupa («borde»), seguimos leyendo,
y comprendemos el error en que acabamos de incurrir: ese
«borde» no es el de la «copa», sino «el borde de una música».
Corregimos así nuestra lección anterior, «desacreditando» men-
talmente la expresión «borde de la copa» y sustituyéndola en
nuestro crédito por la otra, «borde de una música». Esta segunda operación la realizamos también, por supuesto, en nuestra conciencia, de manera que la frase «borde de una música»
se ofrece como significación, aunque irracional (pues es un
símbolo homogéneo), acreditada emocionalmente en la conciencia, tal como antes había ocurrido con la significación lógica
«borde de la copa» que ahora se nos ha lógicamente anulado.
Lógicamente se ha anulado, en efecto, ¿pero sucede lo mismo
en el plano no lógico, o sea, en el plano irracional? No, por
un motivo muy simple. Nosotros podemos echar por tierra y
cerrarnos totalmente a la frase que antes dábamos por buena,
«borde de la copa»; la podemos repudiar en cuanto tal frase
lógica, pero lo que no nos es posible hacer es suprimir la
emoción que nos ha causado, *precisamente porque nos la ha
causado ya*, y eso resulta irremediable, al ser cosa perteneciente
al pretérito. El resultado de la operación desacreditadora a que
nos hemos lanzado consiste, pues, en tachar la logicidad y que-
darnos con la emoción que ésta nos ha producido. Pero como
toda emoción «significa», como toda emoción «interpreta» el
objeto al que se refiere, y nos dice implícitamente, irracional-

mente, algo de él, esa emoción que hemos hecho nuestra y no
podemos invalidar nos sigue significando, como tal emoción, o
sea, repito, de manera irracional, la idea, precisamente, «borde
de la copa» que antes habíamos recibido lógicamente. Diríamos,
en suma, que un dicho lógico («borde de la copa») suscitador
de una determinada emoción, ha sido sustituido, dentro de
nuestro espíritu, por esa misma emoción suscitada, la cual
supone y encierra, *pero irracionalmente*, la idea contenida en
el dicho lógico. Lo que era lógico, «borde de la copa», simple
modificado, ha sufrido, pues, una irracionalización, de modo
retroactivo, convirtiéndose así en sustituyente. ¿A través de
qué medios verbales? A través del encabalgamiento del genitivo correspondiente a «borde»: «borde de una música». La
pausa final del verso, al retrasar la llegada de tal genitivo, nos
hizo caer en el error de adjudicar «el borde» a la «copa», *puesto
que la atribución resultaba inteligible.* Y nació así el extraño
proceso irracionalizador, cuya naturaleza es regresivamente
rectificadora. La irracionalización camina, en efecto, monstruo-
samente, diríamos, hacia atrás: va de un después a un antes.
Parte de un modificante posterior («borde de una música») y
se dirige irracionalizadoramente hacia el significado lógico que
le antecede («borde de una copa») que de este modo queda
«rectificado»: pasa de ser un modificado (lógico) a ser un sustituyente (irracional). Y sin embargo, debemos observar que,
pese a tal rareza y anomalía, el concepto de irracionalidad que
usamos al referirnos a él, se mantiene completamente fiel a la
definición que del término irracionalidad hemos forjado a todo
lo largo de la presente obra: la expresión «borde de una música» llega a *simbolizar* «borde de una copa».

En este caso, como el modificante de irracionalización
«borde de una música» era ya, de por sí y con carácter previo
a su tarea irracionalizadora, un símbolo homogéneo (música
[= increíble o difícil belleza, gracia o perfección =] emoción
de increíble o difícil belleza, gracia o perfección), el resultado
de la «rectificación» será doblar con un segundo simbolizado su
carga semántica. «Borde de una música» que significaba, como
indiqué en el paréntesis, «perfección, etc.», pasa a querer decir

del mismo modo simbólico «borde de un copa». Pero, por supuesto, el resultado de la operación rectificadora de que hablamos pudiera ser igualmente un símbolo heterogéneo, si el significado del modificante de irracionalización fuese lógico. Vicente Aleixandre, en una de las composiciones de su libro *Poemas de la consumación,* dice de Rubén Darío:

> Rubén que un día con tu brazo extenso
> batiste espumas o colores. Miras.
> Quien mira ve. Quien calla, ya ha vivido.
> Pero tus ojos de misericordia,
> tus ojos largos que se abrieron poco
> a poco, tus nunca conocidos ojos bellos
> miraron más y vieron en lo oscuro.

Dentro del contexto poemático que le es previo, el verso antepenúltimo, leído del modo acantilado y erróneo que sabemos, nos da este significado lógico, que llamaremos B: «tus ojos largos que se abrieron poco para afuera, pues estaban presos y concentrados en la interioridad del espíritu». La expresión encabalgada «a poco» que viene después, o más exactamente, el modificante de irracionalización «poco a poco», destruye ese sentido racional y lo reemplaza por este otro que llamaremos A: «tus ojos largos que se abrieron poco a poco, gustando despacio y por eso más intensamente de las cosas del mundo, aprendiéndolas así con lentitud para saberlas en profundidad». Pero, según nos es ya conocido, el sentido primero B, aunque lógicamente aniquilado, pervive en la emoción, y es significado irracionalmente por ella.

Como en este caso el modificante de irracionalización tiene carácter lógico («poco a poco» significa, en principio, su lógica liberalidad), se producirá un símbolo heterogéneo, pues, tal como vimos, uno de los sentidos es lógico (el sentido A) y el otro irracional (el sentido B).

Excepcionalísimamente, encontramos el procedimiento, usado una sola vez, y de forma, eso sí, menos evidente, en donde
de ningún modo lo esperaríamos: en un poeta tan anterior al
período contemporáneo como es Fray Luis de León. El «modificante de irracionalización» que vemos en el ejemplo al que
aludo carece también, por supuesto, de simbolismo. Se trata
de los famosos versos de la «Oda a la vida retirada»:

> Y mientras miserable-
> mente se están los otros abrasando...

cuyo encabalgamiento posee lejano modelo en Horacio: «quam
lingua Latium; si non ofenderet unum- / quemque poetarum
limae labor, et mora» («Epistula ad Pisones»).

Notamos la fuerza que posee ese «miserable» del verso primero, mucho mayor que si la lección hubiese sido:

> Y miserablemente,
> mientras, se están los otros abrasando...

¿Por qué esa mayor fuerza? Yo creo que la razón está en
el efecto de la irracionalidad rectificadora. En «miserable» hay
más «miseria», es una miseria más esencial, que en «miserablemente», puesto que el adverbio concede «miseria» sólo al
*modo* en que se produce la acción, mientras que en el adjetivo
la miseria pensamos que es atribuida al sujeto mismo de ella.

Ahora bien: de manera semejante a lo que sucedía en los
casos antes analizados, aquí entendemos primero ese «miserable» como adjetivo, adjetivo que va acompañado de la carga
emocional que le corresponde y que, según decimos, es mayor
que la propia del adverbio «miserablemente» en que a continuación, al pasar nuestra lectura al verso segundo, tal adjetivo
se nos convierte. El elemento encabalgado, el sufijo «mente»

aniquila entonces, como en los otros casos, la logicidad del elemento anterior (el supuesto adjetivo «miserable») pero no puede destruir el efecto emotivo que *ya* hemos sentido, con lo que el adjetivo permanece, aunque sólo en calidad de término irracionalizado, esto es, de «sustituyente de irracionalización». Ocioso es añadir que, como adelanté, en el modificante de irracionalización (en el adverbio «miserablemente»), no hay, con carácter previo, símbolo ni simbolismo de especie alguna: el resultado será, pues, de disemia heterogénea.

CASOS DE HUMOR

En los casos que acabamos de exponer, el procedimiento busca la poesía. Pero, cambiando hondamente su naturaleza, el recurso puede lograr efectos de humor, aunque sea un humor tan sombrío y grave como el que vemos en estos versos de Blas de Otero:

> Oh Ludwig van Beethoven,
> dime qué ven, qué viento entra en tus ojos,
> Ludwig, qué sombras van o vienen, van
> Beethoven...

Lo primero que debemos dilucidar es el motivo de que aquí sea, en principio, chiste lo que era o pretendía ser poesía en los ejemplos precedentes. Me parece que la causa ha de encontrarse en la evidencia abultadísima con que se manifiesta el «error» de lectura, lo cual hace que el recurso aunque formalmente no difiera del poético anterior pase a ser, en el fondo, cosa distinta: un juego de palabras.

Analicemos despacio y por separado las dos afirmaciones que acabo de juntar en el anterior párrafo. Ante todo, el relieve acusadísimo de la confusión que sufrimos entre la palabra «van», partícula que forma parte del apellido de Beethoven, y «van», tercera persona del plural del presente de indicativo del verbo «ir». Son palabras radicalmente diferentes, sin otra relación que la muy externa y casual y nada significativa de la coincidencia fonética. Confundirlas se ofrece como un error tan grande, y, por tanto, tan disentible, que el efecto no puede ser sino cómico. Pero ¿de quién nos reímos? En mi *Teoría de la expresión poética* digo que en el humor hay siempre una escisión muy marcada entre el humorista a quien aplaudimos y con quien asentidoramente nos solidarizamos y el personaje torpe de quien el humorista se burla, y frente a cuya torpeza nos distanciamos críticamente con la risa disintiente. Sobre este punto no hay vacilación ni posibilidad de duda, salvo cuando el autor y el personaje torpe parecen coincidir en una sola persona, pues en tal caso ¿cómo nos vamos a solidarizar y a asentir, que es siempre identificación, con el mismo individuo del que nos separamos y disentimos en censura hilarante? La respuesta está en que no se trata nunca del mismo individuo. Asentimos al autor, que nos parece discreto y divertido, y nos reímos, en cambio, disintiéndolo, de un personaje literario, al que podríamos llamar «el Autor Torpe», invención ingeniosa del autor precisamente «no torpe». En los juegos de palabras esta división contradictoria de un autor en autor real y personaje ficticio es muy frecuente, aunque en ocasiones los dos papeles son representados por personas distintas, como sucede, por ejemplo, en el teatro. Acaso al final de la representación sale el autor a saludar a los espectadores para recibir las felicitaciones que merece por la invención de la criatura torpe que tanto nos ha regocijado. En todo caso quien hace de «torpe» en los juegos de palabras ha de ignorar o hacer como si ignora la duplicidad del sentido que el lector o espectador, en cambio, ha de recoger y saborear. El protagonista del juego de palabras se apoya en uno de los posibles sentidos de ellas, justamente en el menos malicioso, fingiendo entregarse o entregándose a él por entero, sin margen alguno para una diversa interpretación, en espera, eso sí, por parte del autor, de que el oyente, con menos inocencia, obtenga de aquellas frases lo que el protagonista en cuestión, aparentemente, al menos, no saca: la segunda intención que podría corresponderles. En la comedia de Pedro Muñoz Seca *Usted es Ortiz* se narra la ingeniosa treta que un tal Amaranto ha urdido para conseguir casarse

con la inconsolable (y rica) viuda de Ortiz: fingir que en su
cuerpo ha encarnado el espíritu del difunto. He aquí el diálogo
que Valentina y Amaranto entablan:

> VALENTINA: Perdóname. Es que yo creía que tú no eras tú.
> AMARANTO: ¿Por quién me habías tomado?
> VALENTINA: Por el otro. Yo creía que los muertos no volvían
> jamás, yo creía que tú no eras tú. Que eras *un vivo*[1]. Yo sólo
> veía en ti a Amaranto.

La frase «que eras un vivo» encierra un juego de palabras,
porque en ella la palabra «vivo» se emplea en dos sentidos completamente diferentes: uno, el que Valentina exclusivamente
pretende significar (que Amaranto no era el difunto Ortiz, sino
alguien que no había fallecido), y otro, que es el recibido por
el público junto al primero (que Amaranto era un sinvergüenza, un «vivo»). En este caso, Valentina es inocente por completo
del juego de palabras que, paradójicamente, protagoniza. En
otros casos, cuando el personaje que habla es alguien que figura ser el autor, la «inocencia», claro es, no puede darse más
que en un plano que es imaginario en segundo grado, pues entonces el personaje no sólo finge ser el autor, sino que por aña-
didura finge ser un autor inexistente, hijo también de la fantasía y del arte: un autor que desconociese el susodicho juego
de palabras; en otros términos: finge ser, para decirlo del
modo que más arriba convinimos, el «Autor Torpe». Habría
así tres seres distintos, uno real y dos literarios: autor verdadero, protagonista poemático que figura ser el Autor no Torpe,
y por fin, el personaje cómico que tal protagonista ficticio no
cómico está, a su vez, representando: el Autor Torpe. Tal es
lo que sucede en los versos de Otero que nos preocupan. Aunque en ellos, Otero, por ser el autor, no desconoce ni puede
desconocer la pluralidad semántica que mencionábamos («van»,
partícula del apellido, y «van», verbo), el personaje que habla
en el poema y que *figura* ser Otero *hace* como si la desconociese; simula ignorar la segunda significación y retener sólo la

---

[1] El subrayado es mío.

primera. En otras palabras: ese personaje inventa un «torpe» que se equivoca. Como es notorio, el protagonista poemático tiene aquí un papel en el fondo no diferente, aunque en la forma mucho más complejo, que el cumplido por Valentina en la comedia de Muñoz Seca antes comentada: el papel de decir algo que pudiese ser entendido de otro modo a como el propio sujeto de la dicción lo entiende.

Comparemos ahora todo esto con los casos poéticos de irracionalidad rectificadora que antes hemos sometido a análisis. En ellos, la palabra cuya lectura interpretábamos erróneamente, «borde» («borde de una copa», «borde de una música») o «poco» («se abrieron poco», «se abrieron poco a poco»), no cambia de sentido fundamentalmente (como cambiaba en el ejemplo de Blas de Otero, «van», parte de un apellido, «van», verbo) al pasar de la «mala» a la «buena» interpretación, y por eso no constituye un juego de palabras que nos haga reír o sonreír. El autor no nos da una impresión de ingenio, puesto que no ha «jugado» con la polisemia que las palabras potencialmente tienen desde antes de ser usadas por él (tal en el caso de Otero): «borde» sigue significando «borde», exactamente como antes («borde de una copa», «borde de una música»); y «poco», aunque modifica algo su sentido, continúa al menos fiel de modo genérico a la significación que le es propia: alude aún a la noción de escasez («se abrieron poco», «se abrieron poco a poco»). Y como no sentimos aquí juego de palabras, como no sentimos que el autor haya jugado con los varios sentidos del vocablo, fingiendo un «torpe» del que nos podamos reír, el error que se ha dado lo hacemos exclusivamente nuestro, y no del personaje que imaginariamente representa al autor. Habíamos *leído mal*: lo que era «borde de una música» lo entendíamos como «borde de una copa»; lo que era «se abrieron poco a poco» lo entendíamos como «se abrieron poco». Y como los equivocados somos nosotros no podemos reírnos, pues la risa se dirige siempre a un inferior con el que no cabe identificación.

Ahora bien: en el caso cómico, en cuanto que damos por supuesta en el autor, *al que asentimos*, intencionalidad y conciencia en la creación del personaje «torpe», forzosamente habremos de hacer nuestra lógicamente también esa intencionalidad y esa conciencia, ya que el asentimiento significa siempre identificación. En consecuencia, no podremos practicar aquí la operación que se nos hizo notoria en los ejemplos poéticos, a saber, la tachadura del error, la renuncia a la significación lógicamente propuesta y su consiguiente irracionalización. Donde hay humor no cabe, pues, que la irracionalización se produzca, de manera que el recuerdo humorístico, aunque formalmente sea idéntico al poético, se distancia de él hondamente en cuanto a su estructura, en el sentido que ahora nos interesa.

### IRRACIONALIZACIÓN RECTIFICADORA BASADA EN LA TÉCNICA DE SUPRESIÓN DE LA PUNTUACIÓN

En este punto debemos preguntarnos si la irracionalización rectificadora sólo puede producirse por medio del encabalgamiento. Imagino otro procedimiento a través del cual cabría que la regresión irracionalizadora fuese conseguida, y es la supresión de la puntuación. La ambigüedad que alguna vez se deriva de esa supresión, sería aprovechada, en tal caso, por el poeta para autorizar dos versiones semánticas distintas, la segunda de las cuales habría de triunfar sobre la primera, irracionalizándola. Pero he de decir que los únicos ejemplos que conozco de este posible artificio no llegan, sin embargo, a la irracionalización, a causa de un impedimento «casual» que la paraliza. Blas de Otero se refiere, creo, a la brevedad de la vida en este comienzo poemático, que, en parte, conocemos ya, desde otro punto de vista:

> Dos meses no son mucho
> tiempo, tocan a cuatro y sobran dos
> meses no son mucho,
> me parece, pero menos da una piedra,
> un perpendicular pie sobre el suelo
> da menos que una mano mutilada,

dos meses no son mucho ni dan nada,
pero menos da yos y está en el cielo.

(«Ya es tarde», de *Ancia*.)

El poeta manifiesta su protesta frente a la muerte y el absurdo
con que, a causa de la muerte, se ofrece la vida, por medio de un
lenguaje también, en parte al menos, aparentemente absurdo.
Digo «aparentemente» porque ese lenguaje deja de ser absurdo
en cuanto que posee un evidente sentido: expresar, precisamente, el absurdo de la realidad. Por eso, el poeta dice que
«dos meses» (esto es, la vida brevísima) «tocan a cuatro y sobran dos», expresión que siendo en sí misma insensata, se llena
de sentido en el contexto, por lo que he dicho. Como se ve,
acabo de interpretar el numeral «dos» como formando parte
de la frase hecha, generalmente usada en la operación de divi-
dir: «tocan a cuatro y sobran dos». Pero esa misma palabra,
«dos», aunque entra de ese modo en la frase «sobran dos», vuelve a entrar, merced a la ambigüedad que el recurso ortográfico
susodicho produce, en la frase siguiente «dos meses no son
mucho». El adjetivo «dos» tiene entonces un par de significados: el que posee en el sintagma «sobran dos» en el que pri-
meramente lo introducimos, y el que posee en el sintagma «dos
meses», en el que lo integramos también después. Debo aclarar
que aquí hay encabalgamiento, pero, a diferencia de lo que
ocurría en los casos anteriores de irracionalidad rectificadora,
tal encabalgamiento sólo *refuerza* el procedimiento, pero no
lo constituye con esencialidad, como lo prueba el hecho de que
no se borra del todo el efecto que le es propio, escribiendo el
fragmento de Otero del siguiente modo:

Dos meses no son mucho
tiempo, tocan a cuatro y sobran dos meses no son mucho.

Es curioso el antecedente que existe de este artificio en la
conocidísima canción popular que reza:

Bartolo tenía una flauta
con un agujero solo

> y siempre nos da la lata
> con la flauta de Bartolo
> tenía una flauta...

donde el modo de utilizarse la entonación musical hasta hace las veces de la ausencia de puntuación.

En ambos ejemplos (el popular y el de Otero), como dejé ya dicho, no hay, de hecho, «irracionalización rectificadora», aunque creo que tal fenómeno se desprendería, en principio, con toda espontaneidad, del recurso en cuestión, de no mediar algún obstáculo para ello. ¿Qué obstáculo hay aquí? La necesidad que experimenta el lector de dar un sentido al párrafo precedente. Si el sintagma «dos meses» destruyese la logicidad del numeral «dos» de la frase «sobran dos» quedaría incomprensible, absurdo, el verbo «sobran», lo que excede las posibilidades de legitimidad del artificio que consideramos. En consecuencia, ocurre lo siguiente: como no podemos, por lo dicho, suprimir el significado lógico del numeral dos en «sobran dos», ese sentido habrá de conservarse, con lo que se instaura un fenómeno de disemia, pero una disemia en que *los dos significados* aparecen en nuestra conciencia *de manera racional*. Y exactamente lo propio acontece en el ejemplo popular («Bartolo tenía una flauta») que antes cité.

No pierdo la esperanza de hallar ejemplos, formalmente idénticos a los transcritos, pero en los que se manifieste la irracionalización rectificadora, al no darse el estorbo de la insensatez que, en los que acabamos de examinar, está bloqueando, repito, la realización del fenómeno.

# CAPÍTULO XXIII

## LA COSIFICACIÓN DEL LENGUAJE EN LA IRRACIONALIDAD

### COSIFICACIÓN DEL LENGUAJE Y SIMBOLISMO

Recogiendo de manera condensada y volviendo, para terminar, sobre un sector de nuestras reflexiones en un capítulo precedente, encontramos esto: la «simbolización» es un fenómeno radicalmente distinto de la metáfora tradicional. Más aún: un símbolo es, en un sentido hondo, lo contrario de una metáfora de esa clase. Y hago constar que no me refiero ahora a la capital oposición «irracionalidad-racionalidad» que, como sabemos, distingue respectivamente a tales grupos de procedimientos retóricos entre sí. Aludo a algo más importante, aunque paradójicamente derivado de esa discrepancia diametral. Las metáforas tradicionales son lúdicas, mientras los símbolos en cuanto símbolos, o sea, en cuanto a la relación simbolizador-simbolizado, no lo son. Tienen, dijimos, completa «seriedad». El lector desacredita en la conciencia la literalidad del aserto simbolizador cuando éste es disparatado (irracionalidad del segundo tipo) pero no la también disparatada relación entre ese simbolizador disparatado (por ejemplo, «sonidos negros») y el simbolizado que se le asocia (por ejemplo, «muerte»), ya que tal asociación no es consciente. Pero esto, aparte de otras consecuencias que pronto advertiremos, significa algo de enorme trascendencia: *en los símbolos el lenguaje se comporta, en un cierto sentido, exactamente como una cosa.* Por vez primera en la historia de la poesía, el poeta *cosifica* el lenguaje, lo convierte en naturaleza, le proporciona un cariz de objeto que antes no poseía. Como todo esto requiere, para decirlo con perfecta claridad, explicitaciones pormenorizadas, se me permitirán algunos comentarios.

Comenzaré volviendo más detenidamente sobre lo que acabamos de sentar acerca de qué es lo que en los símbolos desacreditamos y qué es lo que permanece sin sufrir ese menoscabo. Cuando el poeta nos propone imágenes visionarias:

> un pajarillo es como un arco iris
> ......
> la lluvia es una cosa
> que sin duda sucede en el pasado
> ......
> águilas como abismos,
> como montes altísimos

o visiones:

> carmines cantan

o símbolos homogéneos:

> Arde en tus ojos un misterio, virgen
> esquiva y compañera.
>
> No sé si es odio o es amor la lumbre
> inagotable de tu aljaba negra.
>
> Conmigo irás mientras proyecte sombra
> mi cuerpo y quede a mi sandalia arena.
>
> ¿Eres la sed o el agua en mi camino?
> Dime, virgen esquiva y compañera.
>
> (Poema XXIX de A. Machado.)

sabemos que el poeta no pretende ser creído a pies juntillas en la lucidez del lector por lo que toca a lo expresamente dicho.

A saber: que un pajarillo sea propiamente un arco iris; que la lluvia suceda en el pasado; que las águilas sean abismos; que los carmines canten; que una virgen «esquiva y compañera», portadora de negra aljaba, vaya con el protagonista poemático de continuo, etc. Todo eso queda tan perfectamente descreído y tachado en nuestra conciencia como queda en ella tachada y descreída la literalidad de las metáforas tradicionales «mano de nieve» o «cabello de oro». Pero obsérvese que (dejando para mayor claridad sólo de momento a un lado el caso, que es más complejo, de las imágenes visionarias), ahí, en los símbolos y en las visiones, eso que descreemos no son ecuaciones identificativas A = E, al revés de lo que pasa en las metáforas tradicionales. En las metáforas tradicionales, en efecto, nuestro escepticismo se dirige a las ecuaciones metafóricas. Es la igualdad A (mano) = E (nieve) la que queda desacreditada y sin efecto en nuestro ánimo. Aquí no: lo que desacreditamos en la visión «carmines cantan» *no es, para nuestra conciencia, una ecuación,* sino el hecho de que los carmines canten; o, en el símbolo de la virgen «esquiva y compañera», que tal persona exista de veras, aunque sólo como suposición poemática, y que de veras, en ese mismo fingimiento artístico, acompañe al poeta, etc. Pero, en cambio, las ecuaciones identificativas simbólicas, es decir, la simbolización propiamente dicha, permanece en pie, indemne, sin descrédito alguno. Y así, el hecho de cantar los carmines se identifica realmente, por debajo de la conciencia, con el hecho de que esos colores sean vivos y armónicos. Y lo mismo sucede con la «virgen» machadiana: esa mujer se identifica de veras con la conciencia de la vida en cuanto que va hacia la muerte. Tan es así, tan verdadera es la identificación, que siempre uno de los términos, el simbolizador, produce en nosotros una emoción que por sí mismo no podría tener, y que tiene, en cambio, por sí mismo, el simbolizado («transitividad»): que esto ocurra, como digo, siempre (aunque a veces verlo requiera un examen más detenido que otras) indica que en todo caso el simbolizado se ha fusionado y confundido de verdad con el simbolizador. La emoción la produce el simbolizador en cuanto que *es* el simboli-

zado de manera entrañable, perfecta y sustantiva («seriedad
de la identidad preconsciente»). Y así, si la expresión «los caballos negros son», en el poema de Lorca, nos impresiona negati-
vamente se debe a que para nosotros esos «caballos negros» se
nos han igualado irracionalmente, o sea, *de verdad*, a través,
como sabemos, de sucesivas ecuaciones mágicas, con la idea
de la muerte. Esta última idea se ha como subsumido y desaparecido en la otra, comunicándole su capacidad emocionante.
Desde el punto de vista afectivo, o sea, desde la irracionalidad,
en el preconsciente, ambas cosas, «caballos negros» y «muerte»,
son una misma realidad.

El caso de las imágenes visionarias es más complejo, como
antes afirmé, pero no distinto en lo esencial. Cuando leemos:

Un pajarillo es como un arco iris

no creemos desde nuestra razón que el pajarillo y el arco iris
coincidan. Pero es que la ecuación simbólica no está ahí, sino
en lo que «arco iris» simboliza en el pajarillo: la inocencia. Esa
es la ecuación (pajarillo = inocencia) que el escepticismo lector
no puede condenar, puesto que no la percibe: sólo sentimos
que el pajarillo *es* inocente. Acaso se me diga que en la metáfora tradicional «mano = nieve», nieve significa «color de especial blancura». Sin duda es ello verdad, pero al oír esa expresión, aunque sepamos lo que el poeta quiere decir, no por eso
abandonamos en ningún instante nuestra conciencia de que
la nieve y la blancura son cosas diferentes, bien que tengan
algo que ver entre sí. Significar no equivale a tomar una realidad por otra y a equivocarse por completo, que es lo que el
poeta simbolizador hace en todo caso. Para éste significar es
verdaderamente confundir.

¿Qué conclusiones pueden sacarse de este análisis, que
substancialmente no ha hecho sino repetir cosas averiguadas
antes en este mismo libro? Que en la irracionalidad simbólica
el lenguaje, como adelanté más arriba, se convierte en cosa,
en objeto, ya que la característica de las cosas, de los objetos,
es que lo que figurativamente significan para nosotros *no*

*asoma como un significado figurativo, sino como una esencia real*, y ello por dos razones: 1.º, por ser tal significado, como veremos, fruto de una o varias asociaciones irracionales, que, por definición, según hemos venido diciendo, no pueden ser descreídas; y 2.º, por ser real el elemento figurador, lo cual esconde, en principio, hasta la posibilidad de que allí exista, ni siquiera en cuanto oculto, significado alguno. Las cosas de la realidad no parecen significar sino ser. Miramos una rama florida y nos arrebatamos de delicia. Y como lo que así nos arrebata es *esta* rama, nada más lógico que atribuir a *esta* rama, o sea, a ciertas cualidades *reales* suyas, lo que sentimos. Se trata de alguna propiedad o suma de propiedades, resumibles, por ejemplo, en la palabra belleza, que la rama tiene *de verdad*. La rama nos emociona por *ser* bella. La belleza de esa rama existe y está ahí, *siendo*. Y sin embargo, un análisis más fino acaso nos lleve a la convicción opuesta de que si la rama nos emociona, si resulta «bella», no es por una cualidad *que tenga* sino por una cualidad *que no tiene*, pero que nosotros le atribuimos asociativamente. De manera irracional, asociamos acaso su florecimiento súbito a la idea de la vida en su plenitud maravillosa, que triunfa, una vez más, de la muerte, representada para los árboles por el invierno. La «belleza» de la rama, en tal caso, contra la hipótesis que la experiencia inmediata formula, no depende de una cualidad que la rama tenga por sí y ante sí, no es una esencia inherente a la rama, sino algo que surge, sí, en la rama, pero sólo cuando ésta se pone en contacto con la mirada del hombre sensible que la mira. Y surge porque lo que verdaderamente hay en tal criatura *se nos asocia* con algo *que no hay*. Los colores, etc., de las flores que han nacido en la rama nos llevan hasta una representación interior completamente otra, teñida acaso de elementos éticos (vida en plenitud, en esforzado triunfo contra el mal de la destrucción, etc.), y tal representación es la que nos emociona.

Pongamos otro ejemplo. Una graciosa colina puede dar suelta a mi capacidad de ternura. Si alguien me pregunta por el origen de ese afecto en mí, yo respondería que es la inocencia

de la colina lo que me mueve de ese modo. Pero «inocencia» es
una cualidad que sólo podría aplicarse, *sensu stricto*, a los seres
de nuestra especie. Los otros seres, los animales, a quienes se
atribuiría sin metáfora tal cualidad, únicamente pueden osten-
tarla si contemplados desde un humano horizonte [1]. La inocencia animal implica la existencia previa del hombre que la mira,
y que, al mirarla, literalmente, la crea. Si en esto no erramos,
podemos, de momento, excluir a los animales como poseedo-
res de esa condición en sentido absoluto. Y si en sentido absoluto sólo los hombres son, a veces, inocentes, por ejemplo,
en su infancia, se nos abulta como palmario que al sentir «inocente» a la colina lo que hago es conceder gratuitamente a
ésta tan seductora cualidad por su coincidencia en la gracia y
la relativa pequeñez con unas criaturas de nuestra progenie,
los niños, que también son inocentes. La analogía entre la
colina y los niños en dos cualidades (pequeñez, gracia) nos lleva
a realizar de modo no consciente, en nuestro ánimo, su perfecta ecuación (colina = niños) y por tanto nos lleva a suponer
en la colina, de esa misma manera irreflexiva, otras dos cualidades que sólo los niños poseen: indefensión e inocencia [2]. Y

---

[1]  Véase mi *Teoría de la expresión poética*, Madrid, ed. Gredos, 1970,
t. II, págs. 219-221.
[2]  Eso prueba que la ecuación susodicha era perfecta, esto es, «seria»,
como lo son todas las identificaciones por asociación irracional. Cuando la ecuación es lúdica, sólo la entendemos como real en algún aspecto
de los términos puestos en comparación. Y así, cuando decimos «mano
de nieve» («mano = nieve») sabemos que esa igualdad sólo es verdadera (y ello además sólo aproximadamente) en cuanto al color, no, por
ejemplo, en cuanto a la forma, etc. La «nieve» no tiene dedos ni uñas,
ni pretendemos que tal cosa sea entendida por el lector. En cambio, las
identificaciones irracionales, como no están descreídas, como son «serias», resultan totalizadoras, y lo que es propio del elemento E, *sea
lo que sea*, resulta atribuible al elemento A. Si de ese modo no consciente, comparo a una colina con unos niños, a causa de que ambos
seres tienen en común la gracia y la relativa pequeñez, podré atribuir
a la colina, en virtud de ese totalitarismo y de la consiguiente «transitividad», las otras cualidades de los niños, la inocencia y la indefensión,
por ejemplo, tal como digo en el texto; y la prueba de que, en efecto,
lo hago, está en que la colina me produce, en el supuesto en el que esta-

como la indefensión, unida a la inocencia, suele inspirarnos el
sentimiento de ternura (Ortega ha estudiado el mecanismo de
ese hecho), *por transitividad*, ternura nos inspirará la colina,
que es, por graciosa y de tamaño relativamente menor, «inocente». Vemos, pues, que tampoco aquí la emoción experimentada procede verdaderamente de las cualidades reales de la
colina, aunque nos lo parezca en un primer pronto, sino de la
asociación mágica que el espectador realiza entre la colina y
otra realidad: en este caso, la infancia.

Y si aún quisiéramos examinar un tercer caso, podríamos
recordar nuestra reacción afectiva ante la luz o ante la tiniebla. La luz suele impresionarnos con alegría, mientras la tiniebla nos impresiona, generalmente, de modo inverso. Estos fenómenos psicológicos parecen producidos también por una
interferencia de nuestra psique, que carga de asociaciones preconscientes ambas realidades del mundo físico. La oscuridad
tiene para nosotros un carácter negativo, que consiste en pri-
varnos de la visión de las cosas. La ceguera momentánea a la
que la oscuridad nos somete representa la substracción de algo
vital; no sorprenderá pensar que, de modo confuso, para nosotros no ver equivalga a «morir un poco». La oscuridad, así,
nos remite, en cierto modo, a la noción de muerte, y hasta de
nuestra muerte en la proporción que hemos dicho, cuando no
es representación de incertidumbre y desorientación caótica
del hombre que nosotros somos en una realidad que, al negarse
a nuestra visión, empezamos a no comprender y que acaso nos
resulte hostil. Es natural que sea tristeza lo que la oscuridad
nos traiga, como es, igualmente comprensible que sea gozo
lo que nos traiga la luz. Pues, por el contrario, la luz se nos

---

mos, un sentimiento de ternura, procedente de modo exclusivo, si
nuestros análisis no yerran, de esas dos notas de la infancia de que
carece la colina, y no de las otras en las que la colina y los niños
coinciden, como digo arriba. El proceso del espectador en este caso,
nos daría el siguiente esquema:

colina (en cuanto menor que una montaña) [= gracia, relativa
pequeñez = niño = niño inocente = inocente =] emoción de inocencia (ternura) en la conciencia.

ofrece como vida, y no sólo como vida plena de la realidad
exterior, sino, lo que es más importante, como plenitud de
nuestra propia realidad humana, ya que al comprobar en toda
su coloreada crudeza la existencia del mundo, nos sentimos
también completamente existentes. La luz es una glorificación
de la realidad externa y de nosotros mismos que nos perfec-
cionamos mirándola. Y al sentirnos inmersos en plenitud nos
llenamos de gozo.

En todos estos casos, el fenómeno es el antes anunciado:
ante un determinado ser (una rama florida, una colina, la luz,
las tinieblas) se produce una emoción que, puesto que nace de
un objeto que está ahí *realmente*, consideramos procedente de
alguna cualidad suya también *real*. Y en ninguno de los ejemplos que hemos puesto ello es así: la emoción nacía de algo
muy distinto, que se nos asociaba irracionalmente con el objeto en cuestión. ¿Por qué el elemento asociado nos parecía pertenecer verdaderamente a este último? Sencillamente *porque
este último lo simbolizaba*. Por simbolizar inocencia, la colina
nos parecía inocente, esto es, portadora de ciertas cualidades
reales a las que metafóricamente llamábamos así. La tiniebla
se nos manifestaba con negatividad y la luz o la rama florida,
con positividad, por lo mismo. El irracionalismo de las asociaciones hacía *que no las sintiésemos como asociaciones sino
como cualidades que tenían ser en el objeto*. Lo que era asociación se nos mostraba como realidad.

Y ahí es adonde yo quería ir a parar, para enlazar así con
lo que decíamos al comienzo. Las cosas, aunque de hecho nos
emocionen *porque simbolizan*, no semejan simbolizar sino *ser*.
Lo simbolizado se nos revela en el objeto como *siendo*. Y tal
es también lo que acontece con el lenguaje en el símbolo poético, que por ello se cosifica, dijimos, se transforma en un objeto que está ahí ante nosotros como está una colina, una
rama florida o una puesta de sol. Por primera vez en la historia de la poesía, insisto, el lenguaje nos da la sensación de
emocionarnos no por significar algo distinto a él, sino por ser
eso que el lenguaje es antes de poseer significaciones, puesto
que las significaciones que posee las borramos y descreemos por

irreales en nuestra mente. Diríamos que el lenguaje simula producir emociones por sí mismo, sin representar a otra realidad, a la que nos remita. No nos remite, por lo visto, más que a su propia realidad de lenguaje: lenguaje como realidad, no como signo de la realidad. Tal es, *en la apariencia*, y sólo en la apariencia, la enorme revolución de la poesía contemporánea (y, *mutatis mutandis*, del arte contemporáneo).

He escrito «en la apariencia», pues claro está que hay en todo ello un evidente *quid pro quo*; y este *quid pro quo* queda al descubierto en cuanto nos percatamos de que, si el lenguaje simbólico emociona, es porque *significa*, aunque de modo irracional. Ahora bien: *lo mismo le pasa a la naturaleza*, a los objetos reales, a las cosas, según nuestro análisis nos ha hecho saber, con lo que la expresión «cosificación del lenguaje» sigue siendo válida. Lo engañoso no es que el lenguaje se comporte como una cosa, sino que por comportarse de ese modo no se signifique sino a sí mismo. Esto último es el elemento ilusorio que el lenguaje en el símbolo *comparte precisamente con la realidad.*

Y ocurre esto: como el lenguaje en el símbolo nos da, por un lado, la sensación no falaz de ser una cosa, y por otro, su significado directo, el visible o manifiesto, consiste en una irrealidad, es lógico que la crítica, sin plantearse el análisis de fondo que acabamos de hacer, haya sacado, uniendo ambas ideas, la errada conclusión de que el artista, en el período contemporáneo, sea un artista-dios, un «creador absoluto», que no imita ni expresa la naturaleza y la vida sino que crea objetos irreales que sin significar (pues significar es significar algo real) existen con existencia sólo poética [3]. Lo poético, en estos casos, semeja ser, pues, una irrealidad. Y si lo poético es la irrealidad *en estos casos*, nada más fácil que caer en la tentación de generalizar hacia *todos los casos* lo que *en estos casos* parece evidente (aunque sólo se trate, en efecto, de un espejismo) y decir (como hemos visto hacer a Ortega, junto a toda la tradición esteticista y su secuela) que lo poético

---

[3] Recuérdese lo dicho en las págs. 317-323.

«empieza» (siempre) «en lo irreal»[4]. Se cae así, insisto, en lo
que nosotros hemos llamado «la herejía de nuestro tiempo»,
que desde hace algunos años, en un sector de la poesía de dirección experimentalista, ha retoñado con nuevo vigor. Por esta
razón de oportunidad, aparte de otra de mayor permanencia,
convenía este replanteamiento de la cuestión.

### BELLEZA NATURAL Y HETEROGENEIDAD SIMBÓLICA

Quisiera sacar, de todo lo dicho, otra importante consecuencia, anotando rápidamente que la naturaleza se comporta muchas veces, ante nuestros ojos, como un símbolo heterogéneo.
¿Cuándo lo hace? Precisamente cuando nos emociona. Veamos.
   Es corriente pensar que la naturaleza nos emociona simplemente por su belleza. Esa montaña o ese crepúsculo o ese ma-
jestuoso río son emotivos, se ha dicho, por el mero hecho de
su hermosura. Sea cualquiera la esencia de la belleza misma,
cuestión aparte cuya solución no hace al caso, quizá podamos
preguntarnos, por debajo de ese interrogante, si la belleza
natural no será únicamente el medio a cuyo través se cumple
otra circunstancia indispensable a nuestra estética emoción.
Me atrevería a sostener, en efecto, de nuevo aquí, sólo que ahora con más formalidad y detenimiento (y tal vez con fundamentos más sólidos), lo que páginas atrás dejé meramente dicho: que sólo lo humano o lo de algún modo humanizado se
presenta como susceptible de emocionar al hombre, y que la
denominada belleza natural es aquella disposición de la naturaleza que, por su índole, nos obliga, dada la especial contextura de nuestro ser psicológico, a humanizarse, según vías que,
claro está, difieren mucho de un caso a otro. No niego, pues,
que la naturaleza provoque sentimientos en el espectador sensible por ser bella; lo que digo es que para que la naturaleza
nos emocione, *para que sea bella*, es preciso que ese espectador
la vea, aunque no de modo lógico y distinto, como símbolo de

---

[4] Recuérdese lo dicho en las págs. 307-312 y 317-322.

algo que ya no es inerte y material, sino inmediatamente ligado, por un vínculo secreto para él en aquel instante, a la esfera del hombre. Esto lo hemos visto antes en los ejemplos de la colina, de la rama florida, de la luz y de las tinieblas. En todos los casos, la naturaleza emocionante resultaba simbólica, y lo que simbolizaba la naturaleza era siempre algo humano, porque al hombre no le interesa ni emociona, en definitiva, vuelvo a decir, sino lo que le atañe. Ahora bien: esos símbolos en que se nos convierten los objetos naturales ¿de qué tipo son? ¿homogéneos o heterogéneos? La pregunta es ociosa, pues sólo el simbolismo heterogéneo, con su plano de realidad, se adecúa a los objetos que forman parte de ésta. La colina cuya inocencia me conmueve y que desde aquí contemplo, se significa, en primer lugar, a sí misma. Decimos: «he ahí una colina». Tal colina quiere decir, pues, «colina», «esta colina concreta», que posee una altura, un color, una forma, etc., únicas. Pero la emoción experimentada no viene, lo sabemos ya, de esa significación verdaderamente realista y obvia, sino de la suma de asociaciones no realistas, irracionalistas, que al mirarla nos es dado establecer: colina (monte pequeño) [= pequeñez = niño pequeño = niño inocente = inocencia =] emoción de inocencia en la conciencia. Se nos ofrecen juntas, pues, dos significaciones, una de carácter lógico («colina = colina») y otra de carácter no lógico, irracional («colina = inocencia»). Estamos aquí, y en todos los casos en que la belleza natural se da, ante un símbolo heterogéneo [5].

---

[5] El presente libro ha estudiado el irracionalismo o simbolismo desde un punto de vista general, o sea, en aquellos aspectos que son comunes al irracionalismo en todas sus fases. En cambio, mi otro libro, tantas veces mencionado en éste, *Superrealismo poético y simbolización*, lo que hará es lo contrario: estudiar las *diferencias* entre los irracionalismos que se han venido sucediendo desde Baudelaire para acá, especialmente el irracionalismo superrealista y el anterior, no vanguardista.

# BIBLIOGRAFÍA

Adlard, John, «Synaesthesia in the Nineties and beyond», *Zagadnienia Rodzajon Literackich*, XI, 1, Lodz, 1968.

Aguirre, J. M., *Antonio Machado, poeta simbolista*, Madrid, Taurus Ediciones, 1973.

Alonso, Dámaso, *La poesía de San Juan de la Cruz*, Consejo Superior de Investigaciones Científicas, Instituto Antonio de Nebrija, Madrid, 1942.

Altizer, Thomas, *Truth, myth and symbol*, New Jersey, Prentice Hall, 1962.

Álvarez Villar, Alfonso, *Psicología de la Cultura. 1. Psicología de los pueblos primitivos*, Madrid, Biblioteca Nueva, 1966.

Allean, R., *De la nature du symbole*, Flammarion, 1958.

Amiel, H. F., *Fragments d'un Journal intime*, París, ed. Bernard Bouvier, 1931.

Apollinaire, Guillaume, *La poésie symboliste*, Raynard, 1909.

Apostel, Leo, «Symbolisme et anthropologie philosophique (vers une herméneutique cybernétique)», en *Cahiers Internationaux de Symbolisme*, núm. 5.

Auerbach, E., *Mimésis. La représentation de la réalité dans la littérature occidentale*, París, Gallimard, 1968.

Austin, Lloyd James, *L'univers poétique de Baudelaire: symbolisme et symbolique*, París, 1956.

Azcui, Eduardo A., *El ocultismo y la creación poética*, Buenos Aires, 1966.

Babbit, Irving, *The New Laokoon. An Essay on the Confusion of the Arts*, Londres, 1910.

Bachelard, G., *El aire y los sueños*, México, Fondo de Cultura Económica, 1958.

— *La poétique de la rêverie*, Presses Universitaires de France, 1960.

— *La poética del espacio*, México, Fondo de Cultura Económica, 1965.

— *La Terre et les rêveries*, París, Librairie de José Corti, 1971.

Balakian, Anna, «Studies on French Symbolism 1945-55», en *The Romanic Review*, XLVI, núm. 3, octubre, 1955.

— *El movimiento simbolista*, Madrid, ed. Guadarrama, 1969.

Barre, André, *Le Symbolisme, essai historique sur le mouvement poétique en France de 1885 à 1900*, Jouve, 1911.

Baruzi, Jean, *Saint Jean de la Croix et le problème de l'expérience mystique*, 2.ª ed., París, 1931.

Bastide, R., *Sociologie et psychanalyse*, Presses Universitaires de France, 1950.

Baudelaire, Charles, *Les fleurs du mal*, edición crítica de Jacques Crépet y Georges Blin, París, Librairie José Corti, 1942.

Bayrav, Süheylâ, *Symbolisme médiéval*, París, 1957.

Beaujon, G., *L'école symboliste, contribution à l'histoire de la poésie lyrique contemporaine*, 1900.

Béguin, Albert, *L'âme romantique et le rêve*, París, 1946.

— «Poésie et occultisme. Les sources initiatiques de Nerval et de Rimbaud», en *Critique*, III, 19, 1947.

Beigbeder, Olivier, *La symbolique*, París, Presses Universitaires, 1975.

Bémol, Maurice, «L'image psychologique, la théorie des correspondances et la notion de symbole chez Maurice de Guérin», en *Annales Universitatis Saraviensis*, V. I, 1956.

Benz, Ernst, *Emanuel Swedenborg. Naturforscher und Seher*, Munich, 1948.

Bernard, Suzanne, *Le poème en prose de Baudelaire jusqu'à nos jours*, París, Librairie Nizet, 1959.

Bernardini, Ada P., *Simbolisti e decadenti*, Roma, 1936.

Bernheim, Pauline, «Balzac und Swedenborg. Einfluss der Mystik Swedenborgs und Saint-Martins auf die Romandichtung Balzacs», en *Romanische Studien*, 16, Berlín, 1914.

Berry, Ralph, «The frontier of metaphor and symbol», en *The Journal of Aesthetics*, núm. 1, 1967.

Bertocci, Angelo P., *From Symbolism to Baudelaire*, Carbondale, 1964.

Bessie, Alvah Cecil, *The Symbol*, Nueva York, Random House, 1967.

Binet, Alfred, «Le problème de l'audition colorée», en *RDDM*, III, 113, 1892.

Binni, Walter, *La poética del decadentismo*, Florencia, 1936.

Blin, Georges, *Baudelaire*, NRF, 1939.

Block, Haskell, *Mallarmé and the Symbolist Drama*, Detroit, 1963.

Bloomfield, L., *Lenguaje*, Lima, Universidad de San Marcos, 1964.

Bourde, Paul, «Les Poètes décadentes», en *Le Temps*, agosto, 1885.

Bousoño, Carlos, *Teoría de la expresión poética*, 6.ª ed., Madrid, ed. Gredos, 1977.

— *La poesía de Vicente Aleixandre*, Madrid, ed. Gredos, 1968.

— *El comentario de textos* (en colaboración con varios autores), Madrid, ed. Castalia, 1973.

— «El impresionismo poético de Juan Ramón Jiménez (una estructura cosmovisionaria)», *Cuadernos Hispanoamericanos*, oct.-dic. 1973, números 280-282.

Bowra, C. M., *The Creative Experiment*, Londres, 1949.

— *The Heritage of Symbolism*, Londres-Nueva York, 1967.

Brown, Calvin S., «The Color Symphony before and after Gautier», en *CL*, 5, 1953.

Brunetière, Ferdinand, *Essais de littérature contemporaine*, Calmann-Lèvy, 1892.

— *L'Évolution de la poésie lyrique en France au XIXᵉ Siècle*, 1.ª ed., París, 1894.

Cassirer, Ernest, *The philosophy of symbolic forms*, New Haven, Conn., Yale University Press, 1953-57.

— «Le langage et la construction du monde des objets», en *Journal de Psychologie normale et pathologique*, vol. XXX.

— «Le concept de groupe et la théorie de la perception», en *Journal de Psychologie*, julio-diciembre, 1958.

Cazamian, Louis, *Symbolisme et poésie*, Neuchâtel, 1947.

Cervenka, Miroslav, «La obra literaria como símbolo», en *Lingüística formal y crítica literaria*, Madrid, Comunicación 3, 1970.

Clancier, Georges-Emmanuel, *De Rimbaud au Surréalisme*, Seghers, 1953.

Clouard, Henri, *Histoire de la littérature française du symbolisme à nos jours*, Albin Michel, 1947.

Cohen, J., *La estructura del lenguaje poético*, Madrid, ed. Gredos, 1970.

Corbin, H., *L'imagination créatrice dans le soufisme d'Ibn Arabi*, Flammarion, 1958.

Cornell, Kenneth, *The Symbolist Movement*, New Haven, 1951.

— *The Post-symbolist Period*, New Haven, 1958.

Coulon, M., «Le symbolisme d'E. Mikhäel», en *Mercure de France*.

Cressot, Marcel, «De l'expression littéraire des sensations colorées», en *Revue de Philologie Française*, 44, 1930.

Creuzer, Fr., *Symbolik und Mythologie der alten Völker*.

Chaix, Marie-Antoinette, *La correspondance des arts dans la poésie contemporaine*, París, 1919.

Charpentier, John, *Le symbolisme*, París, 1927.

Chastaing, Maxime, «Audition colorée. Une enquête...», en *Vie et Langage*, 1960.

Chiari, Joseph, *Symbolism from Poe to Mallarmé*, Londres, 1956.

Daniélou, Jean, «The Problem of Symbolism», en *Thought*, vol. XXV, 1950.

Da Silva Correia, João, «A audição colorida na moderna literatura portuguesa», en *Miscelânea Carolina Michaëlis de Vasconcellos. Revista da Universidade de Coimbra*, 11, 1933.

Decaudin, Michel, *La crise des valeurs symbolistes: vingt ans de poésie française, 1895-1914*, Toulouse, 1960.

Delfel, Guy, *L'Esthétique de Stéphane Mallarmé*, París, 1951.

Derieux, Henry, *La poésie française contemporaine (1885-1935)*, París, Mercure de France, 1935.

Destouches, Louis, *La musique et quelques-uns de ses effets sensoriels*, tesis, París, 1899.

Díez-Canedo, E., *La poesía francesa del romanticismo al superrealismo*, Buenos Aires, 1945.

Doisy, Marcel, *Paul Valéry: Intelligence et poésie*, París, 1952.

Donchin, Georgette, *The Influence of French Symbolism on Russian Poetry*, Gravenhage, 1958.

Dornir, Jean, *La sensibilité dans la poésie française contemporaine (1885-1912)*, París, 1912.

Downey, June E., «Literary Synesthesia», en *Journal of Philosophy, Psychology and Scientific Methods*, 9, 1912.

Draunschvig, Marcel, *La littérature française contemporaine, 1850-1925*, Armand Colin, 1926.

Dromard, Gabriel, «Les transpositions sensorielles dans la langue littéraire», en *JPsNP*, 5, 1908.

Duncan, Hugh Daniel, *Symbols and social theory*, Nueva York, Oxford University Press, 1969.

Durand, Gilbert, *L'imagination symbolique*, París, Presses Universitaires de France, 1976.

Duthie, Enid L., *Influence du Symbolisme français dans le renouveau poétique de l'Allemagne: les «Blätter für die Kunst» de 1892 à 1900*, París, 1933.

Édeline, F., «Le symbole et l'image selon la théorie des codes», en *Cahiers Internationaux de Symbolisme*, II, 1963.

Éliade, M., *Images et Symboles. Essai sur le symbolisme magico-religieux*, Gallimard, 1952.

Eliot, T. S., *The Sacred Wood*, Londres, 1928.
— *Selected Essays*, Nueva York, 1932.
Engstrom, Alfred G., «In Defense of Synaesthesia in Literature», en *PhQ*, 25, 1946.
Étiemble, R., «Le sonnet des voyelles», en *RLC*, 19, 1939.
Fay, Bernard, *Panorama de la littérature française de 1880*, Kra, 1925.
Fernandat, René, «Baudelaire et la théorie des correspondances», en *La Muse Française*, 8, 1929.
Fernández y González, Ángel R., «Símbolos y Literatura (notas breves a modo de introducción», separata de *Traza y Baza*, núm. 1.
— «De la imagen y el símbolo en la creación literaria: Símbolos y Literatura II», separata de *Traza y Baza*, núm. 2.
— «De la imagen y el símbolo en la creación literaria», separata de *Traza y Baza*, núm. 4.
Fiser, Émeric, *Le symbole littéraire; essai sur la signification du symbole chez Wagner, Baudelaire, Mallarmé, Bergson et Marcel Proust*, París, J. Corti, 1941.
Fleischer, Walter, *Synaesthesie und Metapher in Verlaines Dichtungen. Versuch einer vergleichenden Darstellung*, tesis doctoral, Greifswald, 1911.
Flora, Francesco, *La poesia ermetica*, Bari, 1936.
Fontainas, André, «Mes souvenirs du Symbolisme», en *Nouvelle Revue Critique*, 1928.
Fort, Paul, *Mes mémoires (1872-1944)*, París, 1944.
Fort, Paul y Mandin, Louis, *Histoire de la poésie française depuis 1850*, Flammarion, 1927.
Foss, Martin, *Symbol and metaphor in human experience*, Lincoln, Nebraska, University of Nebraska Press, 1964.
Frazer, James George, *La rama dorada*, México, Fondo de Cultura Económica, 1951.
Freud, S., «Introducción al psicoanálisis», en *Obras Completas*, t. II, Madrid, ed. Biblioteca Nueva, 1968, págs. 151-382.
— «La interpretación de los sueños», en *Obras Completas*, t. I, Madrid, ed. Biblioteca Nueva, 1968.
Friedman, Norman, «Imagery: From Sensation to Symbol», en *Journal of Aesthetics and Art Criticism*, vol. XII, 1953.
Friedrich, Hugo, *Die Struktur der modernen Lyrik von Baudelaire bis zur Gegenwart*, Hamburgo, 1960.
Gengoux, Jacques, *Le Symbolisme de Mallarmé*, París, 1950.
George, Stefan, *Bläter für die Kunst*, Berlín, 1892-1919.

Ghil, René, Les dates et les oeuvres: symbolisme et poésie scientifique, París, Crès, 1923.

Goblet D'Alviella, Count, The Migration of Symbols, Nueva York, University Books, 1956.

Godet, P., «Sujet et symbole dans les arts plastiques», en Signe et Symbole.

Gombrich, E. H., Freud y la Psicología del Arte, Barcelona, Barral Editores, 1959.

Gosse, Edmund, Leaves and Fruits, Londres, 1927.

Gourmont, Remy de, L'Idéalisme, Mercure de France, 1893.

— Le livre des Masques, I y II, Mercure de France, 1896 y 1898.

— Promenades littéraires, IV. Souvenirs sur le Symbolisme, Mercure de France, 1906.

Greene, E. J. H., «Jules Laforgue et T. S. Eliot», en Revue de Littérature Comparée, julio-septiembre, París, 1948.

Guichard, León, Jules Laforgue et ses poésies, París, 1950.

Guiette, Robert, Les écrivains français de Belgique au XIXe siècle, Bordas, 1963.

Guimbretière, A., «Quelques remarques préliminaires sur le symbole et le symbolisme», en Cahiers Internationaux de Symbolisme, núm. 2, 1963.

Guiraud, Pierre, Index du vocabulaire du symbolisme, París, 1953.

Gusdorf, G., Mythe et métaphisique, Flammarion, 1953.

Gutia, Joan, «La sinestesia in Ungaretti», en LM, 5, 1954.

Hamburger, Michael, Reason and Energy: Studies in German Literature, Nueva York, 1957.

Hess, Rainier, «Synästhesie», en Schwerpunkte Romanistik, 8, Frankfurt a. M., 1971.

Hjelmslev, Louis, Prolegómenos a una teoría del lenguaje, Madrid, ed. Gredos, 1971.

Huizinga, J., El otoño de la Edad Media, Madrid, ed. Revista de Occidente, 1961.

Huret, Jules, Enquête sur l'évolution littéraire, París, Charpentier, 1891.

Hytier, Jean, La poétique de Valéry, París, 1953.

Ikegami, Y., «Structural semantics», en Linguistics, 33, 1967.

Jacobi, J., «Archétype et symbole chez Jung», en Polarité du symbole, Desclée de Brouer, 1960.

Jakobson, Roman, «Language and Synaesthesia», en Word, 5, 1949.

Johansen, Svend, Le symbolisme. Étude sur le style des symbolistes français, Copenhague, 1945.

— «La notion de signe dans la glossématique et dans l'esthétique», en *Recherches Structurales*, V, 1949.

Jung, C. G., *L'Homme à la découverte de son âme*, Ginebra, Mont-Blanc, 1950.

— *Métamorphoses et symboles de la libido*, Montaigne, 1932.

— *Símbolos de transformación*, edit. Paidós, Buenos Aires, 1962.

— *God and the unconscious*, 1952, Collected Works, vol. II, Londres, 1958.

Kahn, Gustave, *Symbolistes et Décadents*, París, Venier, 1902.

— *Les origines du symbolisme*, París, 1936.

Kenyon, A., «Color Symbolism in Early Spanish Ballads», en *RR*, 6, 1915.

Kielinger, Thomas, «Synästhesie», en *Die Welt*, 6-9, 1971.

Lacroze, R., *La fonction de l'imagination*, Boivin y Cía., 1938.

Lalou, René, *Histoire de la littérature française contemporaine, de 1870 à nos jours*, París, Crès, 1922.

Landriot, Jean-Baptiste, *Le Symbolisme*, París, 1866.

Larnoue, Yves, *La littérature française par les textes, du XIXᵉ siècle à nos jours*, Bruselas, Deboeck, 1962.

Laurès, Henry, «Les synesthésies», en *Bibliothèque de Psychologie Expérimentale et de Métapsychie*, 6, París, 1908.

Lawrence, D. H., *Literary Symbolism*, San Francisco, Maurice Beebe, 1960.

Lazare, Bernard, *Figures contemporaines*, Perrin, 1895.

Lefevbre, Maurice Jean, «L'ambigüité des symboles», en *Cahiers Internationaux de Symbolisme*, núm. 5.

Le Goffic, Charles, *La littérature française au XIXᵉ siècle*, Larousse, 1910.

Le Guern, Michel, «Sémantique de la métaphore et de la métonymie», en *Langue et Langage*, París, 1973.

Lehmann, A. E., *The Symbolist Aesthetic in France, 1885-1895*, Oxford, 1968.

Lerch, Eugen, «Synästhesie», en *Sprachkunde*, VIII, 5, 1939.

Lethève, Jacques, *Impressionnistes et symbolistes devant la presse*, París, 1959.

Levengood, Sidney Lawrence, *The Use of Color in the Verse of the Pléiade*, París, 1927.

Levi-Strauss, Cl., «La structure des mythes» y «Structure et dialectique», caps. XI y XII de *Anthropologie structurale*, Plon, 1958.

— «Fugue des cinq sens», en *Le cru et le cuit*, París, 1964.

Lewis, C. S., *La alegoría del amor (Estudio de la tradición medieval)*, Buenos Aires, Eudeba, 1969.

Mac Intyre, C. F., *French Symbolist Poetry*, Berkeley, 1958.

Mahling, Friedrich, «Das Problem der *audition colorée*. Eine historisch-kritische Untersuchung», en *AgPs*, 57, 1926.

Man, Paul de, «The Rhetoric of temporality», en *Interpretation: Theory and Practice*, Baltimore, 1969.

Margis, Paul, «Die Synästhesien bei E. T. A. Hoffmann», en *ZÄK*, 5, 1910.

Martinet, A., «Connotations, poésie et culture», en *To honor R. Jacobson*, vol. II, Mouton, 1967.

Martínez, J. A., *Propiedades del lenguaje poético*, Universidad de Oviedo, 1975.

Martino, Pierre, *Parnasse et symbolisme*, París, 1923.

Massey, Irving, «A Note on the History of Synaesthesia», en *MLN*, 71, 1956.

Mauclair, *Servitude et Grandeur littéraires*, París, sin fecha [¿1919?].

Maurevert, Georges, «Des sons, des goûts et des couleurs. Essai sur les correspondances sensorielles», en *MFr*, 292, 1939.

Mazel, H., *Aux beaux temps du symbolisme*, Mercure de France, 1943.

McKellar, Peter - Simpson, Lorna, «Types of Synaesthesia», en *The Journal of Mental Science*, 101, 1955.

Meunier, Georges, *Le bilan littéraire du XIXe siècle*, Fasquelle, 1898.

Michaud, Guy, *La doctrine symboliste. Documents*, París, 1947.

— *Message poétique du symbolisme*, París, 1947.

Michelet, *De l'Ésotérisme dans l'art*, 1891.

Millet, Jules, *Audition colorée*, tesis, Montpellier, 1892.

Millet, Louis, *Le symbole*, París, A. Fayard, 1959.

Mockel, Albert, *Propos de littérature*, Art Indépendant, 1894.

— *Esthétique du Symbolisme*, Bruselas, Palais des Académies, 1962.

Molino, J., «La connotation», en *La Linguistique*, 7, 1, 1971.

Montfort, Eugène, *Vingt-cinq ans de littérature française: 1895-1920*, Librairie de France, 1924.

Moréas, Jean, *Les premières armes du Symbolisme*, Vanier, 1889.

Moreau, Pierre, «Symbole, symbolique, symbolisme», en *CAIEF*, núm. 6, 1954.

Morel, B., *Le signe sacré*, Flammarion, 1959.

— *Dialectiques du Mystère*, La Colombe, 1962.

Moreno, Mario, «Sinestesia», en *Enciclopedia Medica Italiana*, t. 8, Florencia, 1956.

Morice, Charles, *La littérature de tout à l'heure*, Perrin, 1889.

— «Notations», *Vers et Prose*, t. VII, sept.-nov. 1906.

Morier, Henri, *Le rythme du vers libre symboliste*, Ginebra, Presses Académiques, 1943.

Mornet, Daniel, *Histoire de la littérature et de la pensée française contemporaines, 1870-1925*, Larousse, 1927.

Morris, C., «Aesthetics and the Theory of Signs», en *The Journal of Unified Science*, 1939-40.

Mounin, G., *Los problemas teóricos de la traducción*, Madrid, ed. Gredos, 1971.

Neddermann, Emmy, «Die symbolistischen Stilelemente im Werke von Juan Ramón Jiménez», en *Hamburger Studien zu Volkstum und Kultur der Romanen*, 20, Hamburgo, 1935.

Nelli, René, «La forme des couleurs. Du clavecin oculaire du Père Castel à l'esthétique de Ch. Pierre Bru», en *Cahiers du Sud*, XLII, 344, 1955.

Nesbit, Frank Ford, *Language, meaning and reality: A study of symbolism*, Nueva York, Exposition Press, 1955.

Nimier, H., «De l'audition colorée», en *Gazette Hebdomadaire de Médecine et de Chirurgie*, 21 de marzo de 1891.

Ogden, C. K. y Richards, I. A., *El significado del significado*, Paidós, 1964.

Ortigues, Edmond, *Le discours et le symbole*, París, Aubier, 1962.

Osmont, Anne, *Le mouvement symboliste*, Maison du Livre, 1917.

Oulmont, Charles, *Un poète coloriste et symboliste au dix-septième siècle*, París, 1912.

Parmetier, Florian, *Histoire contemporaine des lettres françaises, de 1885 à 1914*, Figuière, 1919.

Pellisier, Georges, *Le mouvement littéraire au XIXᵉ siècle*, Hachette, 1889.

— «L'évolution de la poésie dans le dernier quart de siècle», en *Revue de revues*, 15 de marzo de 1901.

Perrin, H., «Entre Parnasse et Symbolisme: Ephraïm Mikhaël», en *Revue d'Histoire Littéraire de la France*, enero-marzo, 1956.

Peterfalvi, J., «Introduction à la psycholinguistique», en *P.U.F.*, 1970.

Petralia, Franco, «Le Voyelles di Rimbaud in chiave erotica», en *StFr*, 19, 1963.

Picco, F., «Simbolismo francese e simbolismo italiano», en *Nuova Antologia*, Roma, mayo 1926.

Piper, Klaus, *Die Synästhesie in Baudelaires Theorie und Dichtung*, tesis de licenciatura, Universidad Libre de Berlín, 1960.

Poisson, Albert, *Théories et symboles des alchimistes* (...), París, 1891.

Poizart, Alfred, *Le symbolisme de Baudelaire à Claudel*, La Renaissance du Livre, 1919.

Pommier, Jean, *La Mystique de Baudelaire*, París, 1932.

Porché, François, «Poètes français depuis Verlaine», en *Nouvelle Revue Critique*, 1930.

Praz, Mario, *La carne, la morte e il diavolo nella letteratura romantica*, Florencia, 1930.

Quennell, Peter, *Baudelaire and the Symbolists*, Londres, 1954.

Ragusa, Olga, «French Symbolism in Italy», en *The Romantic Review*, vol. XLVI, núm. 3, 1955.

Ramsey, Warren, *Jules Laforgue and the Ironic Inheritance*, Nueva York, 1953.

Raymond, Marcel, *De Baudelaire al surrealismo*, México, Fondo de Cultura Económica, 1960.

Raynaud, Ernest, *La Mêlée symboliste (1890-1900)*, París, 1920.

Retinger, J. H., *Histoire de la littérature française du romanticisme à nos jours*, Grasset, 1911.

Retté, Adolphe, *Le Symbolisme*, Messein, 1903.

Reynold, Gonzague de, *Charles Baudelaire*, París-Ginebra, 1920.

Rhodes, S. A., «Baudelaire and the Aesthetics of the Sensations», en *PhQ*, 6, 1927.

Ricoeur, P., «Le symbole donne à penser», en *Esprit*, julio-agosto, 1959.

— «Le conflit des herméneutiques: épistémologie des interprétations», en *Cahiers Internationaux de Symbolisme*, I, 1963.

Richard, Noël, *À l'aube du symbolisme*, París, 1961.

Riffaterre, M., «Le poème comme représentation», en *Poétique*, núm. 4.

Roedig, Charles F., «Baudelaire and Synesthesia», en *Kentucky Foreign Language Quarterly*, 5, 1958.

Romano, Salvatore, *Poetica del ermetismo*, Florencia, 1942.

Roos, Jacques, *Aspects littéraires du mysticisme philosophique et l'influence de Boehme et de Swedenborg au début du Romanticisme: William Blake, Novalis, Ballanche*, Strasbourg, 1951.

Runciman, John F., «Noises, Smells and Colours», en *The Musical Quarterly*, 1, 1915.

Sánchez-Albornoz, Claudio, *España, un enigma histórico*, Buenos Aires, Editorial Sudamericana, 1956.

Scarfe, Francis, *The Art of Paul Valéry*, Londres, 1954.

Schad, Werner, *Untersuchungen an Synästhesien der französischen Literatur*, tesis doctoral mecanografiada, Mainz, 1950.

Schérer, Jacques, *L'Expression littéraire dans l'oeuvre de Mallarmé*, París, 1947.

Schering, Arnold, *Das Symbol in der Musik. Mit einem Nachwort von Willibald Gurlitt*, Leipzig, 1941.

Schmidt, Albert-Marie, *La littérature symboliste*, Presses Universitaires de France, 1942.

Schrader, Ludwig, *Sensación y sinestesia*, Madrid, ed. Gredos, 1975.

— «Las impresiones sensoriales y los elementos sinestéticos en la obra de José Asunción Silva. Influencias francesas e italianas», en *RJb*, 19, 1968.

Segalen, Victor, «Les synesthésies et l'école symboliste», en *MFr*, XLII, 148, 1902.

Segre, C., «Entre estructuralismo y semiología», en *Prohemio*, I, 1, 1970.

Seillière, Ernest, «Le mal romantique. Essai sur l'impérialisme irrationel», en *La Philosophie de l'Impérialisme*, 4, París, 1908.

Seward, Barbara, *The symbolic rose*, Nueva York, 1960.

Sewell, Elizabeth, *Paul Valéry: The Mind in the Mirror*, New Haven, 1952.

Seylaz, Louis, *Edgard Poe et les premiers symbolistes français*, Lausana, Imprimerie de la Concorde, 1924.

Siebold, Erika von, «Synästhesien in der englischen Dichtung des 19. Jahrhunderts. Ein ästhetisch-psychologischer Versuch», en *ESt*, 53, 1919-1920.

Silberer, Herbert, *Probleme der Mystik und ihrer Symbolik*, Wien-Leipzig, 1914.

Silveira, Tasso de, «A Poesia simbolista en Portugal», en *Occidente*, vol. 26, Lisboa, 1945.

Silz, Walter, «Heine's Synaesthesia», en *PMLA*, 57, 1942.

Sjöden, K. E., «Balzac et Swedenborg», en *Cahiers de l'Association International des Études Français*, 15, 1963.

Skard, Sigmund, «The Use of color in Literature. A Survey of Research», en *Proceedings of the American Philosophical Society*, XC, 3, Philadelphia, 1946.

Sombart, Werner, *El burgués*, Madrid, Alianza Editorial, 1972.

Spivak, Gayatri, «Allégorie et histoire de la poésie», en *Poétique*, núm. 8, 1971.

Stahl, E. L., «The Genesis of Symbolist Theories in Germany», en *Modern Language Review*, 41, 1946.

Stanford, W. Bedell, «Synaesthetic Metaphor», en *Comparative Literature Studies*, 6-7, 1942.

Starkie, Enid, *Baudelaire*, Nueva York, 1933.

Starobinski, Jean, «Remarques sur l'histoire du concept d'imagination», en *Cahiers Internationaux de Symbolisme*, núm. 11.

Stock, Heinz-Richard, *Die optischen Synästhesien bei E. T. A. Hoffmann*, tesis doctoral de medicina, Munich, 1914.

Strowski, Fortunat, *Tableau de la littérature française au XIXᵉ siècle*, Délaplane, 1912.

Suárez de Mendoza, Ferdinand, *L'audition colorée. Étude sur les fausses sensations secondaires* (...), París, 1890.

Suckling, Norman, *Paul Valéry and the Civilized Mind*, Nueva York, 1954.

Sugar, L. de, *Baudelaire et R. M. Rilke*, París, 1954.

Symons, Arthur, *The Symbolist Movement in Literature*, Nueva York, 1958.

Taupin, René, *L'Influence du symbolisme français sur la poésie américaine de 1910 à 1920*, París, 1929.

Temple, Ruth Z., *The Critic's Alchemy. A Study of the Introduction of French Symbolism into England*, Nueva York, 1953.

Thibaudet, Albert, «Remarques sur le Symbole», en *Nouvelle Revue Française*, 1912.

Thorel, Jean, *Les Romantiques allemands et les symbolistes français*, 1891.

Tindall, William York, *The literary symbol*, Nueva York, Columbia University Press, 1955.

Ulibarri, Sabine R., *El mundo poético de Juan Ramón. Estudio estilístico de la lengua poética y de los símbolos*, Madrid, 1962.

Urban, Wilbur Marshall, *Language and reality; the philosophy of language and the principles of symbolism*, Londres, G. Allen & Unwin, 1939.

Vanier, Léon, *Les premières armes du symbolisme*, París, 1889.

Vanor, G., *L'Art Symboliste*, Vanier, 1889.

Varios, *Romanic Review*, vol. XLVI, núm. 3, 1955. (Todo el número dedicado al simbolismo francés.)

Verlaine, Paul, *Les poètes maudits*, Vanier, 1884 y 1888.

Viatte, Auguste, *Victor Hugo et les Illuminés de son temps*, Montreal.

Visan, Tancrède de, *Essai sur le Symbolisme*, Jouve, 1904.

— *Paysages introspectifs. Avec un Essai sur le Symbolisme*, París, 1904.

— *L'Attitude du lyrisme contemporain*, París, Mercure de France, 1911.

Vordtriede, Werner, «Novalis und die französischen Symbolisten. Zur Entstehungsgeschichte des dichterischen Symbols», en *Sprache und Literatur*, 8, Stuttgart, 1963.

Weevers, Theodor, *Poetry of the Netherlands in Its European Context, 1170-1930*, Londres, 1960.

Wellek, René, *The Romantic Age*, vol. 2 de *A History of Modern Criticism, 1750-1950*, Nueva York, 1955.

Wheelwright, Philip, *The burning fountain; a study in the language of symbolism*, Bloomington, Indiana, Indiana University Press, 1954.

— *Metaphor and Reality*, Indiana University Press, 6.ª ed., 1975.

Wilson, Edmund, *El castillo de Axel*, Barcelona, Planeta, 1977.

Wirth, Oswald, *Le symbolisme hermétique dans ses rapports avec l'alchimie et la francmaçonnerie*, París, 1931.

Wise, Kurt Otto, «Die Wirkung einer Synästhesie Hoffmanns in Frankreich», en *ASNS*, 170, 1936.

— «Synästhesien bei Balzac», en *ASNS*, 172, 1937.

Yeats, W. B., «The Trembling of the Veil», en *Autobiographies*, Londres, 1926.

— «The Symbolism of Poetry and Louis Lambert», en *Essays and Introductions*, Nueva York, 1961.

Ynduráin, Francisco, «De la sinestesia en la poesía de Juan Ramón», en *Insula*, XII, 128-129, 1957.

Zéréga-Fombona, J., *Le symbolisme français et la poésie espagnole moderne d'aujourd'hui*, Mercure de France, París, 1919.

# ÍNDICE GENERAL

Págs.

CAPÍTULO I. *Consideraciones iniciales* ... ... ... ... ... ... ... 7
Simbolismo como uso de cierto procedimiento retórico (el símbolo) y simbolismo como nombre de una escuela literaria finisecular, 7. — Bibliografía sobre el símbolo, 12. — Las fronteras de nuestro estudio, 16.


## LAS DIVERSAS FORMAS DE IRRACIONALISMO

CAPÍTULO II. *La gran revolución de la poesía contemporánea* ... ... ... ... ... ... ... ... ... ... ... ... ... ... ... 21
El irracionalismo verbal o simbolismo, 21. — Emoción sin inteligibilidad, 23. — El primer tipo de irracionalidad: simbolismo de realidad o lógico, 24. — El segundo tipo de irracionalidad: el simbolismo de irrealidad o ilógico, 28. — Irrealismo irracional e irrealismo lógico, 29. — Simbolismo de realidad y poesía, 35.


CAPÍTULO III. *Dialéctica de la irracionalidad* ... ... ... ... 37
Los dos primeros momentos del desarrollo contemporáneo de la irracionalidad: su carácter dialéctico, 37. — El tercer momento del desarrollo contemporáneo de la irracionalidad, 39. — ¿Es poéticamente legítimo el uso de la jitanjáfora?, 41. — Toda emoción es una interpretación de la realidad, luego ningún poema carece de sensatez, 47. — Irracionalidad «fuerte» e irracionalidad «débil», 49. — La irracionalidad del primer tipo es siempre «fuerte», 50.

CAPÍTULO IV. La imagen visionaria o simbólica frente a la
tradicional ... ... ... ... ... ... ... ... ... ... ... ... ... ...    52
Otra clasificación de la irracionalidad: imagen visionaria,
visión y símbolo, 52. — Definición de las imágenes visionarias o simbólicas: su diferencia de las imágenes tradicionales, 53. — Claridad del simbolizado, una vez extraído, e
imprecisión titubeante de las cualidades reales que han conducido al simbolizado, 58. — «El expresado simbólico» B
(las cualidades reales $B_1$ $B_2$ $B_3$ ... $B_n$ de A) y el simbolizado C, como entidades distintas, 62. — Otro ejemplo de
imagen visionaria, 63. — No importa en las imágenes visionarias la aniquilación del parecido lógico cuando, de hecho,
éste, secundariamente, exista, 65. — Desarrollo alegórico de
una imagen tradicional y desarrollo no alegórico de las
imágenes visionarias, 67. — Antecedentes de los desarrollos
no alegóricos en la poesía francesa del siglo XIX: Baudelaire, Verlaine, Samain, 73. — Ejemplos en Juan Ramón Jiménez de desarrollos imaginativos «no alegóricos», 76. —
Cualidades o atributos imaginativos que descienden desde
el plano imaginario E al plano real A, 78. — Una variedad
del fenómeno estudiado: una imagen basada en una cualidad que se supone común a los dos planos, A y E, sólo es,
en realidad, propia de E, 82. — Comparación entre la imagen visionaria y la tradicional en cuanto al paso de los
atributos de un plano al otro de la imagen, 83. — Comienzo
de las imágenes visionarias, 84. — Las imágenes visionarias
son resultado del irracionalismo y del subjetivismo contemporáneos, 87. — Causa del irracionalismo verbal propio
de la época contemporánea, 89.

CAPÍTULO V. Las visiones ... ... ... ... ... ... ... ... ... ...    91
Definición de las visiones, 91. — El caso de las sinestesias, 99. — Las cuatro características esenciales de las visiones, 102. — Desarrollo de las visiones, 103. — Comienzo
histórico de las visiones: en Rubén Darío, en Machado y
en Juan Ramón Jiménez; su origen en Baudelaire, 104.

CAPÍTULO VI. El símbolo ... ... ... ... ... ... ... ... ... ... ...   109
Definición del símbolo, 109. — Definición del símbolo homogéneo, 110. — Origen histórico de los símbolos homogéneos, 113. — Semejanza y diferencias entre imagen visionaria, visión y símbolo homogéneo, 116. — Una «visión» com-

*Págs.*

pleja que consta de un símbolo homogéneo que a su vez emite una segunda visión, 119. — La capacidad de superposición proliferante en el fenómeno irrealista, 121. — El símbolo homogéneo continuado, 123. — El símbolo heterogéneo y los símbolos heterogéneos encadenados, 127. — Símbolos intermedios entre nuestras dos clasificaciones, 128. — Los símbolos heterogéneos encadenados, 131. — Origen histórico del símbolo heterogéneo, 134. — Cadena promiscua donde se enlazan visiones y símbolos heterogéneos o visiones y símbolos homogéneos, 137. — Las «correspondencias», 140. — Causa de la correspondencia, 146.

CAPÍTULO VII. *Temas y cosmovisiones simbólicos* ... ... ...   152
Tiranía de la emoción con respecto al tema, 152. — Un nuevo modo de componer, 154. — Un nuevo modo de corregir, 155. — Los temas «contemporáneos» como símbolos, 156. — Cosmovisiones contemporáneas como símbolos homogéneos, 158. — El sistema de relaciones cosmovisionario y el sistema de relaciones de los significados irracionales, 161.

CAPÍTULO VIII. *El irracionalismo en la poesía de todas las épocas* ... ... ... ... ... ... ... ... ... ... ... ... ... ...   165
Las imágenes del significante como imágenes visionarias, 165. — La protagonización poemática es siempre simbólica, 168.

IRRACIONALISMO Y CONNOTACIÓN

CAPÍTULO IX. *Irracionalismo y connotación* ... ... ... ... ...   175
Primeras diferencias entre irracionalismo y connotación, 175. — Irracionalismo «débil» y connotación, 182. — Las imágenes tradicionales se basan en connotaciones y las visionarias en significados irracionales, 183. — Nueva coincidencia entre irracionalidad y connotación: el «golpe de estado» verbal que ambas especies de significados marginales pueden dar, poniéndose en el «lugar» de la denotación, 185. — Nueva semejanza y nueva diferencia entre connotación e irracionalidad: el «encadenamiento» connotativo y el irracional, 187. — Mezcla en un poema de signos

connotativos y de signos irracionalistas. Los «signos de sugestión». Irracionalidad al servicio de la connotación, 194. — Connotación al servicio de la irracionalidad, 195. — Misterio de los símbolos y no misterio de las connotaciones, 202.

CAPÍTULO X. *Clasificación de la irracionalidad en cuanto a su origen* ... ... ... ... ... ... ... ... ... ... ... ... ... ...   205
Origen diacrónico de la irracionalidad, 205. — Caso poético de diacronismo establecido en el interior del mismo poema, 208. — El diacronismo puede no ser literario, sino social, 210. — Origen sincrónico de las asociaciones irracionales: desde el significado (denotativo o connotativo), 210. — Origen sincrónico de las asociaciones irracionales: desde el significante (por coincidencia total o por coincidencia parcial), 211.


LOS TRÁNSITOS PRECONSCIENTES


CAPÍTULO XI. *Transiciones preconscientes entre el simbolizador y el simbolizado* ... ... ... ... ... ... ... ... ...   217
Mixtura entre irracionalidades y connotaciones en los complejos asociativos, 217. — Número de miembros de los procesos preconscientes, 218. — Metáforas, sinécdoques y metonimias preconscientes, 219.


CAPÍTULO XII. *Propiedades de las ecuaciones preconscientes* ... ... ... ... ... ... ... ... ... ... ... ... ...   221
Posible inesencialidad del parecido entre los dos miembros de las ecuaciones preconscientes, 221. — Seriedad, 225. — Totalitarismo; los tres «realismos» ecuacionales, 227. — Ambigüedad y disemia, 228. — Capacidad proliferante: causa del proceso preconsciente, 229. — El salto a otro ser por completo distinto, 230. — Todo proceso preconsciente, aun cuando a veces parezca constar sólo de dos miembros, consta como mínimo de tres, y el último nunca se asemeja al primero, 231. — La inconexión lógica, 233. — Reciprocidad metafórica, 235. — Transitividad, 236. — Lista de las propiedades ecuacionales de los procesos preconscientes, 238. — Ventajas del irracionalismo, 238.

*Págs.*

CAPÍTULO XIII. *Descrédito de la literalidad irreal del simbolizador en la conciencia, pero no en el preconsciente.* 241
Aunque las sucesivas ecuaciones irracionalistas sean «serias», la literalidad irreal propiamente simbolizadora es «lúdica», 241. — Descrédito de la literalidad irreal del simbolizador en la conciencia, pero no descrédito de esa misma literalidad en el preconsciente, 243.

CAPÍTULO XIV. *Ecuaciones preconscientes, cultura primitiva y cultura medieval* ... ... ... ... ... ... ... ... ... 245
1. Ecuaciones preconscientes y cultura primitiva ... 245
Propiedades de las ecuaciones preconscientes y mente primitiva, 245.

2. Ecuaciones preconscientes y cultura medieval ... 250
El formalismo medieval: causas y consecuencias, 250. — El misoneísmo medieval, 256. — Acumulación y complicación, 265. — ¿Renacimiento incipiente en el siglo xv?, 281. — Los límites de nuestra aportación, 282.

CAPÍTULO XV. *Las metonimias preconscientes* ... ... ... ... 287
Definición de metonimia, 287.

VISUALIDAD DE LO IRREAL Y VISUALIZACIÓN EN LA POESÍA CONTEMPORÁNEA

CAPÍTULO XVI. *La plasticidad o visualidad del fenómeno irracionalista* ... ... ... ... ... ... ... ... ... ... ... ... 293
Definición de la plasticidad o visualidad de los fenómenos irracionalistas, 293. — La plasticidad del fenómeno irracionalista y la ausencia de plasticidad de las imágenes tradicionales, 294. — Causa de la plasticidad del fenómeno irracionalista, 295. — La visualidad es siempre simbolismo de la letra irreal, 297. — La afirmación de la literalidad irreal en las imágenes tradicionales: su diferencia a este respecto con el fenómeno irracionalista, 299. — La incongruencia sucesiva de una letra irreal no simbólica, 303.

CAPÍTULO XVII. *La estética de Ortega* ... ... ... ... ... ...        307
    La doctrina de Ortega sobre las metáforas, 307. — La
    tesis de Ortega y la que nosotros hemos sostenido acerca
    de la metáfora, 312. — La visualización no es irrealista,
    315. — La primera fuente del error orteguiano: la corriente
    crítica irrealista, con raíces en el esteticismo, 316. — La
    segunda fuente del error orteguiano, 324. — Nuestra posi-
    ción estética, 327.


CAPÍTULO XVIII. *La visualización autónoma* ... ... ... ... ...        334
    La visualización autónoma y la visualización contextual,
    334. — Visualización de los elementos que se desarrollan en
    el plano irreal del fenómeno visionario, 335. — Visualiza-
    ción que se produce al dar pormenores muy concretos en
    el desarrollo del término irreal, 336. — La visualización en
    las superposiciones temporales, 343. — Visualización y este-
    tización: la visualización en el fenómeno visionario, com-
    parada a cierto procedimiento «retórico» de las artes deco-
    rativas actuales, 345. — La visualización en los desplaza-
    mientos calificativos o atributivos, 347. — La visualización
    en los desplazamientos calificativos, comparada a cierto pro-
    cedimiento retórico de las artes decorativas actuales, 351. —
    Los elementos psíquicos que permiten la visualidad autó-
    noma, 353. — La ley de la forma y de la función, 356. — La
    ley de la forma y de la función es universal, 357. — La ley
    de la forma y de la función rige en el arte todo como un
    caso particular de su vigencia, 359. — Las artes funcionales
    no objetan la apracticidad del arte, 361.


CAPÍTULO XIX. *La visualización contextual* ... ... ... ... ... ...        365
    Visualización contextual frente a visualización autóno-
    ma, 365. — Contigüidad de dos expresiones paralelísticas,
    una real y otra irreal, 366. — Influjo de esta técnica visuali-
    zadora, 372. — Variación en Lorca de un estribillo con cro-
    matismo primero real y después irreal, 374. — Visualización
    contextual y ruptura del sistema de las representaciones,
    375. — Visualización contextual y ley de identidad precons-
    ciente entre el objeto y sus relaciones, 376. — Paralelismo
    entre los dos tipos de visualización: la autónoma y la con-
    textual, 377. — Procedimientos visualizadores frente a pro-
    cedimientos intrínsecos y extrínsecos, 377. — Modificantes,

modificados y sustituyentes en los procedimientos intrínsecos, extrínsecos y visualizadores, 382. — Mezcla de términos reales e irreales en una enumeración, 386. — Visualización que se produce al invertir los dos planos de la imagen, 388.

CAPÍTULO XX. *Contexto ausente visualizador* ... ... ... ...    395
Visualización que se produce al negar términos «simbolizadores» literalmente irreales, 395. — Contexto visualizador ausente, 396. — Peloteo entre un sintagma explícito y otro implícito, 401.


CONSIDERACIONES FINALES


CAPÍTULO XXI. *Irracionalidad y asentimiento* ... ... ... ...    405
El asentimiento a la irracionalidad: asentimiento «provisional» y asentimiento «efectivo», 405.


CAPÍTULO XXII. *El simbolismo rectificador* ... ... ... ... ...    412
Irracionalidad rectificadora, lograda a través del encabalgamiento, 412. — Caso de irracionalidad rectificadora en fray Luis de León, 417. — Casos de humor, 418. — Irracio nalización rectificadora basada en la técnica de supresión de la puntuación, 422.


CAPÍTULO XXIII. *La cosificación del lenguaje en la irracionalidad* ... ... ... ... ... ... ... ... ... ... ... ... ...    425
Cosificación del lenguaje y simbolismo, 425. — Belleza natural y heterogeneidad simbólica, 434.


BIBLIOGRAFÍA ... ... ... ... ... ... ... ... ... ... ...    437

# BIBLIOTECA ROMÁNICA HISPÁNICA

Dirigida por: DÁMASO ALONSO

I. TRATADOS Y MONOGRAFÍAS

1. Walther von Wartburg: *La fragmentación lingüística de la Romania.* Segunda edición aumentada. 208 págs. 17 mapas.
2. René Wellek y Austin Warren: *Teoría literaria.* Con un prólogo de Dámaso Alonso. Cuarta edición. Reimpresión. 432 págs.
3. Wolfgang Kayser: *Interpretación y análisis de la obra literaria.* Cuarta edición revisada. Reimpresión. 594 págs.
4. E. Allison Peers: *Historia del movimiento romántico español.* Segunda edición. Reimpresión. 2 vols.
5. Amado Alonso: *De la pronunciación medieval a la moderna en español.* 2 vols.
9. René Wellek: *Historia de la crítica moderna (1750-1950).* 3 vols.
10. Kurt Baldinger: *La formación de los dominios lingüísticos en la Península Ibérica.* Segunda edición corregida y muy aumentada. 496 págs. 23 mapas.
11. S. Griswold Morley y Courtney Bruerton: *Cronología de las comedias de Lope de Vega.* 694 págs.
12. Antonio Martí: *La preceptiva retórica española en el Siglo de Oro.* Premio Nacional de Literatura. 346 págs.
13. Vítor Manuel de Aguiar e Silva: *Teoría de la literatura.* Reimpresión. 550 págs.
14. Hans Hörmann: *Psicología del lenguaje.* 496 págs.
15. Francisco R. Adrados: *Lingüística indoeuropea.* 2 vols.

II. ESTUDIOS Y ENSAYOS

1. Dámaso Alonso: *Poesía española (Ensayo de métodos y límites estilísticos).* Quinta edición. Reimpresión. 672 págs. 2 láminas.
2. Amado Alonso: *Estudios lingüísticos (Temas españoles).* Tercera edición. Reimpresión. 286 págs.
3. Dámaso Alonso y Carlos Bousoño: *Seis calas en la expresión literaria española (Prosa - Poesía - Teatro).* Cuarta edición 446 págs.
4. Vicente García de Diego: *Lecciones de lingüística española (Conferencias pronunciadas en el Ateneo de Madrid).* Tercera edición. Reimpresión. 234 págs.
5. Joaquín Casalduero: *Vida y obra de Galdós (1843-1920).* Cuarta edición ampliada. 312 págs.
6. Dámaso Alonso: *Poetas españoles contemporáneos.* Tercera edición aumentada. Reimpresión. 424 págs.
7. Carlos Bousoño: *Teoría de la expresión poética.* Premio «Fastenrath». Sexta edición aumentada. Versión definitiva. 2 vols.

9. Ramón Menéndez Pidal: *Toponimia prerrománica hispana.* Reimpresión. 314 págs. 3 mapas.
10. Carlos Clavería: *Temas de Unamuno.* Segunda edición. 168 págs.
11. Luis Alberto Sánchez: *Proceso y contenido de la novela hispanoamericana.* Segunda edición corregida y aumentada. 630 págs.
12. Amado Alonso: *Estudios lingüísticos (Temas hispanoamericanos).* Tercera edición. 360 págs.
16. Helmut Hatzfeld: *Estudios literarios sobre mística española.* Segunda edición corregida y aumentada. 424 págs.
17. Amado Alonso: *Materia y forma en poesía.* Tercera edición. Reimpresión. 402 págs.
18. Dámaso Alonso: *Estudios y ensayos gongorinos.* Tercera edición. 602 págs. 15 láminas.
19. Leo Spitzer: *Lingüística e historia literaria.* Segunda edición. Reimpresión. 308 págs.
20. Alonso Zamora Vicente: *Las sonatas de Valle Inclán.* Segunda edición. Reimpresión. 190 págs.
21. Ramón de Zubiría: *La poesía de Antonio Machado.* Tercera edición. Reimpresión. 268 págs.
24. Vicente Gaos: *La poética de Campoamor.* Segunda edición corregida y aumentada, con un apéndice sobre la poesía de Campoamor. 234 págs.
27. Carlos Bousoño: *La poesía de Vicente Aleixandre.* Segunda edición corregida y aumentada. 486 págs.
28. Gonzalo Sobejano: *El epíteto en la lírica española.* Segunda edición revisada. 452 págs.
31. Graciela Palau de Nemes: *Vida y obra de Juan Ramón Jiménez (La poesía desnuda).* Segunda edición completamente renovada. 2 vols.
39. José Pedro Díaz: *Gustavo Adolfo Bécquer (Vida y poesía).* Tercera edición corregida y aumentada. 514 págs.
40. Emilio Carilla: *El Romanticismo en la América hispánica.* Tercera edición revisada y ampliada. 2 vols.
41. Eugenio G. de Nora: *La novela española contemporánea (1898-1967).* Premio de la Crítica. Segunda edición. 3 vols.
42. Christoph Eich: *Federico García Lorca, poeta de la intensidad.* Segunda edición revisada. Reimpresión. 206 págs.
43. Oreste Macrí: *Fernando de Herrera.* Segunda edición corregida y aumentada. 696 págs.
44. Marcial José Bayo: *Virgilio y la pastoral española del Renacimiento (1480-1550).* Segunda edición. 290 págs.
45. Dámaso Alonso: *Dos españoles del Siglo de Oro.* Reimpresión. 258 págs.
46. Manuel Criado de Val: *Teoría de Castilla la Nueva (La dualidad castellana en la lengua, la literatura y la historia).* Segunda edición ampliada. 400 págs. 8 mapas.

47. Ivan A. Schulman: *Símbolo y color en la obra de José Martí.* Segunda edición. 498 págs.

49. Joaquín Casalduero: *Espronceda.* Segunda edición. 280 págs.

51. Frank Pierce: *La poesía épica del Siglo de Oro.* Segunda edición revisada y aumentada. 396 págs.

52. E. Correa Calderón: *Baltasar Gracián (Su vida y su obra).* Segunda edición aumentada. 426 págs.

54. Joaquín Casalduero: *Estudios sobre el teatro español.* Tercera edición aumentada. 324 págs.

57. Joaquín Casalduero: *Sentido y forma de las «Novelas ejemplares».* Segunda edición corregida. Reimpresión. 272 págs.

58. Sanford Shepard: *El Pinciano y las teorías literarias del Siglo de Oro.* Segunda edición aumentada. 210 págs.

60. Joaquín Casalduero: *Estudios de literatura española.* Tercera edición aumentada. 478 págs.

61. Eugenio Coseriu: *Teoría del lenguaje y lingüística general (Cinco estudios).* Tercera edición revisada y corregida. 330 págs.

63. Gustavo Correa: *El simbolismo religioso en las novelas de Pérez Galdós.* Reimpresión. 278 págs.

64. Rafael de Balbín: *Sistema de rítmica castellana.* Premio «Francisco Franco» del CSIC. Tercera edición aumentada. 402 págs.

65. Paul Ilie: *La novelística de Camilo José Cela.* Con un prólogo de Julián Marías: Segunda edición. 242 págs.

67. Juan Cano Ballesta: *La poesía de Miguel Hernández.* Segunda edición aumentada. 356 págs.

69. Gloria Videla: *El ultraísmo.* Segunda edición. 246 págs.

70. Hans Hinterhäuser: *Los «Episodios Nacionales» de Benito Pérez Galdós.* 398 págs.

71. J. Herrero: *Fernán Caballero: un nuevo planteamiento.* 346 págs.

72. Werner Beinhauer: *El español coloquial.* Con un prólogo de Dámaso Alonso. Segunda edición corregida, aumentada y actualizada. Reimpresión. 460 págs.

73. Helmut Hatzfeld: *Estudios sobre el barroco.* Tercera edición aumentada. 562 págs.

74. Vicente Ramos: *El mundo de Gabriel Miró.* Segunda edición corregida y aumentada. 526 págs.

76. Ricardo Gullón: *Autobiografías de Unamuno.* 390 págs.

80. J. Antonio Maravall: *El mundo social de «La Celestina».* Premio de los Escritores Europeos. Tercera edición revisada. Reimpresión. 188 págs.

82. Eugenio Asensio: *Itinerario del entremés desde Lope de Rueda a Quiñones de Benavente (Con cinco entremeses inéditos de Don Francisco de Quevedo).* Segunda edición revisada. 374 págs.

83. Carlos Feal Deibe: *La poesía de Pedro Salinas.* Segunda edición. 270 págs.

84. Carmelo Gariano: *Análisis estilístico de los «Milagros de Nuestra Señora» de Berceo.* Segunda edición corregida. 236 págs.
85. Guillermo Díaz-Plaja: *Las estéticas de Valle-Inclán.* Reimpresión. 298 págs.
86. Walter T. Pattison: *El naturalismo español (Historia externa de un movimiento literario).* Reimpresión. 192 págs.
89. Emilio Lorenzo: *El español de hoy, lengua en ebullición.* Con un prólogo de Dámaso Alonso. Segunda edición. 240 págs.
90. Emilia de Zuleta: *Historia de la crítica española contemporánea.* Segunda edición notablemente aumentada. 482 págs.
91. Michael P. Predmore: *La obra en prosa de Juan Ramón Jiménez.* Segunda edición ampliada. 322 págs.
92. Bruno Snell: *La estructura del lenguaje.* Reimpresión. 218 págs.
93. Antonio Serrano de Haro: *Personalidad y destino de Jorge Manrique.* Segunda edición revisada. 450 págs.
94. Ricardo Gullón: *Galdós, novelista moderno.* Tercera edición revisada y aumentada. 374 págs.
95. Joaquín Casalduero: *Sentido y forma del teatro de Cervantes.* Reimpresión. 288 págs.
96. Antonio Risco: *La estética de Valle-Inclán en los esperpentos y en «El Ruedo Ibérico».* Segunda edición. 278 págs.
97. Joseph Szertics: *Tiempo y verbo en el romancero viejo.* Segunda edición. 208 págs.
100. Miguel Jaroslaw Flys: *La poesía existencial de Dámaso Alonso.* 344 págs.
101. Edmund de Chasca: *El arte juglaresco en el «Cantar de Mío Cid».* Segunda edición aumentada. 418 págs.
102. Gonzalo Sobejano: *Nietzsche en España.* 688 págs.
104. Rafael Lapesa: *De la Edad Media a nuestros días (Estudios de historia literaria).* Reimpresión. 310 págs.
106. Aurora de Albornoz: *La presencia de Miguel de Unamuno en Antonio Machado.* 374 págs.
107. Carmelo Gariano: *El mundo poético de Juan Ruiz.* Segunda edición corregida y ampliada. 272 págs.
110. Bernard Pottier: *Lingüística moderna y filología hispánica.* Reimpresión. 246 págs.
111. Josse de Kock: *Introducción al Cancionero de Miguel de Unamuno.* 198 págs.
112. Jaime Alazraki: *La prosa narrativa de Jorge Luis Borges (Temas-Estilo).* Segunda edición aumentada. 438 págs.
114. Concha Zardoya: *Poesía española del siglo XX (Estudios temáticos y estilísticos).* Segunda edición muy aumentada. 4 vols.
115. Harald Weinrich: *Estructura y función de los tiempos en el lenguaje.* Reimpresión. 430 págs.
116. Antonio Regalado García: *El siervo y el señor (La dialéctica agónica de Miguel de Unamuno).* 220 págs.

117. Sergio Beser: *Leopoldo Alas, crítico literario.* 372 págs.
118. Manuel Bermejo Marcos: *Don Juan Valera, crítico literario.* 256 págs.
119. Solita Salinas de Marichal: *El mundo poético de Rafael Alberti.* Reimpresión. 272 págs.
120. Oscar Tacca: *La historia literaria.* 204 págs.
121. *Estudios críticos sobre el modernismo.* Introducción, selección y bibliografía general por Homero Castillo. Reimpresión. 416 páginas.
122. Oreste Macrí: *Ensayo de métrica sintagmática (Ejemplos del «Libro de Buen Amor» y del «Laberinto» de Juan de Mena).* 296 págs.
123. Alonso Zamora Vicente: *La realidad esperpéntica (Aproximación a «Luces de bohemia»).* Premio Nacional de Literatura. Segunda edición ampliada. 220 págs.
126. Otis H. Green: *España y la tradición occidental (El espíritu castellano en la literatura desde «El Cid» hasta Calderón).* 4 vols.
127. Ivan A. Schulman y Manuel Pedro González: *Martín, Darío y el modernismo.* Reimpresión. 268 págs.
128. Alma de Zubizarreta: *Pedro Salinas: el diálogo creador.* Con un prólogo de Jorge Guillén. 424 págs.
130. Eduardo Camacho Guizado: *La elegía funeral en la poesía española.* 424 págs.
131. Antonio Sánchez Romeralo: *El villancico (Estudios sobre la lírica popular en los siglos XV y XVI).* 624 págs.
132. Luis Rosales: *Pasión y muerte del Conde de Villamediana.* 252 págs.
133. Othón Arróniz: *La influencia italiana en el nacimiento de la comedia española.* 340 págs.
134. Diego Catalán: *Siete siglos de romancero (Historia y poesía).* 224 páginas.
135. Noam Chomsky: *Lingüística cartesiana (Un capítulo de la historia del pensamiento racionalista).* Reimpresión. 160 págs.
136. Charles E. Kany: *Sintaxis hispanoamericana.* Reimpresión. 552 págs.
137. Manuel Alvar: *Estructuralismo, geografía lingüística y dialectología actual.* Segunda edición ampliada. 266 págs.
138. Erich von Richthofen: *Nuevos estudios épicos medievales.* 294 páginas.
139. Ricardo Gullón: *Una poética para Antonio Machado.* 270 págs.
140. Jean Cohen: *Estructura del lenguaje poético.* Reimpresión. 228 págs.
141. Leon Livingstone: *Tema y forma en las novelas de Azorín.* 242 páginas.
142. Diego Catalán: *Por campos del romancero (Estudios sobre la tradición oral moderna).* 310 págs.
143. María Luisa López: *Problemas y métodos en el análisis de preposiciones.* Reimpresión. 224 págs.

144. Gustavo Correa: *La poesía mítica de Federico García Lorca*. Segunda edición. 250 págs.
145. Robert B. Tate: *Ensayos sobre la historiografía peninsular del siglo XV*. 360 págs.
147. Emilio Alarcos Llorach: *Estudios de gramática funcional del español*. Reimpresión. 260 págs.
148. Rubén Benítez: *Bécquer tradicionalista*. 354 págs.
149. Guillermo Araya: *Claves filológicas para la comprensión de Ortega*. 250 págs.
150. André Martinet: *El lenguaje desde el punto de vista funcional*. Reimpresión. 218 págs.
151. Estelle Irizarry: *Teoría y creación literaria en Francisco Ayala*. 274 págs.
152. G. Mounin: *Los problemas teóricos de la traducción*. 338 págs.
153. Marcelino C. Peñuelas: *La obra narrativa de Ramón J. Sender*. 294 págs.
154. Manuel Alvar: *Estudios y ensayos de literatura contemporánea*. 410 págs.
155. Louis Hjelmslev: *Prolegómenos a una teoría del lenguaje*. Segunda edición. 198 págs.
156. Emilia de Zuleta: *Cinco poetas españoles (Salinas, Guillén, Lorca, Alberti, Cernuda)*. 484 págs.
157. María del Rosario Fernández Alonso: *Una visión de la muerte en la lírica española*. Premio Rivadeneira. Premio nacional uruguayo de ensayo. 450 págs. 5 láminas.
158. Ángel Rosenblat: *La lengua del «Quijote»*. 380 págs.
159. Leo Pollmann: *La «Nueva Novela» en Francia y en Iberoamérica*. 380 págs.
160. José María Capote Benot: *El período sevillano de Luis Cernuda*. Con un prólogo de F. López Estrada. 172 págs.
161. Julio García Morejón: *Unamuno y Portugal*. Prólogo de Dámaso Alonso. Segunda edición corregida y aumentada. 580 págs.
162. Geoffrey Ribbans: *Niebla y soledad (Aspectos de Unamuno y Machado)*. 332 págs.
163. Kenneth R. Scholberg: *Sátira e invectiva en la España medieval*. 376 págs.
164. Alexander A. Parker: *Los pícaros en la literatura (La novela picaresca en España y Europa. 1599-1753)*. 2.ª edición. 220 páginas. 11 láminas.
166. Ángel San Miguel: *Sentido y estructura del «Guzmán de Alfarache» de Mateo Alemán*. Con un prólogo de Franz Rauhut. 312 págs.
167. Francisco Marcos Martín: *Poesía narrativa árabe y épica hispánica*. 388 págs.
168. Juan Cano Ballesta: *La poesía española entre pureza y revolución (1930-1936)*. 284 págs.

169. Joan Corominas: *Tópica hespérica (Estudios sobre los antiguos dialectos, el substrato y la toponimia romances)*. 2 vols.
170. Andrés Amorós: *La novela intelectual de Ramón Pérez de Ayala*. 500 págs.
171. Alberto Porqueras Mayo: *Temas y formas de la literatura española*. 196 págs.
172. Benito Brancaforte: *Benedetto Croce y su crítica de la literatura española*. 152 págs.
173. Carlos Martín: *América en Rubén Darío (Aproximación al concepto de la literatura hispanoamericana)*. 276 págs.
174. José Manuel García de la Torre: *Análisis temático de «El Ruedo Ibérico»*. 362 págs.
175. Julio Rodríguez-Puértolas: *De la Edad Media a la edad conflictiva (Estudios de literatura española)*. 406 págs.
176. Francisco López Estrada: *Poética para un poeta (Las «Cartas literarias a una mujer» de Bécquer)*. 246 págs.
177. Louis Hjelmslev: *Ensayos lingüísticos*. 362 págs.
178. Dámaso Alonso: *En torno a Lope (Marino, Cervantes, Benavente, Góngora, los Cardenios)*. 212 págs.
179. Walter Pabst: *La novela corta en la teoría y en la creación literaria (Notas para la historia de su antinomia en las literaturas románicas)*. 510 págs.
182. Gemma Roberts: *Temas existenciales en la novela española de postguerra*. 286 págs.
183. Gustav Siebenmann: *Los estilos poéticos en España desde 1900*. 582 págs.
184. Armando Durán: *Estructura y técnicas de la novela sentimental y caballeresca*. 182 págs.
185. Werner Beinhauer: *El humorismo en el español hablado (Improvisadas creaciones espontáneas)*. Prólogo de Rafael Lapesa. 270 págs.
186. Michael P. Predmore: *La poesía hermética de Juan Ramón Jiménez (El «Diario» como centro de su mundo poético)*. 234 págs.
187. Albert Manent: *Tres escritores catalanes: Carner, Riba, Pla*. 338 págs.
188. Nicolás A. S. Bratosevich: *El estilo de Horacio Quiroga en sus cuentos*. 204 págs.
189. Ignacio Soldevila Durante: *La obra narrativa de Max Aub (1929-1969)*. 472 págs.
190. Leo Pollmann: *Sartre y Camus (Literatura de la existencia)*. 286 páginas.
191. María del Carmen Bobes Naves: *La semiótica como teoría lingüística*. 238 págs.
192. Emilio Carilla: *La creación del «Martín Fierro»*. 308 págs.
193. E. Coseriu: *Sincronía, diacronía e historia (El problema del cambio lingüístico)*. Segunda edición revisada y corregida. 290 págs.

194. Óscar Tacca: *Las voces de la novela.* 206 págs.
195. J. L. Fortea: *La obra de Andrés Carranque de Ríos.* 240 págs.
196. Emilio Náñez Fernández: *El diminutivo (Historia y funciones en el español clásico y moderno).* 458 págs.
197. Andrew P. Debicki: *La poesía de Jorge Guillén.* 362 págs.
198. Ricardo Doménech: *El teatro de Buero Vallejo (Una meditación española).* 372 págs.
199. Francisco Márquez Villanueva: *Fuentes literarias cervantinas.* 374 págs.
200. Emilio Orozco Díaz: *Lope y Góngora frente a frente.* 410 págs.
201. Charles Muller: *Estadística lingüística.* 416 págs.
202. Josse de Kock: *Introducción a la lingüística automática en las lenguas románicas.* 246 págs.
203. Juan Bautista Avalle-Arce: *Temas hispánicos medievales (Literatura e historia).* 390 págs.
204. Andrés R. Quintián: *Cultura y literatura españolas en Rubén Darío.* 302 págs.
205. E. Caracciolo Trejo: *La poesía de Vicente Huidobro y la vanguardia.* 140 págs.
206. José Luis Martín: *La narrativa de Vargas Llosa (Acercamiento estilístico).* 282 págs.
207. Ilse Nolting-Hauff: *Visión, sátira y agudeza en los «Sueños» de Quevedo.* 318 págs.
208. Allen W. Phillips: *Temas del modernismo hispánico y otros estudios.* 360 págs.
209. Marina Mayoral: *La poesía de Rosalía de Castro.* Con un prólogo de Rafael Lapesa. 596 págs.
210. Joaquín Casalduero: *«Cántico» de Jorge Guillén y «Aire nuestro».* 268 págs.
211. Diego Catalán: *La tradición manuscrita en la «Crónica de Alfonso XI».* 416 págs.
212. Daniel Devoto: *Textos y contextos (Estudios sobre la tradición).* 610 págs.
213. Francisco López Estrada: *Los libros de pastores en la literatura española (La órbita previa).* 576 págs. 16 láminas.
214. André Martinet: *Economía de los cambios fonéticos (Tratado de fonología diacrónica).* 564 págs.
215. Russell P. Sebold: *Cadalso: el primer romántico «europeo» de España.* 296 págs.
216. Rosario Cambria: *Los toros: tema polémico en el ensayo español del siglo XX.* 386 págs.
217. Helena Percas de Ponseti: *Cervantes y su concepto del arte (Estudio crítico de algunos aspectos y episodios del «Quijote»).* 2 vols.
218. Göran Hammarström: *Las unidades lingüísticas en el marco de la lingüística moderna.* 190 págs.

219. H. Salvador Martínez: El «Poema de Almería» y la épica románica. 478 págs.
220. Joaquín Casalduero: Sentido y forma de «Los trabajos de Persiles y Sigismunda». 236 págs.
221. Cesáreo Bandera: Mímesis conflictiva (Ficción literaria y violencia en Cervantes y Calderón). Prólogo de René Girard. 262 págs.
222. Vicente Cabrera: Tres poetas a la luz de la metáfora: Salinas, Aleixandre y Guillén. 228 págs.
223. Rafael Ferreres: Verlaine y los modernistas españoles. 272 págs.
224. Ludwig Schrader: Sensación y sinestesia. 528 págs.
225. Evelyn Picon Garfield: ¿Es Julio Cortázar un surrealista? 266 págs.
226. Aniano Peña: Américo Castro y su visión de España y de Cervantes. 318 págs.
227. Leonard R. Palmer: Introducción crítica a la lingüística descriptiva y comparada. 586 págs.
228. Edgar Pauk: Miguel Delibes: Desarrollo de un escritor (1947-1974). 330 págs
229. Mauricio Molho: Sistemática del verbo español (Aspectos, modos, tiempos). 2 vols.
230. José Luis Gómez-Martínez: Américo Castro y el origen de los españoles: Historia de una polémica. 242 págs.
231. Francisco García Sarriá: Clarín y la herejía amorosa. 302 págs.
232. Ceferino Santos-Escudero: Símbolos y Dios en el último Juan Ramón Jiménez (El influjo oriental en «Dios deseado y deseante»). 566 págs.
233. Martín C. Taylor: Sensibilidad religiosa de Gabriela Mistral. Preliminar de Juan Loveluck. 332 págs.
234. De la teoría lingüística a la enseñanza de la lengua. Publicada bajo la dirección de Jeanne Martinet. 262 págs.
235. Jürgen Trabant: Semiología de la obra literaria (Glosemática y teoría de la literatura). 370 págs.
236. Hugo Montes: Ensayos estilísticos. 186 págs.
237. P. Cerezo Galán: Palabra en el tiempo (Poesía y filosofía en Antonio Machado). 614 págs.
238. M. Durán y R. González Echevarría: Calderón y la crítica: Historia y antología. 2 vols.
239. Joaquín Artiles: El «Libro de Apolonio», poema español del siglo XIII. 222 págs.
240. Ciriaco Morón Arroyo: Nuevas meditaciones del «Quijote». 366 páginas.
241. Horst Geckeler: Semántica estructural y teoría del campo léxico. 390 págs.
242. José Luis L. Aranguren: Estudios literarios. 350 págs.
243. Mauricio Molho: Cervantes: raíces folklóricas. 358 págs.
244. Miguel Ángel Baamonde: La vocación teatral de Antonio Machado. 306 págs.

245. Germán Colón: *El léxico catalán en la Romania.* 542 págs.
246. Bernard Pottier: *Lingüística general (Teoría y descripción).* 426 páginas.
247. Emilio Carilla: *El libro de los «Misterios» («El lazarillo de ciegos caminantes»).* 190 págs.
248. José Almeida: *La crítica literaria de Fernando de Herrera.* 142 págs.
249. Louis Hjelmslev: *Sistema lingüístico y cambio lingüístico.* 262 págs.
250. Antonio Blanch: *La poesía pura española (Conexiones con la cultura francesa).* 354 págs.
251. Louis Hjelmslev: *Principios de gramática general.* 380 págs.
252. Rainer Hess: *El drama religioso románico como comedia religiosa y profana (Siglos XV y XVI).* 334 págs.
253. Mario Wandruszka: *Nuestros idiomas: comparables e incomparables.* 2 vols.
254. Andrew P. Debicki: *Poetas hispanoamericanos contemporáneos (Punto de vista, perspectiva, experiencia).* 266 págs.
255. José Luis Tejada: *Rafael Alberti, entre la tradición y la vanguardia (Poesía primera: 1920-1926).* 650 págs.
256. Gudula List: *Introducción a la psicolingüística.* 198 págs.
257. Esperanza Gurza: *Lectura existencialista de «La Celestina».* 352 págs.
258. Gustavo Correa: *Realidad, ficción y símbolo en las novelas de Pérez Galdós (Ensayo de estética realista).* 308 págs.
259. Eugenio Coseriu: *Principios de semántica estructural.* 248 págs.
260. Othón Arróniz: *Teatros y escenarios del Siglo de Oro.* 272 págs.
261. Antonio Risco: *El Demiurgo y su mundo: Hacia un nuevo enfoque de la obra de Valle-Inclán.* 310 págs.
262. Brigitte Schlieben-Lange: *Iniciación a la sociolingüística.* 200 págs.
263. Rafael Lapesa: *Poetas y prosistas de ayer y de hoy (Veinte estudios de historia y crítica literarias).* 424 págs.
264. George Camamis: *Estudios sobre el cautiverio en el Siglo de Oro.* 262 págs.
265. Eugenio Coseriu: *Tradición y novedad en la ciencia del lenguaje (Estudios de historia de la lingüística).* 374 págs.
266. Robert P. Stockwell y Ronald K. S. Macaulay (eds.): *Cambio lingüístico y teoría generativa.* 398 págs.
267. Emilia de Zuleta: *Arte y vida en la obra de Benjamín Jarnés.* 278 págs.
268. Susan Kirkpatrick: *Larra: el laberinto inextricable de un romántico liberal.* 298 págs.
269. Eugenio Coseriu: *Estudios de lingüística románica.* 314 págs.
270. James M. Anderson: *Aspectos estructurales del cambio lingüístico.* 374 págs.
271. Carlos Bousoño: *El irracionalismo poético (El símbolo).* 458 págs.

26. H. A. Gleason, Jr.: *Introducción a la lingüística descriptiva.* Reimpresión. 770 págs.
27. A. J. Greimas: *Semántica estructural (Investigación metodológica).* Reimpresión. 398 págs.
28. R. H. Robins: *Lingüística general (Estudio introductorio).* Reimpresión. 488 págs.
29. Iorgu Iordan y Maria Manoliu: *Manual de lingüística románica.* Revisión, reelaboración parcial y notas por Manuel Alvar. 2 vols.
30. Roger L. Hadlich: *Gramática transformativa del español.* Reimpresión. 464 págs.
31. Nicolas Ruwet: *Introducción a la gramática generativa.* 514 págs.
32. Jesús-Antonio Collado: *Fundamentos de lingüística general.* 308 páginas.
33. Helmut Lüdtke: *Historia del léxico románico.* 336 págs.
34. Diego Catalán: *Lingüística íbero-románica (Crítica retrospectiva).* 366 págs.
35. Claus Heeschen: *Cuestiones fundamentales de lingüística.* Con un capítulo de Volker Heeschen. 204 págs.
36. Heinrich Lausberg: *Elementos de retórica literaria (Introduc. al estudio de la filología clásica, románica, inglesa y alemana).* 278 págs.
37. Hans Arens: *La lingüística (Sus textos y su evolución desde la antigüedad hasta nuestros días).* 2 vols.
38. Jeanne Martinet: *Claves para la semiología.* 238 págs.
39. Manuel Alvar: *El dialecto riojano.* 180 págs.
40. Georges Mounin: *La lingüística del siglo XX.* 264 págs.
41. Maurice Gross: *Modelos matemáticos en lingüística.* 246 págs
42. Suzette Haden Elgin: *¿Qué es la lingüística?* 206 págs.

IV. TEXTOS

1. Manuel C. Díaz y Díaz: *Antología del latín vulgar.* Segunda edición aumentada y revisada. Reimpresión. 240 págs.
2. M.ª Josefa Canellada: *Antología de textos fonéticos.* Con un prólogo de Tomás Navarro. Segunda edición ampliada. 266 págs.
3. F. Sánchez Escribano y A. Porqueras Mayo: *Preceptiva dramática española del Renacimiento y el Barroco.* Segunda edición muy ampliada. 408 págs.
4. Juan Ruiz: *Libro de Buen Amor.* Edición crítica de Joan Corominas. Reimpresión. 670 págs.
6. *Todo Ben Quzmān.* Editado, interpretado, medido y explicado por Emilio García Gómez. 3 vols.
7. *Garcilaso de la Vega y sus comentaristas (Obras completas del poeta y textos íntegros de El Brocense, Herrera, Tamayo y*

# III. MANUALES

1. Emilio Alarcos Llorach: *Fonología española.* Cuarta edición aumentada y revisada. Reimpresión. 290 págs.
2. Samuel Gili Gaya: *Elementos de fonética general.* Quinta edición corregida y ampliada. Reimpresión. 200 págs. 5 láminas.
3. Emilio Alarcos Llorach: *Gramática estructural (Según la escuela de Copenhague y con especial atención a la lengua española).* Segunda edición. Reimpresión. 132 págs.
4. Francisco López Estrada: *Introducción a la literatura medieval española.* Tercera edición renovada. Reimpresión. 342 págs.
6. Fernando Lázaro Carreter: *Diccionario de términos filológicos.* Tercera edición corregida. Reimpresión. 444 págs.
8. Alonso Zamora Vicente: *Dialectología española.* Segunda edición muy aumentada. Reimpresión. 588 págs. 22 mapas.
9. Pilar Vázquez Cuesta y Maria Albertina Mendes da Luz: *Gramática portuguesa.* Tercera edición corregida y aumentada. 2 vols.
10. Antonio M. Badia Margarit: *Gramática catalana.* Reimpresión. 2 vols.
11. Walter Porzig: *El mundo maravilloso del lenguaje. (Problemas, métodos y resultados de la lingüística moderna.)* Segunda edición corregida y aumentada. Reimpresión. 486 págs.
12. Heinrich Lausberg: *Lingüística románica.* Reimpresión. 2 vols.
13. André Martinet: *Elementos de lingüística general.* Segunda edición revisada. Reimpresión. 274 págs.
14. Walther von Wartburg: *Evolución y estructura de la lengua francesa.* 350 págs.
15. Heinrich Lausberg: *Manual de retórica literaria (Fundamentos de una ciencia de la literatura).* 3 vols.
16. Georges Mounin: *Historia de la lingüística (Desde los orígenes al siglo XX).* Reimpresión. 236 págs.
17. André Martinet: *La lingüística sincrónica (Estudios e investigaciones).* Reimpresión. 228 págs.
18. Bruno Migliorini: *Historia de la lengua italiana.* 2 vols. 36 láminas.
19. Louis Hjelmslev: *El lenguaje.* Segunda edición aumentada. Reimpresión. 196 págs. 1 lámina.
20. Bertil Malmberg: *Lingüística estructural y comunicación humana.* Reimpresión. 328 págs. 9 láminas.
22. Francisco Rodríguez Adrados: *Lingüística estructural.* Segunda edición revisada y aumentada. 2 vols.
23. Claude Pichois y André-M. Rousseau: *La literatura comparada.* 246 págs.
24. Francisco López Estrada: *Métrica española del siglo XX.* Reimpresión. 226 págs.
25. Rudolf Baehr: *Manual de versificación española.* Reimpresión. 444 págs.

*Azara).* Edición de Antonio Gallego Morell. Segunda edición revisada y adicionada. 700 págs. 10 láminas.

8. *Poética de Aristóteles.* Edición trilingüe. Introducción, traducción castellana, notas, apéndices e índice analítico por Valentín García Yebra. 542 págs.

9. Maxime Chevalier: *Cuentecillos tradicionales en la España del Siglo de Oro.* 426 págs.

10. Stephen Reckert: *Gil Vicente: Espíritu y letra (Estudio).* 484 págs.

## V. DICCIONARIOS

1. Joan Corominas: *Diccionario crítico etimológico de la lengua castellana.* Reimpresión. 4 vols.

2. Joan Corominas: *Breve diccionario etimológico de la lengua castellana.* Tercera edición muy revisada y mejorada. Reimpresión. 628 págs.

3. *Diccionario de Autoridades.* Edición facsímil. 3 vols.

4. Ricardo J. Alfaro: *Diccionario de anglicismos.* Recomendado por el «Primer Congreso de Academias de la Lengua Española». Segunda edición aumentada. 520 págs.

5. María Moliner: *Diccionario de uso del español.* Premio «Lorenzo Nieto López» de la Real Academia Española, otorgado por vez primera a la autora de esta obra. Reimpresión. 2 vols.

## VI. ANTOLOGÍA HISPÁNICA

2. Julio Camba: *Mis páginas mejores.* Reimpresión. 254 págs.

3. Dámaso Alonso y José M. Blecua: *Antología de la poesía española. Lírica de tipo tradicional.* Segunda edición. Reimpresión. LXXXVI + 266 págs.

6. Vicente Aleixandre: *Mis poemas mejores.* Cuarta edición aumentada. Reimpresión. 406 págs.

9. José M. Blecua: *Floresta de lírica española.* Tercera edición aumentada. 2 vols.

12. José Luis Cano: *Antología de la nueva poesía española.* Tercera edición. Reimpresión. 438 págs.

13. Juan Ramón Jiménez: *Pájinas escojidas (Prosa).* Reimpresión. 264 págs.

14. Juan Ramón Jiménez: *Pájinas escojidas (Verso).* Reimpresión. 238 págs.

15. Juan Antonio Zunzunegui: *Mis páginas preferidas.* 354 págs.

16. Francisco García Pavón: *Antología de cuentistas españoles contemporáneos.* Tercera edición. 478 págs.

17. Dámaso Alonso: *Góngora y el «Polifemo».* Sexta edición ampliada. 3 vols.

21. Juan Bautista Avalle-Arce: *El inca Garcilaso en sus «Comentarios» (Antología vivida)*. Reimpresión. 282 págs.
23. Jorge Guillén: *Selección de poemas*. Segunda edición aumentada. 354 págs.
28. Dámaso Alonso: *Poemas escogidos*. 212 págs.
29. Gerardo Diego: *Versos escogidos*. 394 págs.
30. Ricardo Arias y Arias: *La poesía de los goliardos*. 316 págs.
31. Ramón J. Sender: *Páginas escogidas*. Selección y notas introductorias por Marcelino C. Peñuelas. 344 págs.
32. Manuel Mantero: *Los derechos del hombre en la poesía hispánica contemporánea*. 536 págs.
33. Germán Arciniegas: *Páginas escogidas (1932-1973)*. 318 págs.


VII. CAMPO ABIERTO

1. Alonso Zamora Vicente: *Lope de Vega (Su vida y su obra)*. Segunda edición. 288 págs.
2. Enrique Moreno Báez: *Nosotros y nuestros clásicos*. Segunda edición corregida. 180 págs.
3. Dámaso Alonso: *Cuatro poetas españoles (Garcilaso - Góngora - Maragall - Antonio Machado)*. 190 págs.
6. Dámaso Alonso: *Del Siglo de Oro a este siglo de siglas (Notas y artículos a través de 350 años de letras españolas)*. Segunda edición. 294 págs. 3 láminas.
10. Mariano Baquero Goyanes: *Perspectivismo y contraste (De Cadalso a Pérez de Ayala)*. 246 págs.
11. Luis Alberto Sánchez: *Escritores representativos de América*. Primera serie. Tercera edición. 3 vols.
12. Ricardo Gullón: *Direcciones del modernismo*. Segunda edición aumentada. 274 págs.
13. Luis Alberto Sánchez: *Escritores representativos de América*. Segunda serie. Reimpresión. 3 vols.
14. Dámaso Alonso: *De los siglos oscuros al de Oro (Notas y artículos a través de 700 años de letras españolas)*. Segunda edición. Reimpresión. 294 págs.
18. Ángel del Río: *Estudios sobre literatura contemporánea española*. Reimpresión. 324 págs.
19. Gonzalo Sobejano: *Forma literaria y sensibilidad social (Mateo Alemán, Galdós, Clarín, el 98 y Valle-Inclán)*. 250 págs.
20. Arturo Serrano Plaja: *Realismo «mágico» en Cervantes («Don Quijote» visto desde «Tom Sawyer» y «El Idiota»)*. 240 págs.
22. Guillermo de Torre: *Del 98 al Barroco*. 452 págs.
23. Ricardo Gullón: *La invención del 98 y otros ensayos*. 200 págs.
24. Francisco Ynduráin: *Clásicos modernos (Estudios de crítica literaria)*. 224 págs.

26. José Manuel Blecua: *Sobre poesía de la Edad de Oro (Ensayos y notas eruditas).* 310 págs.
28. Federico Sopeña Ibáñez: *Arte y sociedad en Galdós.* 182 págs.
29. Manuel García-Viñó: *Mundo y trasmundo de las leyendas de Bécquer.* 300 págs.
30. José Agustín Balseiro: *Expresión de Hispanoamérica.* Prólogo de Francisco Monterde. Segunda edición revisada. 2 vols.
31. José Juan Arrom: *Certidumbre de América (Estudios de letras, folklore y cultura).* Segunda edición ampliada. 230 págs.
32. Vicente Ramos: *Miguel Hernández.* 378 págs.
33. Hugo Rodríguez-Alcalá: *Narrativa hispanoamericana. Güiraldes - Carpentier - Roa Bastos - Rulfo (Estudios sobre invención y sentido).* 218 págs.
34. Luis Alberto Sánchez: *Escritores representativos de América.* Tercera serie. 3 vols.
35. Manuel Alvar: *Visión en claridad (Estudios sobre «Cántico»).* 238 págs.
36. Jaime Alazraki: *Versiones. Inversiones. Reversiones (El espejo como modelo estructural del relato en los cuentos de Borges).* 156 págs.

VIII. DOCUMENTOS

2. José Martí: *Epistolario (Antología).* Introducción, selección, comentarios y notas por Manuel Pedro González. 648 págs.

IX. FACSÍMILES

1. Bartolomé José Gallardo: *Ensayo de una biblioteca española de libros raros y curiosos.* 4 vols.
2. Cayetano Alberto de la Barrera y Leirado: *Catálogo bibliográfico y biográfico del teatro antiguo español, desde sus orígenes hasta mediados del siglo XVIII.* XIII + 728 págs.
3. Juan Sempere y Guarinos: *Ensayo de una biblioteca española de los mejores escritores del reynado de Carlos III.* 3 vols.
4. José Amador de los Ríos: *Historia crítica de la literatura española.* 7 vols.
5. Julio Cejador y Frauca: *Historia de la lengua y literatura castellana (Comprendidos los autores hispanoamericanos).* 7 vols.

OBRAS DE OTRAS COLECCIONES

Dámaso Alonso: *Obras completas.*
Tomo I: *Estudios lingüísticos peninsulares.* 706 págs.

Tomo II: *Estudios y ensayos sobre literatura.* Primera parte: *Desde los orígenes románicos hasta finales del siglo XVI.* 1.090 págs.

Tomo III: *Estudios y ensayos sobre literatura.* Segunda parte: *Finales del siglo XVI, y siglo XVII.* 1.008 págs.

Tomo IV: *Estudios y ensayos sobre literatura.* Tercera parte: *Ensayos sobre literatura contemporánea.* 1.010 págs.

*Homenaje Universitario a Dámaso Alonso.* Reunido por los estudiantes de Filología Románica. 358 págs.

*Homenaje a Casalduero.* 510 págs.

*Homenaje a Antonio Tovar.* 470 págs.

*Studia Hispanica in Honoren R. Lapesa.* Vol. I: 622 págs. Vol. II: 634 págs. Vol. III. 542 págs. 16 láminas.

Juan Luis Alborg: *Historia de la literatura española.*

Tomo I: *Edad Media y Renacimiento.* 2.ª edición. Reimpresión. 1.082 págs.

Tomo II: *Época Barroca.* 2.ª edición. Reimpresión. 996 págs.

Tomo III: *El siglo XVIII. Reimpresión.* 980 págs.

José Luis Martín: *Crítica estilística.* 410 págs.

Vicente García de Diego: *Gramática histórica española.* 3.ª edición revisada y aumentada con un índice completo de palabras. 624 págs.

Marina Mayoral: *Análisis de textos (Poesía y prosa españolas).* Segunda edición ampliada. 294 págs.

Wilhelm Grenzmann: *Problemas y figuras de la literatura contemporánea.* 388 págs.

Veikko Väänänen: *Introducción al latín vulgar. Reimpresión.* 414 págs.

Luis Díez del Corral: *La función del mito clásico en la literatura contemporánea.* 2.ª edición. 268 págs.

Étienne M. Gilson: *Lingüística y filosofía (Ensayos sobre las constantes filosóficas del lenguaje).* 334 págs.